100년 전의 한국사

100년 전의 한국사

미래 100년을 위해 과거 100년을 질문한다

진실과미래, 국치100년사업공동추진위원회 기획
김남수 윤종배 이제은 최병택 홍동현 엮음
이이화 감수

휴머니스트

진실의 역사로 만들어가는 미래

2010년은 일본 제국주의가 우리나라를 강제로 침탈한 지 100년이 되는 해이다. 이해를 '국치(國恥) 100년'이라 부르는 것은 1910년 8월 29일 일제에 강제병합되는 국가적·민족적 치욕을 당했기 때문이다. 이로 인해 3천만 민중의 삶은 내동댕이쳐지고 최소한의 권리마저 박탈당한 채 식민지 노예의 삶을 강요당했다.

그러나 일본은 과거를 반성하기는커녕 오히려 자신들의 식민 지배가 서구세력의 침략을 막고 동아시아 발전에 기여했다고 호도하고 역사를 왜곡하여 가르치고 있다. 여기에 그치지 않고 독도에 대한 영유권을 주장을 하는 등 분쟁의 고리를 끊임없이 만들고 있다. 이는 일본이 다시 동북아지역의 패권을 노리는 행보로, 우리에게 일본을 '좋은 이웃'으로 받아들일 수 없게 만든다.

일제 식민 지배가 입힌 인적·물적·정신적 피해 또한 해방 후 지금까지 지속되고 있다. 일제의 폭압 속에 학살당하거나 인권을 유린당한 한국인의 피해 규모나 사건의 진상은 지금껏 제대로 규명되지 못하고 있다. 심지어 우리 사회의 일각에서는 일제의 식민 지배 덕분에 문명개화가 이루어졌다는 식민사관이 부활하고 있는 지경이다. 아쉽게도 청산되지 않은 식민지 과거는 한국 사회가 안고 있는 온갖 모순의 출발지가 되었다.

이에 2009년 4월 55개 단체가 모여 '진실과미래, 국치100년사업공동추진위원회'(100추위)를 만들어 국치 100년을 맞아 한일과거사를 근본적으로 이해하고 문제를 해결함으로써 동아시아가 다시는 불행한 과거를 반복하지 않고 평화로 나아갈 역사의 전기를 마련하고자 다양한 사업을 진행하고 있다. 특히 100추위는 100년 전 우리는 왜 남의 식민지가 될 수밖에 없었는가를 통렬하게 반성하는 동시에, 이러한 어두운 역사를 반복하지 않고 미래의 역사를 위한 자양분이 될 수 있는 역사교양서를 보급할 필요가 있음을 절감해, 국내 역사학자와 시민활동가들이 공동으로 참여해 이 책 《100년 전의 한국사》를 펴내게 되었다.

이 책이 한일 100년의 역사를 되짚어보면서 동시에 청산되지 않은 한일 관계의 현주소를 파악하고 동아시아 평화를 만들어가는 지침서가 되기를 희망한다. 그동안 애써주신 기획팀 여러분과 출판사 관계자 분들께 깊은 감사를 드린다.

진실과미래, 국치100년사업공동추진위원회를 대표해서

이해학 씀

| 추천사 |

역사, 과거 · 현재 · 미래를 비추는 거울

올해는 우리나라가 망한 지 꼭 100년이 되는 해이다. 100년을 맞이해 우리나라와 일본의 뜻있는 인사들은 과거의 진실을 돌아보고 미래의 화해를 위한 공동 행동의 길을 찾고 있다. 늦었지만 바람직한 일이다. 그동안 우리나라는 왜 망했나, 나라가 망한 뒤 어떤 고난의 길을 걸어왔나, 독립국가를 이룩한 뒤 어떤 모습으로 현대를 살고 있나, 당사국인 한국과 일본 두 나라는 미래 사회를 어떤 방식으로 열어갈 것인가에 대해 많은 논쟁을 벌였고, 대화를 나누어왔다.

이 책은 이런 얘기를 풀어가는 하나의 길잡이가 될 것이다. 그동안 많은 학자와 언론인, 문인들은 이런 역사에 관심을 갖고 연구와 집필 활동을 했으며, 학교 현장에서는 이런 사실을 가르쳐왔다. 이 책은 근현대사 연구자들과 교육 현장의 교사들, 그리고 시민활동가들이 그동안의 연구 성과를 모아 관심 있는 100가지 주제 아래 문답 형식으로 꾸며졌다. 다시 말해 과거에 일어났던 사건이나 현재에 떠오른 주제를 내걸고 설명과 의미를 제시했으며, 미래로 나갈 길을 모색한 것이다. 100가지 문제와

100가지 답을 읽고 있노라면, 과거의 사실이 거울처럼 환하게 비치며 이를 두고 벌어지는 현재의 문제를 어떻게 풀지, 또 미래 사회를 어떻게 맞이할지를 알게 된다. 게다가 주제와 시기를 적절하게 배합해 청소년을 비롯한 독자들이 이해하기 쉽게 엮었다.

나는 평생 우리나라 역사를 공부하고 책을 내면서 청소년들에게 '역사 할아버지'라고 불렸는데, 이 책을 읽고 새삼 배우고 느낀 바도 많았으며, 100년 동안의 이야기가 한눈에 쏙 들어왔다. 우리는 인간이 살아온 이야기인 역사를 읽고 삶의 지혜와 교훈을 얻는다. 더욱이 이 책은 바로 우리가 살아온 가장 가까운 시기의 사실들을 담고 있어 어느 시대의 역사보다 실감이 날 것이다.

한국과 일본은 서로 가까이 있으면서 때로는 평화로운 교류를 하기도 했고 때로는 전쟁을 벌이면서 싸우기도 했으며, 일본 제국주의자들에 의해 한국의 주권이 유린되어 식민지로 전락하기도 했다. 우호와 증오가 점철되어 있다고 할 수 있겠다. 피해 당사자인 우리 겨레에게는 쉽게 넘길 수 없는 문제지만, 세계가 한 마을이 되어가는 미래 사회에서는 분노보다 관용으로 서로 이해하고 인권을 존중해 평화를 도모하면서 살아야 하는 것이 기본 명제가 되어야 할 것이다. 한국과 일본의 청소년과 학생들은 이 책을 읽고 두 민족에 대한 이해의 폭을 넓히고 화해를 도모하는 길잡이가 되기를 바란다. 또 두 나라의 기성세대들도 이 책의 내용을 거울삼아 자라는 세대들을 바르게 이끄는 시사를 얻기 기대해본다.

2010년 여름, 민족의 질곡과 해방이 교차한 8월을 생각하면서

임진강가에서 이이화 씀

'강제병합 100년'의 어제, 오늘 그리고 내일을 묻다

2009년 4월 '진실과미래, 국치100년사업공동추진위원회(이하 100추위)'가 발족된 이래, 참여 단체들은 다양한 분야에서 활발한 활동을 해왔다. 그중 하나로, 한국이 일본에 강제로 병합된 지 100년이 되는 2010년 8월에 즈음하여 학술대회와 전시 등 각종 행사를 준비하면서 100추위 내부에서 청소년 역사 교양서를 출간하자는 의견이 제기되었다. 여러 행사가 뜻깊은 기획임에도 불구하고 일회성으로 끝날 우려가 있고, 미래 세대인 청소년들이 강제병합 100년의 의미를 되새기는 것이야말로 100추위의 활동 취지를 가장 잘 살릴 수 있겠다는 판단에서였다.

이에 2009년 6월, 역사문제연구소와 한국역사연구회, 전국역사교사모임에서 함께 기획팀을 꾸렸다. 평소 전문성과 대중성을 두루 갖춘 역사교육을 고민해온 경험을 살려 청소년 눈높이에 맞는 교양서를 펴내기로 한 것이다. 기획팀은 논의를 시작하면서 청소년에게 일방적으로 사실을 전달하기보다는 독자가 스스로 역사의 의미를 깨닫게 하자는 데 뜻을 모았다. 고심 끝에 청소년들이 한국 근현대사를 배우면서 궁금해하는 부분을 질문하고 대답하는 형식으로 역사 이야기를 들려주기로 하였다.

* * *

문제는 질문을 어떻게 골라 뽑느냐에 있었다. 간결하면서도 정곡을 찌르는 질문, 독자들의 가려운 곳을 긁어줄 수 있는 질문, 기발하면서도 의미를 곱씹을 수 있는 질문을 뽑기 위해 기획팀은 이에 걸맞은 질문을 찾는 데 힘을 쏟았다. 먼저, 100추위 소속 55개 단체에 두루 질문을 구하고, 전국역사교사모임의 조직망을 활용해서 현장 교사의 질문을 청취하는가 하면, 전국 각지의 청소년들에게 생생한 질문을 듣고, 한일 청소년 역사캠프를 통해 일본 청소년의 궁금증도 모아보았다.

작업 과정에서 기획팀 못지않게 많은 역사 연구자가 팔을 걷어붙이고 나섰다. 시대별, 분야별 전문가 54인이 십시일반으로 청소년들의 질문에 대답을 해주었다. 작게는 하나에서 많게는 네다섯 문항의 질문에 응해주었으며, 짧게는 200자 원고지 7매, 길게는 20매에 가까운 원고를 다듬어 기획팀에 전해주었다. 대체로 소장학자에 속하는 분들이 최근의 연구 성과를 적극 반영하여 신선함과 생생함을 더했다. 덕분에 줄잡아 수백 명의 청소년과 역사 교사, 역사 연구자가 만나는 소통의 장이 열릴 수 있었다.

다양한 질문과 명쾌한 대답을 짜임새 있게 구성하여 한국 근현대사의 큰 흐름을 짚어주는 일은 기획팀의 몫이었다. 100개의 질문을 그대로 나열하지 않고, 서로 긴밀히 연관되도록 배치하는 일은 생각보다 쉽지 않았다. 강제병합 100년의 의미를 짚어본다고 해서 1910년부터 시작할 수는 없었다. 왜 우리는 식민지가 되었는지, 강제병합의 구체적 과정은 어떠했는지, 그 때문에 겪게 된 식민지 시기, 여전히 청산되지 않은 강제병합의 유산 등을 유기적으로 연결하고 시대별 주요 사건과 그에 관련된 질문을 갈래지어야 했다.

이러한 고민 속에 본문을 총 5부로 구성하고, 질문과 대답은 1910년 강제병합의 그날이 중심이 되어 씨줄과 날줄로 이야기를 엮어나가기로 했다. 먼저 1876년 개항 무렵부터 대한제국까지 근대개혁기를 다룬 1, 2부에서는 한국에만 시선을 고정시키지 않고 일본과 중국의 관계도 아우르면서 당시 상황을 폭넓게 조망해보고자 했다.

이어 3부에서는 강제병합에 이르는 1905년부터 1910년까지 짧지만 긴박한 시기를 깊이 있게 들여다보았다. 특히 3부는 독자들이 가장 주목해서 보아야 할 부분이라고 할 수 있겠다. 4부는 강제병합 이후 식민지 시기 일제의 지배정책과 경제 상황은 어떠했는지, 민중의 삶은 어떠했는지 보여주는 것에서 더 나아가 왜곡된 근대화의 면모를 소개하는 데 중점을 두었다. 마지막 5부는 강제병합의 유산이 오늘날 한국인에게, 나아가 한일 관계에 던지는 질문을 중심으로 엮었다. 덧붙여 질문 문항으로 올리기에는 소소하지만 독자들이 궁금해하는 작은 질문은 박스글로 담았다. 이 글들은 100년 전의 한국사를 이해하는 데 한몫하리라고 본다.

이 책에 실린 100가지 질문은 근현대사에 관한 다양하고 대표적인 궁금증을 정리한 것이지만, 모든 궁금증을 담고 있는 것은 아니다. 현재 독자들이 가장 궁금해하는 내용 또는 역사학자들이 독자들에게 알려주고 싶은 내용으로 꾸민 것이므로, 이 질문들은 시대가 바뀌고 독자가 바뀌면 언제든지 달라져야 할 것들이다. 따라서 이 책을 읽은 독자들 또한 100개의 질문에 만족해하지 말고 이 책을 읽고 더 궁금해진 역사, 문뜩

떠오르는 질문을 정리해보면 좋겠다. 더 나아가 책 전반의 문제의식을 독자들이 자기 문제로 끌어안으면서 '그렇다면 나는 지금 무엇을 해야 할까' 생각해보기를 바란다. 이렇게 독자들이 스스로 만든 질문과 답은 이후 101번째, 102번째 질문으로 이어져 또 다른 한 권의 책으로 엮일 수 있지 않을까 상상을 해본다. 역사는 스스로 질문하는 자에게 더 많은 이야기를 들려주는 법이므로, 독자들의 궁금증이 더 많은 질문으로 이어졌으면 하는 바람이다.

책의 구성 못지않게 책 전반에 걸쳐 적절한 용어와 정확한 개념을 정리하는 일도 기획팀의 중요한 과제였다. 강제병합 100년의 의미를 정확하고 깊이 있게 헤아리는 것과 관련이 있기 때문이다. 이 대목에서는 명칭부터 논란이 되었다. 경술국치, 한일합방, 한일합병, 강제병합 등 다양하게 쓰고 있으며, 서로 다른 의미를 담고 있는 명칭을 어떤 원칙에 따라 정리할 것인지 결론을 내기가 쉽지 않았다. 마찬가지로 을사조약, 을사보호조약, 2차 한일협약, 을사늑약 등의 명칭도 문제가 되었다. 아울러 책 곳곳에 논쟁적 요소를 담고 있는 질의응답이 숨어 있어 한 문장도 허투루 넘길 수 없었다. 따라서 가장 보편을 따르려고 하면서도 개별 글의 맥락에서는 다양한 쓰임을 인정하려고 했다.

기획팀은 100문 100답을 정리하면서 독자의 이해를 돕기 위해 각 부의 시작 부분에 도입글과 연표를 넣었다. 도입글을 통해서는 각 부 또는 시대의 주요 과제와 사건, 그리고 쟁점을 분명하게 보여주려고 했으며, 여기에 연표를 더해 주요 사건의 연관성을 짐작할 수 있게 했다.

또 각각의 질문은 핵심적인 질문과 보충 질문으로 구분하여 질문의 배경이나 구체적인 궁금증을 풀어보았다. 그리고 사진과 도판 등 이미지 자료는 되도록 배치하지 않았다. 한국 근현대사와 관련된 사진은 쉽게 접할 수 있을 뿐 아니라 사진과 그림에 치우친 편집보다는 진지하게 글을 읽는 것으로 문제의식을 온전히 공감하기를 바란 까닭이다.

* * *

강제병합 100년에 즈음한 문제의식을 치열하게 고민하고, 어두운 과거의 진실을 밝히되 평화로운 미래를 건설하려는 의지를 품어내는 것, 바로 이 책의 목적이자 기획팀의 화두였다. 1년이라는 짧은 기간에 이러한 과제를 완벽하게 수행하기에는 기획팀의 역량이 다소 부족하였음을 고백하지 않을 수 없다. 강제병합 100년이 흐르는 동안 켜켜이 쌓인 나라 안팎의 모순과 여러 난제를 책 한 권으로 담아내기란 애초부터 불가능한 목표였다.

그런데도 책을 펴낼 수 있었던 것은 주변의 격려와 성원 덕분이다. 100추위 소속 단체들은 깊은 관심과 지지를 보내거나 직접 글을 써서 힘을 보태주었으며, 많은 역사 교사와 연구자들은 기획팀으로부터 변변한 사례 한 번 받지 못했는데도 기꺼이 자신들의 열정과 재능을 담은 결과물을 내놓았다. 여기에다 100추위의 대의에 선뜻 동참한 휴머니스트 출판사의 내공과 솜씨가 어우러져 한 권의 책으로 탄생할 수 있었다. 가장 뿌듯한 점은 기발하면서도 의미 있는 질문을 던지고 책의 출간을 기다려준 우리 청소년에게 역사 교사와 연구자들이 나름의 대답을 내놓았다는 사실이다.

여러모로 부족하나마 이 책에 담긴 문제의식이 구체적인 실천으로 이어지고, 실질적인 해결책으로 갈무리되어 강제병합 100년이 새로운 100년을 준비하는 원년이 되기를 우리는 소망한다. 또한 한국과 일본의 청소년들이 과거를 객관적으로 바라보고, 서로 소통하는 가운데 동아시아의 밝은 미래를 함께 건설하는 데 이 책이 조금이나마 보탬이 되기를 감히 기대해본다.

2010년 8월

《100년 전의 한국사》 기획팀 씀

| 차례 |

5부 해방 이후 과거 청산, 그리고 현재와 미래

일러두기

1. 이 책에 실린 국명은 시대순에 따라 구분했다. 1897년 대한제국 성립기 이전까지는 조선(시대), 1897년 10월 12일부터 1910년 8월 29일까지는 대한제국(기), 일제강점기 동안은 식민지 조선, 그리고 해방 후에는 한국이라 지칭했다. 단, 대한제국기를 지칭할 때나 당시 사람들을 지칭할 때는 '한국'을 사용한 곳도 있음을 밝힌다. 더불어 당시 사람들을 지칭할 때도 대한제국기의 경우 '대한제국민' 또는 '조선인', '한국인', '한인' 등 다양한 표현을 모두 사용했다.
2. 이 책에 나오는 역사용어는 다음의 용어를 원칙으로 했다. '명성왕후'(85쪽 참조), '을사조약'(117쪽 참조), '정미7조약', '한국병합' 또는 '한국강제병합'(186쪽 참조). 단, 해방과 광복은 의미를 구분하지 않고 필자의 선택에 따라 자유롭게 사용했다.
3. 1895년까지의 역사사건은 음력으로, 1896년부터는 양력으로 표기했으며, 독자의 이해를 돕기 위해 필요에 따라 양력 또는 음력을 괄호 안에 병기했다.

1부

—

19세기 개항 전 조선과 동아시아

19세기의 시작, 동양과 서양의 충돌

1840년 영국이 청을 공격하면서 아편전쟁이 벌어졌다. 결과는 청의 일방적 패배였다. 청의 몰락을 지켜본 조선과 일본은 큰 충격에 휩싸였고, 나라를 새롭게 하기 위한 개혁을 늦출 수가 없었다.

그 무렵 조선 해안에 나타난 이양선. 낯설고 두려운, 결코 마음 놓을 수 없는 이방인들을 어떻게 할 것인가? 19세기의 시작, 조선 사회는 안으로는 풀어야 할 과제와, 밖으로는 전혀 경험해보지 못한 새로운 존재들과 마주 서게 되었다.

연표

1769년 | 영국 산업혁명

1789년 | 프랑스 시민혁명

1811년 | 홍경래의 난

1840년 | 청, 영국과 아편전쟁

1854년 | 일본, 미국에 개항

1861년 | 청, 양무운동 시작

1862년 | 삼남농민봉기

1863년 | 홍선대원군 집권

1866년 | 병인양요

1868년 | 일본 메이지유신

1871년 | 신미양요

1

19세기 조선 앞바다에 이양선이 자주 출몰한 까닭은 무엇일까?

조선 해안에 나타난 이방인이 타고 온 낯선 배들. 이들은 조선이 아닌 다른 곳으로 가기 위해 잠시 머문 것이었을까, 아니면 조선을 목적으로 온 것이었을까? 진정 이들이 원한 것은 무엇이었을까?

Q

조선 후기 우리나라 연해에는 이양선(異樣船), 그러니까 모양이 특이한 서양 배들이 조금씩 드나들기 시작했다. 처음 조선을 찾은 서양인은 하멜이나 벨테브레처럼 청과 일본을 오가는 도중에 폭풍을 만나 표류한 사람들이었다. 이들은 조선과 교역하겠다는 의도를 지니지 않았고, 조선 또한 이들이 무역을 요구하리라 생각하지 않았다. 때문에 이들 표류민의 존재는 사회적으로 그다지 큰 문제가 되지 않았다.

18세기 말 정조대에 이르러 정부는 이양선이 생필품 공급을 요청할 경우 인도적인 차원에서 이에 응한다는 원칙을 세워두고 제한적으로 그들과 접촉하기 시작했다. 실제로 1816년 9월 영국 함선 알체스트(Alceste)호가 해도 작성을 목적으로 비인현 마량진(지금의 서천군 마량포구)에 나타나자 지방관들은 정부의 원칙에 따라 그들에게 식수를 건네주고 얼른 떠나도록 조치한 적이 있었다.

19세기 초 조선 근해를 방문한 이양선은 대개 해도를 작성한다거나 조선의 동정을 간단히 탐문하기 위해 바닷가 주민들과 접촉하는 수준에 머물러 있었다. 그러나 점차 본격적으로 무역을 요구하기 위해 방문하는 경우가 늘어나기 시작했다. 그 무렵 유럽인들은 중국에서 후추나 도자기, 비단 등을 구입해 이를 서양 각국에 높은 값에 내다파는 방법으로 돈을 벌어들였다. 유럽 여러 나라의 왕실은 상인들과 결탁하여 중국 무역에 박차를 가하고 있었다. 그런데 유럽 각국은 중국에 수출할 물건이 사실상 없었다. 그럼에도 수입량은 해마다 늘어났기 때문에 큰 액수의 무역적자를 기록하고 있었다.

당시 영국 등은 산업혁명을 거치면서 면직물을 대량으로 생산해냈으나 그 품질이 매우 나빴기 때문에 중국인들에게 외면을 받았다. 때문에 영국 상인들은 인도에서 아편을 재배하여 중국에 내다팔고, 그렇게 해서 마련한 돈으로 중국 상품을 사들였다. 이렇게 약탈적이고 비윤리적인 방법으로 장사를 하던 유럽의 무역회사들은 더욱 대담하게 조선, 일본과도 무역을 확대하려 했다.

이러한 배경에서 1832년 여름에 동인도회사 소속의 영국 상선인 암허스트호가 황해도 몽금포를 방문해 조선 국왕에게 보내는 문서를 전달하고, 통상을 정식으로 요구했다. 이 사건을 계기로 조선 정부는 이양선이 조선에 위해를 가할 수도 있다는 생각을 하기 시작했다. 실제로 1840년 제주도 모슬포에 영국 배가 들어와 주민들에게 총을 쏜 일이 벌어졌고, 1846년에는 프랑스 군함들이 충청도 홍성에 나타나 천주교 박해에 항의하면서 "큰 재앙을 면치 못할 것"이라며 협박하는 일도 있었다.

이양선에 대한 두려움은 1840년 아편전쟁에서 청이 패배한 사실과 애로우호 사건을 빌미로 삼아 영국 · 프랑스 연합군이 1860년 베이징을 점령했다는 소식이 국내에 전해지면서 더욱 커져갔다. 특히 1860년에 베이징이 함락되고 청 황제 함풍제가 열하 지방으로 피신한 사실이 알려지자 서양인들이 곧 조선으로 쳐들어올 것이라는 소문이 파다하게 퍼져나갔고, 이를 믿은 서울 사람들이 지방으로 피난하는 해프닝도 벌어졌다.

이렇듯 뒤숭숭한 분위기 속에서 정부는 사신을 파견해 청 황제를 위로하는 한편 서양 세력의 동향을 면밀히 조사하기 시작했다. 그 결과 서양 세력들이 영토 확보보다는 통상에 관심을 가지고 있다고 결론짓고, 서양 각국과의 통상을 거부해 침략자들이 아예 발을 붙이지 못하도록 해야 한다는 방침을 세우기에 이르렀다.

그러는 와중에 1866년 7월 미국 상선 제너럴셔먼호가 대동강을 거슬러 올라와 통상을 요구하며 약탈과 살육을 저지른 이른바 '제너럴셔먼호 사건'이 일어났고, 두 달 뒤에는 프랑스 함대가 강화도의 갑곶진에 쳐들어오는 일이 벌어졌다(병인양요). 또, 1868년에는 프랑스 선교사 페롱의 안내를 받은 미국인 젠킨스와 독일인 오페르트 일행이 예산에 있는 흥선대원군의 아버지 남연군의 묘를 파헤친 사건이 있었는데, 이들은 남연군의 시신을 볼모 삼아 통상조약을 체결하고자 했다. 1871년에는 제너럴셔먼호의 일을 빌미로 해서 미국의 함대가 강화도로 쳐들어온 사건도 있었다(신미양요). 이러한 일련의 침략행위에 적극적으로 맞선 조선 정부는 "서양 오랑캐가 침범하는데, 싸우지 않으면 곧 화친하게 되니, 화친을 주장함은 나라를 파는 일이다"라는 내용을 담은 척화비를 전국 곳곳에 세워 통상 거부 정책을 더욱 강화해나갔다.

2

홍선대원군은 과연 '쇄국정책'을 폈을까?

조선이 일본의 식민지가 되고 근대화가 늦어진 것은 홍선대원군의 쇄국정책 때문이라는 주장이 있다. 과연 홍선대원군의 대외정책을 '쇄국'정책이라고 할 수 있을까?

Q

홍선대원군을 상징하는 말 가운데 하나가 바로 '쇄국정책'이다. 이른바 '세계화'와 경제 개방을 주장할 때 과거의 잘못된 역사적 사례로 홍선대원군의 쇄국정책이 거론되곤 한다. 홍선대원군이 쇄국정책을 펼친 탓에 조선의 근대화가 늦어졌고 결국 식민지로 전락했다는 것이다. 이러한 통념은 어디까지가 사실일까? 이를 알아보기 위해서는 우선 '쇄국(鎖國)'이란 말의 연원부터 살펴보아야 한다.

홍선대원군 당시에는 쇄국이란 말이 사용되지 않았다. 이 용어는 일본에서 만들어진 것으로, 에도시대의 시즈키 다다오(志筑忠雄)가 1801년에 네덜란드인이 쓴 《일본지(日本志)》를 번역하면서 처음 사용했다. 쇄국이란 도쿠가와 바쿠후 때 일본인의 해외 도항을 금지하고 외교와 무역을 제한한 정책 또는 외교 관계의 고립 상태를 일컫는다.

조선에서 쇄국이 처음 거론된 것은 1881년 조사시찰단(신사유람단)

으로 일본을 다녀온 이헌영의 보고서에서였다. 여기서는 '쇄국'을 과거 일본에서 행한 대외정책의 특징으로 소개하고 있다. 쇄국이란 용어가 국내에 적용된 첫 사례는 1895년 단발령을 반포하는 조칙 가운데 "오늘날 쇄국을 고집하여 구습에 젖어 살 수 없다"는 문구에서 찾아볼 수 있다. 이 조칙이 내려질 무렵 조선은 일본의 압력으로 피동적인 개화정책을 추진하고 있었다. 이렇게 쇄국이란 말은 개항 이후 일본에서 수입되어 조선의 대외정책을 소급해서 설명하는 데 쓰였다. 즉, 이 말에는 조선의 문호 개방을 강요하던 일본의 시각이 반영되어 있었던 것으로, 처음 사용할 때부터 부정적 이미지가 함축되어 있음을 알 수 있다.

물론 흥선대원군은 병인양요(1866)와 신미양요(1871)에서 알 수 있듯이 서양 제국주의 국가의 문호 개방 요구를 단호하게 거부하였다. 흥선대원군이 집권할 당시에는 쇄국이란 말 대신에 해금(海禁)이란 말을 사용했다. 이 말은 중국에서 들어왔다. 중국 명나라 때 해금, 즉 해안의 봉쇄는 안으로는 치안을 유지하고 밀무역을 단속하며, 밖으로는 외국과의 분쟁을 피하기 위한 정책이었다. 조선은 19세기까지 중국의 해금정책을 따라 중국 상인의 밀무역을 엄격히 단속했으며, 당시 공문서에도 해금이란 말이 자주 등장했다. 해금정책은 1882년 청과 맺은 조청상민수륙무역장정(청의 특권으로 일관된 불평등 조약)으로 인해 철폐되었다. 이를 통해 해금은 중국과의 무역 문제에서 비롯되었으며, 서양과의 무역 문제는 그 연장선에서 제기됐음을 알 수 있다.

흥선대원군은 독자적인 외교정책을 추진한 적이 없었다. 해금의 용례에서도 알 수 있듯이, 서양 제국주의의 압력에 중화체제라는 전통적인 동북아시아 지역의 국제질서와 외교 관계의 원칙을 따랐을 뿐이며, 단지 보다 원칙적이고 단호한 자세를 취했을 뿐이다. 그리고 이러한 원칙은 흥선대원군이 집권하기 전부터 있었던 것이므로, 따라서 흥선대원군에게 따라다니는 완고한 배타주의자 이미지는 다시 생각해볼 필요가 있다.

그렇다면 흥선대원군은 왜 군사적 충돌을 무릅쓰면서까지 문호 개방을 거부했을까?

첫 번째 이유는 서양 제국주의의 침략성 때문이었다. 당시 서양 제국주의 국가들은 이른바 함포(艦砲)외교로 무력을 동원하여 동북아시아의 문호 개방을 강요했다. 이 과정에서 청은 1, 2차 아편전쟁을 치렀다. 이에 조선 정부는 청에서 들려오는 소식에 촉각을 곤두세웠고, 문제의 불씨를 키우지 않으려면 서양과의 접촉을 원천적으로 차단하는 수밖에 없다고 판단했다. 따라서 서양 제국주의 세력이 문호 개방 요구를 해올 때 조선은 청의 속국이므로 독자적으로 외교 관계를 맺을 수 없다고 둘러대며 거절한 것이다.

두 번째 이유는 민생 문제였다. 서양에 문호를 개방하지는 않았으나 19세기 중반 무렵부터 서양의 상품이 중계무역을 통해 중국을 거쳐 조선에 들어오고 있었다. 그 대표적 상품이 면직물이다. 당시 면직물은 서양에서 들어온 무명이라고 하여 서양목(西洋木)으로 불렀다. 서양목은 산업혁명 이후 기계로 만들어져 가격도 싸고 품질도 뛰어났다. 베틀로 짠 국산 옷감으로는 도저히 경쟁이 되지 않았다. 백성들은 넘쳐나는 서양목 때문에 불안할 수밖에 없었으며, 수입을 반대하는 여론 또한 높았다.

흥선대원군은 서양 제국주의의 도발에 군사적 대결도 마다하지 않았지만 반드시 적대적이거나 공격적이지 않았다. 이러한 사실은 1871년에 일어난 신미양요를 통해서 알 수 있다. 1866년 7월 미국 상선 제너럴셔먼호가 대동강을 거슬러 올라왔다가 평양에서 불타버린 사건이 있었다. 제너럴셔먼호가 통상을 요구하며 대동강을 거슬러 올라가자, 이를 제지하는 조선의 군사 책임자를 감금하는 한편 상륙까지 하여 사람을 해치고 물건을 약탈하는 등 해적 행위를 벌였다. 이에 분노한 평양 관민의 공격으로 사흘에 걸친 전투 끝에 선원 모두가 죽었다. 이 사건을 빌미로 1871년에 무력 침략한 미국 함대는 제너럴셔먼호 사건을 조사하기 위해 왔다고 밝혔다. 이에 조선 정부는 제너럴셔먼호 사건이 일어난 1866년 평안도 철산부 연안에서 난파된 서프라이즈호 사건을 예로 들며 조선이 이유 없이 제너럴셔먼호를 공격한 것이 아니라고 해명했다. 당시 조선 정부는 서프라이즈호의 선원들을 정성껏 치료한 후 중국 베이징을 통해 본국으로 돌려보냈기 때문이다.

이처럼 조선 정부는 '저들이 호의로 행동하면 우리도 호의로 대접하지만 저들이 악의로 나오면 우리도 적으로 대할 수밖에 없다'는 원칙을 고수했다.

흥선대원군은 서양 제국주의의 도전 앞에 원칙적인 자세를 견지하면서도 내심 고민하지 않을 수 없었다. 서양 제국주의와 군사적으로 대결하기 위해서는 강한 군대가 필요했고, 강한 군대를 키우기 위해서는 돈이 많이 필요했기 때문이다. 그는 당백전(재정 위기를 해결하고 군사비를 마련하기 위해 만든 화폐) 발행이나 원납전(경복궁 중건에 필요한 경비를 마련하기 위해 강제로 거둔 기부금) 징수 등 비정상적인 방법으로 재정을 확보하려 했지만 당시의 농업국가 체제로서는 국가 재정을 획기적으로 확충하는 데 근본적인 한계가 있었다. 결국 흥선대원군이 추구한 대외강경책은 당시 상황에서 어쩔 수 없는 선택이었지만, 장기적 안목에서 이 정책을 그대로 유지하기 어려운 형편이었다.

3

일본과 청은 어떻게 문호를 개방했을까?

19세기 후반, 조선이 문호 개방을 거부하던 시기에 일본과 청은 어떠했을까? 이들의 문호 개방은 어떤 과정을 통해 이루어졌을까?

Q

19세기는 서세동점(西勢東漸)의 시대였다. 서양 제국주의 세력이 인도와 동남아시아를 거쳐 동북아시아까지 진출하고 있었다. 조선에 앞서서 청과 일본도 서양 제국주의 국가들의 침략에 직면하게 되었고, 이 두 나라는 이들의 군사적 위협에 굴복하여 문호를 개방할 수밖에 없었다. 그러나 그 양상은 서로 달랐다. 청은 두 차례에 걸친 아편전쟁에 패배하여 문호를 개방한 반면, 일본은 서양 제국주의 국가와 전면적인 전쟁은 겪지 않았지만 문호 개방의 후유증으로 내전을 치러야만 했다. 우선 청의 경우를 살펴보자.

19세기 들어 서양 제국주의 세력 가운데 청 진출을 선도한 나라는 영국이었다. 영국과 청의 첫 공식 접촉은 1792년 매카트니(Macartney) 사절단을 통해 이루어졌다. 영국은 청과 공식 외교 관계를 수립하고 자유무역을 실현하기 위해 사절단을 보냈지만 청의 건륭 황제는 이들을 조공을 바치러 온 사신으로만 대접했다. 청은 영국의 통상 요구에 관심을 보이지 않았다. 청은 땅이 넓고 물산이 풍부해 어느 하나 부족함이 없다고 여겼기 때문이다. 이런 까닭에 매카트니 사절단은 원하는 결과를 얻지 못하고 돌아갔다.

서양 상선이 중국에 출현한 것은 이보다 훨씬 앞선 16세기로, 대개가 에스파냐와 포르투갈 상선이었다. 이때 포르투갈은 마카오에 상관을 열기도 했다. 당시 서양과 중국의 무역은 멕시코의 광산에서 캐낸 은을 매개로 이루어졌다. 에스파냐 상선은 은을 가지고 태평양을 건너와 중국의 도자기나 비단 등을 사가지고 유럽으로 갔다. 당시 은을 화폐로 사용한 중국은 멕시코 은의 유입으로 자국의 경제 활성화에 큰 도움을 받았다. 이 무렵만 해도 서양은 중국에 위협적인 존재가 아니었다.

하지만 19세기에 들어서 동양과 서양의 힘은 역전되기 시작했다. 특히 철강·전기 분야를 중심으로 전개된 제2차 산업혁명 결과, 서양의 무기와 군사기술은 눈부시게 발전했다. 영국은 이러한 군사력을 동원해 청에 문호 개방을 강요했고, 이 과정에서 두 차례에 걸쳐 아편전쟁이 일어났다.

19세기 초 영국과 청의 무역구조는 매카트니에 대한 건륭제의 답변대로였다. 영국은 청에서 차와 도자기 등을 수입했지만 마땅한 수출품이 없었다. 결국 영국의 은이 지속적으로 청으로 흘러들어갔고, 이는 영국 경제에 상당한 부담이 되었다. 이에 영국 상인들은 은 손실을 메우기 위해 인도에서 재배한 아편을 활용했다. 영국 상인들에 의해 대량으로 청으로 유입된 아편은 이후 단순한 경제문제를 넘어 사회문제가 되었고, 청 정부는 이를 엄격히 단속하기 시작했다.

결국 이 문제를 둘러싸고 두 나라 사이에 전쟁이 벌어졌다. 이 전쟁을 가리켜 아편 문제로 일어났다고 하여 '아편전쟁'이라고 부른다. 청은 두 차례에 걸친 아편전쟁에서 참패했으며, 영국이 바라던 대로 문호를 개방할 수밖에 없었다. 동서 문명 간 힘의 역전이 확연히 드러난 순간이었다.

청은 이 전쟁에 큰 충격을 받아 근대화 운동인 양무운동을 시작했다. 이 운동은 청이 다른 모든 면에서 여전히 서양보다 우월하지만 군사력은 서양에 미치지 못한다는 인식에서 비롯되었다. 따라서 운동의 출발점은 서양의 무기를 도입하는 데 있었으며, 더 나아가 청에서 이를 직접 생산하고자 했다. 군대의 강화, 기술의 도입, 군수산업의 육성 등이 이 운동의 주된 내용이었다. 양무운동은 외형상 상당한 성과를 거두었지만 정치·사회제도의 개혁이 뒤따르지 않아 내용상 한계가 있었다.

일본은 청과 달리 문호 개방 문제를 둘러싸고 대외적인 전면전은 겪지 않았지만 이 문제가 내전으로 번져 정치제도의 개혁을 불러왔다.

개항 이전에 도쿠가와 바쿠후의 대외정책은 쇄국정책이었다. 하지만 당시 일본은 대외적으로 완전히 고립된 것은 아니었다. 나가사키의 작은 섬 데지마(出島, 네덜란드 상관이 있던 인공섬)에서는 네덜란드와 중국 상선의 출입이 허용되었다. 당시의 쇄국정책은 지방의 다이묘(봉건영주)들이 대외무역을 통해 독자적으로 재정 및 군사력을 강화하지 못하게 하는 일종의 대내적인 통제정책이었던 셈이다. 따라서 대외정책의 변화는 곧바로 내부 갈등을 불러일으킬 수밖에 없었다.

1853년 7월 8일 페리(Matthew C. Perry) 제독이 이끄는 미국 군함 4척이 도쿄 만에 진입했다. 페리는 도쿠가와 바쿠후를 이끄는 쇼군(將軍)에게 개항과 통상을 요구했다. 도쿠가와 바쿠후는 미국 함대의 위협에 못 이겨 개항을 허락하고 말았다. 바쿠후의 이 같은 결정에는 청에서 일어난 아편전쟁 소식이 큰 영향을 미쳤다.

바쿠후가 개항을 단행하자 일본에서는 존왕양이(尊王攘夷) 운동이 전개되었다. 이는 외세의 침략에 맞서 전통적인 문화와 질서를 지키자는 보수 정치운동으로, 그 정점에는 '덴노(천황)'가 있었으며 바쿠후는 그 공격 대상이 되었다. 바쿠후를 이끄는 쇼군은 본디 '오랑캐를 정벌하는 존재'였으나 서양 오랑캐로부터 일본을 지켜내지 못했으니 비판을 받을 수밖에 없었다. 존왕양이 운동의 선두에는 사쓰마 번(薩摩, 지금의 가고시마鹿兒島 현)과 조슈 번(長州, 지금의 야마구치山口 현)을 비롯한 이른바 웅번(雄藩, 에도시대 정치적, 경제적으로 유력한 번)들이 있었다. 이들 웅번은 단독으로 서양 함대와 무력 충돌을 벌이기까지 했다.

존왕양이 운동은 바쿠후의 개항 결정 이후에는 바쿠후 타도 운동으로 전개되었다. 결국 군사력을 동원한 대결 끝에 도쿠가와 바쿠후는 무너지고 왕정복고를 통해 새로운 정부가 수립되었다. 이렇게 문호 개방을 둘러싸고 일어난 변혁을 '메이지유신'이라고 부른다. 그런데 바쿠후를 무너뜨린 메이지유신의 주체들은 권력을 잡은 후 선택의 갈림길에 놓였다. 존왕양이를 내걸고 권력을 잡을 수 있었지만 이미 서양 함대와 무력 충돌을 경험한 사쓰마 번과 조슈 번은 서양과의 전쟁에서 이길 수 없음을 알고 있었다. 결국 메이지 정부는 존왕양이의 구호를 포기하고 도쿠가와 바쿠후의 개방정책을 계승했다.

이처럼 일본은 문호 개방의 과정에서 서양과의 전쟁은 피했지만 내전의 진통을 겪고 말았다. 내전을 치른 결과 일본은 구체제를 지키려 했던 청과는 달리 서양식 무기와 군사기술의 도입을 넘어서 정치체제의 근본적인 개편까지도 이룰 수 있었다.

4

19세기 조선은 어떤 사회였을까?

조선 후기에는 부농으로 성장한 농민도 많았지만 그에 못지않게 빈농도 급격히 늘어났다. 이러한 사회경제 변화 속에 농민들의 삶은 어떠했을까? 그리고 이를 극복하기 위해 어떤 노력을 했을까?

Q

조선 사회는 개항 직전이던 18세기 무렵 변화의 바람을 맞이하고 있었다. 전국적인 상인 조직이 등장하여 무역과 상업이 활기를 띠기 시작했고, 오랫동안 지역사회에서 행세하던 사대부 세력이 힘을 잃어가는 대신 농법 개량을 통해 부를 축적한 신흥 부농층이 그 영향력을 키워 가고 있었다.

조선 전기에 양반들은 노비를 부려서 저습지나 황무지를 개간함으로써 부를 축적했다. 당시에는 저습지와 황무지가 상당히 많았는데, 이를 개간하면 곡식을 많이 얻을 수 있었기 때문에 권세 있는 사람들은 너나 할 것 없이 노비를 동원해 땅을 일구는 데 주력했다.

사실 노비는 양반들의 전유물이나 다름없었다. 서민들로서는 노비를 여럿 거느리고 부리기가 여간 어려운 일이 아니었기 때문에 땅을 개간해 부자가 되기란 쉬운 일이 아니었다. 그러나 조선 후기에 이르러 사회 분위기가 크게 바뀌었다. 양반이 아니더라도 이앙법과 같은 새로운 농법을 받아들여 부자가 될 수 있었다. 부지런한 농민들은 새로운 농법을 도입해 집약적인 농사를 지었고, 이를 통해 부를 축적할 수 있었다. 다시 말해 조선 전기와 달리 양반이 아니더라도 부농으로 성장할 수 있게 된 것이다.

물론 모든 농민이 잘살게 된 것은 아니었다. 당시에는 부농이 되어 떵떵거리는 사람이 적지 않았지만 그 반대로 땅을 잃고 이곳저곳을 떠돌아다니는 유랑민이 훨씬 더 많았다.

이처럼 빈부 격차가 심해진 이유는 세금 수취 제도가 너무나 문란했기 때문이다. 당시 정부는 '비총정액제'라는 제도를 도입하여 중앙정부에서 세액을 미리 결정하고 그 총액을 각 군현에 할당하는 방식으로 세금을 거두어들였다. 그런데 이 제도에는 문제가 있었다. 연이은 자연 재해로 수확량 변동이 심했음에도 불구하고 정부가 그러한 사정을 고려하지 않고 세액을 일방적으로 결정하는 경우가 많았기 때문이다.

지역의 사정을 고려하지 않고 매겨지는 세금 때문에 농민들은 골머리를 앓아야 했다. 늘어나는 세금을 메우고자 지방관들은 농민들에게 무리하게 세금을 내라고 독촉해댔다. 19세기에는 중앙 정치를 주름잡던 세도가에게 돈을 주고 관직을 얻는 경우가 많았는데, 이 때문에 지방의 수령들은 부임하자마자 관직을 사는 데 든 비용을 메우기 위해 군역 의무가 없는 갓난아이에게 군포를 징수하거나 한 번 세금을 거두어들인 동리에서 또다시 세금을 거두어들이는 등 부정을 저질렀다. 세금에 더해 지방관이 사리사욕을 채우기 위해 부과하는 잡세까지 합쳐 농민들에게 부과되는 짐은 해가 지날수록 늘어만 갔다. 이처럼 과도하게 부과되는 세금을 감당하지 못한 빈농들은 유랑민이 되거나 권세가의 노비가 되는 수밖에 없었다.

1803년 전라남도 강진에서 귀양살이를 하던 정약용은 다음의 이야기를 듣고 시로 남겼다. 어느 가난한 농민이 갓난아이에게 부과된 군역세를 감당하지 못해 관아를 찾아가 호소했으나 아무런 소용이 없었다. 결국 그 농민은 자신의 생식기를 칼로 잘랐고, 그 모습을 지켜본 아내는 하염없이 흐느껴 울었다. 정약용의 시를 통해 당시 농촌 사회의 참상이 어느 정도였는지 짐작해볼 수 있다.

> 갈밭 마을 어느 젊은 아낙네가 길게 길게 우는 소리가 들린다.
>
> 관아 앞에 달려가 통곡하며 하늘을 바라보고 울부짖는구나.
>
> 시아버지 3년상이 지나고 갓난아이의 기저귀도 아직 마르지 않았는데,
>
> 할아버지부터 갓난아이까지 3대 남자가 모두 군적에 올라 세금을 내는구나.
>
> 억울한 사정을 아뢰기 위해 관가로 달려가도 문지기는 호랑이처럼 박대하네.
>
> ……
>
> 남편이 칼 들고 들어가더니 피가 방에 흥건하네.
>
> 스스로 부르짖길, "아이 낳은 죄로구나!"
>
> ……
>
> 부잣집은 일 년 내내 풍악 울리고 흥청망청하는데,
>
> 쌀 한 톨 세금으로 바치는 일이 없구나.

이처럼 문란해진 세제와 더욱 벌어진 빈부의 격차는 농촌 사회를 파국으로 몰아넣었다. 따라서 당시 농민들은 사회변혁을 꿈꾸며 새로운 왕

조가 열릴 것이라고 예언하는 《정감록》을 믿거나, 미래 구원의 부처님으로 알려진 미륵불이 이 세상에 내려와 세상을 바로잡아주기만을 간절히 소망했다. 그러한 농민들의 열망은 1811년 홍경래의 난과 1862년 삼남 농민봉기로 표출되었다.

한편, 1860년 무렵부터 동학이라는 신흥 종교가 나타나 사회적인 대변혁을 갈망하는 농민들 사이에서 그 세력을 넓혀나가고 있었다. 동학은 세금제도의 개혁을 요구하는 한편, 토지 소유의 극심한 불균등을 시정하라고 외쳤다. 이렇듯 개혁의 목소리가 높아가는 가운데 조선은 개항을 맞이하게 되었다.

2부

—

조선의 개항에서 대한제국의 탄생까지

개항과 조선의 근대화, 비극의 이중주

1876년에 개항한 조선은 내부 갈등을 겪으며 개혁을 위해 몸부림쳤다. 이 무렵 청과 일본은 동아시아의 패권을 잡기 위해 치열한 경쟁을 벌였고, 한반도는 그 경쟁의 주요 무대가 되었다. 자주적 근대화를 꿈꾸는 동학농민들의 함성이 울려 퍼진 1894년, 조선은 나라 안팎에서 파열음이 일어났고, 두 흐름은 극적으로 충돌하며 조선의 운명을 결정지었다.

우여곡절 끝에 조선은 근대를 맞게 되었다. 우리에게 근대화는 무엇인가? 누구를 위한, 누구에 의한 근대화인가?

연표

1876년 | 강화도조약 체결

1882년 | 임오군란

1884년 | 갑신정변

1894년 | 동학농민전쟁, 청일전쟁, 갑오개혁

1895년 | 을미사변, 단발령, 을미의병

1896년 | 아관파천, 독립협회 설립

1897년 | 대한제국 수립

1899년 | 경인선 철도 부설

5

일본은 왜 조선에 개항을 강요했을까?

일본이 조선을 강제로 개항시키려고 한 이유는 무엇일까? 조선 침략의 발판을 마련하기 위해서였다는 주장이 있는데, 그것과 '정한론'은 어떤 관련이 있을까?

Q

새롭게 등장한 일본의 메이지 정부는 서양의 근대 문물을 빠르게 수용하는 한편, 그동안 전통적인 관계였던 조선과도 새로운 근대적인 외교 관계를 수립하고자 했다. 그러나 기존의 바쿠후 체제 아래에서 조선과 일본이 맺은 전통적 관계를 새로운 천황제 아래에서의 외교 관계로 전환하는 것은 동아시아 국제질서를 근본적으로 변화시키는 것이어서, 조선은 이를 받아들일 수 없었다.

일본에서는 조선과의 관계에서 진전이 보이지 않자, 무력행사를 주장하는 정한론이 대두되었다. 온건론자들은 먼저 청과의 수교를 주장했고, 1871년 청일수호조규가 체결되었다. 1872년 일본은 부산의 왜관을 외무성이 직접 관할하는 일본공관으로 개칭했는데, 원래 왜관은 쓰시마 사신과 상인들을 위해 조선 정부가 설치한 것으로, 조선과 협약 없는 일방적 조치에 조선 정부는 이를 인정하지 않았고 이후 양국 간의 공식 접촉도 완전히 단절되었다.

1873년 일본에서는 메이지 정부의 개혁에 대한 불평불만, 특히 몰락한 무사 계급의 불만이 정한론으로 터져나왔다. 1873년 외무경 소에지마 다네오미(副島種臣) 등을 청에 파견하여 외교 교섭을 한 결과, 청이 조선 내정에 간섭하지 않겠다는 다짐을 받아내면서 정한론은 절정에 올랐다. 당시 우대신(총리대신에 해당) 이와쿠라 도모미(岩倉具視) 일행이 유럽을 시찰하던 터라 사이고 다카모리(西鄕隆盛), 이타가키 다이스케(板垣退助) 등이 정권을 장악하고 있었다. 이들은 대병력을 동원하여 즉시 출병을 주장하고, 8월에 파견하기로 결정했다. 그러나 그해 9월 유럽의 자본주의와 근대국가의 발전을 보고 귀국한 이와쿠라 사절단은 일본 국력은 아직 미약하여 내치를 충실하게 하는 것이 급선무이며 정한론은 시기상조라고 주장했다. 이 두 파의 논쟁은 10월 24일 시기상조파의 승리로 끝나게 되어 조선 침략은 무기한 연기되고, 정한론의 선두에 있던 사이고 다카모리는 정치 분쟁에서 패배해 퇴진했다. 이후 사이고를 따르던 전통 무사 세력의 메이지 정권에 대한 불만이 전국으로 확산되었다.

이 같은 정세에서 일본 정부가 국내의 불만을 외부로 돌리기 위해 취한 조처가 타이완 출병이었다. 조선을 침략하기에 부담스러웠던 일본 정부가 타이완 침략을 선택한 것이다. 하지만 정한론자든 반대파든 단지 시기의 문제였을 뿐 조선 침략을 반대한 것은 아니었다. 즉, 조선을 침략해야 한다는 사실은 일본 정계 내에서 모두가 공유하던 인식이었다.

타이완 문제는 원래 청과 일본의 지배를 받던 류큐(琉球, 지금의 오키나와)의 선원 50여 명이 1871년 말에 타이완 남부 원주민들에게 살해당한 사건에서 비롯되었다. 류큐를 자국 영토라고 주장한 일본은 청에 이에 대한 보상을 요구했지만, 청 또한 류큐를 자국의 영토라고 하며 보상 요구를 거절했다. 서양의 침략에 시달리던 청이 타이완을 돌볼 여유가 없음을 알고 있던 일본은 1874년 타이완 침략을 단행하기 위해 3,600명의 병력을 보냈다. 원정의 목적인 원주민에 대한 응징은 전사자 10여 명을 내고 2주 만에 끝났다. 그러나 병력의 반수 이상이 말라리아와 질병에 걸려 병사자가 560여 명이나 발생했다. 당초 50만 엔으로 예상했던 작전비는 7배 이상 불어나 일본 정부는 엄청난 예산 적자를 떠안게 되었다. 결국 일본은 청과 교섭을 한 끝에 배상금이 아닌 보상금 50만 냥을 받기로 하고 타이완에서 철병했다.

일본의 타이완 침략은 군사적으로는 실패했지만, 정치 외교적으로는 적잖은 성과를 거두었다. 진상을 모르는 일본 국민은 환호했고, 정한론 논쟁으로 약화되었던 일본 정부의 기반이 강화되는 한편, 서양은 일본의 군사적 능력을 높이 평가했다. 물론 가장 큰 성과는 류큐에 대한 일본의 단독 주권 주장이 강화되어 류큐를 일본의 영토로 병합하기 위한 터전을 만들었다는 점이다. 타이완 침략의 원래 의도가 위험성이 큰 정한론을 채택하기보다 류큐를 일본의 영토로 편입시키고, 조선과 청에 대해 일본이 강대국들과 같은 동일한 지위와 특권을 확보하는 데 있었으므로 이 시도는 일단 성공을 거둔 셈이다.

일본의 타이완 침략 소식은 조선 정부에도 전해졌다. 이 당시에 조선 정부도 흥선대원군이 물러나고 고종의 친정(親政)이 시작되면서 일본과 수교하려는 논의가 시작되었다. 그러나 타이완 침략에 성공한 일본은 조선과의 관계에서 이전보다 강경한 입장을 취했다. 일본은 1875년 다시 조선에 대한 강경론자들이 정권에 들어오자, 조선과의 관계를 무력으로 해결하려고 했다. 함포외교의 전형을 보여준 운요호사건과 이를 계기로 체결된 강화도조약은 그 결과였다.

1876년 강화도조약이 체결될 때까지만 해도 일본의 경제는 근대적 경제체제로 전환되지 못했다. 서양 제국주의가 경제적 이득을 위해 식민지를 경영하려던 시도와는 달리 일본의 조선 침략은 조선에 대한 인식 문제와 동북아시아의 정세와 직접 관련이 있었다. 서양을 그대로 모방해 제국주의적 침략을 추진하던 일본은 타이완 침략에 성공하자, 조선을 침략하여 청·러시아와 대등한 관계를 이루고 조선의 농업 생산물과 자원을 장악하려 했다. 여기에다 일본이 임나일본부 등 고대의 삼한을 종속시켰다고 주장하는《일본서기》의 인식이 확대되면서 일본의 제국주의화와 맞물려 정한론은 역사적이거나 정치적 차원의 추상적 논의가 아니라 조선 침략으로 현실화되었다. 강화도조약은 그 결과이자 조선 침략을 위한 출발점이었던 것이다.

6

::

강화도조약은 왜 불평등 조약인가?

1876년 조선과 일본이 맺은 강화도조약은 최초의 근대적 조약이자 불평등 조약이라 한다. 도대체 어떤 내용이 들어 있기에 불평등 조약이라고 하는 것일까?

Q

일본은 흥선대원군이 물러나자 조선과 적극적으로 외교 협상을 시작했으나 쉽게 진척되지 않았다. 일본이 조선에 보낸 외교문서에는 '대일본', '황상'이라는 말이 들어 있었는데 이는 조선보다 일본을 높여 부르는 말로, 조선은 이를 수정해줄 것을 흥선대원군 집권기부터 요구해 왔다. 그러나 일본은 계속 주장을 굽히지 않았으며, 조선도 임진왜란 이래 300년이나 계속된 외교 격식을 폐기할 수 없다면서 물러서지 않았다. 박규수 등 일부가 일본의 외교문서를 받아들여 외교 관계를 정상화해야 한다고 주장했지만 국왕 고종을 비롯한 대다수는 이를 거부했다.

조선 정부는 1875년 2월 일본이 보내온 외교문서의 접수를 또다시 거부했다. 이에 일본 정부는 해군 군함을 조선에 파견해 무력으로 문호를 개방시키기로 결정했다. 이 결정에 따라 4월 20일 운요호의 부산 입항을 시작으로 5월 9일에는 군함 제2데이묘호가 부산항에 들어와 운요호와 합류했다. 동래부 역관 현석운의 항의도 거부한 채 두 군함은 연습을 핑계로 함포사격을 감행하여 위기감을 조성했다. 약 3개월 뒤 운요호는 '조선 동남 서해안에서 청 우장에 이르는 항로를 연구하라'는 명령을 받고, 8월 21일 한강 하구 강화도 해안에 정박했다. 다음 날 몇 명의 선원이 작은 배로 사전 허가 없이 '먹을 물을 구한다'고 한강 하구를 항해하자 우리 초지진에서 대포를 쏴 일단 그들의 상륙을 막았다. 그러자 운요호는 함포사격으로 초지진을 파괴했고, 다음 날 영종도에 상륙해 다수의 민간인을 죽이고 관아와 민가를 약탈한 뒤 8월 29일 일본으로 돌아갔다.

이것이 운요호사건이다. 운요호사건은 일본이 무력으로 조선을 개항하려고 계획적으로 도발한 사건이다. 일본은 미국의 군함외교에 의해 문호를 개방했던 역사적 경험을 역으로 이용한 것이었다.

일본 정부는 운요호사건 처리와 수교 교섭을 위해 구로다 기요타카(黑田淸隆)를 대표로 하는 4명의 전권 사절단을 보냈다. 이들 일본 대표단은 12월 말 인천·남양 앞바다에 나타나 군함을 앞세우고 무력으로 위협을 했다. 일본 대표가 군함을 앞세워 경기도 연안에서 시위를 계속하자 1876년 1월 5일 접견대신으로 신헌이 임명되어 일본의 대표를 만났다. 회담은 공식적으로 세 차례에 걸쳐 진행되었다.

이 회담에서 일본은 운요호사건의 해결책으로 조약 체결을 요구했고, 이에 대한 답변이 늦어질 경우 무력을 사용하겠다고 통고했다. 2월 14일 조선 정부에서 이에 대한 대책을 의논했지만 수교를 주장하는 박규수 외에는 일본의 무력 도발을 비난할 뿐이었다. 조선 정부는 조약 체결이라는 입장은 결정했지만 조약안의 내용에 대해서는 상의를 못한 채 전권대신 신헌에게 모든 것을 맡겼다. 조선 측이 국제법에 무지한 것을 이용해 일본은 강제로 2월 3일 조약을 확정하도록 강요했고, 2월 26일 조인식을 가졌다. 일본의 강요에 의해 아무런 준비 없이 회담에 임했던 조선 정부와 치밀한 계획 아래 준비를 해온 일본이 맺은 조약안은 조선에 절대적으로 불리할 수밖에 없었다.

이때 맺은 조약이 '조일수호조규(朝日修好條規)'이다. 이어서 이해 8월에 맺은 '조일수호조규부록'(전문 12관)과 '통상장정'(전문 11칙)을 합쳐서 강화도조약이라고 부른다. 강화도조약은 새로운 세계질서에 발을 들여놓는 근대적인 조약이자, 전형적인 불평등 조약이었다. 그뿐 아니라 일본은 국제법상의 조약 관례를 무시하고 조약의 유효 기간과 폐기 조항을 일부러 빼 불평등한 조약 내용을 무기한 존속시키려고 했다.

우선 영사재판권에 의해 일본인의 범죄를 일본 영사가 재판하는 치외법권·조계지의 설정·세 항구의 개항이 인정되었을 뿐만 아니라, 일본은 국제법상의 조약 관례를 무시하고 조약 유효기간과 폐기 조항을 빠뜨려 불평등 조약의 무기한 존속을 꾀하려 했다. 더구나 국내 시장의 보호와 국가의 재정 확보를 위해서는 불가결한 관세권마저 상실했다. 당시 조선의 교섭 당사자들은 근대적 관세권에 대한 이해가 없어 무관세 무역을 용인하고 말았다. 또한 일본 화폐를 조선에서 자유로이 유통될 수 있는 권리를 인정함으로써 일본의 은행이 조선에 진출하여 자국 상인의 금융을 지원하고 자본력에서 조선 상인을 압도할 수 있는 근거를 마련했다.

일본이 기도한 불평등 조약체계의 수립은 특히 곡물의 수출에서 더욱 기만적으로 드러난다. '통상장정'의 제6칙은 조선과 일본의 원문이 각기 다르다. 즉 조선 측 조약문은 개항장에 거류하는 일본인의 식량 조달을 위해 곡물의 매입을 허가한 것이지 양국 간 교역을 의미하지는 않았다. 그러나 일본은 자국의 조약문에서 '개항장에 거류하는 일본인(住留日本人民)'이라는 문구를 고의로 빼 곡물 수출을 합법화시켰던 것이다.

7

개항 이후 조선은 어떤 개화정책을 폈을까?

조선의 개항은 일본이 강제해서 이루어진 것만은 아니었다. 개항 이전에도 박규수 등 일부가 개국론을 펼쳤다. 그렇다면 개항 이후 정부가 등용한 개화파는 누구이며, 이들이 추진한 개화정책은 무엇이었나?

Q

조선의 개항은 단지 일본의 군사적 외압 때문에 이루어진 것은 아니었으며, 그동안 조선 내에 형성되어온 개국통상론(開國通商論)의 영향이 적지 않았다.

19세기 이후 조선 사회는 밖으로 중국·일본의 개항과 베이징 함락 등의 소식을 접하고, 안으로 병인양요(1866)와 신미양요(1871)를 경험하면서 서양 강대국에 대한 위기의식이 고조되어갔다. 조선에는 이들의 침략에 맞서기 위한 대응 방안들이 모색되었으며, 개국통상을 주장하는 정치 세력이 나타났다. 베이징에 사신으로 다녀왔거나 양요를 경험한 박규수, 신헌, 강위 등이 바로 그들이다. 그들은 소수에 불과했지만, 중국 중심의 동북아시아 세계관에서 벗어나 새로운 세계질서를 이해하고 있었으며 개국통상의 필요성을 절감하고 있었다.

개항 무렵 조선 사회에는 수교를 반대하는 여론이 들끓었으며, 최익현 같은 유생들은 개항을 반대하는 상소를 올렸다. 그러나 개국론자인 신헌, 강위 등은 고종의 지시를 명분으로 하여 일본과 수호조약을 체결하는 데 많은 노력을 기울였다. 당시에 그들이 내세운 개항 논리는 첫째, 통상 요구를 거절하면 전쟁이 일어날 것이고, 조선의 힘으로는 일본이나 서양 연합군을 막아낼 수 없다는 것이다. 둘째, 일본과의 수교는 그동안 단절되었던 오랜 우호관계의 회복을 의미하는 것이다. 그러나 그들의 진심은 유럽의 근대 문물을 수용하고 부국강병을 달성하여 서구 열강의 침략에 대비하는 데 있었다. 이와 같이 개항은 일본의 강요뿐 아니라 고종의 적극적 의지와 개국통상론자들의 노력에 힘입어 이루어졌다.

개항 이후 조선 정부는 수신사 파견을 시작으로 개화정책을 추진했다. 강화도조약 체결 후 일본은 조선에서 사신을 파견해줄 것을 요청했다. 조선은 1876년 4월에 수신사 김기수를 일본에 파견하여 '그곳 사정을 상세히 탐문'하여 오도록 했다. 그러나 이때 수신사 김기수의 파견은 의례적인 방문에 지나지 않았다.

개화정책은 1880년부터 본격적으로 추진되었다. 1880년 5월에 김홍집 등이 제2차 수신사로 일본에 파견되었으며, 귀국 후 김홍집은 서양과도 수교하여 선진 문물을 받아들여야 한다는 주장을 폈다.

1880년 12월에 정부는 개화정책을 담당할 기구로 통리기무아문(統理機務衙門)을 설치하고, 12사(司)를 두어 외교 통상과 부국강병 업무를 담당하도록 했다. 통리기무아문의 총리대신에는 영의정·좌의정 등이 임명되었지만, 실제 운영을 주도한 12사의 당상에는 이재면·조영하·민겸호 등 고종의 친위 세력과 민씨 집안 세력들이 등용되었으며, 이후 개화 세력이 많이 진출했다.

통리기무아문은 재정을 확보하기 위해 화폐 주조와 광산 개발 등을 주관하고, 일본과 중국에 근대 문물을 시찰하고 학습하기 위한 조사시찰단(신사유람단)과 영선사를 파견했다. 일본에 파견된 조사시찰단은 1881년 4월부터 4개월에 걸쳐 근대 문물을 세밀하게 시찰하고, 그에 대한 보고서를 제출했다. 이때 조사시찰단 일행은 홍영식·어윤중·민종묵·조병직·박정양 등 12명이었으며, 대부분 양반 명문가 출신들로서 고종의 신임이 두터운 친위 세력이었다. 이들은 귀국 후 개화 세력 증대와 정세에 많은 영향을 미쳤다.

1881년 9월 정부는 청에 무기 제조 학습을 위한 영선사를 파견했다. 김윤식이 이끄는 학생과 수공업 기술자 38명이 화약과 탄약 제조법, 제련과 기계 조작법 등을 학습했다. 비록 재정이 부족하여 유학생 반수가 미리 귀국했고, 임오군란이 일어나자 전원 귀국했으나 1883년 3월에 무기를 제조하는 기기창을 창건하는 데 힘이 되었다.

1880년 이후 추진된 개화정책은 고종의 개화에 대한 의지와 개화 세력의 성장, 그리고 정부 관료들의 타협적 지지 등의 산물이라고 볼 수 있다. 이러한 개화정책은 추진 과정에서 해고와 차별, 일본식 개혁 등으로 군인과 하층민들이 희생당하고 민족적 불만을 불러일으켜 결국 임오군란(1882)으로 폭발했다.

임오군란 진압을 명분으로 3천 명의 군대를 파견한 청은 전통적인 종주권을 내세워 조선의 정치와 외교에 직접 간섭하기 시작했다. 이후 조선의 개화정책은 청의 외압을 등에 짊어진 채 진행되었지만, 크게 위축되지는 않았다.

임오군란 후 1882년 말에 고종은 통리군국사무아문(내아문)과 외무를 담당할 통리교섭통상사무아문(외아문)을 설치했다. 내아문은 처소를 궁궐 안에 두고, 개화·자강 업무를 총괄했으며 최고의 권력기구로 떠올랐다. 초기에는 김병시·김윤식·어윤중·민종묵 등 청에 우호적인 개화 세력이 운영했으나, 1883년 8월에 6사로 개편된 후에는 민태호·민영익·민응식 등 민씨 집안과 윤태준·이조연·한규직 등 민씨 계열 인사들이 대거 등용되어 권력을 장악했다.

이러한 제도 개편과 아울러 정부는 일본과 미국에 사신을 파견하고 개화운동의 동력으로 삼았는데, 김옥균·박영효 등의 개화파들이 중요한 정치 세력으로 떠오르는 계기가 되었다. 1882년 9월 임오군란 수습을 위해 수신사가 일본에 파견되었는데, 젊고 개화에 적극적인 박영효와 김만식·홍영식·서광범과 김옥균·민영익이 수행했다. 이들 수신사 일행은 귀국 후 조선의 개화정책에 적극 앞장섰다. 박영효는 한성부판윤(오늘날 서울시장)에 임명되어 치도국(治道局)을 설치하고 도로정비사업을 적극 추진했으며, 치안을 맡는 순경국(巡警局)과 인쇄 출판을 담당한 박문국(博文局) 설치를 주도했다.

1882년 6월에는 미국과 조미수호통상조약을 체결하고, 이듬해 미국에 보빙사(報聘使, 답례 사절)를 파견했다. 이 미국 사절단에는 민영익·홍영식·서광범을 비롯하여 유길준·변수 등이 수행했다. 귀국한 후 이들의 시찰 경험은 근대적 우편 사무를 관장하는 우정국(郵征局)의 창설과 최초의 근대식 공립교육기관인 육영공원(育英公院) 설치로 이어졌다.

이러한 일련의 개화정책 추진 과정에서 개화를 주장하는 정치 세력의 성장이 두드러졌다. 임오군란 후 개화 정치 세력은 제도의 개혁을 주장하는 변법론(變法論)과 우리의 전통 사상은 지키되 서양의 과학기술은 받아들이자는 동도서기론(東道西器論)은 계열로 나누어졌다. 이렇듯 개혁의 방법론과 외세에 대한 입장을 둘러싸고 깊어진 대립과 갈등은 결국 갑신정변으로 이어졌다.

8

위정척사파는 왜 조선 정부의 개혁정책에 반대했을까?

위정척사파는 어째서 개항과 개화를 반대했을까? 위정척사파의 반대 논리는 무엇이며, 어떤 대안을 제시하고 있었을까? 그리고 그 대안은 당시 상황에서 적절했을까?

Q

위정척사의 말뜻은 글자 그대로 올바른 것을 지키고 사특한 것을 물리친다는 것이다. 조선시대에는 유교적인 가르침을 올바른 것이라고 생각했고 유교적인 가르침에서 벗어나 사회를 혼란에 빠뜨릴 수 있는 사상이나 종교를 사특한 것이라 생각했다. 따라서 위정척사는 유교적 가치관이 지배적인 사회에서 어느 시대에나 있을 수 있는 것이지만, 조선 후기에 서학이 전래되어 종교문화적인 갈등에서 기인하는 많은 사회 문제가 발생하면서 위정척사의 주된 대상은 서학으로 자리 잡게 되었다.

서학이 위정척사의 대상이 된 것은 종교 문제가 발단이 되었지만 그 배후에는 조선의 안전을 위협하는 서양 세력에 대한 경계심이 있었다. 1791년 윤지충이 어머니의 신주를 불사르고 제사 의례를 거부한 진산 사건은 당시에 유교적인 사회도덕을 부정한 충격적인 사건이었다. 하지만 1801년 신유박해 전개 과정에서 천주교에 대한 사회 인식은 더욱 악화되었다. 황사영이 프랑스에 조선 정부의 천주교 박해 실상을 알리고 군함을 보내줄 것을 요청하는 내용의 비밀 편지를 보냈다가 도중에 발각된 '황사영 백서 사건'이 발생했기 때문이다. 이를 계기로 천주교도들은 반유교적인 종교 집단뿐 아니라 반국가적인 종교 집단으로 보이게 되었다.

프랑스 군함은 1866년 프랑스 신부와 천주교도들을 학살한 병인박해를 접하자 이를 빌미로 조선에 침입하여 강화도의 조선 요새와 조선 별궁을 파괴하고 많은 보화를 약탈했다. 병인양요로 불리는 이 사건은 한때 프랑스 군함이 한강 양화진까지 거슬러 올라와 한양에 커다란 충격을 주었고, 피난민이 속출했다. 이때 조선 유림의 원로학자 이항로는 한양에 상경해 고종을 만나 강력하게 위정척사론을 주장했다. 그는 안으로 성리학적인 사회질서를 회복하고 밖으로 서양 세력에 대한 확고한 주전척화(主戰斥和, 전쟁을 주장하고 화친에 반대함)로 국론을 결집하자고 호소했다. 흥선대원군의 대외정책을 적극적으로 지지하고 거기에 힘을 실어주어 국론으로 승화시키려는 노력이었다. 1871년 전국에 세워진 척화비는 국론으로 승화된 위정척사의 상징적 조형물이었다.

이항로의 사상을 이어받은 최익현은 1876년 강화도조약 체결 당시 일본과 서양은 다르지 않다는 '왜양일체론'을 내세우며 개항에 반대했다. 조선 정부는 흥선대원군 집권기에 수립된 위정척사론이 국론으로 엄존하는 상황에서 일본에 대한 개항을 일본과의 전통적인 선린 관계의 회복이라고 애써 변명했지만 메이지유신으로 국가 체제가 바뀐 일본이 더 이상 전통적인 일본이 아님은 분명한 사실이었다. 조선 정부는 위정척사를 이념적으로 유지하면서도 현실적으로 일본에 개항하여 간접적으로 서양 세력과 교통하는 어정쩡한 모순을 보였다. 청에 영선사를 파견하고 일본에 조사시찰단을 파견하여 서양의 새로운 문물을 습득하는 동안에도 전국 각지에는 여전히 서양 세력을 단호히 물리칠 것을 촉구하는 척화비가 서 있었다. 1881년《조선책략》의 내용을 검토하면서 서양 세력과의 직접적인 외교를 고려하던 조선 정부는 유림 사회의 거센 반발에 직면하자 1866년에 이어 재차 척사윤음(斥邪綸音, 천주교를 배척하라는 내용으로 국왕이 백성에게 내리는 담화문)을 반포했다. 개화정책을 추구하면서도 위정척사를 천명하는 자기모순에서 헤어나지 못한 것이다.

이 당시 위정척사론이 얼마나 사회 여론을 대표하고 있었는지는 논의의 여지가 있다. 하지만 아직 근대 국민국가가 형성되지 못한 조선 사회에서 재야 유림의 위정척사론은 특수 이해집단의 정론(政論)이 아니라 국론에 참여하는 사회 여론 집단의 공론적 성격이 강했다. 1876년과 1881년의 척사론은, 흥선대원군 집권기에 국론으로 형성된 척사론의 원칙과 이에 위배되는 고종 친정기의 국정 운영의 현실이 모순된 상황에서, 척사론의 국론적인 정당성을 환기한 것이었다. 그러나 개화정책을 모색하는 고종 친정기의 집권세력이 보기에 위정척사론은 흥선대원군 집권기를 향한 불온한 그리움에 지나지 않는 것이었다.

결국 1881년의 척사론은 정치적인 탄압을 받아 쇠퇴했으며, 1882년 임오군란의 여파로 흥선대원군이 청에 납치된 뒤 전국의 척화비를 뽑아버리는 조치가 단행되면서 위정척사의 국론적 상징성도 소멸되었다. 개항을 전후한 시기에 재야 유림이 전개한 정치적인 상소운동으로서의 위정척사 운동은 사라졌지만, 이들이 견지한 위정척사의 정치적 신념은 시대의 격류 속에서도 다양하게 변주되며 한국 현대의 정치사상으로 면면히 지속되었다. 가령 이항로 문하의 유림에서 위정척사 정신을 배양한 백범 김구는 해방 후 정치란 정도를 지키고 사도를 물리치는 것이라는 신념을 밝히면서 외세를 물리치고 민족의 자주를 실현할 것을 역설했다.

9

임오군란 당시 군민들은 왜 일본공사관을 공격했을까?

임오군란은 군제개혁 과정에서 소외된 구식 군인들이 일으킨 봉기로 민씨 세력에 대한 불만이 터진 것인데, 여기에 민중들도 합세하여 일본공사관을 공격했다고 한다. 그 까닭은 무엇일까?

Q

개항 이후 조선 정부는 부국강병을 목표로 하는 개화정책을 추진해 나갔으며, 특히 군사력 강화를 위한 군사제도의 개혁에 역점을 두었다. 1880년 12월에는 통리기무아문 아래 군무사를 두고 근대적 군사업무를 담당하도록 했다.

정부는 먼저 별기군을 창설하고, 사관생도 등을 모집해서 일본인 교관 호리모토 레이조(堀本禮造)를 불러 신식 군사훈련을 실시했다. 통역은 다케다 간타로(武田勘太郎)가 맡았고, 때로는 일본공사관 순사들을 동원해 조교로 삼기도 했다. 일본인이 훈련시키는 별기군을 '왜별기'라고도 불렀는데, 이들은 초록색 군복을 입고 기존 군인들과 달리 급료도 많이 받았다. 이런 특별대우는 기존의 5군영(훈련도감·총융청·수어청·어영청·금위영) 소속 군인들의 사기를 떨어뜨리고 불만을 고조시켰다. 또한 1881년 12월 5군영을 2영(무위영·장어영) 체제로 개편하는 과정에서 상당수의 군인이 파면되어 실직했다. 이에 구식 군인들은 정부의 군사정책은 말할 것도 없고, 개화정책 전반에 대해 불신하기에 이른다.

임오군란의 직접적 계기는 1882년 6월 5일(양력 7월 19일) 훈련도감 소속 군인들에게 급료로 주는 쌀을 지급하는 과정에서 비롯되었다. 이날 선혜청에서 13개월이나 밀려 있던 요미(料米, 급료로 주는 쌀)를 지급했는데, 모래와 겨가 섞여 있고 양도 턱없이 모자랐다. 이에 군인들이 항의하면서 요미 지급자와 싸움이 벌어졌다. 이후 사건이 상부에 보고되어 항의를 주도한 김춘영, 유복만 등이 포도청에 수감되었고, 그들을 사형에 처할 것이라는 소문이 떠돌았다. 6월 9일에 김춘영의 아버지 김장손과 훈련도감 군인들은 상부에 억울함을 호소했으나 들어주지 않자 무력행동을 하기 시작했고, 이때 반일 감정을 가지고 있던 일부 민중도 여기에 동참했다.

서울의 군민들은 먼저 포도청을 습격하여 동료들을 구출하고, 개화정책을 주도한 민씨 집안과 개화파 관료들의 집을 습격하여 파괴했는데, 그 과정에서 선혜청 당상이요 민씨 집안의 중심인물인 민겸호가 살해되었다. 별기군의 훈련장(지금의 동대문역사문화공원)을 습격하여 일본인 교관 호리모토를 살해하고, 일본 순사와 일본 민간인도 살해했다. 또한 경기감영(경기도 관찰사의 관청)을 습격하여 무기를 꺼내 무장하고, 일본공사관(지금의 서대문구 천연동)으로 몰려가서 '왜인을 모두 죽이자'고 외치면서 돌을 던지고 총탄을 쏘며 공격하기 시작했다. 이에 일본공사는 공사관을 탈출하여 인천으로 도망갔다. 이때 일부 군인들은 수백 명을 이끌고 인천까지 쫓아가 일본인을 공격했다.

고종은 사태가 이미 돌이킬 수 없음을 깨닫고, 흥선대원군에게 국사의 전권을 위임했다. 흥선대원군은 군인들의 요구를 반영하여 옛 군제인

5군영을 다시 설치하고 군인들의 급료부터 지급했다.

이와 같이 임오군란의 출발은 군인의 급료 지급 문제에서 발생했으나 사태의 전개 과정에서 반개화(反開化)·반일(反日)로 확산되었으며, '일본인과 친한 자와 개화에 뜻을 둔 자'를 색출하는 움직임으로 이어졌다.

그런데 구식 군인과 민들은 왜 일본인을 살해하고 일본공사관을 공격했을까? 당시 조선인들은 조선을 강제 개항시킨 일본을 '강토를 침범'한 침략자로 여겼으며, 일본이 서울에 공사관을 설치하고 일장기를 내걸고 활보하는 데 대해 매우 못마땅하게 여겼다. 그래서 일본인과 마주치면 돌을 던지고 욕설을 퍼붓곤 했다. 게다가 군인과 민중의 희생이 따르는 군사제도 개혁과 개화정책 추진에 일본의 입김이 작용했기 때문에 일본에 대한 반감은 더욱 커져만 갔다. 따라서 조선 민중은 '개화 이래 이해와 상관없이 일본에 대한 말이 나오면 어금니를 악물며 그들을 죽이려' 했다. 이러한 반일 정서가 임오군란 때 '일본 타도'로 분출되었고, 일본공사관 공격으로 이어졌던 것이다.

:: — 임오군란 이후 흥선대원군은 어떻게 되었나?

1873년 고종의 친정으로 인해 운현궁에 물러나 있던 흥선대원군(1820~1898)은 1882년 일어난 임오군란을 계기로 다시 정권을 잡고 난을 수습하는 데 앞장서게 된다. 그러나 곧 청군에게 납치되어 청에 만 3년간 유폐되었다. 1885년 귀국해 운현궁에 칩거하던 중 1887년 청의 위안스카이와 손잡고 고종 폐위를 모의했으나 이 또한 실패했으며, 1894년 동학농민전쟁으로 청일전쟁이 발발하자 친청파를 축출하고자 하는 일본에 의해 잠시 추대되지만 끝내 쫓겨나고 만다.

10

김옥균은 왜 '갑신정변'을 일으켰을까?

김옥균과 박영효 등 갑신정변의 주역들은 급진적 개화를 선택했는데, 그들이 무리하게 이루고자 한 개혁, 그들이 꿈꾼 세상은 무엇이었나? 또한 정변이 실패한 이후 이들은 어떻게 되었나?

Q

당대 최고의 문벌귀족이자 고위 관료였던 김옥균을 비롯한 개화파들은 기존 체제 아래서도 얼마든지 부귀영화를 누리고 출세할 수 있었다. 그런데 왜 그들은 자신의 목숨을 걸고 위험천만한 '모반대역(謀反大逆)'을 감행한 것일까?

1876년 개항으로 조선은 뒤늦게 자본주의 체제에 강제로 편입되었다. 이제 조선 사회는 외세의 침략으로부터 국가의 자주독립을 지키고, 누적된 모순을 극복하고 근대화를 달성해야 하는 과제를 안고 있었다.

김옥균과 개화파들은 가까운 일본과 멀리 미국, 유럽의 근대화 실상을 둘러보고 조선의 근대화를 향한 의미 있는 정책들을 추진했다. 개화파는 유럽을 이상적인 근대화의 모델로 삼았으며, 장차 그들과 '같은 위치'에 설 수 있기를 희망했다. 또한 같은 목표를 추구하는 일본에 대해서는 호의적이었지만, 봉건체제 아래 허우적거리는 청에 대해서는 비판적이었다. 더구나 1882년 임오군란 이후 청의 내정간섭이 심해지자, 청으로부터 자주독립을 이루는 일이 가장 중요한 정책 목표가 되었다.

개화파는 신식 군대를 양성하고, 도로를 정비했으며, 최초의 근대 우편물 취급기관인 우정국을 설치하는 등 개화정책을 추진해나갔다. 그러나 이러한 근대화 정책은 민씨 세력의 정치적 견제와 반대에 부딪혀 중도에 좌절되었다. 그들은 고종의 강력한 지원을 기대했지만, 고종은 민씨 세력과 청의 눈치를 보면서 우유부단한 태도를 취하고 있었다. 이에 개화파는 개화정책을 제대로 추진하기 위해서는 국가권력을 장악할 필요가 있다고 생각했으며, 그것이 곧 갑신정변으로 귀결되었다.

그들이 정변을 일으킨 또 하나의 중요한 계기는 베트남을 둘러싸고 프랑스와 전쟁 중인 청이 조선 문제에 깊이 개입하지 않으리라는 기대 때문이었다. 그러나 예상은 빗나갔다.

1884년 10월 17일(양력 12월 4일) 밤 9시경 별궁(別宮, 지금의 서울 종로에 있는 풍문여고) 방화를 신호로 시작된 갑신정변은 10월 19일 저녁 7시경 막을 내렸다. 이른바 '3일 천하'로 알려졌지만, 정변이 진행된 시간은 46시간으로 만 이틀이 채 안 되었다. 이 짧은 시간에 김옥균과 개화파는 우정국 낙성식 축하연을 이용해 이른바 사대당이라 일컫는 민태호·민영목 등 정치적 반대파를 살해하고 개혁 인사를 단행했으며, 개혁 구상인 정령(政令)을 반포했다. 그리고 군권과 경찰권을 장악하여 청의 개입에 대비했다.

갑신정변에서 개화파는 조선을 속국으로 여기는 청과의 관계를 청산하고 왕권을 제한하여 입헌군주제를 도입하려 했으며, 문벌 폐지와 인민평등권 등을 실현하여 근대 국민국가를 건설하려 했다. 이러한 개혁안은 당시로서는 혁명적이었다.

10월 19일 오후 3시경에 시작된 청군의 공격을 막아내지 못함으로써 갑신정변은 종말을 고했다. 당시 서울에는 개화파가 일본인을 끌어들여 정변을 일으켰으며, 국왕이 폐립되고 대비가 죽었다는 등 수많은 소문이 나돌았다. 이에 도성 사람들은 일본인과 개화파를 만나기라도 하면 살해하려 했고, 실제로 30명이 넘는 일본인이 조선 민중에게 살해되었다.

갑신정변이 실패하는 순간, 정변 관련자들은 '역적'이 되었다. 개화파에게는 두 가지 선택의 길이 놓여 있었다. 하나는 고종을 호위하여 수행하는 길이고, 다른 하나는 일본공사를 따라가는 길이었다. 전자는 죽을 길이었고, 후자는 살 길이었다. 홍영식과 박영교 등은 자신의 죽음을 알면서도 전자의 길을 선택했으며, 곧바로 군인들의 손에 무참히 살해되었다. 김옥균과 박영효·서광범·서재필 등 9명은 후자를 선택하고 일본으로 망명했지만 일본 정부의 푸대접을 받았다. 특히 김옥균은 1894년 조선 문제를 담판 짓기 위해 상하이로 건너갔다가 조선에서 보낸 자객 홍종우에게 피살되었다.

갑신정변에 대한 평가는 다양하다. 당대에는 모반대역으로 규정되어 '나라를 팔고 겨레를 배반(賣國背宗)'한 사건으로 평가되었다. 그러나 이후에는 국민주권주의를 지향한 최초의 정치개혁운동, 부르주아적 개혁운동, 단순한 정권쟁탈전, 조선 근대화에 막대한 지장을 일으킨 사건 등 다양한 평가가 이루어졌다. 비록 갑신정변은 실패했지만, 개화파가 추구했던 개혁의 내용과 지향성은 가깝게는 갑오개혁에 반영되어 나타났고, 이후 각종 개혁운동에 커다란 영향을 미쳤다.

11

일본이 조선의 개혁을 원했다고 하는데, 사실일까?

개항 후 조선에 들어온 일본은 조선의 개혁정책을 적극 지원했으며, 조선이 청의 그늘에서 벗어나 자주독립국가가 되어야 한다고 주장했다. 과연 일본의 저의는 무엇이었을까? 그리고 김옥균 등 개화파는 일본의 저의를 알고 있었을까?

Q

서구 열강은 약육강식과 적자생존의 자연법칙을 인간 사회에 적용해 강대국의 약소국 지배를 합리화했으며, 신체뿐 아니라 지적·도덕적 자질이 다른 인종보다 뛰어나다는 백인 우월주의에 입각해 미개한 후진 지역을 개발하고 문명화시키는 것을 당연하게 여겼다. 이처럼 서구 열강이 자신들의 침략행위를 정당화하기 위해 내세운 사회진화론과 근대화 담론은 일본이 조선을 침략하는 데에도 그대로 적용되었다. 이는 1881년 9월 후쿠자와 유키치(福澤諭吉)가 《시사소언(時事小言)》에서 "조선은 미개하다. 일본이 도와야 한다. 조선인은 미련하고 완고하기 때문에 무력을 사용해서라도 그들의 발전을 도와야 하는 것이다"라고 쓴 데에서 잘 나타난다. 일본이 함포외교로 조선을 개항시킨 목적은 "조선은 자주국으로 일본과 평등한 권리를 가진다"는 조일수호조규(강화도조약) 제1조에서 나타나듯이, 일본의 조선 진출에 대한 청의 간섭을 배제하고 자국의 영향력을 확대해나가는 데 있었다. 이를 위해 일본은 조선의 근대화 필요성을 주장하며 일본의 근대 문물을 견문하도록 권유했고, 강화도조약이 체결되자 군사력을 과시하며 조선의 군사 근대화에 협조할 의사를 표명했다.

실제로 조선 주재 일본 대리공사 하나부사 요시모토(花房義質)는 의술·기계·측량 등을 학습할 유학생의 파견을 권유하거나 장교들을 인천에 정박 중인 일본 군함을 견학시켰으며, 각종 소총과 탄약을 기증하며 총포와 함선 등을 주선하겠다는 제의를 했다.

이처럼 일본이 끊임없이 근대화를 권유하거나 제의한 결과, 1881년 조선 정부는 일본 군사교관을 초빙해 '교련병대(별기군)'를 훈련시키기에 이르렀다. 하나부사는 교련병대의 창설 과정을 "아직도 진정한 개혁이라고는 말하기 어려우나 이로써 조선 정부가 이해득실을 고려하는 시초에, 진정한 개혁의 초보가 우리 육군사관의 손에 의하여 개신(改新)된 것으로, 이 역시 실제 수년 동안 권유를 한 결과"라고 일본 정부에 보고했다. 이를 통해 알 수 있듯이, 일본이 끈질기게 조선군의 근대화를 권유하고 원조한 목적은 바로 조선을 침략하려는 데 있었다.

그렇다면 자주독립과 근대적 개혁 의지가 강했던 김옥균 등 개화파는 일본의 저의를 알고 있었을까? 김옥균 등이 일본을 근대화의 모델로 인식하고 후쿠자와 유키치를 비롯한 일본 인사들과 접촉하면서 원조를 요청하려 한 사실은 부인할 수 없다. 하지만 이들이 일본에만 의존하여 근대화를 추진하려 했던 것은 아니다. 이들은, 일본이 동양의 영국이라면 조선은 지정학적으로 볼 때 완충지대인 이탈리아와 같은 역할을 해야 한다고 판단했을 뿐 아니라 서양 국가들과 국교를 맺어 국가의 자주독립을 유지, 보존할 것을 고종에게 적극 건의했다.

1883년 5월 김옥균은 일본과의 차관 교섭에 실패한다. 이로 말미암아 김옥균을 비롯한 개화파는 고종의 신임을 점차 잃게 되고, 민씨 세력의 극심한 견제에 정치적 입지가 약화되어 오히려 신의를 저버린 일본을 불신하기에 이르렀다. 이후 김옥균 등은 정변을 추진하는 과정에서 일본과는 거의 접촉하지 않은 채 미국공사관 측에 거사 계획을 밝히고 협조를 요청했다. 그러나 이들의 노력은 미국공사관 측의 반대로 무산되었다.

이러한 상황에서 청불전쟁을 계기로 조선에 대한 영향력을 강화하려는 일본 정부의 방침에 따라 조선에 귀임한 다케조에 신이치로(竹添進一郎) 공사가 종전의 태도와 달리 김옥균 등에 호의적으로 접근해왔다. 이에 김옥균 등 개화파는 일본 정부에 대한 불신을 토로하며 정변을 단행하겠다는 확고한 의사를 밝혔다. 개화파는 자신들의 부족한 병력을 보충하고 청군을 견제하기 위한 방편으로 일본공사관 호위병 150명을 빌려 이용하기로 결정했으며, 다케조에 역시 병력과 자금을 원조해주겠다고 약속했다.

김옥균 등은 왕궁 호위와 청군에 대한 방비만을 일본군이 분담하되 국내 수구파 제거와 내정 개혁에는 관여하지 않는다는 일본 측의 다짐을 받고 전략적으로 일본군을 끌어들였던 것이다. 전략적이라 할지라도 일본군을 끌어들인 것은 김옥균 등 개화파의 한계가 분명하지만, 당시 조선에 가해졌던 최대의 외압은 일본보다는 청이었다는 현실적 상황 또한 고려할 필요가 있다. 이 사실만 보더라도 조선을 침략하려는 일본의 의도와 달리 김옥균과 개화파의 궁극적인 목적은 조선의 자주와 근대화를 달성하려는 데 있었음을 알 수 있다. ◉

12

개항기 일본과 일본인에 대한 조선인의 감정은 어떠했을까?

당시 조선 민중은 개항을 강요하고 조선에 들어온 일본과 일본인을 어떻게 생각했을까? 일본인에 대한 좋고 싫은 감정은 어디서부터 시작된 것일까?

Q

개항 이후 조선인의 일본에 대한 인식은 역사적 경험과 그 기억의 전승, 개항 이후 일본인들과 접촉하면서 나타난 갈등이 결합된 것이다. 이미 삼국시대부터 '왜적(倭賊)', '도이(島夷, 섬나라의 오랑캐)' 같은 표현을 썼고, 이로 미루어 침략자, 약탈자라고 여긴 당시 인식을 확인할 수 있다. 특히 조선시대 임진왜란과 무력을 앞세운 일본의 침략행위는 이러한 일본 인식을 확고히 하는 데 가장 큰 영향을 미쳤다.

일본에 대한 인식은 1860년에 동학의 경전 《용담유사》 중 〈안심가〉에 "개 같은 왜적놈을 하날님께 조화받아 일야에 멸하고서"라는 구절에서도 엿볼 수 있다. 임진왜란의 경험이 개항 이후 일본 인식에 적지 않은 영향을 준 사실은 1894년 제2차 동학농민전쟁 당시 전봉준이 충청감사 박제순에게 보낸 글(《황해도 동학당정토약기》 부록에 나옴)에 실린 "저 임진왜란 때 능침을 헐고 궐묘를 불 질렀으며, 임금과 어버이를 욕보이고 수

많은 인민을 살육하여 신민이 함께 통분했고 천고에 잊지 못할 원한입니다"라는 구절에서도 확인할 수 있다.

임진왜란 이후 문화적 우월의식에서 나온 경멸감, 관념적 반감이 주를 이루던 일본에 대한 적대감은 개항 이후 일본인들과 접촉하면서 점차 구체화되었다.

우선 개항의 직접적 계기가 된 1875년 '운요호사건'에서 일본의 무차별적인 포격으로 군민 35명이 죽었다. 일본은 처음부터 방화, 약탈, 살육을 일삼는 침략자로 인식된 것이다. 개항 이후에는 조선인과 일본인 사이에 반목과 충돌이 빈번했고, 일본인의 행패도 심해졌다. 이들은 서울 거리를 활보했으며, 심지어 욕하는 사람을 칼로 찔러 죽이기까지 했다. 황현은《매천야록》에서 "개화 이래 이해와 상관없이 일본에 대한 말이 나오면 어금니를 깨물고는 죽이려 했는데, 소민들이 더욱 심했다"고 기록했다. 이러한 일본에 대한 적대감은 1882년 임오군란으로 폭발했다.

1885년 이후에는 일본 상인들의 내륙 상행위가 본격적으로 이루어지면서 일본에 대한 인식도 구체화됐다. 더구나 일본 상인 대부분은 일확천금을 노린 사람들로 투기와 사기로 신의를 잃었을 뿐만 아니라, 고리대업을 겸하기도 했다. 그들은 빌려준 돈을 갚지 못하는 사람에게는 친족이 대신 갚게 하는 등 주민들을 침탈하거나 사기 행각을 벌였다.

경제적 침탈에 대한 반감뿐 아니라 문화적 거부감과 혐오감도 팽배했다. 당시 일본인들은 '훈도시(일본식 속옷)'만 입고 거리를 다니거나 민가에 들어가 부녀자를 희롱하는가 하면 부녀자들이 보는 앞에서 대소변을 보는 망동을 보이기도 했다. 이런 과정에서 일본은 '생존을 위협하는 원수', '종사(宗社)를 위협하는 야만국'으로 규정되었고, 조선인의 대일 적대감은 극단으로 치달았다.

13

동학농민전쟁, 청일전쟁, 갑오개혁……
1894년에 무슨 일이 있었던 것일까?

1894년 한 해 동안 큰 사건이 여럿 일어났는데, 각각의 사건은 어떻게 연결되어 있을까? 그리고 어떻게 남의 땅에서 일본군과 청군이 전쟁을 벌일 수 있었던 것일까? 당시 갑오개혁을 주도한 정권 또한 일본의 지원을 받았다고 하는데, 사실일까?

Q

1894년과 1895년에 걸쳐 진행된 청일전쟁은 청과 일본이 조선의 주도권을 차지하기 위해 벌인 전쟁이었다. 전쟁으로 치닫는 과정은 1894년 1월 고부민란을 시작으로 한 동학농민전쟁 발발, 5월 초 청과 일본의 군사 개입, 농민군의 전주성 철수, 6월 중순 일본군의 경복궁 점령과 갑오 정권 수립, 그리고 일본이 일으킨 청과의 전쟁 도발로 이어졌다. 이 모든 사건은 꼬리에 꼬리를 물고 숨 가쁘게 진행되었다. 전쟁터는 조선의 성환, 평양, 압록강 및 인근 해역에서 청의 랴오둥(遼東)반도의 뤼순(旅順), 다롄(大連)과 산둥(山東)반도의 웨이하이(威海) 등지로 확대되었으며, 전쟁은 1895년 3월 23일(양력 4월 17일)에 종결되었다. 그런데 일본과 청은 어째서 한반도에서 일어난 농민봉기를 이용해서 싸움을 시작한 것일까?

사건의 발단은 동학농민군의 봉기에 있었다. 1894년 1월 10일(양력

2월 15일) 전라도 고부에서 일어난 농민봉기는 이어 3월 하순 무장에서 다시 봉기하여 전라도 일대로 확산되었다. 이때 농민군 지도자는 전봉준, 손화중, 김개남 등이었다. 이 사건은 이전에 끊임없이 일어났다가 스러진 민란과 큰 차이를 보였다. 이들 반란의 주도 세력은 지방뿐만 아니라 중앙정부를 무너뜨리려는 목표가 있었고, 농민들의 개혁을 국정에 반영하고자 했다. 만일 전봉준 등 지도부와 부패하고 무능한 조선 정부가 서로 대결했다면 곧바로 혁명이 성공하는 상황으로 전개되었을 것이다.

그러나 이 같은 사태가 일어나기도 전에 일본과 청이 개입했다. 이들은 왜 이웃나라인 조선의 개혁을 그냥 두고 보지 않았을까? 우선 청은, 1882년 임오군란을 빌미로 해서 청의 군대가 직접 개입한 이래 위안스카이(袁世凱)를 통해 정치적 간섭을 자행하고 있었다. 1890년대에 들어 그는 청의 총리대신 리훙장(李鴻章)의 지원을 받아 고종의 권위를 침해하고 마치 조선을 속국처럼 여겼다. 더구나 그는 동학농민군의 반란이야말로 손쉽게 진압되리라고 호언장담했다.

반면 일본은 좀 더 용의주도하게 사태를 이용하려고 했다. 당시 일본제국 의회에서 용퇴를 요구받고 있던 내각 총리대신 이토 히로부미(伊藤博文)는 국내 갈등을 외부로 돌리기 위해 청과의 전쟁이 불가피하다는 판단을 내렸다. 또 일본 정부는 외교적으로 사태를 진정하고 국제적 협조를 추구하는 듯했지만, 주한 일본공사관과 일본의 파견 군대를 동원하여 가능한 한 빨리 개입하려고 했다. 이렇게 청과 일본은 이 사건을 정치적으로 이용할 속셈이었다. 양국은 이미 1884년 갑신정변을 둘러싸고 군사적 충돌의 위기를 겪은 이후 각기 군사력을 강화하고 조선을 자신의 통제하에 두려고 했다. 따라서 동학농민군의 봉기는 청일전쟁의 빌미일 뿐 전쟁의 근본 원인은 아니었다.

그러나 당시 조선 정부의 고종이나 집권 세력은 국제 갈등의 기미를 알아채지 못한 채 동학농민군의 진압을 서둘렀다. 실세였던 민씨 일파의 민영준은 조선 정부군의 힘으로 동학농민군을 진압하지 못하게 되자 아무 생각 없이 청에 군대 파견을 요청했고, 청군은 조선 정부의 요청을 빌미로 대규모 군대를 파병하여 1894년 5월 5일 충청도 아산에 상륙했다. 일본은 청의 원병 파견을 기다렸다는 듯이 즉시 조선에 군대를 파견하여 일촉즉발의 위기를 불러일으켰다. 일본은 명목상 동학란에 따른 거류 상인의 보호를 내세우며, 군대 파견은 제물포조약과 톈진조약에 근거한 것임을 주장했다. 그러나 실제 두 조약의 규정은 단지 조선에 향후 군대를 파견할 때 상호 통지한다는 절차일 뿐 청일의 상호 군사개입을 허용한 것은 아니었다.

이러한 상황을 맞아 동학농민군과 조선 정부는 외세 간섭의 위기를 벗어나고자 서로 타협함으로써 농민군은 전라도 전주성에서 농성 투쟁을 풀고 철수했다. 그러자 일본은 다시 전쟁의 꼬투리를 삼고자 조선의 농민 반란을 근원적으로 해결하기 위해서는 내정 개혁이 필요하다며 청일 양국이 공동 간섭하자고 주장했다. 그러면서도 일본은 청과의 전쟁 준비를 늦추지 않았다. 더욱이 청일의 공동간섭론이 실현되지 못하자, 6월 초 일본은 독자적으로 조선 정부에 내정 개혁을 강요했다. 일본은 조선 정부가 이를 거부할 경우 전쟁 발발에 협조할 수 있는 정권으로 교체시킬 계획이었다. 일본의 내심으로는 조선 정부가 청의 부당한 간섭을 물리치기 위해 일본의 협조를 받겠다는 약조만 해주면 되리라 계산하고 있었으나, 정작 조선 정부는 일본의 내정 개혁 요구는 내정간섭이라고 비난하며 받아들이지 않았다.

조선의 대응에 초조해진 일본은 조선 정부에 청군의 철수를 요구하며 조청상민수륙무역장정과 중강통상장정, 그리고 길림무역장정을 폐기하라고 강요했다. 물론 일본은 조선 정부가 당시 상황에서는 이러한 요구를 도저히 받아들일 수 없음을 알고 있었다. 이는 고종과 민씨 세력이 움직이는 조선 정부를 전복시키기 위한 수순의 하나였다. 이제 일본 측이 선택할 최종 순서는 군대를 동원하여 조선의 왕궁인 경복궁을 점령하는 것이었다.

일본군은 1894년 6월 21일(양력 7월 23일) 새벽 4시 용산에서 1천 명의 병력을 경복궁 쪽으로 진군시켰다. 일본군은 경복궁을 침략하면서 '그쪽(조선)에서 먼저 발포'해왔으므로 이에 맞서 싸우다가 어쩔 수 없이 궐내로 진입했다고 변명했다. 따라서 이 사건은 경복궁을 도발하여 점령한 사건이 아니라 그야말로 우발적인 소규모 충돌 사건에 지나지 않았다는 것이다. 이러한 불법 사건이 일어난 지 100년 만인 1994년 봄 일본에서 〈조선 왕궁에 대한 위협적 운동 계획〉이라는 비장(秘藏)의 자료가 발견되었다. 여기에는 당시 일본군이 경복궁에 쳐들어가는 장면이 상세하게 묘사되어 있다.

> 이때 제6중대는 예정대로 남대문으로 들어가 오전 4시 20분 건춘문에 도착했는데, 문 밖에 있던 조선 병사가 이들을 향해 총을 쏘아 즉각 응사했다. 5시에 조금 지나 영추문으로 들어온 제7중대 1소대가 도착해 안에서 문을 열어 곧바로 문 안으로 진입했다. 건춘문으로 들어온 제6중대는 다시 북방의 춘생문, 신무문, 순거문을 점령하라는 임무를 받고 병력을 나누어 조선 병사를 추격하며 왕궁 내부를 지나 북쪽으로 일제히 행진했다.

지금까지 일본군과 일본 정부는 위의 작전 경과 보고서를 숨기고 공개하지 않았다. 그만큼 일본군의 경복궁 점령은 외교적으로 있을 수 없는 만행이었다.

이렇게 일본은 경복궁을 강제 점령하여 조선의 정국을 한순간에 바꿔버렸다. 일본은 조선 정부를 붕괴시켰으며 이후 청과의 전쟁에 협조할 수 있는 친일 정권을 탄생시켰다. 이제 조선의 친일 개혁 정부의 입으로 청을 물리쳐달라고 선언하는 일만 남았다. 하지만 실제로는 그렇게 되지 않았다. 당시 일본이 추대한 흥선대원군이 반대했을 뿐만 아니라 김홍집, 유길준을 비롯한 개화파 관료들도 개입하기를 꺼려했기 때문이다. 이에 일본군은 기습적으로 6월 23일 충청도 아산만에 있는 풍도 앞바다에서 청 군함을 격침시켰고, 성환에서 청군에 선제공격을 감행했다. 제1차 전투에서 승리하자 7월 1일 일본 메이지 천황의 이름으로 선전포고문을 공포했다.

당시 일본은 청일전쟁이 진행되는 동안 잠시 조선의 독자적 개혁을 허용하는 듯했지만 8월 평양성 전투 이후 전세가 유리해지자 9월 말에는 주한 일본공사 이노우에 가오루(井上馨)를 파견하여 정치·군사적 간섭을 강화하고 일본의 보호국화 정책을 추진하기에 이르렀다. 또한 일본에 저항하는 동학농민군을 탄압하여 수많은 사람을 살육했다. 이는 일본이 주장했던 조선의 대외 독립과 내정 개혁이라는 명분이 허구였음을 말해준다.

결국 갑오개혁을 주도한 정권(이하 갑오 정권)은 동학농민군의 개혁 요구를 수용하는 한편, 자주적으로 추진하고자 했던 근대국가를 향한 개혁이 좌절되고 왜곡되는 상황에 직면하게 되었다. 반면 일본은 청과의 전쟁에서 승리함으로써 천황제를 중심으로 하는 근대국가로 도약하는 계기를 갖는 동시에 제국주의 국가로 변신하여 이후 반세기 동안 동북아시아를 전쟁의 소용돌이에 휩싸이게 했다.

14

1894년 동학농민군이 꿈꾼 세상은 어떤 모습이었을까?

1894년 전봉준이 이끈 농민군은 어떤 세상을 만들고자 했을까? 또, 조선의 근대화에는 어떤 영향을 미쳤을까? 이들은 과부의 재혼을 허락해줄 것을 주장하기도 했는데, 여성들도 농민군에 참여했을까?

Q

조선 사회를 지탱한 양대 기둥은 봉건적 신분제도와 지주제였다. 그런데 19세기에 접어들면서 그 기둥이 뿌리째 흔들리기 시작했다. 여기에 1876년 개항 이후 불평등 무역체제가 심화되면서 대다수 농민은 더욱 궁핍해져만 갔다. 또한 개항 이후 청과 일본 상인의 횡포는 농민들의 민족 감정을 자극했다.

마침 그 무렵 동학은 전국적인 조직망을 가지고 있었으며, 보국안민을 주장하고 외세를 반대하는 교리도 많은 이들의 공감을 불러일으켰다. 특히 부패한 세상을 바로잡고 보국안민의 뜻을 펼친 전봉준 등 변혁 지향적 인물들과 지배층의 수탈에 시달리며 세상이 바뀌기를 바라던 민중이 참여하면서 농민들은 동학 조직을 매개로 결합하기 시작했다.

1894년 3월 20일(양력 4월 25일) 전라도 무장에서 시작된 동학농민전쟁의 목적은 보국안민(輔國安民) · 광제창생(廣濟蒼生) · 척양척왜(斥洋

斥倭)였다. 농민군이 추구한 새로운 세상의 구체적 모습은 농민군이 정부에 제출한 '폐정개혁안'과 농민전쟁 당시 농민군의 행동을 통해 엿볼 수 있다. '폐정개혁안'의 주요 내용은 부정부패와 탐관오리에 대한 반대와 개혁방안이었다. 농민군들이 주로 공격한 것도 탐관오리와 평소에 자신들을 억압하고 침탈하던 횡포한 양반 토호들이었다. 그러나 농민군들의 이러한 행동이 원칙 없이 이루어진 것은 아니었다. 농민군은 '농민군이 지켜야 할 12개조 호령', '적을 상대할 때의 4가지 약속' 등 규율을 마련하여 행동해나갔고, 이를 어기는 농민군에게는 엄벌을 내렸다.

농민군의 행동 준칙이 담긴 정신 가운데 가장 두드러진 점은, "전투를 하더라도 절대로 인명을 살상하지 않는다", "배고픈 자에게는 음식을 먹인다", "곤경에 처한 자는 구제해준다", "병든 자에게는 약을 준다"는 조항에서 알 수 있듯이, 인명을 존중하고 가난하고 약한 사람을 도와주고자 했다는 점이다. 실제 전투 과정에서도 온갖 횡포와 침탈을 자행하던 관군과 달리 농민군은 재물을 약탈하지 않았고, 필요한 잡화를 살 때도 그 대금을 부족함 없이 지불하는 등 민심을 얻었다. 이 때문에 상인들도 농민군을 환영했고, 일부 부유한 농민이나 상인들은 농민군에게 군량을 제공하기도 했다.

농민군은 평등한 세상을 추구했다. 양반 사대부에 대한 농민군의 공격은 농민군 대중이 가진 신분적 억압에서 벗어나려는 해방을 향한 염원이자 부당한 침탈에 대한 반감의 표현이었다. 농민군의 행동 양태에서 두드러진 점은 관리들이 농민들로부터 부당하게 착취해간 곡식이나 부자들의 재물을 탈취하여 그것을 빈민들에게 나누어준 사실이다. 이는 농민군이 구상한 토지의 평균분작과 함께 경제적 평등주의의 염원을 표현한 것이다. 농민군이 일본군의 침략에 맞서기 위해 일으킨 제2차 농민전쟁은 외세에 반대하고 나라를 지키려는 의도에서 비롯되었지만, 다른 한편으로 외세의 침략은 새로운 세상을 만들려는 농민군의 꿈을 헛되게 할 수 있었기 때문이다. 결국 외세의 침략은 농민군의 꿈을 좌절시키고 말았다.

한편, 일본군의 침략행위가 노골화하자 농민군은 그들을 진압하기 위해 대치하고 있던 관군에게까지 도(道)는 달라도 척왜척화의 뜻은 하나이므로 골육상전을 피하자고 했다. 이념적 갈등을 극복하고 사회구성원 간의 화해와 협력을 주장한 것이다.

동학농민전쟁에는 여성도 다수 참여했으며 많은 희생을 당했다. 대표적 인물로 농민군이 장흥을 공격할 때 말을 타고 지휘했다는 이조이(李召史)를 꼽을 수 있다. 그 밖에도 많은 여성이 동학농민전쟁에 가담한 남편이나 아들 때문에 곤욕을 치르거나 잡혀가서 문초를 받았다. 장흥의 고실 박씨 가는 남편들의 시신을 찾으러 갔다가 조부손(祖父孫) 삼대의 부인들이 모두 총을 맞고 사망한 일도 있었다. 신례원 전투에서는 관군의 밥을 해주던 노파가 농민군에 내응하여 관군이 잠든 사이에 포신에 물을 붓고 도망했으며, 이 탓으로 '동학군은 호풍환우의 술(術)이 있어서 능히 대포 구멍에 물이 나게 한다'는 소문이 떠돌았다는 일화도 전해온다. 그러나 여성들의 동학농민전쟁 참여에 대한 자료는 그리 많지 않다. 이에 대해서는 좀 더 많은 연구가 필요하다.

농민전쟁이 일어나자 이에 놀란 지배층은 서둘러 갑오개혁을 단행했다. 여기에는 농민군들이 행동과 생각을 통해 보여준 개혁안들이 적지 않게 반영되었다. 그러나 당시 경제적으로 가장 심각한 문제였던 토지의 평균분작안은 반영되지 않았고, 신분평등 요구도 처음에는 받아들여졌으나 수정되어 완전한 사회적 평등은 유보되었다.

이처럼 동학농민전쟁은 부패하고 탐욕스러운 지배층의 억압과 수탈, 그리고 외세의 침략행위에 저항한 투쟁이었다. 그뿐만 아니라 근대적 권력(식민 권력, 자본 권력)의 침략에 맞서 이 땅에서 나고 자란 민중이 추구하던 이상 사회를 건설하기 위한 저항이었다. 나아가 생명을 존중하는 사회, 모든 억압과 차별 없이 상생하는 사회, 사회적 평등과 경제적 균산주의에 입각한 민중적 유토피아를 향한 움직임이었다.

::── '동학농민전쟁'을 어떻게 부를 것인가?

1894년에 일어난 '민중 반란' 사건을 지칭하는 용어로 동학란, 동학혁명, 동학봉기, 갑오농민전쟁, 1894년 농민전쟁, 동학농민전쟁 등이 있다.

'동학란(東學亂)'은 동학이라는 사술(邪術)을 믿는 무리가 세상을 어지럽히는 행위를 뜻한다. 일제 식민사학자들이 쓴 '동학당의 난'은 이와 더불어 조선인의 당파성을 강조하려는 의도가 숨어 있다. '동학혁명'은 이 사건이 근대 부르주아혁명과 유사함을 강조한다. 동학사상도 '사교'의 '동학'이 아니라 '혁명'을 일으킨 근대사상으로서 자리매김할 수 있다.

'갑오농민전쟁'은 '갑오'라는 간지와 '농민전쟁'이라는 두 개념으로 이루어졌다. '동학'이라는 접두어 대신 '갑오'라는 간지가 붙은 것은 1894년의 사건과 동학은 관련성이 없음을 나타낸다. '농민전쟁'은 지배계급에 반대하여 농민들이 일으킨 일종의 내전 또는 계급 전쟁을 말하며, 봉건사회의 말기 혹은 근대사회의 여명기에 일어났으나 근대적 부르주아혁명까지는 나아가지 못한 농민들의 '반란'을 일컫는다.

'동학농민전쟁'은 사건에 대한 성격 규정에서는 '갑오농민전쟁'과 거의 같지만, '동학'이라는 접두어를 붙이는 이유는 다양하다. 다만 이 글에서는 동학사상을 농민전쟁과 직결시키기 곤란하다고 하더라도 '동학'의 교단조직이 '농민전쟁'의 수행에 기여한 의미가 각별하고, 또 동학농민전쟁이 독일의 농민전쟁과 달리 '반봉건'뿐만 아니라 '반외세'의 성격도 가졌다는 점을 강조하기 위해 반외세의 의미가 내포된 '동학'이라는 접두어를 붙였다.(이 책에서는 '동학농민전쟁'이라 통일해서 사용했다.)

15

유생들은 왜 일본군을 지원해 농민군을 토벌했을까?

농민군은 '척왜창의(斥倭倡義)'를 주장했고 유생들 또한 척왜를 주장했는데, 어찌 하여 유생들은 농민군을 토벌하기 위해 일본군을 지원했을까? 또 농민전쟁 당시 농민군이 수적으로 우세했는데도 일본군에게 패한 까닭은 무엇일까?

Q

1894년 11월 9일(양력 12월 5일) 공주 우금치에서는 농민군과 관군 및 일본군 사이에 치열한 전투가 벌어졌다. 경복궁이 무력으로 점령된 데 이어 청일전쟁에서 우위를 점한 일본이 친일 내각을 내세워 조선 침략을 더욱 노골화하자 농민군은 '척왜창의'의 기치를 내걸고 재봉기한 것이다. 중부지방의 전략적 요충지라 할 수 있는 공주를 두고 서울로 북상하기 위한 발판을 마련하고자 했던 농민군과 이를 저지하려는 관군 및 일본군 사이에 치열한 접전이 벌어졌다. 이 전투에 참여한 농민군은 대략 4만여 명에 이르렀고, 관군과 일본군은 모두 합쳐 4천여 명에 불과했다. 이러한 수적 우세에도 농민군은 끝내 우금치를 넘지 못하고 패했으며, 일본을 몰아내고 새로운 세상을 이루고자 했던 농민군의 꿈도 함께 좌절되었다.

일본에 국권을 빼앗긴 이후 많은 민족주의 사학자들은 1894년의 동학농민전쟁을 서구 혁명과 비유하여 평민적 대혁명으로 평가했다. 이들은 그 실패 요인으로 외세의 개입을 첫 번째로 지적했다. 이는 근대적 무기로 무장한 일본군을 두고 지적한 것으로 볼 수 있다. 이 당시에 일본군이 보유한 무기는 사정거리만 수백 미터가 넘는 개틀링 기관총과 스나이더 소총, 무라타 소총이었다. 더구나 1초에 한 발씩 발사되는 이들 소총에 비해 농민군의 화승총은 불을 붙여 발사하기까지 30초나 걸리며, 사정거리는 10분의 1에도 못 미쳤다. 당시 청에서 무기제조법을 견학하고 온 김윤식은 일본군 한 명이 농민군 수천 명을 상대할 수 있고 경군 한 명은 수십 명을 상대할 수 있는데, 그것은 바로 화승총과 근대식 소총의 차이 때문이라고 지적했다. 우금치를 두고 벌어진 전투에서 높은 고지에서 쏘아대는 소총에 농민군은 속수무책으로 무너질 수밖에 없었다.

이와 함께 사회경제사학자인 계봉우는 농민전쟁의 실패 요인으로 농민군을 향한 민포(보)군의 적대행위를 지적했다. 민족주의사학자인 박은식 또한 백만 명에 가까운 '귀족(양반)계급'의 적대행위를 농민전쟁의 주요 실패 요인으로 꼽았다. 특히 농민전쟁에 직접 참여했던 오지영은 《동학사》에 양반들이 농민전쟁 이후 민포군을 조직해서 농민군을 체포해 무참히 살상한 사실들을 적고 있다. 우금치 전투에서도 양반 유생들을 중심으로 조직된 민포(보)군이 다수 참여한 사실을 여러 기록에서 확인할 수 있다.

개항 이후 보수 유생들은 줄곧 개화 정권에 적대적이었으며, 특히 왜양일체론을 주장하며 일본의 조선 침략을 누구보다도 경계했다. 따라서 척왜창의를 내세운 농민군의 항일연합전선에 합류할 가능성은 매우 컸다. 우금치 전투 직전 전봉준은 격문에서 "조선 사람끼리라도 도는 다르나 척왜와 척화는 그 의가 일반이다"라고 하여 양반, 상민 할 것 없이

"척왜척화하여 조선으로 왜국이 되지 않게" 모두 함께 충군 애국하는 마음으로 항일전선에 참여할 것을 호소한 것도 그러한 이유 때문이었다. 실제로 민포(보)군을 조직하여 농민군을 토벌하기 위해 공주로 향했던 유생 이유상은 오히려 전봉준의 항일전선에 참여했다. 그러나 유생들의 항일연합전선 참여는 극소수에 불과했으며, 대부분은 일본군에 협력해 농민군 토벌에 앞장섰다.

이처럼 보수 유생들이 농민군의 항일연합전선을 거부하고 침략 세력인 일본군에 협력한 이유는 농민군의 봉기를 사교(邪教)인 동학의 활동으로 인식했기 때문이다. 일찍이 보수 유생들은 동학 초기부터 이를 사교로 지목하여 조직적으로 탄압했다. 따라서 이들이 주장하는 척왜양은 단지 핑계일 뿐 난리를 꾸미는 역도(逆徒)에 불과하다는 것이다. 특히 2차 봉기 직전에 지방 권력을 장악한 농민군은 이전 양반 유생층의 횡포에 대한 원한을 풀기 위해 살해 및 방화 등 보복을 감행하거나, 노비문서를 불태우거나 노비가 양반을 욕보이는 등 기존 양반 유생층이 중심이었던 향촌 질서의 근간을 뿌리째 흔들고 있었다. 결국 이는 농민군과 양반층 간의 상호 연합 가능성을 단절시키는 결정적 계기로 작용했다. 보수 유생층은 항일대연합이라는 민족적 모순의 해결보다는 농민전쟁으로 상실한 기존 기득권을 일본 세력을 통해 일시적으로 회복하고자 했었다. 농민군의 척왜창의를 거부하고 이들을 탄압했던 보수 유생들이 불과 1년 만인 1895년에 척왜창의를 내세워 1895년 의병운동을 주도했으니, 역사의 아이러니가 아닐 수 없다.

16

'갑오개혁'의 주인공들이 돌에 맞아 죽은 까닭은?

갑오개혁을 이끈 어윤중과 김홍집이 백성들이 던진 돌에 맞아 죽었다는데, 사실일까? 갑오개혁의 주요 내용은 무엇이었을까? 농민군이나 백성들이 요구한 개혁 주장은 받아들여졌을까?

Q

1894년 6월 조선의 개화파 관료들은 일본의 경복궁 점령 사건을 이용해서 새로운 정권(갑오 정권)을 출범시켰다. 이들은 조선 왕조국가를 근대국가로 개편시켜 자본주의 경제를 수립하고 평등하고 자유로운 근대사회를 만들고자 했다. 하지만 이들의 개혁은 불과 1년 반 만에 중단되었다. 이들은 당시 사람들에게 역적으로 비난받았으며, 일부는 죽임을 당했고 일본으로 망명할 수밖에 없었다. 어떻게 해서 이들은 근대 개혁에 실패했으며 친일파, 역적이라는 비난을 받게 되었을까?

당시 갑오 정권에는 김홍집, 김윤식, 어윤중 등 양반 관료를 비롯해 서자와 같은 한미한 가문 출신 등 다양한 관료층이 참여했다. 이들은 군국기무처라는 의결기관을 설립하여 개혁 의안을 공포했다. 먼저 공사 노비의 폐지에 이어 인민매매를 금지하여 신분제를 폐지했으며, 각종 조세의 폐단을 개혁하여 조세를 돈으로 납부하고 조세의 불평등을 바로잡았다. 국가의 제도와 관련해서는 중앙정부와 재정 등을 중앙집권적으로 개혁하는 동시에 23부제와 향회 조규를 발표했다. 경제적으로 각종 특권을 폐지하고 자본주의 경제질서를 수립하는 한편, 일본의 화폐와 재정 차관 도입을 허용하여 일본에 종속된 경제구조를 만들었고, 청일전쟁에서 일본에 협조했다.

그런데 당시 갑오 정권은 개혁 조치를 했음에도 불구하고 일반인의 바람을 담아내지 못했다. 1894년 가을에 이르러 농민들의 개혁 요구는 더욱 거세졌으나 갑오 정권은 별다른 조치를 취하지 않았다. 조세개혁에 따른 후속 조치를 마련하지 못했고, 신분제를 해체시켰음에도 양반의 질서를 유지하거나 지주제의 폐단을 바로잡지 않고, 농민들의 토지개혁 요구를 들어주지 않았다. 1894년 8월 중순 평양성 전투에서 청군에 승리한 일본군은 동학농민군을 진압할 것을 거듭 요구했으며, 이에 갑오 정권은 일본군의 요구를 수용했다. 결국 갑오 정권은 일본의 군사력에 의존하여 수많은 농민을 학살하고 전봉준을 비롯한 농민군 지도자를 처형했다.

갑오 정권은 일본의 명성왕후 시해 사건의 사후 처리에도 적극 협조했다. 1895년 8월 20일(양력 10월 8일) 주한 일본공사 미우라 고로(三浦梧樓)는 일본군과 영사 경찰 및 낭인을 동원하여 명성왕후를 시해하는 만행을 저질렀다(을미사변). 당시 외부대신 김윤식은 실상을 잘 몰랐다고 했으나 농상공부대신 정병하와 군부대신 조희연 등은 사전에 알고 있었다. 사건 직후에는 명성왕후를 폐하고 서인으로 강등하는 조칙을 반포한 후 왕후 간택령을 내렸다. 일본인은 이 변란과 상관없음을 선언하고 도리어 조선의 관련자를 처벌하기도 했다. 나아가 철저한 사회개혁을 추진한다는 명목으로 1895년 11월 17일(양력 1896년 1월 1일) '건양(建陽)'이라는 새로운 연호와 더불어 태양력과 단발령을 전격 실시하고자 했다.

갑오개혁의 단발령 시행은 취약한 권력 기반을 만회하고 근대 개혁을 사회 저변으로 확산하는 데 있었으나, 조선의 오랜 관습과 전통에 반하는 것이었기 때문에 양반 유생뿐만 아니라 민중의 반발을 불러왔다. 당시 최익현은 유길준에게 개혁에는 본말과 경중의 구분이 있다면서, 강상윤리(綱常倫理)와 화이(華夷)의 구분이라는 근본을 무시하고, 지난 8월의 을미사변과 11월 15일(양력 12월 30일)의 단발령으로 모든 신민을 나라를 어지럽힌 죄인으로 만들었다고 비난했다. 당시 전국 곳곳에서는 의병이 일어나 지방 관리와 일본인들을 처단하기에 이르렀다.

이러한 상황에서 1896년 2월 11일(음력 1895년 12월 28일) 고종과 세자가 러시아공사관에 들어감으로써(아관파천) 갑오 정권은 전복되었다. 내각 총리대신 김홍집을 비롯하여 궁내부대신 이재면, 외부대신 김윤식, 내부대신 유길준, 탁지부대신 어윤중 등 정부 인사들이 물러났고, 고종은 경무관에게 명하여 김홍집, 정병하 등을 역적으로 체포하게 했다. 당시 김홍집은 주위 사람들에게 도주 권고를 받았지만, "내가 재상이었으니 책임을 면하기 어렵다. 간다면 어디로 갈 것인가?" 하고 마침내 체포되었다. 이후 그는 경무청 문 앞에서 처형당했으며, 버려진 김홍집의 시신은 광화문과 종로 거리에서 사람들에게 온갖 능욕을 당하기도 했다. 어윤중도 피신하는 도중 피살되었고, 유길준을 비롯한 여러 관료는 일본으로 망명했다.

이와 같이 김홍집을 비롯한 갑오개혁의 주도 세력은 농민군 탄압과 명성왕후 시해 사건 등 일제의 침략을 용인하여 민족의 생존을 위기에 빠뜨렸다. 이에 반일 의병과 민중들은 이들의 잘못된 행위를 바로잡고 일제의 침략에 저항하는 민족운동에 나섰다.

17

일본이 명성왕후를 무참히 살해한 까닭은 무엇일까?

1895년 일본 낭인들이 명성왕후를 시해했다. 그 배후에는 일본제국이 있다고 하는데, 일본은 무엇 때문에 명성왕후를 살해한 것일까? 이를 통해 무엇을 얻고자 했을까?

Q

1895년 3월, 일본은 열광의 도가니였다. 1894년 6월 중순부터 시작된 청일전쟁이 일본의 승리로 종전되었기 때문이다. 1895년 3월 23일(양력 4월 17일) 청과 일본 사이에 맺어진 시모노세키조약으로 조선에서 청의 영향력은 완전히 배제되었다. 일본은 대륙 침략을 위한 발판을 마련했고 청의 랴오둥반도에 대한 지배권도 확보했다. 이를 두고 당시 일본 최고의 지식인 후쿠자와 유키치는 1867년 메이지유신 이후 최대의 쾌거라고 일컬었다. 대다수의 일본 언론은 마침내 일본이 노쇠한 아시아의 대열에서 벗어나 서양 강대국과 대등하게 교류할 자격을 얻었다고 자평했다.

그러나 일본의 자축은 한 달도 채 못 갔다. 한반도에서 일본의 영향력이 커질 것을 우려한 러시아가 1895년 4월 23일(양력) 프랑스, 독일과 협력하여 랴오둥반도를 청에 반환하도록 일본에 압력을 행사했기 때문이다. 이른바 '삼국간섭'이다. 아직 러시아와 정면으로 맞설 준비가 되어 있지 않았던 일본은 이에 굴복할 수밖에 없었다. 이 사건을 계기로 러시아를 향한 일본의 적대감은 더욱 커졌다.

한편, 이 사태를 지켜본 조선 정부는 노골화된 일본의 침략을 저지하기 위해 러시아와의 관계를 강화하고 친일 관료들을 몰아냈다. 당시 러시아와의 막후 교섭은 여흥 민씨 일파가 맡았는데 그 중심에는 고종과 명성왕후가 있었다. 당시 정부 권력의 핵심이 고종과 명성왕후 중 누구였는지에 대해서는 논란이 있지만, 조선에 진출한 각국 외교관들은 명성왕후가 조선의 러시아 외교를 주도한다고 파악했다. 결국 일본은 조선 정부의 반일친러 외교정책을 견제하기 위해 명성왕후를 시해하기로 결정한다.

일본은 1895년 7월 13일 미우라 고로를 주한 일본공사로 임명했다. 외교관 경험이 전혀 없는 육군 중장 출신 미우라를 임명했다는 사실은 명성왕후 시해에 일본 정부가 처음부터 개입했음을 시사한다. 미우라는 일본에 대한 국제 여론이 악화되는 것을 막기 위해 공사관에 주둔해 있던 수비대 외에 조선에 진출해 있던 일본 낭인들을 동원했으며, 8월 20일 새벽에 명성왕후는 이들에 의해 경복궁 안에서 잔인하게 시해되었다.

일본은 이 사건을 조선인들의 폭동으로 규정하고자 했으나 여의치 않자 친일 내각을 조종해 명성왕후의 왕후 직위를 박탈하고 장례를 추진했다. 당시 서울은 일본군이 완전히 장악하고 있었기에 이러한 만행에 반발조차 할 수 없었지만 지방에서는 대대적인 항일 의병운동이 일어났다.

일본에서는 명성왕후 시해 사건이 거의 알려지지 않았다. 간혹 언론에 보도된 것도 일본 정부의 공식 입장에 따라 조선인 사이의 분쟁으로 명성왕후가 시해됐다는 내용이었다. 그러나 일본에 대한 서양 국가들의 여론이 악화되면서 사태 해결을 촉구하자, 일본은 미우라 고로를 해임하고 그를 포함해 시해에 가담한 48명을 체포해 취조했다. 그러나 이 조치는 매우 형식적이었고 이들은 모두 증거불충분으로 석방되었다.

한편, 왕후의 죽음을 무기력하게 지켜봐야 했던 고종은 1896년 2월 11일(양력) 러시아공사관으로 피신했다. 일본의 군사적 위협으로부터 안전해진 고종은 친일파 관료들을 모두 숙청했으며, 이들은 처벌을 받거나 일본으로 망명하거나 왕비를 잃고 분노한 민중에게 살해당했다. 당시 조선의 정부나 민간 모두에서 반일 감정은 극에 달했으며, 국제사회의 여론도 부정적이었다. 때문에 일본은 1904년 2월 러일전쟁이 일어날 때까지 조선에 정치적 압력을 행사할 수 없었다.

앞에서 밝혔듯이 명성왕후 시해는 몇몇 일본 낭인들이 우발적으로 저지른 사건이 아니라 일본 정부가 조직적으로 기획한 만행이었다. 당시 국제사회도 이 사건이 일본 정부가 의도적으로 일으킨 사건임을 명백히 알고 있었고, 때문에 일본을 강력하게 비난했다. 그렇다면 일본 정부는 국제사회의 비난과 압력을 예상하지 못했을까?

원래 미우라 고로는 명성왕후 시해를 비밀리에 진행하고 새벽 4시까지 모든 작전을 완료할 계획이었다. 그러나 조선인들이 일으킨 사건으로 조작키 위해 흥선대원군을 끌고 오는 과정에서 시간이 지연돼 새벽 6시가 되어서야 완료되었다. 게다가 당시 동원된 일본 낭인의 기록에 따르면, 시해에 참여한 일본인들은 만취한 데다 복장도 제각각이어서 도저히 비밀작전을 수행할 상태가 아니었다. 이 때문에 명성왕후 시해의 책임을 조선인에게 돌리려던 일본 정부의 계획은 실패할 수밖에 없었다.

당시 일본 정부는 동북아시아에서 영향력 확대를 위해 러시아와 정면으로 충돌할 수밖에 없다고 결의한 상태였다. 이미 청을 이긴 상황에서 러시아까지 굴복시킨다면, 사건의 진상이 밝혀지더라도 일본의 조선 지배는 기정사실이 될 것이라는 판단이었다. 실제로 1904~5년 러일전쟁에서 일본이 승리한 후 조선은 사실상 일본의 식민지로 전락하게 된다. 그런 의미에서 명성왕후 시해는 러시아와 본격적인 전쟁을 시작하기 위한 준비 작업인 동시에 러시아에 대한 도발이었다.

:: —— 민비, 명성왕후, 명성황후? 어떻게 부르는 것이 맞을까?

고종의 정비(正妃) 민씨는 1851년 민치록(閔致祿)의 딸로 태어나 1866년 왕비로 간택되었다. 원래 살아 있는 왕비를 부르는 호칭은 '왕비(王妃)' 혹은 '왕후(王后)'뿐이었지만, 조선에 와 있던 외국인들에게는 고종의 부인을 부를 다른 칭호가 필요했다. 그래서 등장한 표현이 지금도 흔히 사용하는 '민비(閔妃)'인데, 주로 일본 측 기록에서 볼 수 있다.

1895년 을미사변이 일어난 뒤 친일 내각은 본분을 지키지 않고 정치를 어지럽혔다는 이유로 명성왕후의 왕비 지위를 박탈했다. 따라서 잠시 '폐서인(廢庶人) 민씨'가 되었는데, 이후 순종이 태자의 자리를 걸고 격렬히 항의한 결과 11월 26일 왕비의 칭호를 회복한다. 1896년 1월 6일 문성(文成)이라는 시호가 정해졌으나 고종이 러시아공사관으로 피신한 후 3월 2일에 늦은 장례를 치르면서 시호를 '명성(明聖)'으로 고쳤다. 이로써 '명성왕후(明聖王后)'라는 공식 명칭을 얻게 되었다. 1897년 10월 12일 조선이 대한제국으로 국명이 바뀌고 고종이 스스로를 황제라고 공표하면서 명성왕후 시호에도 황(皇)자를 넣어 '명성황후(明成皇后)'가 된다. 즉, '명성황후'의 칭호에는 대한제국이 서양 강대국과 동일하게 황제국을 선포하여 대등한 외교 관계를 수립하고자 했던 역사적 의의가 담겨 있다.

대한제국이 단명하고 조선과의 차이가 명확하지 않은 점, 명성왕후가 대한제국이 건국되기 전에 사망했다는 점을 들어 대개 '명성왕후'라는 명칭을 사용한다. 반면 '민비'라는 칭호는 앞서 밝혔듯이 조선이 아니라 주변 나라들, 특히 일본에서 만들어 퍼뜨린 것으로 정확한 역사용어가 아니며 조선 역사상 무수히 존재한 '민비'들과 고종의 왕비인 민씨를 구분할 수도 없다. 게다가 이 칭호에는 나라를 망하게 한 무지하고 탐욕스러운 왕비라는 이미지를 부여해 조선의 국망을 전적으로 조선인의 책임으로 돌리려는 일본의 의도가 숨어 있다. 이러한 점을 고려할 때 '민비'는 통상적인 호칭이기는 하나 적절하지 않은 호칭인 것이다.

18

을미의병은 정말 일본의 침략에 반대했을까?

명성왕후를 시해한 일본 세력을 몰아내기 위해 일어난 의병(을미의병)은 정말 일본의 침략에 반대한 의병운동이었나? 또 조선의 의병을 조선 관군이 막은 까닭은 무엇일까?

Q

을미의병은 흔히 을미사변과 단발령에서 그 원인을 찾는다. 당시의 표현대로 '복수보형(復讐保形)', 즉 국모인 명성왕후를 시해한 일본과 친일개화파에 대한 '복수', 그리고 단발에 반대하며 성리학적 전통 질서를 수호한다는 '보형'으로 요약될 수 있다.

일본은 친일개화파를 통해 조선에 대한 내정간섭을 강화하는 한편 각종 개혁이라는 명분으로 조선에 대한 지배권을 강화하여 전통적인 질서를 무시했다. 국왕의 권위는 추락하고 고종은 생명의 위협을 느꼈다.

친일개화파 정권은 1895년 11월 15일(음력) 단발령을 강제로 시행하고, 단발령이 공포되는 날 고종과 세자는 모범을 보이려 머리를 깎았다. 국왕의 이런 모습은 을미사변 못지않은 변괴로 여겨졌다. 게다가 점차 일본의 명성왕후 시해의 전말이 드러났다. 이에 국모의 복수와 단발령 반대를 외치며 전국에 의병이 불같이 일어났다. 이 틈을 타서 고종은

1896년 2월(양력) 러시아공사관으로 피신했다. 고종은 김홍집을 비롯한 친일개화파를 역적으로 규정했으며, 의병에 대해서도 해산을 명했다.

이때 의병 내부에서, 그리고 의병과 고종, 중앙 지배층 사이에 미묘한 균열이 일어났다. 이 균열은 이미 예정된 것이었다. 을미사변의 복수와 단발령의 부정은 전통적인 충효 가치에서 기원하는 것이지만 이 두 가치가 현실로 실현될 때는 충돌할 수도 있었다.

국모의 복수는 일본과 친일개화파에 대한 복수인 동시에 왕권의 회복을 바라는 행위였다. 특히 정권에서 배제된 친명성왕후 세력은 이를 통해 정치적 권력을 다시 획득하고자 했다.

반면, 단발령에 대한 반대에는 개화 자체에 대한 부정이 강하게 내포되어 있었다. 일본의 강요 아래 개화파가 추진하는 개혁에 반발해 일어난 의병도 많았다. 특히 1895년부터 시작된 개혁으로 지방군대가 폐지되고, 징세기구가 변동됨에 따라 지방지배 체제에 큰 변화가 나타났다. 지방 관리층 상당수가 도태되었고, 지방군인 대부분이 실직했다. 이러한 상황에서 일본의 경복궁 침입 이후 몰락한 정치 세력, 갑오개혁의 피해자들, 동학농민군 토벌대 출신자들이 의병에 참가했다.

고종은 의병봉기를 국모 시해의 복수심에서 비롯된 것으로 보고 의병봉기의 또 다른 원인인 단발령을 폐지하지 않고 자율에 맡겼다. 이는 전통 질서를 수호하고 개화를 반대하는 의병들에게는 불만족스러운 것이었으나, 을미의병 중 상당수는 고종의 해산 조칙과 지도부의 정치적 이유 등으로 해산하기도 했다.

의병 내부에서도 대의가 실현되지 않고 고종이 러시아공사관에 있는 것에 대해, 환궁 운동파와 환궁 반대파로 나누어졌고, 고종의 환궁을 요구하는 의병이 다시 일어나기도 했다. 고종과 새로 정권을 잡은 세력에게 사적 무장 조직인 의병의 활동은 부담스러운 일이었다. 결국 조선 정부는 의병의 해산을 유도하고 관군을 보내 진압했다.

당시 의병의 가장 큰 적은 일본과 친일개화파였다. 의병들은 친일파와 일본인을 살해하고 일본군과 전투를 벌이며 전신선을 비롯한 각종 군 시설을 파괴했다. 청일전쟁을 거치고 동학농민군을 진압했던 일본군은 파병의 명분이 없는데도 상당수의 군대를 조선 내에 유지하고 있었다. 따라서 일본에 강력히 저항했던 의병들은 일본군에 큰 피해를 당했고, 다수의 사상자가 발생했다.

아관파천 이후 조선 정부는 일본군의 철수를 요구했지만 일본은 여전히 일본 거류민과 전신선 보호를 명분으로 내세우며 철군하지 않고 자신들의 이익을 위해 의병을 탄압했다. 비록 일본이 상대적으로 열세에 처했지만 조선에서 차지하고 있던 이들의 외교적, 군사적 힘은 무시할 수 없었다. 러시아 역시 일본과 대결하기보다는 협상을 통해 해결해나가고자 했다. 당시 조선 정부는 급격히 변화된 상황을 수습하기에도 벅찼다.

이들 모두에게 의병은 부담스러운 존재였다. 따라서 관군은 의병 진압에 적극 나섰고, 일본군도 자체적으로 의병을 탄압했다. 때로는 관군과 일본군이 공동작전을 펴는 경우도 있었다. 전력에서 밀린 의병들은 큰 피해를 당했다. 그리고 아관파천 이후 의병들의 봉기도 점차 줄어들게 되었다.

:: —— 19세기 조선의 의적, 활빈당

활빈당은 19세기 말 화적 조직이 발전한 집단으로, 허균의 《홍길동전》에 나오는 활빈당에서 그 명칭이 유래했다. 1880년대 중반 일부 화적들이 활빈당을 표방하며 활동했지만 세력이 약해 곧 해체되었다. 1890년대 화적 집단은 국지성을 극복하며 조직을 확대해갔다. 그 기반 위에 1900년경 충청, 경기도 지역에서 활빈당이 재건되어 1900~1904년에 활발한 활동을 했다. 이 같은 활빈당은 한 조직이 아니라 여러 집단이 함께 활동한 것으로 보이며, 주로 농민, 행상, 무직자들로 구성되었다. 주요 지도자 맹사진, 마학봉 등은 1890년대부터 대규모 화적 무리를 이끌었던 인물이다.

활빈당은 이전의 화적과는 달리 가난한 사람이나 행상을 약탈하기보다는 주로 양반 부호를 협박하거나 관아나 장시를 습격하여 재물을 얻었다. 이렇게 획득한 재물은 백성에게 나눠주고 연회를 베풀며 스스로 의적으로 자처했다. 활빈당은 자신의 세력을 공공연히 과시했고, 지방에 따라서는 그 세력이 지방관을 압도하는 경우도 있었다.

활빈당은 단순한 비적 집단에서 벗어난 사회성이 강한 집단이었다. 활빈당의 선언서와 강령인 '활빈당 격문'과 '13조목 대한사민논설(十三條目大韓士民論說)'에는 그 지향과 성격이 잘 드러나 있다. 요순의 법을 따르고 무익한 개화 대신에 위아래가 서로 원망함이 없는 바른 법을 시행하고 개항장 이외의 지역에서 외국 상인의 진출을 엄금하며 무역을 금지할 것을 주장했다. 또한 행상에 대한 징세 폐지, 세금 경감, 금광 채굴과 곡물 수출 금지, 곡물 가격 안정, 균전(均田) 실시 등을 주장했다. 이들은 개항 이후 일어난 변화에 대해 반외세적이고 기존 지배 세력에 저항하며 민생의 행복과 안정을 추구했다. 이런 점에서 동학농민전쟁의 지향을 계승했다고 할 수 있다.

활빈당 조직은 1906년경 지도부가 체포된 후 서서히 와해되었다. 을사조약과 고종의 강제 퇴위, 군대 해산 등 일본의 침략이 본격화되자 전국에서 의병이 일어났다. 활빈당 또한 새로운 방향을 모색했다. 일부는 다시 화적이 되고 일부는 의병이 되어 일제에 맞서게 되면서 '반외세'로 그 투쟁의 목표가 바뀌었다.

19

고종은 왜 러시아공사관에서 1년 동안이나 머물렀을까?

1895년 명성왕후가 시해된 이후 고종이 러시아공사관으로 간 까닭은 무엇일까? 당시 일본을 몰아내기 위해 고종이 할 수 있었던 일은 또 다른 외세에 의존하는 것뿐이었을까?

Q

한국 근대사에 왕이 안방을 내주고 셋방살이를 자처했다고 알려진 사건이 있다. 아관파천이 그것이다. 왕이 전쟁을 피해 궁궐을 비운 적은 더러 있지만, 외국공사관으로 거처를 옮긴 일은 전례가 없다. 전 세계 역사를 살펴보아도 나라가 망해 망명정부를 세운 일은 있지만 왕이 자기 나라 안에서 외국공사관에 머문 기록은 찾기 힘들다.

하지만 당시 사람들은 아관파천을 어쩔 수 없는 조치로 받아들이거나 독립의 기회로 생각하기도 했다. 훗날 고종과 대립하여 사형선고까지 받았던 이승만은 아관파천을 '조선이 독립할 수 있는' 좋은 기회였다고 평가했다. 강경한 위정척사파인 최익현은 사건 직후에 상소를 올려 을미사변 관련자를 처벌하라고 요구하면서도 아관파천을 비판하거나 왕의 환궁을 요구하지 않았다.

그렇다면 당시 사람들은 왜 아관파천을 긍정적으로 생각했을까? 고종이 다른 곳도 아닌 러시아공사관으로 간 까닭은 무엇일까?

을미사변 이후 정국의 주도권을 장악했던 김홍집 내각은 개혁을 급속하게 시행했다. 특히 '단발령'을 강행하여 전국적인 반발을 초래했는데 지방에서는 을미사변 이후 봉기한 의병들이 맹렬히 저항했다. 어지러운 정세에 각종 생활용품의 조달이 어려워지자 1896년 1월 서울에서는 물가가 심각하게 치솟았고 불안은 더해졌다. 더구나 2월 7일, 을미사변의 배후인 일본공사 미우라 등이 석방되었다는 소식이 전해지면서 반일 감정은 더욱 격화되었다. 조선에 체류하던 외국인들의 반일 감정도 악화되고 있었다. 일본이 김홍집 내각을 이용해 각종 이권을 독식하려고 했기 때문이다.

이러한 반일 정서를 바탕으로 고종은 일본의 영향력에서 벗어나고자 했다. 고종은 유럽의 각국 공사관에 도움을 요청했다. 무엇보다도 고종은 미국과 러시아에 큰 기대를 갖고 있었다. 그런데 미국 정부의 조선 내정 불간섭 방침 때문에 미국공사관에서는 고종의 도움 요청에 응할 수 없었다. 결국 고종은 러시아공사관으로 파천할 것을 결심했다. 러시아공사관의 수비가 강화되자 고종은 1896년 2월 11일 새벽 러시아공사관으로 피신했다.

아관파천 이후 고종은 무엇을 했을까? 고종은 1896년 9월 약화된 왕권을 회복하기 위해 기존 내각제도를 폐지하고 '신의정부(新議政府)'를 설치했다. '신의정부'는 갑오개혁 이전에 설치된 기존의 의정부 기능이 축소되고 국무회의와 상원의 기능이 추가된 정부기구였다. 고종은 외교적으로 일본의 영향력 약화, 군사적으로 조선 군대의 재무장, 재정적으로 외국 자본의 유치 등을 추진하기 위해 노력했다. 이를 실현하기 위해서 조선에서 일본의 정치, 경제, 군사적 영향력을 약화시키기 위한 협력자로 러시아를 염두에 두었다. 1896년 4월 고종은 러시아의 군사와 경제 분야의 지원을 요청하기 위해 자신의 측근이었던 민영환을 니콜라이 2세의 황제 대관식에 보냈다. 러시아 특명전권공사 민영환은 1896년 5월 러시아 황제 니콜라이 2세의 대관식에 참석했으며, 1896년 6월 러시아 황제를 알현하고 러시아 재무장관 비테(S. Witte), 외무대신 로바노프 등을 만나 조선과 러시아의 협력을 추진했다.

하지만 러시아 정부는 1896년 6월 일본과의 외교적 마찰을 피하기 위해 신속한 답변을 회피했다. 이에 민영환은 당시 러시아 수도인 상트페테르부르크에 두 달을 더 머물며 러시아 정부에 고종의 신변 보장과 러시아의 군사교관을 조선에 파견해줄 것을 끈질기게 요청했다. 이러한 노력 덕분에 1896년 7월 말, 러시아 군부는 군사교관을 조선에 파견하기로 결정했고, 민영환은 1896년 8월 군사교관 단장으로 내정된 푸쟈타를 만날 수 있었다. 1896년 10월 민영환은 주한 러시아 군사교관 단장 푸쟈타와 군사관구 소속의 장교와 하사관 등 총 13명을 인솔하여 서울에 도착했다. 이후 러시아 군사교관은 고종이 러시아공사관에 머무는 동안 고종의 궁궐수비대를 양성했고, 고종은 1897년 2월 20일 경운궁(지금의 덕수궁)으로 환궁할 수 있었다.

20

대한제국이 내세운 '구본신참'은 무슨 뜻을 지니고 있을까?

아관파천 후 고종이 대한제국을 표방한 까닭은 무엇일까? 대한제국이 내세운 '구본신참'의 의미는 무엇이며, 고종이 추진한 광무개혁은 어떤 성과를 거두었을까?

Q

대한제국기(1897. 10. 12~1910. 8. 29)는 조선 왕조 시대의 전통 질서가 남아 있는 가운데 개항 이후 들어온 근대 문명이 점차 사회 곳곳에 도입되기 시작한 과도기였다. 갑오개혁으로 근대국가 체제는 도입되었지만 일본의 지원을 받은 친일개화 정권이 무너지면서 신제도가 제대로 정착되지 않은 채 구제도와 뒤섞여 있었다. 이에 대한제국은 옛것을 근본으로 하면서 새것을 참조한다는 의미로 '구본신참(舊本新參)'을 표방했다. 개화파가 추구한 급격한 근대화보다는 기존 사회질서와 가치관을 유지한 채 서양의 앞선 기술 문명을 도입하는 '절충'의 방법을 채택한 것이다.

1897년 3월, 고종은 갑오개혁기에 도입된 신제도와 구제도 간의 혼란을 막기 위해 교전소(校典所)를 설치하면서, "새 관제가 오히려 불편한 곳이 있으니 제도를 절충하여 법규를 하나로 만들라"는 조칙을 내렸다.

"새로운 것만 추구하여 옛것을 잊어버리고 바꾸기만 하면 오히려 어지럽게 되고, 시세에 따라 변하지 않고 옛것만 옳다고 하여 행하기 어려운 것을 강요하면 그것은 나라를 위한 것이 아니다"라는 조칙도 발표했다. 한마디로 옛것과 새것의 절충과 참조를 원칙으로 삼아야 한다는 것이다.

그러면 대한제국에서 무엇이 옛것이고 무엇이 새것이었을까? 우선 고종은 대한제국을 선포한 후 황제의 지위에 올라 갑오개혁기에 개화파가 제한한 왕권을 회복했으므로 스스로 구질서로의 복귀를 상징했다. 한계는 있지만 개화파는 근대적 민권의식 아래 전제군주권을 제한하고 내각제를 실시한 반면, 고종은 다시 전제군주권을 회복함은 물론 조선 왕조의 어느 왕보다 더욱 강력한 황제권을 확립했다.

하지만 대한제국의 성립이 왕조 질서로 완전히 돌아간 것은 아니었다. 조선시대의 국왕이 전통적인 유교 정치 이념에 기반을 둔 통치를 했다면, 대한제국의 고종 황제는 유교 정치 이념보다는 근대적인 부국강병에 중점을 두고 국정을 운영했다. 보수적인 유생층이 과거제 부활과 향약 실시를 주장했으나 고종은 이를 받아들이지 않았고, 단발을 거부하는 양반 관료들을 직접 불러 단발을 지시하기도 했다. 1899년 4월에는 유교를 종교로 한다는 조칙을 발표했다. 이는 유교 정치 이념의 부활이나 신분제 사회로 복귀함을 의미하는 것이 아니라, 유교는 기독교와 동일하게 종교의 하나일 뿐으로, 이제 유교가 정치와 분리되었음을 공식 선언한 것이었다.

고종은 보수적인 양반 관료들보다는 이용익과 같이 미천한 신분 출신이지만 근대적인 실무능력이 있는 인물들을 신임했다. 갑오개혁으로 신분제가 폐지되었기 때문에 양반 출신이 아닌 서자나 무과 출신, 혹은 상공업 세력도 능력만 있으면 출세할 수 있는 길이 열리게 되었다.

더욱이 중국에 대한 오랜 사대 관계를 청산하고 황제국을 선포함으로써 자주독립국가로서 근대적인 국제사회의 일원이 되고자 했다는 점에서 대한제국은 조선 왕조와 세계 인식을 달리했다. 대한제국이 근대국가로 가기 위해서는 강대국의 압력과 이권침탈에 맞설 부국강병한 국가 체제를 만들어야 했는데, 이에 근대화 개혁은 필수였다.

대한제국은 근대화 사업인 광무개혁(光武改革, 광무 연간에 실시된 개혁으로, 광무는 고종 황제의 연호이다)을 통해 전국의 토지를 측량, 조사하고 토지문서를 만든 광무 양전 지계사업을 비롯해 전차·전기·철도 시설과 같은 신식 문물을 수용했다. 이미 갑오개혁을 겪었기 때문에 대한제국기에는 전반적인 사회 분위기가 더욱 철저한 개혁을 요구했다. 독립협회 세력의 집단적인 개혁 요구는 물론 점진적 개혁을 추구한《황성신문》조차도 논설에서 신구가 혼재된 상황을 비판하면서 '옛것을 혁파하지 않고는 새로운 것을 따를 수 없다'며 철저한 개혁을 주장했다. 따라서 대한제국기에 갑오개혁기의 새로운 제도가 전면 부정되고 옛 제도로 복귀한 예는 별로 없었다. 고종도 자신의 주권 유지를 제외한 모든 부문에서 옛것을 버리고 새것을 채용하는 데 열심이었다. 고종이 옛것을 근본으로 하고 새것을 참조한다고 표방한 것은 단지 보수적인 유생들의 불만을 달래기 위한 수단에 불과했다.

하지만 신구를 절충하여 새로운 제도를 만들어가는 과정은 결코 쉽지 않았다. 우선 신구법의 절충 문제를 집중 논의하기 위해 설치된 교전소 회의가 보수적인 원로대신과 개혁 세력 간의 갈등으로 중단되었고, 이에 반발한 개혁 세력이 1898년 초부터 독립협회를 중심으로 본격적인 반정부 운동에 돌입했다. 독립협회 세력의 거센 개혁 요구에 맞서 겨우 정권을 지켜낸 고종 황제는 1899년 6월 다시 법규교정소를 설치하고, 갑오개혁 이래 자주 뜯어고친 여러 관제와 법령을 교정했다. 외국인 고문관들의 법률 자문을 받아 각종 정부 관제와 법령 중 혼란된 부분을 '신구절충'의 원칙하에 교정했다. 1900년 7월에는 군법교정소를, 12월에는 형법교정소를 설치했다.

이처럼 대한제국은 적극적으로 새로운 제도와 문물을 수용한 점에서 황제의 전제라는 정치체제만을 근거로 보수로의 회귀라고 평가할 수는 없다. '구본신참'은 급속한 근대화 개혁에 반발하는 구세력을 달래기 위한 수단이었을 뿐 실제로 대한제국은 '신구 절충'에서 더 나아가 적극적으로 근대화 개혁을 추구했다. 하지만 최초의 근대적 헌법으로 대한제국의 정체성을 표현했다고 평가받는 1899년 〈대한국국제(大韓國國制)〉에는 여전히 황제의 절대군주권만 선언되었을 뿐 근대적인 주권재민 사상에 근거한 국민의 기본권 보장이나 삼권분립, 의회 개설 등은 이루어지지 않았다. 대한제국은 아직 근대 국민국가로 가는 과도기에 있는 나라였던 것이다.

21

독립협회는 왜 독립문을 세웠을까?

독립협회는 고종을 반대한 세력이라는데, 이들이 지향한 바는 무엇이고, 어떠한 활동을 펼쳤을까? 특히 이들이 독립문을 세운 것은 어떤 의미가 있는 것일까?

Q

1896년 2월 고종이 러시아공사관으로 옮긴 뒤 조선은 일본의 간섭에서 벗어났지만 러시아의 영향 아래 들어가면서 독립국의 체면이 크게 손상되었다. 이에 고종과 정부는 국가의 자주성을 회복하는 동시에 내정 개혁을 추진하여 국민 통합을 이룩하는 데 심혈을 기울였다. 이를 위해 정부는 서재필을 물심양면으로 도와주었으며, 마침내 4월 7일 《독립신문》이 창간되었다. 또 7월 2일 정부와 서재필은 국민적 공감대를 불러일으킬 수 있는 독립문 건립 사업을 추진한다는 명분 아래 독립협회를 결성하여 자주독립의 기초를 다지고 개혁을 지속적으로 단행할 기반을 마련했다. 고종도 아관파천으로 손상된 국가와 왕실의 권위를 회복하기 위해 독립협회의 창립을 허가해주었다.

독립협회는 회비를 납부하면 누구나 회원으로 가입할 수 있게 하여 전 국민에게 회원의 문호를 개방했고, 독립문·독립관·독립공원을 건설하기 위해 기금을 모집했다. 이에 왕실뿐만 아니라 전·현직 관료, 학생과 교사 및 기생을 포함한 일반인도 적극 동참했다. 그리고 마침내 1897년 11월 청 사신을 맞이하던 영은문을 헐고 그 앞에 독립문을 세웠다. 독립문은 조선의 자주독립을 대내외에 천명하는 한편 정부와 국민의 화합을 도모하며 근대적 개혁을 추진해나가자는 상징물이었다.

독립문 건립을 계기로 독립협회는 토론회를 개최하는 등 국민을 계몽하는 데 힘썼다. 1897년 8월부터 열린 토론회에서는 신교육 진흥·산업개발·위생 및 치안·민족문화·미신 타파·신문 보급 등 계몽의 성격을 띤 주제뿐만 아니라 강대국의 이권 획득 반대, 의회 설립, 민권 신장, 개혁 내각 수립 등 정치 및 사회 현안을 다루었다. 토론회는 회원들에게 공공의 집단의식과 연대감을 심어주었을 뿐 아니라 민중을 계몽하고 정치의식을 고양시켰다. 이를 계기로 독립협회는 점차 민중의 입장을 대변하는 사회단체로 성장해갔다.

한편, 고종이 경운궁으로 환궁한 후 러시아가 군사교관을 증원해 파견하거나 증파와 재정고문을 파견하는 등 조선의 내정에 간섭하는 정책을 펼치자 독립협회는 반러운동과 사회·정치운동을 전개해나갔다. 특히 1898년 2월 독립협회는 자주국권의 수호와 자유민권의 보장을 촉구하는 '구국운동상소문'을 고종에게 올린 다음, 러시아의 이권침탈에 격렬하게 항의했다. 3월 10일 우리나라 최초의 근대적 민중대회이며 정치집회인 제1차 만민공동회에서 민의를 확인한 러시아는 독립협회의 요구를 받아들이지 않을 수 없었다.

반러운동을 추진하는 과정에서 민중의 힘을 깨닫고 민권의식이 고양됨에 따라 독립협회는 국내 문제에 관심을 돌려 민권 보장과 참정권 획득 운동을 본격적으로 펼쳐나갔다. 이를 계기로 고종과 수구파 관리들은 민권의 성장으로 황권이 약화될 것을 우려하여 독립협회를 탄압하기 시작했다. 그러자 독립협회 내 급진론자들은 황제 중심의 전제제도 자체를 부정하고 정부의 대폭적인 인사 개편을 통한 체제 변혁을 주장했다. 이로써 독립협회와 고종 간의 공조관계는 무너지고 대립이 격화되었다.

비록 그 과정에서 관민공동회가 개최되어 자주국권의 상징으로 전제황권을 공고히 하고, 각종 이권을 비롯한 외국과의 조약 및 인사권에 대해서는 정부와 중추원이 협의하여 결정하며, 재정을 일원화하고 공정한 재판을 실시하는 한편 갑오개혁 당시와 그 이후에 제정된 홍범 14조를 비롯한 각종 법률의 실행을 명시 · 요구한 '헌의 6조'가 채택되기도 했다. 그러나 1898년 12월 고종과 수구파들은 군대와 황국협회를 동원하여 민권 보장과 확대를 요구하는 독립협회와 만민공동회의 지도자들을 대대적으로 체포한 뒤 독립협회마저 해산시켰다.

독립협회는 대외적으로 주권을 수호하고 대내적으로 민권을 신장하여 근대 국민국가를 이룩하려는 운동을 펼쳤지만 제국주의의 침략적 본질은 철저하게 인식하지 못했다. 또 황제권을 완전히 부정하지 않은 채 민중의 역량을 상대적으로 과소평가했으며, 자본주의 경제체제와 자유무역주의를 표방하여 외국 상인의 상권 침탈을 방지하고 국내 산업을 보호하는 데 소홀했던 한계를 드러냈다.

그럼에도 독립협회는 민중을 계몽 · 자각시키는 데 머물지 않고 민중을 지지기반으로 사회 전반에 걸쳐 근대적 개혁운동을 벌여나갔으며, 1900년대 계몽운동과 자강운동을 활발하게 펼쳐나갈 수 있었던 단단한 토대가 되었다는 점에서 근대변혁 운동사에서 중요한 위치를 차지한다.

:: ── 만민공동회 : 자주와 민권을 외친 최초의 근대적 민중집회

1898년 3월 10일, 서울 종로의 백목전 앞에는 1만 명이 넘는 시민들이 구름처럼 몰려들었다. 당시 서울 도성 안의 인구가 20여만 명이었다는 사실을 고려하면 집회에 참석한 사람들은 단순한 1만 명이 아니라 온 국민의 뜻을 대변하는 '만민(萬民, 모든 백성)'이었다. 이 자리에서 관리가 아닌 시전 상인 현덕호가 회장으로 선출되었고, 러시아의 군사교관과 재정고문 철수 결의안이 채택되었다. 이 집회가 바로 한국 최초의 근대적 민중대회 또는 정치집회로 평가받는 제1차 만민공동회다.

고종은 만민공동회에서 드러난 민의를 좇지 않을 수 없었고, 러시아공사 측도 대한제국 국민의 이러한 위세에 눌려 절영도의 석탄 저장장을 되돌려주었다. 한마디로 정부가 외세에 끌려다니던 상황에서 민중의 힘으로 자주와 독립을 쟁취한 쾌거였다.

1898년 11월 5일 만민공동회는 다시 불꽃처럼 타올랐다. 박정양 내각과 독립협회의 의회 개설 협상이 순조롭게 진행되자, 이에 위기의식을 느낀 고종과 수구파가 독립협회를 탄압했기 때문이다. 조병식 등 수구파는 독립협회가 군주제를 공화제로 바꾸려 한다는 거짓 소문을 퍼뜨렸고, 이를 빌미로 고종은 독립협회의 지도자 17명을 체포한 후 협회를 해산시켰다. 그러자 만민공동회는 구속인사 석방을 요구했고, 민중도 만민공동회에 적극적인 지지를 보냈다. 결국 11월 10일 궁지에 몰린 고종은 구속자 전원을 석방하지 않을 수 없었다.

11월 26일 고종은 독립협회 복설, 헌의 6조 실시, 조병식 등 '8역' 처벌 등 5개 조항의 만민공동회 건의를 받아들였다. 그러나 고종은 중추원을 의회가 아닌 정부의 자문기관으로 만들고 수구파 인물들을 내각에 대거 진출시키는 등 만민공동회의 기대를 저버렸다. 이에 실망한 민중은 12월 6일 다시 만민공동회를 개최하여 5개 조항의 즉각 실천을 요구하며 대정부 공세를 강화했다.

마침내 12월 23일 고종은 군대와 보부상을 동원하여 만민공동회를 강제 해산시키고 독립협회와 만민공동회의 지도자를 체포했으며, 25일에는 만민공동회를 불법화한다는 조칙을 발포하기에 이르렀다. 그 결과 만민공동회는 강제 해산당하고 독립협회는 해체되었다. 결국 관민 합동 또는 민중이 주도했던 근대적 개혁운동은 실패로 돌아가고 말았다.

22

::

경인선 부설 행사에 왜 일장기와 성조기가 나부꼈을까?

1899년 한국 최초로 부설된 경인선 기관차 도입 축하기념 행사장에는 일장기와 성조기가 함께 걸려 있었다. 왜 이 두 나라의 국기가 함께 걸려 있었던 것일까?

Q

1899년 9월 18일 오전 9시, 서울 노량진역에서 경인철도가 인천을 향해 출발했다. 한국에서 처음으로 철도가 운행된 것이다. 이날 경인선 열차에 탄 《독립신문》 기자는 이 새로운 문물에 놀라움을 금치 못했다. 경인선은 이듬해 7월 5일 한강철교 공사가 완공된 후에야 전 구간의 영업을 개시했고, 11월 12일 남대문 정거장에서 완전 개통을 기념하는 개통식을 열었다.

이날 개통식에는 국내 고관대작과 알렌(Horace N. Allen) 등 각국 공사 및 경인철도합자회사 사장 시부자와 에이치(澁澤榮一)가 참석하여 연설을 했다. 시부자와는 연설에서 '철도가 국가를 부강 증진케 한다'며 일본이 조선에 새로운 문명을 전파해주었다는 자부심을 드러냈다. 당시 사진을 보면 일장기와 함께 성조기가 기차를 덮고 있는 모습을 볼 수 있는데, 이 두 나라의 국기가 함께 걸린 것은 어떤 이유에서였을까? 1899년

경인선 부설 기념행사 보도를 보면 근대 문물 도입에 대한 당시 사람들의 기대감뿐 아니라 외국 세력의 각축장이 된 대한제국의 현실도 함께 엿볼 수 있다.

본래 경인선 부설권의 우선권은 일본에게 있었다. 1894년 청일전쟁 당시 일본은 경복궁을 점령한 후 8월 20일 조일잠정합동조관 체결을 강제하여 경부철도와 경인철도 부설권을 일본에게 잠정적으로 넘겨주려고 했다. 그러나 이후 일본은 전쟁에 따른 재정 부족으로 철도 부설에 들어가지 못했고, 오히려 삼국간섭, 명성왕후 시해 사건, 아관파천 등 일련의 사건들로 조선에서 영향력을 잃게 되었다. 아관파천 직후인 1896년 3월, 알렌의 중재로 미국인 기업가 모스(J. Morse)가 경인선 부설권을 정식으로 얻게 된다. 이에 일본 정부는 조일잠정합동조관을 내세워 항의했지만 받아들여지지 않았다.

모스는 1년 후인 1897년 3월 인천에서 경인선 공사를 시작했으나 재정적 어려움이 컸다. 알렌은 이 문제를 해결하기 위해 이권을 넘기거나 자본을 마련하기 위하여 러시아, 프랑스 공사 등과 교섭했으나 실패했다.

때마침 일본도 철도 이권을 되찾고자 했고, 그 결과 1898년 9월 '경부철도합동(京釜鐵道合同)' 조약 체결로 경부철도 부설권을 획득할 수 있었다. '경부철도합동'은, 일본에게 철도 부설권과 그 영업권이 있고, 대한제국 정부가 철도 용지를 무상으로 제공한다고 규정한 전형적인 불평등 조약이었다. 일본은 경부선과 함께 경인선 부설권을 갖고자 했고, 재정적 곤란을 겪던 모스와 협의를 시작했다. 그리고 마침내 1897년 5월 모스는 계약금을 받고 공사를 완성한 후 100만 달러에 경인선 이권을 양도하기로 계약했다. 이후 보증금 액수로 논란을 빚고 공사 문제로 분규를 겪다가 마침내 1899년 1월 모스는 경인선 부설권을 일본 측에 완전히 넘겼다. 이때 모스는 그간의 공사비를 제외하고도 170여만 원(圓)을 받았다고 한다.

경인선 부설권을 넘겨받은 경인철도인수조합은 1899년 5월 경인철도합자회사를 설립하여 시부자와를 사장으로 앉혔고, 경인선을 완성해 개통했다. 이처럼 경인철도 건설에는 미국과 일본이 함께 개입되어 있었고, 이로 인해 개통식 사진에 두 나라의 국기가 함께 걸렸던 것이다.

경인선 부설 과정은 곧 대한제국에서 일본의 세력 확장을 의미한다. 대한제국 정부는 근대 문물의 상징이라고 할 수 있는 철도 도입의 필요성을 절감하고 있었으나 자본과 기술력이 부족한 상황에서 외국 세력을 이용할 수밖에 없었다. 경복궁 점령 사건과 명성왕후 시해 사건 등을 통해 침략 의도를 명백히 드러낸 일본 세력을 배제하기 위해 러시아, 프랑스와 손잡았고, 아울러 미국에 대한 기대감을 보였다. 경인선 부설권이 미국인 기업인에게 넘어간 것도 그러한 기대감의 반영이었다. 하지만 일본 측의 경부철도 부설권 양여 요구는 계속되었고, 이에 고종은 아예 1896년 11월부터 향후 1년 동안 외국인에게 철도 부설권의 양여를 불허한다는 칙령을 내리기도 했다. 이 기간에 일본의 외교 교섭은 중단되었고, 프랑스와 러시아의 철도 부설권 제의도 거절했다. 그러나 이후 미국인은 중간 이익만 챙긴 채 일본에게 경인선 부설권을 넘겨버렸다.

대한제국 정부는 외국 세력 사이에서 철도 부설권과 영업권 등을 활용하여 나름대로 근대 문물 도입의 주체로 나서고자 했으나 쉽지 않았다. 새로운 시대의 출발을 힘차게 알리면서 내뿜은 철도의 기적 소리를 듣던 독립신문의 기자는 경탄했지만, 그 이면에는 식민지화의 위태로움도 숨겨져 있었을 것이다.

23

대한제국은 왜 마지막까지 중립화를 주장했을까?

대한제국은 중립화 정책을 통해 근대적 개혁을 추진하고자 했다. 당시 대한제국이 중립화 정책을 추진한 배경은 무엇이며, 이를 통해 대한제국이 이루고자 했던 바는 무엇이었을까?

Q

1863년 고종이 즉위했을 때 한반도 주변으로는 이미 제국주의 국가들이 침투해 들어오고 있었다. 서쪽에서는 영국, 프랑스 등 유럽 각국이 청을 침략하고, 북쪽에서는 동북아시아의 부동항(얼지 않는 항구)을 확보하려는 러시아가 청과 충돌하면서 남쪽으로 내려오고, 동쪽에서는 1853년 미국의 페리 제독이 군함을 도쿄 만 한복판에 정박하고 강제로 일본의 문호를 개방했다. 게다가 조선보다 한 발 먼저 서양과 교류하게 된 (사실상 교류를 강요당한) 청과 일본도 조선에 진출할 기회를 노리고 있었다.

이 나라들 중 조선에 특히 관심을 나타낸 나라는 러시아, 청, 일본이었다. 영국은 이미 대청 무역량의 80%를 독점한 상황이었기에 굳이 조선까지 장악할 필요를 느끼지 못했다. 대신 청과 일본을 이용해 러시아의 남하를 저지하려는 계획을 가지고 있었다. 미국은 북미 대륙 안에서도 처리해야 할 문제가 많아 태평양을 건너 조선에까지 영향력을 행사할 상황이 아니었다. 반면 러시아는 부동항을 얻기 위해, 청은 서양 강대국을 견제할 국제적 영향력을 얻기 위해, 일본은 대륙으로 진출할 발판을 마련하기 위해 각각 조선에 주목했다.

청이 가장 먼저 기회를 얻었다. 중국은 전통적으로 조선과 종주국과 조공국의 관계를 맺고 있었다. 이는 조공국에게 형식적인 복종을 요구할 뿐 종주국이 조공국의 내정에는 간섭하지 않으며, 조공국은 독자적인 국가 운영을 할 수 있다는 점에서 근대적 식민지의 그것과는 다르지만 유리한 조건임에는 분명했다. 1880년대부터 청은 이전까지 고수해왔던 전통적인 외교 관계를 포기하고 조선을 사실상의 식민지로 만드는 작업에 착수했다. 일본은 청의 조선 침략을 견제하면서 청과 러시아와 결전을 벌일 준비를 하고 있었다. 청과 일본의 갈등은 임오군란(1882)과 갑신정변(1884) 이후 더욱 심화되었고, 특히 갑신정변의 실패로 일본은 조선에 대한 정치적 영향력을 거의 상실했다.

그러나 1894년 발발한 청일전쟁에서 일본이 승리하자 상황은 단번에 역전되었다. 전쟁 도중 일본군은 서울과 왕궁을 장악했으며, 고종을 정치 일선에서 배제하고 내정 개혁을 강요했다. 일본을 견제하기 위해 조선 정부가 러시아를 끌어들이려 하자, 일본은 친러 외교의 중심에 있던 명성왕후를 잔인하게 시해했다(을미사변). 이에 생명의 위협을 느낀 고종은 러시아공사관으로 피신했다. 대한제국은 이러한 급박한 정치적 상황에서 건국되었다.

대한제국이 스스로 일본의 노골적인 침략을 막아낼 힘이 없는 이상, 결국 남은 길은 다른 강대국들(러시아, 미국)을 이용해 일본을 견제하되, 다른 나라들에게 지나치게 의존하여 또 다른 침략의 빌미를 주지 않는 것밖에 없었다. 이것이 바로 대한제국의 '중립국론'이다. 그런 의미에서 대한제국의 중립국론은 침략 의도를 숨기지 않는 일본을 견제하기 위해 다른 강대국을 끌어들여 세력 균형을 이뤄내는 데 목표가 있었을 뿐 어떤 나라와도 교류하지 않겠다는 고립주의적인 정책은 아니었다. 실제로 고종은 영국이나 미국과 교류하면서 일본을 견제하고자 노력했다. 오히려 영국과 미국이 일본과 갈등을 일으킬 것을 우려하여 대한제국에 관심을 두지 않았던 것이 사실이다.

대한제국이 중립국을 선언했을 때 일본을 비롯한 제국주의 열강은 '중립이란 자신을 스스로 지킬 수 있는 힘을 가진 나라에게만 가능한 것'이라고 비판했다. 대한제국이 과연 중립외교정책을 추진할 만한 역량이 있었는가에 대해서는 의문의 여지가 있다. 그러나 일본의 침략이 본격화되고 있고, 도움을 청할 나라는 없었던 상황에서 중립정책은 대한제국이 불가피하게 선택할 수밖에 없었던 외교전략이었다.

3부

—

1905~1910년, 역사의 현장을 가다

자유와 속박의 갈림길에 선 대한제국

1904년에 일어난 러일전쟁은 미국, 영국의 지원에 힘입은 일본의 승리로 끝이 났다. 이후 일본은 대한제국을 일본의 보호국으로 삼고, 내정을 간섭하는 을사조약을 강요함으로써 식민지화의 야욕을 드러내기 시작했다. 이에 맞서 각계각층의 사람들은 치열하게 저항했으며, 범민족적인 의병전쟁의 불길이 타올랐다. 숨 가쁜 대결의 위기 상황, 자유와 속박을 가르는 갈림길에서 당시 사람들은 어떻게 저항했으며, 좌절과 분노 속에서 어떤 희망을 가졌을까?

연표

1904년 | 러일전쟁, 제1차 한일협약

1905년 | 을사조약(11월), 을사의병(12월)

1907년 | 국채보상운동(2월), 헤이그 밀사 파견(6월),
고종 퇴위(7월)

1908년 | 의병전쟁, 서울진공작전(1월)

1909년 | 안중근, 이토 히로부미 저격(10월)

1910년 | 일본, 한국강제병합(8월)

24

::

러일전쟁, 을사조약, 1905년에 무슨 일이 일어났을까?

1904~1905년 러일전쟁에서 승리한 일본이 대한제국을 강압하여 을사조약을 체결했다. 러일전쟁은 왜, 어떻게 일어났으며, 을사조약과는 어떤 연관성이 있는 것일까?

Q

러일전쟁은 동북아시아에서 제국주의 국가간의 대립이 격화되어 일어났다. 당시 미국과 영국은 동북아시아에서 자국의 이익을 강화하기 위해 일본을 이용했다. 두 나라는 러시아를 경계 대상으로 여겼고, 러시아가 동북아시아 시장을 점령하지 못하도록 막으려고 하였다. 영국과 미국의 이러한 입장은 러시아와 일본의 갈등이 전쟁으로 발전하는 데 커다란 영향을 미쳤다.

러일전쟁이 대한제국과 만주에서 발생한 이유를 살펴보기 위해서는 당시의 동북아시아 정세를 주목해야 한다. 19세기 말 러시아와 일본은 대한제국과 만주를 둘러싸고 대립과 협상을 반복했다. 1896년 6월 '모스크바의정서'를 통해서 대한제국의 현상 유지에 합의한 러시아와 일본은 그동안 삼국간섭과 아관파천 등 상호 대립하는 상황에서 갈등 관계를 해소하고 동북아시아에서 세력 균형을 이룰 수 있었다. 하지만 1897년 11

월 독일이 중국 산둥반도 연안의 자오저우만(膠州灣)을 점령하자, 러시아는 서양 강대국의 적극적인 동북아시아 정책에 대응하여 그해 12월 뤼순을 점령했다. 이에 일본은 러시아가 동북아시아에서 세력 균형을 유지하지 않을 것이라고 여겼다. 하지만 당시 러시아와 전쟁을 수행할 능력이 부족했던 일본은 1898년 4월 대한제국에서 일본의 경제적 우위를 인정한 '도쿄의정서'를 체결하는 데 만족해야 했다.

1900년 6월 의화단사건 이후 러시아가 군사적으로 만주를 점령하자, 일본은 1902년 1월 영국과 동맹을 맺었다. 그 주요 내용은 러시아를 견제하고 동북아시아의 이권을 양국이 보장하는 것이었다. 이를 통해 일본은 외교적으로 러시아를 압박했다. 이러한 상황에서 러시아와 일본은 1902~1903년 대한제국에 대한 일본의 정치·군사적 특권을 협상했지만 결렬되었고, 1904년 러일전쟁으로 치달았다.

1900년대 러시아의 외교정책을 살펴보면, 1901년 12월 러일협상의 결렬, 1902년 1월 영일동맹의 체결 등은 대외 문제에 대한 러시아의 실패를 의미한다. 이렇듯 급변하는 국제질서의 변화에 따라 러시아 정부는 동북아시아에 대해서 새로운 외교정책 수립을 추진했다. 러시아는 일본과의 전쟁을 피하기 위해서 1903년 4~5월에 특별회의와 1903년 7월 뤼순회의 등을 개최하여 자국의 동북아시아 정책을 조율하려고 노력했다.

주러 일본공사 구리노 신이치로(栗野愼一郎)는 1903년 8월 러시아 외상 람즈도르프를 방문하여 협상 초안을 제시했다. 그 주요 내용은 첫째, 대한제국과 청 양국의 독립과 영토보전 및 상업상의 기회균등을 유지할 것. 둘째, 일본의 대한제국에 관한 우월한 이익 및 러시아의 만주에 관한 철도 경영의 특수 이익을 상호 인정할 것. 셋째, 대한제국의 개혁을 위한 조언과 군사원조를 포함한 원조 제공은 일본의 전권에 속함을 인정할 것. 넷째, 상기 이익 보호 또는 반란이나 소요를 진압하기 위해 일본이 대한제국에 또는 러시아가 만주에 군대를 파견할 때는 실제로 필요한 병력 이상을 파견하지 않으며 임무가 끝난 후에는 즉시 철수시킬 것 등이었다.

일본 정부의 초안은 '만한교환론(滿韓交換論, 만주는 러시아가, 대한제국은 일본이 지배한다는 논리)'에 입각한 제안이지만, 만주에 대한 러시아의 권익을 철도 경영에 한정했다. 당시 일본은 이미 개전 결의를 굳힌 상태였기 때문에, 교섭 제의를 통해 개전의 책임을 러시아에 전가해 국제 여론의 지지를 얻고 러시아를 고립화하려는 외교적 의도가 있었다. 그 후 1904년 2월 4일 러시아 정부는 주러 일본공사 구리노에게 '대한제국에서 일본의 정치와 경제적 특권을 인정한다'는 최종안을 제안했다. 하지만 일본은 같은 날 원로회의에서 개전을 결정했고, 2월 5일 뤼순에 있는 러시아 함대를 공격하기로 결정했다.

러일전쟁은 1904년 2월 8일 밤 일본군이 뤼순을 기습공격하며 시작되었다. 뤼순 봉쇄에 성공한 일본 함대는 랴오둥반도에 상륙했고, 한반도를 거쳐 북진한 일본군 제1부대는 압록강을 건너 만주로 진입했다. 1905년 1월 뤼순을 함락시킨 일본군은 이어 3월 만주 펑텐(奉天) 전투를 승리로 이끌어 육전을 사실상 마무리지었다.

러일전쟁이 발발하자 러시아는 유럽의 발틱 함대를 제2태평양 함대로 구성하여 동북아시아의 전장에 투입했다. 그런데 전투를 개시한 지 불과 이틀 만에 대부분의 러시아 함대가 격침되어 해상에서 사라졌다.

이처럼 일본의 승리가 확실시되었지만, 일본은 병력과 무기 부족, 그리고 미국과 영국으로부터 지원받은 전쟁비용의 부담 등으로 종전을 서둘러야 할 처지였다. 러시아 역시 국내에서 혁명이 발발하여 전쟁을 수행하기 어려워지자 일본과 강화조약을 체결하기를 원했다. 러일전쟁 전부터 동북아시아 정책에서 친일정책을 폈던 미국은 두 나라의 강화조약을 중재하기에 앞서 미국의 필리핀 지배를 일본이 인정하는 대신 대한제국 지배를 미국이 인정하는 가쓰라-태프트 각서를 교환했다. 곧이어 일본은 영국과도 일본의 대한제국 보호권을 인정하는 제2차 영일동맹을 맺었다.

1905년 8월 미국의 포츠머스에서 강화회담이 열렸다. 미국의 루스벨트 대통령의 주선 아래 일본의 전권위원 고무라 주타로(小村壽太郎) 외상과 러시아의 전권위원 비테가 러일전쟁의 종료 협상을 벌였다. 그 결과 러시아는 일본의 요구에 따라 뤼순과 다롄의 조차(租借, 다른 나라 영토의 일부를 빌려 일정 기간 통치하는 일)를 포기하고 북위 50도 이남의 사할린을 일본에 양도했다.

러일전쟁의 이러한 결과는 대한제국에 어떤 영향을 미쳤을까? 당시 고종은 러일전쟁 직전 대한제국의 중립화를 위해 노력했지만 러시아와 일본의 지지를 얻지 못했다. 1904년 1월 고종은 대외적으로 전시중립화를 선언했으나 일본은 1904년 2월 대한제국의 중립화 선언을 무시하고 대한제국에서 일본의 자유로운 군사활동을 보장받기 위해 강제로 '한일의정서'를 체결했다. 이윽고 러일전쟁에 승리한 일본은 1905년 11월 을사조약을 강요했다. 러일전쟁의 승리를 기반으로 일본은 대한제국의 외교권을 박탈하고 통감부를 설치하여 대한제국의 내정을 간섭하기 시작한 것이다.

25

을사조약은 왜 불법 조약인가?

대한제국의 외교권을 박탈한 을사조약은 불법 조약이라고 하는데, 어떠한 점에서 그렇게 말하는 것일까? 특히 국내법과 국제법의 규정상 무엇이 잘못됐을까?

Q

일본은 1905년 9월 5일 포츠머스강화조약에서 대한제국을 지도·보호·감리할 수 있는 권한을 국제적으로 승인받았다. 그 뒤 10월 27일 내각회의에서 대한제국을 일본의 보호국으로 만들려는 계획을 수립했다. 이 계획에 따라 11월 9일 한성에 도착한 이토 히로부미는 11월 15일 고종 황제를 알현하고 일본 정부가 대한제국의 외교를 대신하겠다고 제의했다. 고종은 이를 거부하고 정부 대신에게 자문을 구한 뒤 일반 인민의 의향도 살펴야 한다고 대답했다. 그러자 이토는 대한제국은 전제군주국가이므로 인민의 의향을 물을 필요가 없으며 그렇게 하겠다는 것은 인민을 선동해서 일본에 반항해보겠다는 뜻이 아니냐며 고종의 결정을 독촉했다. 이에 고종 황제는 하야시 곤스케(林權助) 주한 일본공사와 외부대신 박제순과 교섭한 후 그 결과를 놓고 정부에서 회의를 거쳐 자신의 재가를 구하는 절차를 취하겠다고 했다.

11월 16일 오후 3시 주한 일본공사 하야시는 외부대신 박제순에게 조약 초안을 제시하며 교섭을 시작했다. 같은 날 오후 4시 이토는 박제순을 제외한 정부 대신들을 자신이 머무는 정동 손탁호텔로 불러 조약 체결의 필요성을 강조했다. 이에 학부대신 이완용과 법부대신 이하영은 동의를 표시했으나 농상공부대신 권중현과 참정대신 한규설은 반대 의사를 밝혔다.

다음 날 아침 도성 밖에 주둔하던 일본군이 모두 사대문 안으로 들어왔다. 남산 왜성대 일대에는 만일의 사태에 대비한다는 구실로 군대를 배치하고, 경복궁 앞과 종로 부근에서는 보병 1개 대대, 포병 중대, 기병 연대가 무력시위를 벌였다. 병력 일부가 덕수궁 안팎을 겹겹으로 포위하는 바람에 대한제국 관리들은 벌벌 떨면서 궁성을 드나들어야 했다.

이러한 위협적인 상황에서 오전 11시 일본공사관에 정부 대신들을 불러 모은 하야시 공사가 결정을 촉구하자, 농상공부대신 권중현은 대한제국 법규상 국정에 대한 중대한 논의는 반드시 의정부 회의와 중추원의 자문을 거친 후 황제가 재가하게 되어 있다는 규정을 내세워 반발했다. 이에 하야시 공사는 어전회의가 필요하다며 일본 병사들로 하여금 정부 대신들을 둘러싸고 궁궐로 들어가게 했다.

어전회의는 덕수궁 수옥헌(지금의 중명전)에서 오후 4시부터 7시까지 진행되었는데, 참정대신 한규설과 외부대신 박제순이 반대 의사를 강력히 주장하자 일본과의 협상을 잠시 유예하기로 결론 내렸다. 이를 전해 들은 하야시 공사는 정부 대신을 별실에 불러놓고 경복궁 대관정에서 대기하고 있던 이토에게 연락했다. 이토는 한국주차군(주둔군) 사령관 하세가와 요시미치(長谷川好道) 및 헌병대장과 동행하여 별실에 도착해 황제 알현을 요구했다. 그러나 고종은 병을 핑계로 이를 거절했다. 이토는 연금 상태에 있던 대신들 한 명 한 명에게 협약안의 동의 여부를 선택하라고 강요했다. 이때 한규설과 탁지부대신 민영기는 반대 의사를 분명히 했고, 외부대신 박제순, 법부대신 이하영, 군부대신 이근택은 의사를 명확히 표시하지 않았으나 이토에 의해 찬성으로 간주됐으며, 학부대신 이완용, 내부대신 이지용, 농상공부대신 권중현은 적극 찬성했다. 이후 수정한 협약안을 황제에게 보고하고 황제가 희망하는 대로 글귀를 일부 추가한 뒤 일본 측은 대한제국 외부대신의 인장을 강제로 빼앗아 조약안에 찍게 했다. 11월 18일 오전 1시경이었다.

그 주요 내용은 다음과 같다. 첫째, 향후 한국(대한제국)의 외교 관계와 사무를 일본 정부가 감독 지휘하며 한국 정부는 일본 정부의 중개를 거치지 않고서 국제 조약이나 약속을 체결할 수 없다. 둘째, 일본 정부의 대표자가 통감으로 임명되어 한성에 주재하면서 한국 외교에 관한 사항을 관리한다. 이로써 대한제국은 외교권을 일본에 빼앗기고 일본의 보호국이 되어 독립국 지위를 상실했다.

이 조약은 대한제국 국내법은 물론 국제법 규정에 위배되는 것으로 강제 체결 직후부터 지금까지 불법 무효론이 제기되어왔다. 대한제국 법규에 의하면 국제조약 및 중요한 국정 안건은 의정부 회의에 제출되어 논의를 거친 후 중추원의 자문을 받아 동의를 얻는다. 이후 의정과 주무대신이 작성한 상주안에 서명하고 이에 대한 황제의 재가가 나면 의정이 그 다음 회의 때 낭독하여 결과를 알리며, 황제가 재가한 조약문은 어압·어새를 찍은 후 관보를 통해 반포하게 된다. 그런데 을사조약 체결 당시의 회의는 정식으로 소집된 의정부 회의도 아니고 중추원의 자문도 거치지 않았으며 고종 역시 강제 퇴위당할 때까지 이 조약을 재가한 적이 없으므로 조약 자체가 무효인 것이다.

국제법 규정에서는 두 가지 점에서 무효라고 할 수 있다. 첫째는 국가 대신들을 강압한 것이다. 일본 측이 군대를 동원하여 궁궐은 물론 회담장까지 포위한 채 강압적인 분위기에서 정부 대신들에게 조약 체결을 강요했다. 둘째는 조약 체결에 따른 절차상의 결함이다. 외교권과 같이 중요한 국가 주권을 대상으로 하는 조약 체결에 국가 주권자의 전권위임장 교부가 없었다는 점, 일본이 대한제국 외부대신 관인을 강탈한 점, 주권자인 고종 황제가 비준하지 않았다는 점 등은 을사조약의 불법성을 잘 드러내는 증거이다.

:: —— 을사조약, 을사보호조약, 을사늑약, 제2차 한일협약

일반적으로 '을사조약'이라고 부르는 이 명칭은 공식 명칭이 아니다. 한국이나 일본에서 보관하고 있는 이 조약의 원본 어느 것에도 조약의 공식 명칭이 붙어 있지 않기 때문이다. 그래서 일본에서는 조약 체결 직후 처음에는 '한국외교 위탁조약'이란 용어를 쓰다가 11월 20일부터 '일한협약'으로 바꾼 후 전년도인 1904년 8월 22일에 체결되었던 '일한협약'과 구별하기 위해 '제2차 일한협약'이라고 불러왔다. 한국에서는 1905년이 을사년이라 '을사보호조약', '을사조약' 또는 일제가 강제했다는 의미로 '을사늑약'이란 명칭을 사용해왔다. 한국에서 '제2차 한일협약'이라 부르는 것은 일본 측의 의도를 무비판적으로 받아들여 사용해온 것이다. 이처럼 마땅한 명칭이 없지만 협약을 강요당한 한국 측 입장에서 보자면 '을사늑약'이라고 해야 할 것이다(이 책에서는 '을사조약'이라 통일해 사용했다－편집자주).

26

국제사회는 왜 일본의 불법 지배를 묵인했을까?

일본이 대한제국의 외교권을 박탈하고 지배한 것이 불법임을 당시 국제사회도 알고 있었다. 국제사회는 왜 일본의 불법 행위를 묵인했을까?

Q

을사조약 강제 체결 이후 일본 정부는 1905년 11월 20일~11월 22일 대한제국과 외교 관계를 맺고 있던 영국·미국·독일·프랑스·청·오스트리아·이탈리아·벨기에·덴마크 정부에 앞으로 일본 정부가 대한제국의 외교 업무를 대신할 것임을 통고했다. 이에 따라 11월 25일 미국이 맨 처음 주한 공사관을 철수한 데 이어 영국, 독일, 프랑스, 청 등이 공사관을 철수함으로써 을사조약이 국제적으로 승인되었다고 할 수 있다.

고종 황제는 러일전쟁 발발 이전인 1904년 1월 21일 국외 중립 성명을 발표하여 전쟁 당사자인 러시아를 비롯하여 영국·독일·프랑스·덴마크·청·이탈리아의 승인을 받았지만, 일본은 이를 무시하고 러시아와의 전쟁에 돌입했다. 고종은 1904년 말 이후에도 비밀리에 미국·러시아·프랑스 등에 일본의 부당한 침략으로 대한제국이 위기에 처했음을 호소했으나 모두 무시당했다. 을사조약 강제 체결 이후에는 각국 정부에 밀사를 보내 이 조약의 부당함을 알리고 무효화해야 한다고 호소했으나 모두 실패하고 말았다. 영국, 프랑스는 물론 가장 신뢰했던 미국과 러시아까지 등을 돌리고 일본의 대한제국 지배를 승인했다.

영국은 일본과 제1차 영일동맹을 맺은 1902년 무렵 일본이 한반도에서 우월적 지위를 갖는다고 인정하면서도 대한제국의 독립을 보장했다. 그러나 1905년 8월 제2차 영일동맹에서 영국은 자신의 세력권인 인도 대륙까지 러시아가 팽창하지 못하도록 하고, 일본은 전쟁에 패배한 러시아가 다시 일본에 대한 복수전을 감행하지 못하게 하려는 의도로 공수동맹(攻守同盟, 제3국의 공격에 공동으로 방어하기 위해 맺은 동맹조약)을 체결했다. 게다가 대한제국의 독립 보장 조항은 폐기되었다. 영국 정부는 이와 같은 입장 변화를 정당화하기 위해 대한제국 정부와 황실이 러시아와 밀접하게 연결되어 있을 뿐 아니라 무능과 부패로 독자적인 개혁을 수행할 수 없으므로, 일본의 한국 보호가 바람직한 해결책이라는 입장을 표명했다.

미국 역시 러시아가 아시아 지역으로 팽창해나가는 것을 견제하고 중국 시장으로 진출하려 했기 때문에 한국의 독립을 지지하던 애초의 입장을 철회했다. 1905년 7월 미국 육군장관 윌리엄 태프트(William H. Taft)는 일본 총리 가쓰라 다로(桂太郎)와 동북아시아 정국 전반에 관한 의견을 교환하고 가쓰라-태프트 밀약을 체결한 바 있다. 일본이 미국의 필리핀 지배를 인정하고, 동북아시아의 평화 유지를 위해 미·영·일 3국이 동맹 관계를 확보하며, 미국은 일본의 한국에 대한 종주권을 인정한다는 내용이었다. 게다가 시어도어 루스벨트 대통령 등 정책 담당자들은 일본의 침략성을 무시하지는 않았지만, 한국이 독립을 위해 한 일이 아무것도 없으며 국제 경쟁에서 패퇴하는 열등한 민족·국가의 표본이라고 생각하고 있었기에 일본의 한국 지배를 인정했다.

러시아는 1905년 9월 일본과 체결한 포츠머스강화조약에서 '일본이 한국에서 정치·군사·경제적 이익을 가지며 일본의 한국 정책에 간섭하지 않을 것'이라고 인정했지만, 일본이 한국의 주권을 침해할 조치를 취할 경우에는 대한제국 정부와 합의한 후 집행할 것을 약속케 함으로써 한국의 독립을 유지시키고자 했다. 그러나 1906년 중반 이후 러시아는 외교정책의 중심을 유럽의 발칸반도 쪽으로 옮기면서, 독일과 오스트리아를 저지하기 위하여 영국·프랑스와 접근하고 아시아에서는 일본에 접근하기 시작했다. 이로 말미암아 러시아는 제2차 만국평화회의에 대한제국 대표를 초청했던 기존 입장을 바꾸어 1906년 6월 말 대한제국 정부에 정식 초청장을 보내지 않겠다는 회답을 일본 측에 보냈다. 러시아는 1907년 7월 헤이그에 도착한 이준·이상설·이위종 특사도 만국평화회의에 참여시키지 않았다.

이처럼 영국·미국·러시아 등 강대국은 자국의 이해관계를 위해 일본과 동맹을 맺거나 우호 관계로 돌아섰다. 이 과정에서 대한제국은 아무런 힘을 발휘할 수 없었고, 이들과 이해관계를 함께한 일본은 대한제국을 불법 지배하고 나아가 식민지로 강점할 수 있었다.

27

:: 을사5적은 누구인가?

을사조약 체결에 동의한 '을사5적'은 누구인가? 그들은 이후 어떻게 살았을까?

Q

1905년 11월 17일 오후 4시부터 7시까지 진행된 어전회의 때까지만 해도 대한제국의 정부 대신은 모두 을사조약 체결에 반대했다. 이후 이토가 일일이 의견을 다시 확인하면서 18일 오전 1시경 조약이 체결될 때까지 의견은 찬반으로 나뉘었다. 최종적으로 조약안에 대해 의결할 때는 참정대신 한규설, 탁지부대신 민영기, 법부대신 이하영이 반대했으며, 학부대신 이완용, 군부대신 이근택, 내부대신 이지용, 외부대신 박제순, 농상공부대신 권중현이 찬성했다. 찬성한 이 다섯 명을 '을사5적'이라고 부른다.

조약 체결 이후 전·현직 관리와 유생들은 을사5적을 처벌해야 한다는 상소문을 빗발치듯 고종 황제에게 올렸으며, 1907년 3월에는 나인영(나철)·오기호 등이 암살단을 조직해 을사5적을 처단하려고 시도했다. 그러나 이들은 부귀와 영화를 누리며 살다가 죽었다.

을사5적의 우두머리격인 이완용(1858~1926)은 흥선대원군과 친구이자 사돈인 이호준의 양자로 들어가 1882년 과거시험에 합격한 후 규장각 대교, 주미공사관 참찬관, 외무협판을 거치며 서양 문물에 일찍 눈을 떴다. 1896년 아관파천을 주도해 외부대신에 임명되고 독립협회 초대 위원장으로 선출되었다. 1900년 조세금 횡령 혐의로 전라도관찰사에서 면직되기도 했다. 1907년 5월 참정대신, 6월 내각 총리대신이 되어 정미7조약 체결을 주도하여 '정미7적'으로도 지탄받았다. 1909년 11월 일본 수상 가쓰라 다로에게 합방안 5개항을 제출한 이후 이재명의 칼에 찔려 왼쪽 폐를 관통당하는 치명상을 입었으나 목숨은 건졌다. 한국병합조약을 주도하여 '경술국적'으로 지탄받았으며, 1910년 이후 조선총독부 중추원 고문에 임명되고 백작 작위를 받았다. 1919년 3·1운동이 격화되자 《매일신보》에 세 차례나 경고문을 발표하여 민족운동의 열기를 잠재우려 했다. 사망 당시 조선 귀족 가운데 두 번째로 재산이 많았다.

을사조약 체결 당시의 외부대신 박제순(1858~1916)은 1883년 통리교섭통상사무아문 주사를 시작으로 외교직에 있다가 충청도관찰사로 재직 중이던 1894년 충남 공주 지역에서 동학농민군 진압 작전에 참여했다. 이후 외부대신, 농상공부대신, 비서원경, 육군 참장, 주청 전권공사, 법부대신, 농상공부대신 등을 거쳤다. 을사조약 체결 직후 참정대신에 임명되었으나 을사5적에 대한 비난과 암살 위협이 계속되자 1907년 5월 사퇴했다. 1910년 6월 이완용 대신 내각 총리대신 서리로 임명되어 경찰권을 일본에 이양하는 각서를 체결하고 한국병합조약 체결시 가결에 동조하여 '경술국적'으로 지탄받았다. 조선총독부 중추원 고문에 임명되고 일본 자작 작위를 받았으며, 1915년 11월 일본 다이쇼(大正) 천황 즉위식에 조선 귀족으로 참여하여 "직접 거룩한 시대를 만나 성대한 의식을 올리는 것을 보게 되었는바, 하늘을 바라보고 성인을 우러르며 머리를 조아려 절을 올립니다"라는 글을 바쳤다.

이지용(1870~1928)은 본래 이름이 이은용으로, 고종의 종조카이다. 1887년 과거에 합격해 규장각 대교에 임명되어 조사시찰단으로 일본에 파견되었다. 황해도관찰사, 경상도관찰사, 일본국특명전권공사, 경부대신 임시서리사무, 외부대신 임시서리사무를 거쳐 1904년 한일의정서 조인시 한국 측 대표를 맡았다. 이후 법부대신, 농상공부대신을 지냈고 을사조약 체결 때 내부대신이 되었다. 1910년 이후 조선총독부 중추원 고문에 임명되고 백작 작위를 받았으나 1912년 도박죄로 검거되어 태형을 선고받고 중추원 고문에서 해임되어 귀족 대우도 정지되었다. 1915년 귀족 대우가 회복되고 1925년에는 중추원 고문직에도 임명되었다.

권중현(1854~1934)은 원래 이름이 권재형이었는데 1903년에 개명했다. 1883년 부산감리서 서기관에 임명된 이래 군부협판, 육군 참장, 법부협판, 법부대신, 의정부 찬정, 군부대신을 거쳤다. 1906년 11월 군부대신에 임명되어 의병 진압을 위해 진위대를 파견하고, 1907년 5월 박제순 내각이 총사퇴하면서 군부대신에서 물러나 중추원 고문을 맡았다. 1910년 이후 일본으로부터 자작 작위를 받았으나 총독부의 주요 관직에 임명되지는 못하고 불교 관련 단체에서 활동했다.

이근택(1865~1919)은 1882년 임오군란으로 충주에 피난했던 명성왕후와 인연을 맺으면서 선전관에 임명된 이래 병조참판, 좌부승지, 친위대 제3대대장, 경무사, 평리원재판장, 헌병사령관, 시종무관장, 농상공부대신, 법부대신을 거쳤다. 1910년 이후 조선총독부 중추원 고문에 임명되고 일본으로부터 자작 작위를 받았으며, 1917년 친일 불교단체인 불교옹호회의 고문으로 추대되기도 했다.

28

::

을사조약 체결 후 우리는 어떻게 저항했을까?

을사조약이 맺어진 후 조선은 어떻게 대응했나? 고종 황제를 비롯해 지식인과 일반 민중은 국권회복을 위해 어떤 노력을 했을까?

Q

을사조약 강제 체결의 진상은 장지연이 1905년 11월 20일자 《황성신문》에 실은 〈시일야방성대곡(是日也放聲大哭)〉을 통해 널리 알려졌다. 일본 경찰이 장지연을 경무청에 감금하고 《황성신문》 간행을 정지시키자 《대한매일신보》와 《제국신문》 등도 이를 비판하며 탄압에 반대하는 언론활동을 전개했다. 일본은 여론에 떠밀려 1906년 1월 장지연을 석방하고 《황성신문》의 정간도 취소하지 않을 수 없었다. 1905년 11월 30일 참찬 이상설은 서울 종로에서 군중집회를 열어 조약 체결의 진상을 밝히고 조약 무효를 주장했으며, 서울의 상인들은 철시 투쟁을 감행하고 신식 학교 학생들은 동맹휴학을 벌였다.

11월 말부터 12월까지 수십 명의 전·현직 관료와 유생들이 상소를 올렸다. 그 내용은 대부분 을사조약은 무효이며 을사5적을 처단하고 각국에 조약 무효를 통고하여 원조를 받거나 조약을 폐기하라는 것이었다.

상소가 받아들여지지 않자 시종무관장 민영환, 궁내부 특진관 조병세, 전 참판 홍만식, 전 대사헌 송병선, 학부 주사 이상철 등이 민중의 궐기를 호소하는 유서를 남기고 자결했으며, 시위대 상등병 김봉학도 자결로 을사조약 체결에 항의했다.

이러한 소식에 전국 각지에서 일본에 항거하는 의병투쟁이 일어났다. 1906년 3월 의병봉기를 독려하는 고종의 밀지를 받은 중추원 의관 정환직과 그 아들 정용기가 경북 영천에서 1천여 명이 넘는 대규모 의병을 일으켰다. 이들은 경북 영천, 경주, 청송 등지를 근거지로 하여 관군 및 일본군과 여러 차례 전투를 치렀으나 8월경 일본군의 공격에 맞서 싸우다 굴복했다. 같은 해 4월 신돌석도 경상북도 영해에서 100~200명의 장정을 규합하여 의병을 일으키고, 11월경에는 경상북도 일월산 등 산악지대를 근거지로 삼아 영해, 영덕, 평해 등지에서 관군과 싸우거나 친일파 처단에 주력했다.

1906년 3월 참판을 지낸 민종식이 이설·안병찬 등과 충청남도 홍주에서 의병을 일으켰다. 이 부대는 초기에 일본군의 공격으로 해체되었다가 5월 충남 서천에서 재기해 홍주성까지 점령하는 쾌거를 이루었으나 5월 말 일본군의 기습공격으로 1천여 명의 희생자를 내고 패퇴했다. 전라북도 태인에서는 최익현이 1906년 6월 의병을 일으켜 정읍, 순창에 이르기까지 승승장구했으나 열흘 만에 관군의 급습으로 와해되었다. 최익현은 일본군에게 체포되어 쓰시마(대마도)에 유배된 후 단식을 하다가 순국하고 말았다. 이후 백낙구·양한규·고광순·양회일 등이 전라도 일대에서 봉기했고, 1907년 정미7조약 체결시에는 더욱 발전된 의병으로 이어졌다.

한편, 나철과 오기호 등은 을사5적을 처단할 계획을 세웠다. 이들은 전국에서 수십 명의 장사들을 끌어모아 1907년 3월 25일 을사5적이 궁궐에 들어가는 날에 맞추어 총과 칼로 처단하고자 했으나, 모두 실패하고 말았다.

고종 황제는 을사조약 체결 당시 정부 대신들에게 "일본 측과 협상하여 잘 처리하라"고 했을 뿐, 명확하게 반대 의사를 표명하지는 않았다. 그러나 체결 직후부터 적어도 여섯 차례에 걸쳐 미국, 유럽 등 강대국에 밀사나 특사를 파견하여 강압으로 이루어진 조약 체결이 무효임을 알리는 외교활동을 펼쳤다. 당시 미국인 선교사 헐버트(Homer B. Hulbert)는 1905년 말 고종의 친서를 가지고 미국으로 돌아가 루스벨트 대통령과 교섭했으나 실패했다. 이에 고종은 전 주한 미국공사 알렌을 통해 미국·영국·일본의 공동 보호를 요청하는 공작을 벌였으나 역시 무위로 끝났다. 고종은 주프랑스공사 민영찬을 통해 미국 국무장관과 회견하여 미국 정부의 주선을 요청했고, 1906년 1월에는 협약 무효 선언과 강대국의 5년간 공동보호를 희망한다는 밀서를 영국 《트리뷴(Tribune)》 기자 더글러스 스토리(Douglas Story)에게 보냈다. 6월 22일에는 대한제국에 들어온 헐버트를 특별위원으로 임명하고 미국·영국·러시아·프랑스·독일·오스트리아·이탈리아·벨기에·청 등 9개국 원수에게 보내는 친서를 작성하여 이들 나라에 협약 무효 선언을 주선해주기를 당부하는 한편, 을사조약 강제 체결 사건을 헤이그 국제재판소에 제소해달라고 요청했다.

마지막으로 고종은 1907년 6월 헤이그에서 열리는 만국평화회의에 이상설과 전 평리원 검사 이준 등을 밀사로 파견해 을사조약의 부당성을 알리려 했다. 하지만 일본의 방해 공작으로 이 모든 시도는 실패로 끝났다. 특히 헤이그 밀사 파견은 고종의 강제 퇴위를 가져온 빌미가 되고 말았다.

29

일제의 고문정치란 무엇인가?

일제가 1904년부터 대한제국에 행한 정책을 고문정치라고 일컫는다. 고문정치란 무엇이며, 이로 말미암아 대한제국은 어떤 변화를 겪었을까?

Q

고문정치는 1904년 한일의정서와 제1차 한일협약에 따라 대한제국에 파견된 고문관의 정치 행위를 말한다. 일제는 1904년 2월 8일 러일전쟁을 감행했고, 2월 23일에는 '대한제국 내에서 군사적으로 필요한 긴급조치와 군사상 필요한 지점을 임의로 수용'할 수 있도록 하는 한일의정서를 강제로 체결했다. 한일의정서의 주요 내용은 다음과 같다.

제1조 대한제국 정부는 일본 정부를 확신하고 시정 개선에 관하여 그 충고를 받아들일 것.

제2조 일본 정부는 대한제국의 황실을 확실한 친의로써 안전 강녕케 할 것.

제3조 일본 정부는 대한제국의 독립과 영토 보전을 확실히 보증할 것.

제4조 제3국의 침해 혹은 내란으로 대한제국 황실의 안녕과 영토 보전

에 위험이 있을 경우 일본 정부는 곧 임기필요한 조치를 취할 것. 대한제국 정부는 일본 정부의 행동이 용이하도록 충분한 편의를 제공할 것. 일본 정부는 전항의 목적을 달성하기 위하여 군략상 필요한 지점을 임기 수용할 수 있을 것.

제5조 대한제국 정부와 일본 정부는 상호 승인 없이는 본 협정의 취지에 반하는 협약을 제3국과 체결하지 않을 것.

일본은 한일의정서를 근거로 러일전쟁 과정에서 군사행동은 물론 토지의 강제수용도 임의로 행할 수 있게 되었다.

나아가 일본은 8월 22일 제1차 한일협약〔한일 외국인 고문 용빙(傭聘)에 관한 협정〕 체결을 강제했다. "대한제국 정부는 일본 정부가 추천하는 재정고문과 외교고문 각 1명을 두고, 재정과 외교에 관한 사항은 일체 그들의 의견을 물어 시행"하도록 하면서 이른바 '고문정치'를 실시했다. 정치권 박탈에 이어 재정권·외교권을 장악하기 위해 일본은 다시 10월 5일 제실제도정리국을 설치하고 황실의 재산을 정리해나갔다.

이후 대장성 조세국장 출신 메가타 다네타로(目賀田種太郎)가 재정고문으로 부임했다. 메가타는 대한제국 화폐의 유통을 정지시키고 일본 제일은행권을 통용하도록 했으며, 관세를 담당하던 총세무사를 폐지하는 등 대폭적인 재정 정리사업을 단행했다.

같은 해 12월 27일, 주미 일본공사관 고문인 미국인 스티븐스(D. W. Stevens)를 외교고문으로 초빙했다. 일본 정부는 스티븐스를 채용하기 위해 그에게 상당한 액수의 특별 수당을 지급하고 일본의 이익을 위하여 노력할 것을 비밀리에 협의한 바 있다. 스티븐스는 워싱턴의 일본공사관에서 오랫동안 일해온 인물로, 비록 미국인이지만 일본인과 거의 다를 바 없었다.

일본은 재정고문, 외교고문 외에 대한제국 정부의 초청이라는 형식을 빌려 군사고문, 경무고문, 궁내부고문, 농상공부고문 등에 일본인들을 파견해 해당 분야의 정책수립과 집행에 깊숙이 간여했다. 이들 고문관은 일본공사의 지휘 감독을 받았고, 주요 사무는 반드시 공사의 동의를 얻어 시행하도록 했다. 공사는 이를 일본 외무대신에게 보고하도록 되어 있었다. 이러한 과정을 거쳐 대한제국의 정치·경제·외교·군사 등 주요 분야가 일제의 의도대로 운용되었으며, 이는 곧 일제가 대한제국 식민지화의 바탕을 마련하는 것이었다.

30

한국통감부는 무슨 일을 했을까?

을사조약의 강요로 만들어진 한국통감부는 어떤 곳인가? 구체적으로 무슨 일을 했으며, 누가 통감으로 활동했나? 그리고 통감부와 총독부는 어떻게 다른가?

Q

대한제국이 을사조약으로 일본의 보호국이 되었다. 일제는 대한제국의 외교권을 박탈한 뒤 단계적으로 내정을 접수하는 음모를 꾸몄는데 이 일을 실제적으로 맡을 기구로 한국통감부를 설치했다. 일본 내각은 대한제국의 시정 감독과 조선에 거주하는 일본인에 대한 보호 감독을 구실로 관리 책임자를 파견하기로 결정했다.

일본은 1905년 7월 가쓰라-태프트 밀약, 8월 제2차 영일동맹, 9월 러시아와의 포츠머스강화조약 등을 통해 미국, 영국, 러시아로부터 대한제국에 대한 지도·감리·보호의 권리를 승인받았다. 일본 내각은 이런 일을 실행할 대표로 같은 해 11월 이토 히로부미를 특사로 조선에 파견했다. 이토는 한국주차군 사령관인 하세가와 요시미치와 함께 고종을 압박하고 대신들을 협박해 이른바 협약을 맺었다. 그 요지는 첫째, 대한제국 정부는 일본 정부의 중개 없이 외국과 조약이나 계약을 맺지 못한다는 것, 다음은 일본 정부의 대표자로 대한제국 황제 밑에 외교 사항만을 전담하는 1명의 통감을 두고 개항장 등 요소요소에 이사청을 설치해 그동안 일본공사관에서 처리하던 사무를 관리한다는 것이었다. 이 협약에 따라 대한제국에 주재하던 외국 사절들은 철수했고 공사관은 폐쇄되었다. 따라서 미국, 러시아 등에 두었던 대한제국의 외국 공사관과 영사관이 철수했으며 대한제국 정부의 외부 등 외교 관련 부서도 없애버렸다. 이는 나라의 주권이 쭉정이만 남았다고 말해도 지나친 말이 아니다.

이런 과정을 거쳐 일본은 천황 직속으로 한국통감부를 설치했는데 통감은 외교권만이 아니라 군령권마저 쥐게 했다. 곧 대한제국 주둔 일본군은 통감의 지휘를 받게 되어 있었다. 또 통감은 외교 대행자 노릇을 하면서 대한제국 정부에 고문 또는 차관을 두어 요모조모로 내정을 주무를 수 있는 장치를 만들어두었다. 더욱이 외국인이 고종 황제를 알현할 때에도 통감이 입회하는 규정까지 두었다.

1906년 2월부터 통감부와 이사청의 공식 업무가 개시되었는데 초대 통감으로 이토 히로부미가 임명되었다. 그는 1906년 3월 서울로 들어와 고종을 알현하는 자리에서, 앞으로 대한제국의 입법 행정과 제반 사무를 개량한다는 계획안을 제출했다. 이 계획안대로 그는 시정 개선의 시급한 문제로 차관의 도입, 보통교육의 보급, 지방경찰의 확장 등을 들고 황제의 재가를 강압했다. 본래의 업무인 외교 문제에 대해서는 한마디 언급도 없었다.

이토는 연달아 통신 업무와 세금 징수까지 관장했으며 산하에 철도관리국을 두어 경부철도를 매수하고 통감부에 귀속시키는 조치를 취해 조선의 철도는 모두 통감부에서 관리하게 했다. 이어 기존의 고문관·참여관·보좌관·고문경찰 등도 통감부의 지휘와 통솔을 받게 했다. 고종이 을사조약의 강요와 통감부 지배에 항의하여 헤이그 만국평화회의에 밀사를 파견한 사실이 드러나자 이토 히로부미는 고종의 폐위를 단행했다.

하지만 대한제국 정부에 일본인 관리가 현저하게 증가해 조선인 관리보다 숫자가 많아지자 통감부 조직이 상대적으로 축소되었다. 할 일이 적어진 탓이다. 그리하여 집행기구를 대폭 축소했다. 한편, 이토는 새 황제 순종을 데리고 전국 순행길에 나서면서 자신의 위치를 과시했다. 이때 일본 정계에서는 이토가 통감정치에 만족해 한국병합에 소홀하다는 비난이 쏟아졌다. 이토는 사퇴 압력을 뿌리치고 버텼으나 일본 내의 여론은 좋지 않게 돌아갔다. 더욱이 일진회 등 친일단체가 병합을 추진하는 현실에서 이토의 입지는 좁아졌다.

이토는 1909년 4월 일본 총리대신 가쓰라 다로와 회합하면서 병합 단행에 이의가 없음을 표명했다. 결국 이토는 굴복하고 말았다. 그가 통감 자리를 사직하자 부통감인 소네 아라스케(曾禰荒助)가 후임으로 앉았다. 이토가 이때 통감 자리에서 물러나지 않았더라면 1909년 하얼빈 역에서 안중근에게 총탄 세례를 받아 죽지 않았을지도 모른다.

소네는 외교적 수완도 없는 무식한 자였다. 그는 별다른 역할을 하지 못했다. 하지만 주어진 일정에 따라 일진회의 합방성명서를 발표하게 하고 순종 황제와 내각 총리대신 등이 합방청원서를 제출하게 하는 역할을 해냈다.

마지막으로 일본 내각은 병합을 마무리 지을 인물로 육군대신 데라우치 마사타케(寺內正毅)를 한국통감부의 3대 통감을 겸임케 하고 일본 각의에서 조선총독부의 설치, 조선의 시정 방침, 총독의 권한 등을 확정지었다. 이어 새 총독이 된 데라우치는 이해 7월 23일에 서울에 부임해 와서 계엄령을 선포한 뒤 헌병경찰을 시내에 배치하고 합병을 마무리했다. 그리하여 이 조약은 8월 18일자로 내각회의를 통과하고 이어 8월 22일 순종이 참석한 어전회의에서 형식적인 절차를 거쳐 확정했다. 새 총독 데라우치는 민심의 동향을 엿보면서 병합조약의 발표 시기를 저울질하다가 이완용 총리대신으로 하여금 8월 29일자로 공표하게 했다. 어디까지나 요식 절차에 지나지 않았다. 그 내용을 잘 몰랐던 하급 벼슬아치들과 민중은 서울 시내를 통제하는 기마헌병들을 보면서도 아무 영문도 모른 채 며칠을 보냈다.

이렇듯 한국통감부는 대한제국의 외교권을 접수하면서 불법으로 내정까지 거머쥐고 황제를 무력화시켜 보호정치에서 한발 나아가 완전 식민지로 만드는 역할을 했다. 따라서 역사학자들은 통감시대를 반식민지 상태로 규정한다. 그러니 한국통감부는 조선총독부의 의붓아버지뻘이 될 것이지만 그 나물에 그 밥이라 볼 수 있을 것이다.

31

일본은 왜 대한제국의 화폐를 정리했을까?

을사조약 체결 직전에 일본은 대한제국 화폐의 유통 및 교환 기능을 없앴다고 하는데, 왜 그랬을까? 화폐 정리란 구체적으로 어떤 내용이며, 이는 당시 사람들에게 어떤 영향을 주었을까?

Q

원래 우리나라는 조선시대부터 엽전(상평통보의 속칭)을 사용해오다가 1894년 갑오개혁기에 '신식화폐발행장정'이라는 법령을 반포하고 일본과 유사한 모양의 은화와 백동화를 엽전과 함께 사용하기 시작했다. 은화는 법령상 명목 가치가 엽전 500개에 해당되고 실제 금속 가치도 그 정도였던 데 반해, 백동화는 법령상 명목 가치는 엽전 25개에 해당되지만 실제 금속 가치는 그 반밖에 안 되는 화폐였다. 따라서 백동화를 유통시키려면 그와 교환하여 사용할 수 있을 만큼 은화도 많이 발행하여 신용을 보장해주어야 했다.

그러나 대한제국기 정부는 재정 형편이 좋지 않아 은화는 많이 주조하지 않고 니켈을 원료로 한 백동화만 대량으로 주조해 사용했다. 특히 황실에서 전환국을 통해 백동화를 남발하는가 하면, 특정인에게 백동화 주조 특권을 부여하고 대가를 받는 일이 빈번해지면서 시중에 백동화가 대량으로 유통되었다. 이 때문에 백동화 가치가 떨어지고 엽전을 선호하는 경향이 뚜렷해졌다. 지방관들은 이를 이용해서 조세금을 엽전으로 거둔 다음, 이를 정부에 상납할 때 백동화로 바꿈으로써 그 차액을 챙겼다. 그 결과 1905년경이 되면 화폐 유통 지역이 나뉘어져, 백동화는 경기·충청·황해·평안도 지역에서만 유통되고, 엽전은 경상·전라·함경도와 강원도 일부 지역에서만 유통되었다.

백동화 남발은 한국인은 물론 일본인에게도 큰 문젯거리였다. 일본에서 면포 등 공산품을 수입해서 한국인에게 판매하는 일본 상인들은 백동화가 남발될수록 백동화로 환산한 상품 가격이 올라 상품 판매에 어려움을 겪었다. 또 쌀·콩 등 곡물을 한국 농민에게 사서 일본으로 수출하는 일본 상인들은 곡물 대금으로 주어야 할 엽전을 마련하느라 애를 먹었다. 그리하여 대한제국의 개항장을 중심으로 활동하던 일본 상인들은 대한제국의 화폐제도를 일본과 동일하게 만들고 백동화 같은 악성 화폐의 발행 유통을 중단해달라는 요구를 하기에 이르렀다.

일본은 러일전쟁 발발 직후인 1904년 5월에 장차 한국을 식민지로 만들겠다는 구상 아래 대한제국 침략을 위한 기본 방침을 정했다. 그 가운데 최우선 사항이 대한제국의 재정과 외교를 장악하는 문제였다. 일본은 1904년 8월에 대한제국과 '한일 외국인 고문 용빙에 관한 협정'을 체결하고 대한제국 정부의 재정 고문으로 일본 대장성 관리인 메가타 다네타로를 초빙하게 하여 한국의 국고·회계제도와 화폐 제도를 정리하게 했다. 메가타는 1904년 11월 28일 대한제국의 전환국을 폐쇄하고 12월 말 고종 황제의 재가를 받아 일본 제일은행을 한국의 중앙은행으로 삼는 조치를 추진했다. 그 결과 일본 제일은행은 한국 정부의 세입 세출 업무와 화폐 정리에 관한 모든 업무를 총괄하게 되었다.

메가타의 기획에 의하여 대한제국의 정부는 1905년 6월부터 금본위 화폐제도를 실시할 것을 선언하고 7월 1일부터 구화폐인 엽전과 백동화를 금본위제에 의하여 새로 주조한 신화폐와 바꾸도록 했다. 그러나 발표와 달리 금화보다는 일본 제일은행에서 발행한 지폐인 제일은행권을 사용하도록 하여 금본위제의 취지를 무색하게 했다. 제일은행권은 일본의 공식 화폐인 일본은행권으로 바꾼 후에야 금화로 바꿀 수 있는 지폐였다. 그러나 일본은행권이 대한제국 내에 많이 유통되지 않았기 때문에 당시 사람들은 사실상 제일은행권을 금화로 교환하는 것이 거의 불가능했다.

한편, 구백동화는 금화의 보조화로 사용될 예정이던 새 동전으로 바꾸어주게 되었다. 그런데 일본 제일은행은 구백동화를 품질에 따라 갑·을·병 3종으로 구분했다. 갑종은 1개당 2전 5리, 을종은 1개당 1전의 값어치로 교환해주지만, 모양이나 품질이 형편없는 병종은 값을 쳐주지 않는다고 했다. 당시 을종·병종으로 구분될 수 있는 백동화는 평안도의 경우 90~95%, 충북·황해도 80~90%, 충남 70~80%, 경기도 40~50%, 서울·인천 20~30%에 이를 만큼 상당한 비중을 차지하고 있었다.

사람들은 자기가 가지고 있던 백동화가 반값으로 평가 절하되거나 자칫하면 병종으로 간주될지 몰라 불안해했다. 그리하여 백동화로 토지·가옥 등 부동산이나 면포 등의 상품을 사들이거나 백동화를 일본인·중국인에게 낮은 환율로 판매함으로써 손해를 면하려고 했다. 그 결과 한국인보다는 일본인이나 중국인이 백동화를 손에 넣어 이를 새 화폐로 바꾸는 일이 많았다. 실제로 백동화 교환 청구액을 국적별로 보면 일본인 60%, 중국인 30%이고 한국인은 겨우 10%에 불과했다. 게다가 신화폐로 교환하기 위해 대부분의 백동화가 일본 제일은행 창구로 들어갔기 때문에, 한국인 상인은 자신이 발행한 어음의 만기가 돌아오거나 외

시기	제일은행권	신보조화	구백동화	엽전	일본 화폐	합계
1905년 6월	6,068,832	0	11,500,000	6,500,000	1,300,000	25,368,832
1905년 말	8,125,267	367,680	6,530,000	6,393,000	1,300,000	22,715,947
1906년 말	8,245,377	2,137,543	5,000,000	5,823,000	1,300,000	22,505,920
1907년 말	11,807,174	4,100,175	3,285,000	4,704,000	959,000	24,855,349
1908년 말	9,648,764	3,214,525	1,800,000	4,406,000	537,400	19,606,689
1909년 11월	12,340,378	5,696,265	1,970,132	2,463,933	848,000	23,318,708

〈표〉 1905년 6월 말~1909년 11월 말 화폐 유통량 추이(단위 : 원圓)

상 거래한 상품 대금을 지불해야 할 기일이 오더라도 이를 결제할 현금을 마련할 수 없었다. 현금 압박을 견디지 못한 사람들은 토지와 가옥을 처분할 수밖에 없었다. 서울에서만 대상인 수십 명, 중소상인 수백 명이 파산하는 등 금융 공황이 시작되었다.

백동화 정리가 1년도 안 되는 짧은 기간에 주로 교환 방식으로 이루어진 데 반해 엽전은 조세금으로 징수하거나 다른 화폐로 매입하는 방식을 통해 정리되었다. 엽전은 백동화에 비해 가치가 매우 높았기 때문에 백동화처럼 신화폐와 교환하려고 할 경우 한국인들이 응하려 하지 않았다. 그러므로 일본 제일은행은 조세금을 엽전으로 징수하면서 이를 흡수, 정리하는 방식을 취한 것이다. 그런데 1907년 이후 엽전의 주요 구성분인 구리의 국제 시세가 높아지자 한국인이든 일본인이든 엽전을 대량 매수하여 구리로 녹여 수출하는 행태가 성행했다. 이에 엽전은 점차 그 자취를 감추기 시작하였다. 엽전과 백동화가 사라진 후 일본 제일은행권과 신규 제조된 동전들이 한국의 화폐 역할을 맡게 되었다.

32

고종의 퇴위와 순종의 즉위는 어떻게 이루어졌을까?

일제가 대한제국의 고종 황제를 강제 퇴위하게 하고 순종을 황제 자리에 앉히기까지의 과정은 어떻게 이루어졌을까? 여론의 비난을 무릅쓰고 일제가 이를 강행한 의도는 무엇일까?

Q

을사조약이 체결된 후 1906년 2월 일제는 한국통감부를 설치하여 본격적으로 주권 침탈을 시작했다. 대한제국의 외교권은 일본에게 있었지만 고종 황제는 궁내부를 중심으로 통치권 회복을 시도하고, 밀사 외교를 전개하여 일본 측의 내정 장악을 어렵게 만들고 있었다. 이에 일제는 유약한 박제순 내각을 사퇴시키고 이완용을 중심으로 강력한 친일 내각을 구성했다. 이완용은 이미 "일본 측에 누를 끼치지 않고 고종을 폐위시키겠다"는 말로 일본 측의 신뢰를 쌓아가고 있었다.

1907년 5월 말 일제는 고종의 반대를 무시하고 이완용과 그 측근들을 중심으로 새로운 내각을 조직했다. 특히 친일단체 일진회의 회장 송병준을 농상공부대신으로 발탁하여 이완용과의 친일 경쟁을 유도했다. 이완용, 송병준 내각의 성립으로 일제는 내정을 장악할 기반을 마련했던 것이다. 이어 6월 14일에는 갑오개혁 이후 줄곧 시도해왔으나 황제의 반발로 실시하지 못했던 내각관제를 발표하여 황제권을 제한하기에 이르렀다.

이 과정에서 7월 2일, 고종이 헤이그 만국평화회의에 밀사를 파견했다는 사실이 알려졌다. 헤이그에 파견된 이상설, 이준, 이위종이 각국 기자들을 만나 일본의 대한제국 침략을 규탄했다는 소식을 접한 일본 정부 내에서는 고종을 폐위시켜야 한다는 분위기가 지배적이었다. 7월 18일, 서울에 도착한 일본 외무대신 하야시는 한국 통감 이토 히로부미와 함께 고종을 알현한 자리에서 황위에서 물러날 것을 종용하고 협박했다.

일본 측의 협박 속에 열린 각부 대신의 어전회의에서 농상공부대신 송병준은 일본의 신의를 여러 차례 저버린 데다 밀사 파견으로 파국을 맞았다며 고종의 책임을 물었다. 친일 대신들은 일본에서 먼저 정권 위임이나 합병 요구가 나오기 전에 양위로서 사죄해야 한다며 앞장서서 황제 폐위를 추진했고, 이완용이 양위안을 고종에게 내밀었다. 고종은 일언지하에 거부했으나 7월 19일 황태자 대리 조칙이 발표되었고, 7월 20일 양위식은 계획대로 진행되었다. 그러나 200여 명의 무장 병력이 지켜보는 가운데 이루어진 이날의 양위식은 황위를 물려줄 고종 황제도 황위를 이어받을 순종 황제도 참석하지 않았다. 대신에 내시 두 사람이 신구 황제의 역할을 맡아 양위식을 대행했다.

고종 황제의 강제 퇴위 소식에 서울 시내 곳곳에서는 일본인과 친일 대신들을 공격하는 격렬한 양위 반대 운동이 벌어졌다. 그러나 이들은 모두 일본의 무력으로 진압되었다. 일본은 고종 퇴위를 단행한 후 7월 24일 정미7조약의 체결을 강요했다. 이 조약 체결로 일제는 대한제국의 통치권을 확실히 장악하게 되었고, 순종으로 하여금 군대 해산 조치를 내리게 했다. 어린 순종 황제가 자기 의지대로 국정을 장악하고 국가를 운용하기에는 제국주의의 압박이 너무 강했다. 이후 일본의 한국강제병합은 더욱 속도를 냈고, 순종은 등극 3년 만에 나라를 뺏긴 마지막 황제가 되었다.

:: — **헤이그 밀사와 만국평화회의**

고종은 1904년 2월 한일의정서가 체결된 이후부터 국권회복을 위해 밀사 파견 외교를 전개했다. 러일전쟁 중에는 러시아 측에 지원을 호소했고, 포츠머스강화조약 때는 이승만을 밀사로 보내 대한제국의 독립을 보장받고자 했다. 1905년 11월 을사조약 체결 직후에는 주프랑스공사 민영찬에게 긴급 밀명을 내려 미 국무장관을 면담케 했으나 "일본의 보호국이 되었으므로 미국은 어떠한 협조도 할 수 없다"는 답변만 돌아왔다. 고종은 미국 정부와 교섭을 벌였으나 이미 일본과 밀약을 체결한 미국은 고종의 호소를 모두 묵살해버렸다. 1906년에는 헐버트를 통해 영국·프랑스·독일·러시아 등 9개국 원수에게 을사조약의 불법성을 알리고자 했으나 전달되지 못했다.

1907년 헤이그 밀사 파견도 이러한 밀사 외교의 하나였다. 1907년 4월 이상설, 이준 등은 고종의 친서를 가지고 헤이그 만국평화회의에 참가하기 위해 러시아에서 주러시아공사 이범준의 아들로 프랑스 유학 경험이 있는 이위종과 합류했다. 현재 모스크바에 있는 제정 러시아 대외정책 문서보관서에 보관된 이 친서에는 고종의 친필 서명과 함께 "세계가 모두 한국의 고난을 알고 공법에 의거하여 공의로써 다시 대한제국의 국권을 찾을 수 있도록 도와달라"는 내용이 담겨 있다. 이들은 6월 25일 헤이그에 도착하여 러시아의 도움을 받아 세계 여론에 호소하고자 했으나 일제의 방해 공작으로 발언권조차 얻지 못했다. 우여곡절 끝에 이위종이 국제협회에서 연설했으나 뚜렷한 성과를 얻지 못하자 이준은 분사(憤死)하고 말았다.

끝내 고종과 측근 참모들의 밀사 외교는 실패로 돌아갔고, 오히려 고종의 폐위와 식민지화를 촉진했다. 개항기에 들어온 《만국공법》, 《공법회통》과 같은 서양의 국제법 저서에 의거하여 고종과 그 측근들은 국제 여론에 호소하는 등 외교력을 동원해 일본의 주권 침탈을 막아보려고 했으나 제국주의의 국제질서 앞에서 그 힘은 한없이 부족했다.

33

일본이 조선에 강요한 차관정치란 무엇인가?

1907년 일본이 조선과 체결한 정미7조약에는 어떤 내용이 들어 있으며, 일본의 조선 식민지화에 어떤 영향을 미쳤을까? 또 정미7조약에 등장하는 차관은 어떤 역할을 했을까?

Q

1907년 7월 20일 고종을 강제 퇴위시킨 통감 이토 히로부미는 총리대신 이완용과 협의한 후 같은 달 24일 대한제국 정부를 강박하여 정미7조약(한일신협약)을 체결했다. 그 주요 내용은 대한제국 정부는 시정 개선에 관해 통감의 지도를 받고, 법령 제정 및 중요한 행정상의 처분도 미리 통감의 승인을 받도록 되어 있었다. 또한 이 조약에 근거해 대한제국 정부는 통감의 동의 없이 고위 관료를 임명하거나 파면할 수 없었고, 통감이 추천하는 관리를 임명하게 되었다. 통감의 동의 없이는 과거처럼 외국인 고문관도 기용할 수 없었다. 모든 통치 권한을 통감에게 주고 새로 등극한 순종 황제는 일본 정부의 꼭두각시에 불과했다.

인사권을 장악한 일본은 통치정책에 부담이 되는 대한제국 측 관리를 배제하고 새로 일본인으로 관리를 임명하는 절차를 밟았다. 이름하여 '차관정치'를 시작한 것이다. 형식상으로는 대한제국 대신의 아래 위치에 있지만 실제 통치는 일본인 차관이 주도했다. 이들은 대한제국의 내정, 외정, 재정, 치안의 전반을 장악해 기존 통치권은 유명무실해졌고, 결정권이 차관들에게 있었기 때문에 대신들은 서명만 할 뿐이었다.

한편, 정미7조약에는 대한제국 군대의 해산의 법적 근거로 3개 조항의 비밀 각서가 수록되어 있다. 그 내용은 대한제국 군대의 해산 및 사관의 양성에 관한 건, 군대 해산 이후 장래 징병법을 반포하고 유력한 군대를 조직, 사관 양성을 계속하는 건 등이며, 군대 해산을 실행하기 전까지 이 내용을 비밀에 부친다는 내용도 포함되어 있다. '군사 지식이 없고', '무능하며 신뢰할 수 없는 군대'라는 이유를 들어 통감부는 8월 1일 대한제국 군대의 해산을 준비했다. 그러나 이는 표면상의 이유일 뿐 실제는 대한제국을 지배하기 위해 잠재적 저항 세력인 군사력을 해체해야만 안정적으로 식민 통치를 할 수 있다는 치밀한 정책에서 나온 것이었다. 대외방어의 보루인 군대마저 해산당하면서 대한제국의 운명은 종지부를 찍은 것이나 다름없었다. 고종 황제의 강제 퇴위와 새로운 조약 체결은 의병들의 항쟁을 다시 촉발시켰다.

헤이그 밀사 파견, 고종 황제의 강제 퇴위, 정미7조약과 군대 해산 등에 대한 일본 정부의 실질적인 대책은 비공개로 이루어졌다. 당시 일본정부는 불법적이고 비정상적인 통치정책에 대한 대한제국민의 저항은 물론 국제 여론의 비판을 감수할 자신이 없었을 뿐 아니라, 제국주의 국가들의 간섭을 우려했기 때문이다.

:: 을사조약, 정미7조약, 한국병합조약의 주요 내용

을사조약(내용 일부)

제1조 일본국 정부는 도쿄에 있는 외무성을 경유하여 금후에 한국이 외국에 대하는 관계 및 사무를 감리 지휘함이 가하고 일본국의 외교 대표자 및 영사는 외국에 거주하는 한국의 신민 및 이익을 보호함이 가함.

제3조 일본국 정부는 그 대표자로 하여금 한국 황제 폐하 밑에 한 명의 통감을 두되 통감은 오로지 외교에 관한 사항을 관리함을 위하여 경성에 주재하고 친히 한국 황제 폐하에게 내알하는 권리를 가짐.

제4조 일본국과 한국 사이에 현존하는 조약 및 약속은 본 협약 조관에 저촉하는 것을 제외하고는 모두 그 효력을 계속하는 것으로 함.

제5조 일본국 정부는 한국 황실의 안녕과 존엄을 유지함을 보증함.

정미7조약

일본 정부 및 한국 정부는 속히 한국의 부강을 도모하고 한국민의 행복을 증진하고자 하는 목적으로 다음 조관을 약정함.

제1조 한국 정부는 시정 개선에 관하여 통감의 지도를 받을 것.

제2조 한국 정부의 법령 제정 및 중요한 행정상의 처분은 미리 통감의 승인을 거칠 것.

제3조 한국의 사법 사무는 보통 행정 사무와 이를 구별할 것.

제4조 한국 고등 관리의 임면은 통감의 동의로써 이를 행할 것.

제5조 한국 정부는 통감이 추천한 일본인을 한국 관리로 임명할 것.

제6조 한국 정부는 통감의 동의 없이 외국인을 용빙(고용) 아니 할 것.

제7조 1904년 8월 22일 조인한 한일협약 제1항(외국인 고문 용빙에 관한 조항)을 폐지할 것.

부수 비밀 각서(일부)

제5. 중앙 정부 및 지방청에 일본인을 다음의 한국 관리로 임명함.

한국병합조약

일본국 황제 폐하 및 한국 황제 폐하는 양국 간에 특수하고도 친밀한 관계를 고려하여 상호의 행복을 증진하며 동양 평화를 영구히 확보하고자 하며, 이 목적을 달성하기 위하여 한국을 일본제국에 병합함이 선책이라고 확신하고 이에 양국 간에 병합조약을 체결하기로 결정하고 이를 위하여 일본 황제 폐하는 통감 데라우치 마사타케 자작을, 한국 황제 폐하는 내각총리대신 이완용을 각각의 전권위원으로 임명하였다. 그러므로 위 전권위원은 합동 협의하고 아래의 제 조를 협정하였다.

제1조 한국 황제 폐하는 한국 정부에 관한 모든 통치권을 완전 또는 영구히 일본 황제 폐하에게 양여한다.

제2조 일본국 황제 폐하는 전 조에 기재한 양여를 수락하고 완전히 한국을 일본제국에 병합함을 승낙한다.

제3조 일본국 황제 폐하는 한국 황제 폐하, 황태자 전하 및 그 후비와 후예가 각기의 지위에 즉응하여 상당한 존칭 위엄 및 명예를 향유하게 하며 또 이것을 유지하는 데 충분한 세비(보수 또는 급여)를 공급할 것을 약속한다.

제4조 일본국 황제 폐하는 전 조 이외의 한국 황족 및 그 후예에게도 각기 상응하는 명예 및 대우를 향유하게 하며 또 이것을 유지하는 데 필요한 자금의 공급을 약속한다.

제5조 일본국 황제 폐하는 훈공 있는 한국인으로서 특히 표창에 적당하다고 인정된 자에게 영작(영예로운 귀족 작위)을 수여하고 또 은급(연금)을 부여한다.

제6조 일본국 정부는 위의 병합의 결과로 완전히 한국의 시정을 담당하고 동지에서 시행하는 법규를 준수하는 한인의 신체 및 재산을 충분히 보호해주며 또 그들 전체의 복리증진을 도모한다.

제7조 일본국 정부는 성의로써 충실하게 신제도를 존중하는 한국인으로서 상당한 자격을 가진 자를 사정이 허락하는 한 한국에서의 일본제국 관리로 등용한다.

제8조 본 조약은 일본국 황제 폐하 및 한국 황제 폐하의 재가를 받은 것으로서 공포일로부터 시행한다.

34

::

동양척식주식회사는 무엇을 하는 곳이었을까?

일본은 왜 동양척식주식회사를 만들었을까? 이 회사는 일반 주식회사와는 어떻게 다르며, 또 조선의 식민지화와는 어떤 관련이 있을까?

Q

러일전쟁에서 승리한 일본은 조선 식민화를 통한 본격적인 식민지 경영체제로 전환했다. 일본인 자본가들은 '군대보다 자본가의 임무가 더 중요하다'는 구호 아래 대거 조선에 건너와 토지 수탈과 지주 경영 및 일본 농민의 이민 사업을 적극 전개했다. 일본 농민을 조선의 각 지방에 침투시켜 조선의 농업을 장악할 인적 기초로 삼고 동시에 일본의 당면과제인 식량과 인구문제를 해결하기 위해서였다.

당시 조선 각지에는 개항장을 중심으로 그 주변에 수많은 일본인 농사조합과 농업회사들이 들어섰다. 또한 일본은 이에 만족하지 않고 1908년 12월 18일 '동양척식주식회사법'을 법적 근거로 하여 대한제국, 일본 정부 그리고 조선 민간자본의 공동출자로 국책회사를 설립했다. 이렇게 탄생한 것이 동양척식주식회사(이하 동척)이다. 동척의 자본금은 1천만 원으로 대한제국은 설립 자본금의 30%에 해당하는 국유지를 출자했지만, 일본 정부가 설립과 운영을 주도했다. 동척은 1917년 서울에 두었던 본점을 도쿄로 이전하면서 영업 지역을 만주와 몽골 지역으로까지 확대했고, 1938년부터는 타이완·사할린·남태평양제도 등으로 넓혀나갔다. 조선에서는 17개의 지점을 두었고, 각지에 52개의 지사를 설치했다.

이름에서도 알 수 있듯이, 제국주의적 식민지 개척을 목표로 한 동척의 사업 목적은 처음부터 조선에서 국유지 등의 토지를 합법적으로 접수하고, 이 토지에 일본인 농업 이민 24만 명을 이주시켜 농업을 경영하게함으로써 토지와 금융을 장악하고 일본인들의 식민지 개척과 활동을 돕는 데 있었다.

하지만 이민 사업은 당초 기대와는 달리 실패로 끝나고 말았다. 1911년부터 1927년까지 17회에 걸쳐 6천여 호를 이주시킨 데 불과했다. 더구나 이민의 대부분은 정착한 농촌에서 자작 경영을 포기하고 지주로 변신하거나 도회지로 나가 상업이나 고리대업 등 농업 이외의 활동에 종사했다. 동척 이민의 실패 요인은 무리한 이민 계획 수립과 이민 수용지의 부족 등을 들 수 있으나 무엇보다 이민 수용지를 확보하는 과정에서 비옥한 농경지를 빼앗긴 조선 농민들이 격렬한 이민 반대 투쟁을 벌였기 때문이다.

동척은 이민 사업이 성과를 올리지 못하자 소작제 농장 경영에 주력했다. 동척은 설립과 더불어 조선 정부로부터 받은 출자지 7,714정보(町步, 1정보는 약 9,917.4㎡에 해당함) 이외에 1913년까지 매수지 4만 1,148정보를 확보했고, 이후 토지조사사업을 통해 불하받은 국유지를 포함해 1917년 7만 5,178정보의 토지를 소유하여 식민지 조선에서 조선총독부 다음으로 최대 지주가 되었다. 이후에도 동척의 사유지는 계속 증가하여 1942년 말에는 20만 722정보에 이르렀다.

동척의 사유지에 대한 지주 경영은 양질의 소작미를 본국으로 반출하여 일본의 식량문제를 해결하려는 데 있었다. 이를 위해 동척은 사유지의 지주 경영에서 농사개량사업을 적극 추진하여 생산량을 증대시키는 한편, 소작료의 수취기구를 개편하고 강화하여 소작농으로부터 더 많은 소작료를 수탈했다. 동척의 조선인 소작농은 적게는 8만 명, 많게는 15만 명에 이르렀는데, 이는 조선 전체 소작 농가의 4~7%에 해당했다. 동척은 소작인들에게 5할 이상의 고액 소작료를 요구하거나, 춘궁기에 양곡을 빌려주었다가 2할 이상의 이자를 받는 등 극심한 경제 수탈로 농민들의 원성을 샀다.

동척의 사유지에 대한 지주 경영은 일본의 식민지 농업정책을 직접 반영하는 동시에 일본의 필요에 따라 조선의 농업을 재편해나가는 대리인의 역할을 수행했다고 볼 수 있다.

35

일본 세력을 무력으로 몰아낼 수는 없었을까?

일본의 침략 의도를 고종을 비롯한 대다수 민중도 알고 있었을 터인데, 이를 무력으로 물리칠 수는 없었을까? 국권회복기 무장투쟁은 어떻게 전개되었으며, 왜 실패했을까?

Q

개항 이후 거듭된 일제의 침탈은 조선인들에게 큰 고통이었다. 당시 조선인들 가운데는 일제의 침략에 동조하며 그 속에서 자신의 이익을 유지하고 확대하고자 하는 부류도 있었지만, 대다수의 사람들은 일제의 침략에서 나라를 지키고자 하는 마음을 갖고 있었다. 다만 각자의 생존조건에 따라 그 대응방식은 서로 달랐다. 이들은 크게 즉각 독립을 해야 한다는 측과 우선 실력 양성을 통해 독립을 도모하자는 쪽으로 나뉘었다. 전자는 외세의 침략에 무력으로 대응했고, 후자는 학교 설립, 언론 활동, 출판을 통한 계몽운동과 산업 양성을 추구했다.

당시 무장투쟁의 중심으로는 단연 의병이 돋보였다. 의병이란 외국의 침략에 맞서 국가와 민족을 지키기 위해 민중이 자발적으로 일으킨 저항 조직 또는 그 일원을 말한다. 박은식은 《한국독립운동지혈사》에서 "의병은 민군(民軍)으로서 국가가 위급할 때 징발 명령을 기다리지 않고 곧바로 의(義)로써 분기하여 종군하는 적개심을 가진 자"라고 밝혔다. 일제에 맞서 무장투쟁을 벌인 의병항쟁은 1894년경부터 1914년경까지 전개되었다.

당시 의병의 성격은 1900년을 전후해서 크게 두 시기로 나누어 살펴볼 수 있다. 19세기 말의 전기 의병은 주로 외세를 배척하는 위정척사사상에 기반을 두어서 양반 의병장들을 중심으로 하여 일어났으며 반외세, 반개화, 전통 수호(회귀)적 성격을 지녔다. 항전 의지는 전반적으로 약했고 오래 지속되지 못했으며 양반, 상놈을 가르는 신분 갈등도 많았다. 이와 달리 20세기 초의 후기 의병은 러일전쟁을 거치며 일본의 대한제국 침략이 가속화되고 을사조약이 강요된 것을 계기로 전국적으로 일어났다. 이후 고종의 강제 퇴위, 군대 해산을 거치면서 확대되었다. 후기 의병은 시위 성격이 점차 약해지고 유격투쟁을 주로 전개했다. 의병장도 초기에는 양반 유생층이 많았으나 나중에는 평민 출신이 증가하면서 신분도 다양해졌다. 평민 의병장의 직업별 구성은 농민이 많았고, 그 외 포수, 상인, 해산 군인 등 다양했다. 각지의 의병들은 빈약한 무기와 적은 숫자에도 용기와 애국심을 바탕으로 치열하게 일본군과 맞서 싸웠다.

이러한 의병투쟁에 대해 일본은 무자비한 탄압을 했다. 일본은 러일전쟁 기간에 한국주차군 사령부를 편성하여 병력을 대폭 증강했다. 한국의 치안을 일본군이 담당하고 열차 운행을 방해하거나 전신선을 끊는 사람은 군율로 다스렸다. 철도나 전신선을 파괴하면 공개 처형했다. 의병봉기가 전국으로 확산되자 일본군은 '토벌작전'을 감행했다. 특히 군대해산(1907) 이후 일본군으로 의병토벌대를 조직했다. 러일전쟁 이후 잔류한 제12사단 외에 일본 본국에서 추가로 1907년 제12여단을 증파하고 1908년에는 보병 2개 연대를 추가 파병했다. 또한 헌병과 경찰 병력을 늘리고 조선인 헌병보조원을 모집했다. 한국에 파견된 일본 군대는 훈련이 잘 되어 있고 최신 무기로 무장한 부대들이었다. 이들은 화승총, 창 등 구식 무기로 무장한 의병들의 저항을 무자비하게 진압했다. 일본군은 의병 토벌을 구실로 작전 지역의 마을을 불태우고 민간인을 죽였다. 대한제국기 영국 신문의 동북아시아 특파원이던 매켄지(F. A. Mckenzie)가 쓴 《대한제국의 비극(Tragedy of Korea)》에는 일본군의 만행과 의병의 참상이 잘 드러나 있다.

일제의 의병 탄압이 거셀수록 한국인들은 더욱 의병에 투신했다. 일본은 의병의 거센 반발에 1909년 9~10월 '남조선대토벌'이라는 대규모 군사작전을 감행했다. 일본 군대와 지역 경찰, 헌병보조원이 합동 참가하고 지방 말단 행정기관까지 총동원되었다. 북에서 남으로 의병들의 퇴로를 막으며 '토벌'을 진행했다. 모든 마을의 남자를 일일이 확인하고 마을을 철저히 수색하고 조금이라도 혐의가 있으면 죽였다.

남조선대토벌 작전으로 호남 지역의 의병투쟁은 거의 진압되었다. 호남 의병이 진압되자 전국 의병도 급격히 퇴조하기 시작했다. 황해도 지역에서 다시 투쟁을 벌였으나 진압당하고, 1914년까지 일부 지역에서 유격 투쟁 방식의 저항이 지속되었으나 큰 타격을 줄 수는 없었다.

1906년 이후 의병항쟁 과정에서 일본이 학살한 의병과 민간인 수는 정확히 알 수 없다. 단지 일본이 기록한 《조선폭도토벌지》에 의하면 1906년 3월 이후 1911년 6월에 이르는 동안 '토벌대(헌병, 경관)' 측은 사망 136명, 부상 277명인 반면, 같은 기간 의병은 사망 1만 7,779명, 부상 376명, 포로 2,139명이었다. 이런 의병 토벌이나 민간인 학살에는 일본 군대와 경찰 외에도 헌병보조원은 물론 각종 친일단체들도 참가했다. 당시 이들이 자행한 민간 학살이나 만행에 대해서는 정확한 수치를 알기 힘들다.

한편, 의병항쟁 과정에서 여성들의 활동도 눈에 띈다. 당시 상황을 전하는 자료는 드물지만 춘천 지역의 윤희순을 비롯한 고흥 유(柳)씨 일가(의병장 유인석 가문) 여성들의 의병활동 기록이 남아 있다. 이들은 을미의병 당시 윤희순의 시아버지 유홍석, 남편 유제원과 함께 의병 대열에 참가했으며, 의병 가사를 지어 의병활동을 선전하고 친일 앞잡이를 성토하는가 하면 각종 포고문을 돌렸다. 심지어는 남장을 하고 직접 의병에 참가하고자 했다. 1907년에 다시 의병이 일어나자, 이들은 여성 의병 30여 명을 모아 의병 훈련에 참가하고 무기와 화약을 만들고 의병들의 살림을 지원했다. 대한제국이 일본에 병합되자 윤희순을 비롯한 시아버지, 남편, 아들 등 가족 모두가 중국에 망명하여 항일운동을 하다 그곳에서 일생을 마쳤다. 전국적으로는 윤희순과 같은 여성 의병이 더 많이 존재했을 것이다.

박은식은 《한국독립운동지혈사》에서 다음과 같이 말했다. "의병의 저항 때문에 일인의 무력 압박이 더해졌으며 저들의 무력 압제로 우리나라 사람의 반동은 격렬해졌다. 그러니 의병이란 것은 독립운동의 도화선이다. 만약 성패로 논평한다면 식견이 천박한 것이다."

일제의 한국 침탈은 무수한 한국인의 피 속에서 이루어졌고, 그 피 속에서 독립의 씨앗이 잉태되었다.

36

실력만 양성하면 정말 일본이 조선에서 물러났을까?

의병항쟁 등 무장투쟁론에 반대하고 애국계몽운동 등 실력양성을 통해 국권을 회복하려 했던 운동단체는 어떤 것들이 있었을까? 또한 이들은 구체적으로 어떤 생각으로 어떠한 활동을 펼쳤을까?

Q

1904년부터 한국병합 이전까지 전개된 실력양성운동은 '경제적, 문화적 실력양성을 통해 부국강병을 달성하여 국권회복의 토대를 마련하려는 운동'으로 정의할 수 있다. 이 운동은 '애국계몽운동', '계몽운동', '자강운동' 등 다양하게 불리는데, 가장 널리 알려진 용어는 애국계몽운동이다.

당시 지식인 가운데 일부는 러시아와의 전쟁에서 승리한 일본을 단시간에 몰아내는 것은 불가능한 일이라고 생각했다. 그들은 장기적으로 교육, 산업 부분 등에서 '실력'과 '힘'을 기른 후에야 일본의 간섭에서 벗어날 수 있다고 인식했다. 이들의 사상적 기반은 우승열패를 강조하는 '사회진화론'이었다. 실력양성론자들은 생존경쟁 사회에서 살아남을 수 있는 길은 스스로 힘과 실력을 갖추는 것밖에 없다고 생각했다.

러일전쟁 발발, 한일의정서 체결 등에 위기를 느낀 인사들은 실력양성운동 단체들을 설립했다. 1904년 7월 설립된 보안회를 시작으로 공진회, 국민교육회, 헌정연구회 등이 만들어졌다. 이들 단체는 수도인 한성부 내에서만 활동했다는 한계가 있다. 1905년 을사조약이 체결되고 통감정치가 실시되면서 전국 규모의 단체들이 등장했다. 이들 가운데 대한자강회와 신민회(新民會)가 대표적이다.

대한자강회는 1906년 4월 학술문화 단체를 표방하며 한성부에서 설립되었다. 윤효정 등 헌정연구회 일원이 설립을 주도했으며, 초대 회장으로 윤치호가 추대되었다. 이 단체는 이전 단체들과 달리 지방지회를 갖추고 있었으며 중앙관료, 지식인층뿐 아니라 지방의 상공업자, 지주, 유생층도 회원에 들었다. 대한자강회 인사들은 각종 연설회와 기관지 《대한자강회월보》를 통해 계몽활동을 펼쳤다. 또한 긴급 실시를 결의한 사항은 정부에 회원을 파견해 건의하고 실행하도록 했다.

대한자강회에서 정부에 건의한 내용은 의무교육 실시, 교과서 일본글 편집 문제 등이었다. 대한자강회 인사들은 초등 의무교육을 실시하는 일이 교육 진흥의 관건이라고 생각했다. 전국에 구역을 나누어 그 구역 내에 소학교를 설립하고 그 운영비용은 구역 주민이 부담할 것을 주장했다. 이와 함께 그들은 교육의 중요한 목적 중 하나로 애국심 고양을 강조했다. 애국심은 국어, 국사 교육을 통해 나온다고 생각했다. 대한자강회에서는 일본인 학부 참여관이 초중등 교과서를 일문으로 편집하려고 하자 '일문 교과서에 의한 교육은 한국 정신을 소멸시킨다'고 주장하고 이를 여론화했다.

대한자강회는 1907년 헤이그 밀사 사건을 계기로 고종이 강제 퇴위되자 이에 반대하는 대규모 정치투쟁을 벌였다. 하지만 통감부가 보안법을 적용하여 1907년 8월 강제 해산되었다. 이후 대한자강회의 일부 인사들이 주축이 되어 대한협회가 만들어졌으나 타협노선을 걸었다.

신민회는 1907년 4월 초 양기탁, 이동휘, 전덕기, 이동녕, 이갑, 유동열, 안창호, 김구 등이 함께 창건했다. 신민회 역시 대한자강회와 마찬가지로 교육진흥을 매우 중요하게 여겼다. 신민회에서 교육진흥을 위해 가장 먼저 한 일은 학교 설립이었다. 오산학교(평북), 대성학교(평북), 보창학교(경기), 양실학교(평북), 협성안흥학교(평북), 신흥학교(평북) 등은 신민회가 설립한 대표적인 학교이다. 이 중 신민회의 교육 이념을 가장 잘 보여주는 학교로 대성학교를 들 수 있다. 대성학교의 교육목표는 민족운동의 간부 양성, 국민교육 사범 양성이었다. 대성학교에서는 지식 개발뿐 아니라 애국주의와 건전한 인격의 양성을 강조했다. 그 일환으로 매일 조회에서 애국가를 부르고 애국에 관한 훈화를 듣고 익히도록 했다. 또한 군대식의 체육과 훈련을 실시했다.

신민회는 교육진흥운동과 함께 각종 강연, 서적·잡지 출판, 청년운동 등을 통해 국민 계몽운동을 전개했다. 당시 안창호, 이동휘, 최광옥, 이상재, 윤치호의 연설은 전국에서 유명했다. 강연에서 강조된 내용은 애국주의, 국권회복, 민권사상, 구습 타파, 교육운동의 중요성 등이었다.

1908년 11월 신민회의 잡지, 서적 출판을 담당한 최남선이 잡지 《소년》을 창간했다. 이 잡지의 편집 방침은 청소년들에게 국사, 지리, 문학 등을 가르쳐 애국심을 고양시키는 데 있었다. 출판 단체로는 '조선광문회'가 조직되었다. 이곳에서 《동국통감》, 《삼국사기》, 《택리지》 등의 역사와 문학 관련 책들이 간행되었다. 또 조선광문회에서 펴낸 책들을 일반 대중에게 유통시키기 위해 출판사 겸 서점인 '태극서관'을 설립했다. 신민회에서는 교육진흥 및 국민 계몽운동과 함께 공장과 회사를 세워 산업 발전을 촉진하려고 했다. 신민회 회원들이 공장과 회사를 만들어 경영하고 여러 실업가에게 영업 방침을 지도하여 산업을 진흥시키고자 했다. 신민회의 대표적 회사로는 평양 마산동 자기회사, 무역회사 겸 도소매상 회사 '협성동사'와 '상무동사'를 꼽을 수 있다.

실력양성운동은 국가의 위기를 극복하기 위한 애국정신 고취, 교육을 통한 민중 계몽, 장기적인 독립운동의 기반을 마련하고자 한 점에서 높이 평가할 수 있다. 그러나 일정한 한계도 있었다. 실력양성운동을 주장한 사람들 중 상당수는 대한제국이 일본의 간섭을 받게 된 근본 원인을 내부 요인에서 찾았다. 그들은 사상적 기반으로 사회진화론을 수용해 강자인 일본이 약자인 대한제국을 지배하는 것은 어쩔 수 없는 일이었다고 했다. 그들에게 가장 큰 문제는 일본만큼 강하지 않고 약자로 남아 있는 대한제국과 한국인이었다고 여겼다.

이러한 인식은 일본의 침략 의도를 제대로 보지 못하게 하는 결과를 가져올 수 있었다. 예를 들어 윤효정 등 헌정연구회, 대한자강회, 대한협회의 주요 인사들은 보호정치 기간을 일제가 대한제국에 대해 선진 문명을 지도해주는 기간으로 인식했다. 을사조약은 대한제국의 문명이 부강해지면 없어질 것이고 국권은 자연히 회복될 것이라고 생각했다. 하지만 이것은 역설적으로 실력을 키우는 동안 일본의 지배를 받아들일 수 있다는 논리에 다름 아니었다. 또한 그들이 볼 때 약자가 강자에게 총칼을 들고 저항하는 것은 무모한 일이었다. 따라서 실력을 키우지 않은 상황에서 일제에 저항하는 의병들은 무지한 폭도들이었으며 비난의 대상이었다. 하지만 일제의 침략 의도가 더욱 분명해지면서 실력양성론의 한계를 극복하고 민족운동의 방향을 수정하려는 움직임이 일어났다. 이것은 신민회의 독립군 기지 건설에서 구체화되었다.

37

:: 국채보상운동은 국권회복운동이었나?

일본에 진 나라빚은 얼마였으며, 어떻게 해서 만들어진 것일까? 이를 갚는 것이 곧 국권회복운동일 수 있었을까? 또, 당시 모금한 돈은 어떻게 사용되었을까?

Q

1907년 1월 29일 대구 광문사 특별회의에서 국채보상 모금 운동이 제기되었다. 이는 《제국신문》, 《대한매일신보》, 《황성신문》 등의 언론 매체를 통해 전국으로 알려졌고, 서울에 국채보상기성회가 만들어지는 등 각 지역으로 확산되었다. 부녀자는 금가락지와 금비녀 등의 패물을 기부했으며, 하층민 등도 금주를 하고 반찬 등을 줄여 모금 운동에 참여했다. 초기 유생층과 상인층이 주도했던 모금 운동이 하층민까지 확산되었으니 우리 역사상 최초의 국민 모금 운동으로 기록될 만한 일이다.

1905년 일본은 대한제국의 재정, 통화체계, 행정기구, 금융기구 등 관련 제도를 정비하는 데 필요하다는 명목으로 자국에서 차관을 들여왔다. 이때 대한제국이 일본으로부터 빌려 쓴 돈이 650만 원(당시 화폐 단위는 환圜과 원元이 함께 쓰였다. 여기서는 원으로 표기한다)이었다. 이 당시 대한제국의 유통 화폐는 일본의 민간은행인 제일은행권으로 대체되면서 경제 주권을 상징하는 화폐 주권은 이미 상실되었다. 나랏빚은 1907년 1월 1,300만 원에 이르는 엄청난 액수로 불어났다. 국채의 이자가 매년 헤아릴 수 없이 불어난다면 결국 나라를 빼앗길지도 모른다는 위기의식이 싹텄고, 이는 곧 국채보상운동으로 이어져 전국으로 번져나갔다.

1906년 2월, 통감부는 재정고문 휘하에 공업부를 설치해 대한제국 기업에 대한 통제를 강화하는 한편, 미국인 콜브란(H. Collbran)에게 허가된 서울수도부설권을 인수받을 목적으로 기업자금채 1,000만 원 중 500만 원을 일본에서 들여왔다. 1907년 1,300만 원의 국채는 일본이 대한제국을 점령하기 위해 쓴 1,150만 원에 이자를 합한 금액이었다. 공채 등의 차입금을 제외한 1907년 한 해 동안 대한제국 경상부 세입예산(본예산과 추경예산)이 1,950여만 원이었던 점을 고려하면 그 빚은 엄청난 액수였다.

한 연구에 따르면 당시 대한제국의 중앙은행처럼 기능했던 제일은행의 발권 액수가 900만 원에 달했다고 한다. 중앙은행권이 국민에 대한 부채를 의미한다고 본다면, 일본 제일은행은 당시 대한제국민에게 900만 원의 빚을 지고 있었던 셈이다. 1905년 을사조약이 국제법상 성립되지 않는 조약이라고 전제한다면, 1,300만 원의 빚 또한 성립되지 않는다. 설령 1,300만 원의 국채를 인정하더라도 제일은행권 900만 원이 부채의 성격이었음을 고려한다면 적어도 빚은 이자를 포함해 400만 원이 넘지 않는다.

당시 국채보상운동에서 이러한 국채의 문제를 제기하지 않았다는 점은 이 운동의 한계라고 할 수 있다. 하지만 국채보상운동은 실력 양성을 통해 독립이 가능하다는 자강운동의 맥락에서 전개된 계몽운동으로 대한제국민의 애국심을 고취시키는 데 큰 역할을 했다. 국채보상운동의 전체 모금액은 알 수 없으나, 운동이 활발하게 전개되던 1907년 5월과 6

월의 두 달 모금액이 수십 만 원이었다는 사실은 전 국민의 참여 열기가 그만큼 높았음을 반증한다.

이에 통감부는 이 운동을 탄압하기 위해서 1908년 7월 국채보상운동을 주도한 《대한매일신보》의 영국인 사장 베델(E. T. Bethell)과 총무 양기탁이 모금액 중 3만여 원을 횡령했다는 국채보상금비소사건을 조작했다. 베델은 1907년 1월 을사조약을 부인하는 고종의 친서를 영국 《트리뷴》지에 전달한 사건으로 일본의 추방 압력을 받고 있었다. 일본은 7월 12일 양기탁을 구속했고, 네 차례에 걸친 공판 끝에 증거 불충분으로 무죄를 선고했다. 그러나 이 사건으로 국채보상운동은 타격을 입고 중단되었다.

모금액의 사후 처리가 불분명한 가운데 1910년 8월, 13도 대표로 구성된 보상금처리회가 열렸다. 유길준을 회장으로 추대한 이 처리회에서는 대한매일신보사가 받은 모금액 반환을 촉구하는 한편 윤치호, 남궁억, 박은식 등은 《황성신문》과 국채보상기성회가 모집한 600만 원으로 토지재단을 세워 민립대학 기성회의 기금을 마련할 계획을 세웠다. 그러나 통감부는 이 계획을 허용하지 않았다. 이후 국채보상운동으로 모금한 돈의 행방은 알려지지 않은 채 그 모금액 일부가 1920년대 김성수 중심의 민립대학설립운동에 넘어갔다고 알려졌을 뿐이다.

국채보상운동의 목적이 국채를 상환하는 데 있었다면, 이 운동은 분명 실패한 운동이었다. 그러나 이 운동의 궁극적 지향이 나라와 개인을 위한 민족 자각에 있었다면, 이 운동은 상당한 성과를 보았다고 할 수 있다. 절약이라는 개인의 작은 행동이 국권회복을 위한 방법이 될 수 있다는 생각과 그 확산은 대한제국민이 스스로를 대한제국의 국가 구성원으로 자각하고 있었음을 보여준다.

38

지식인들이 자결을 선택한 까닭은 무엇일까?

민영환(1905), 황현(1910)을 비롯한 일부 지식인들은 일제가 내정간섭과 국권침탈을 해오자 스스로 목숨을 끊었다. 이들은 왜 일본과 맞서 싸우지 않고 자결을 선택한 것일까?

Q

조선 말기 유교 지식인들이 국가 멸망의 위기 상황에서 자결을 선택할 수밖에 없었던 심리는 을미의병을 일으킨 유인석의 말에 잘 나타나 있다. 1895년 8월 명성왕후가 시해되고 11월 단발령이 포고되자 유인석은 통분함을 참지 못하고 사우들을 만나 '변란에 대처하는 세 가지 일'을 논의했다. 곧 '의병을 일으켜 역적을 소탕한다'는 것, '조선을 떠나 전통을 지킨다'는 것, 그리고 '깨끗이 자결하여 뜻을 지킨다'는 것이었다. 그는 이 가운데 의병을 일으키는 방향으로 자신의 거취를 결정했지만 이 세 가지 방안이 모두 정당하고 서로 우열이 없으며 자기 형편에 따라 실천할 일이라고 설명했다.

그는 조선이 처한 현실은 단순히 나라가 멸망하는 상황일 뿐만이 아니라 인간 사회에 도덕질서를 부여해왔던 도가 함께 멸망하는 상황이라고 생각했다. 모름지기 유학자는 도를 닦아 자기 삶에서 도를 실천하는 것을 인생의 이상으로 삼기 때문에, 도가 끝나는 날 자결하여 최후까지 삶의 존엄성을 유지하는 것이나, 다른 나라로 건너가 유교 전통을 새로이 가꾸면서 도를 지켜나가는 것이나, 나의 삶뿐만 아니라 동포들의 삶을 위해서라도 유교 문명을 파괴하는 적대 세력과 항쟁하여 최후까지 도를 지키는 것이나, 이 모든 것이 똑같이 유학자의 소임을 다하는 행위라고 생각한 것이다.

이러한 관점에서 보면 자결을 선택한 유교 지식인들에게 왜 항쟁을 하지 않았느냐고 묻는 것은 삶의 존엄성을 위해 자결을 선택하는 사람들에 대한 무례한 발상일 수 있다. 무엇보다 자결을 선택한 유교 지식인들이 크게 의식한 도의 멸망을 포착하지는 못한다는 점에서 많이 부족한 물음이라고 볼 수 있겠다.

이 점은 1905년 을사조약이 강제되었을 당시 자결한 유학자 송병선의 행적에서도 잘 나타난다. 그는 1905년 12월 을사5적의 감시를 뚫고 비밀리에 상경하여 겨울밤 경운궁의 법연(法筵)에서 고종을 직접 만나 을사조약의 무효와 을사5적의 처벌을 명하는 조서를 즉각 내릴 것을 간쟁했다. 이때 그는 이렇게 말했다. "사람들은 모두 폐하의 나라가 망한다고 생각하지만 신은 비단 폐하의 나라가 망할 뿐만 아니라 만고의 도가 망한다고 생각합니다." 송병선과 같은 유교 지식인들이 보기에 조선의 멸망은 곧 국가의 멸망인 동시에 유교 문명의 멸망이었던 것이다.

자결의 실존적 상황은 개인적 결단이지만 특정한 역사적 순간에서 연쇄적으로 결행된 자결들이 초래한 사회적 파장은 상당한 것이었다. 1905년 을사조약의 부당함에 항거하여 자결한 민영환, 조병세, 홍만식, 이상철, 김봉학, 송병선 여섯 사람은 이듬해 의병을 일으켜 을사조약의 부당함을 성토하고 순국한 최익현과 함께 '일곱 충신'이라고 일컬어졌다. 이들의 죽음은 당시 《대한매일신보》에 집중 보도되어 사람들을 정신적으로 각성시켰는데, 위로는 원로대신으로부터 아래로는 평범한 군졸에 이르기까지 그 신분은 달랐지만 이들이 죽음으로 항거한 '을사조약'의 부당함은 지속적으로 기억되며 항일운동의 정신적 원동력으로 작용해왔다. 한국 근대 민족주의 역사학자 박은식은 《한국통사》에서 1905년 을사조약과 1910년 한국강제병합 당시 자결한 인물들을 최대한 기록하여 한국인이 결코 이에 순응하지 않았음을 입증했다. 그가 보기에 이들의 죽음은 바로 민족의 피 어린 영광이었던 것이다.

39

외국인들은 조선인의 항일운동을 어떻게 바라보았을까?

대한제국기 일본인과 중국인 외에도 서양인이 많이 들어와 있었다. 이들은 일제의 조선 침탈, 그리고 조선인의 항일운동을 어떻게 바라보았을까?

Q

1876년 강화도조약이 체결된 이후로 조선은 서양 각국과 조약을 맺고 문호를 개방했으며, 그 결과 많은 서양인이 조선을 방문했다. 그런데 이들 중 다수는 서양인으로서 동양의 약소국에 대한 편견을 갖고 있었으며, 조선인은 스스로 독립을 유지할 능력이 없기에 먼저 산업화를 이룬 일본의 지배를 받는 것이 당연하다고 생각했다. 스티븐스(D. W. Stevens)도 그러한 사람 중 하나였다. 그는 일본 외교관으로 미국에 부임하는 등 대표적 친일 미국인이었으며, 1904년부터는 대한제국 외교고문으로 활동하면서 대한제국 정부에서 일본의 입장을 대변했다.

스티븐스는 1908년 미국으로 돌아간 뒤 기자회견에서 "일본이 한국을 보호하여 한국에 이익 되는 일이 많다", "한국의 농민들은 더 이상 정부의 학대를 받지 않기 때문에 일본의 통치를 기뻐하고 있다"는 요지의 발언을 했다. 이에 격분한 재미 한국인들이 스티븐스를 찾아가 항의하자

"이완용 같은 충신이 있고 이토 같은 통감이 있는 것이 한국에는 행운이다. 내가 한국 형편을 보니 …… 독립할 자격이 없으며 일본이 빼앗지 않았다면 벌써 러시아가 빼앗았을 것이다"라는 말을 하자, 이에 격분한 장인환이 총을 쏘아 그를 사살했다.

토론토 대학에서 신학을 공부한 게일(J. S. Gale)은 1888년 조선에 선교사로 파견되어 성서 번역, 신학 교육, 선교 활동을 벌였다. 그는 완고한 가부장주의, 부정부패, 무능한 황제 때문에 대한제국을 멸망할 수밖에 없는 나라로 봤다. 그러나 게일은 스티븐스와는 달리 일본을 긍정적으로 여기지 않았으며 일본이 을사조약을 대한제국에 강제한 데 대해 "온갖 부당한 처사를 행하고 뉘우침 없는 거짓말이 난무했다"고 평가했다. 그에게는 일본이나 대한제국 모두 유럽의 기독교 문명에 입각한 개혁의 대상이었다. 일본의 침략으로 대한제국이 완고함을 버리고 겸손함으로 기독교 신앙을 받아들이는 것이 신의 뜻이라고 해석했다.

반면 대한제국의 독립을 적극 지지했던 서양인들도 있었다. 베델은 영국의 언론인으로서 1904년 러일전쟁이 일어나자 특파원으로 대한제국에 왔다가 일본의 침략상을 확인하고 그해 7월 양기탁과 함께 《대한매일신보》를 창간했다. 베델은 일본의 동맹국이던 영국인으로 자유로운 입장에서 신문을 발행할 수 있었고, 박은식, 신채호 등 국권회복운동가들과 뜻을 같이했다. 이 신문은 당시 발행 부수 1만 부를 넘는 대표적 언론 매체로, 을사조약의 불법성을 알리고 고종의 친서를 싣는 등 반일의 입장을 유지하며 대한제국 독립의 정당성을 주장했다.

매켄지는 캐나다의 언론인으로 러일전쟁 당시 대한제국에 파견되었다. 베델이 주로 언론활동을 통해 대한제국의 독립을 지원했다면 매켄지는 대한제국에 대한 책을 저술하여 대한제국의 상황을 서양세계에 알렸다. 그가 쓴 《대한제국의 비극》(1908)과 《한국의 독립운동(Korea's Fight For Freedom)》(1920)은 당시 가장 널리 알려진 한국 관련 서적이었다. 이 책에서 매켄지는 한국인과 한국 사회의 한계를 지적하고, 일본이 대한제국에서 벌인 일들이 한국인에게 도움이 된 경우도 있었음을 인정했다. 그러나 일본의 군국주의적 행태와 일본 정부가 대한제국에서 행한 불법적이고 부도덕한 약탈과 억압을 강하게 비판했으며 한국인들이 일본의 침략으로부터 스스로 보호할 권리가 있다고 주장했다.

한국인을 호의적으로 평가한 사람 가운데 하나인 헐버트는 육영공원에서 영어를 가르쳤다. 이후 교육, 언론, 출판 등 다양한 사업에 종사하면서 한국의 인종, 역사, 언어, 문화의 가치를 재발견하는 한편 일본의 대한제국 침략이 부당함을 적극적으로 알렸다. 또한 고종의 친서를 미국 대통령에게 전달하고자 했고, 헤이그 만국평화회의에 고종의 밀사를 파견하도록 주선하는 등 대한제국의 국권회복을 위해 적극 노력했다.

40

신민회는 왜 조직의 존재를 숨기려 했을까?

1907년에 창립한 신민회는 비밀결사조직이었다고 하는데, 이들은 왜 비밀스럽게 조직을 만들어야만 했을까? 신민회가 하고자 한 일은 무엇이었고, 또 어떤 활동을 했는가?

Q

1905년 을사조약 이후 '국권회복운동'이라고 부르는 다양한 운동들이 나타났다. 해산된 군대와 경찰들을 중심으로 지방 곳곳에서 의병운동이 일어났으며, 국채보상운동과 같은 경제운동도 일어났다.

그러나 이러한 운동은 모두 일제의 조직적인 방해와 탄압을 받았다. 의병들은 토벌되거나 만주로 근거지를 옮길 수밖에 없었으며 각종 민족언론들도 정간되거나 훗날 총독부에서 강제로 인수해버렸다. 각종 교육단체들도 시간이 지나면서 더 이상 운동을 진행할 수 없게 되었다. 이러한 상황에서 한국의 국권회복을 위해 고민하던 활동가들이 모여 1907년 4월 신민회를 만들었다.

신민회가 만들어진 직접적인 계기는 1907년 2월 20일 안창호의 귀국이었다. 안창호는 고국으로 돌아온 직후 양기탁, 이갑, 이동휘, 이동녕, 유동열, 전덕기 등과 교류하며 신민회 조직을 이끌었다. 이들이 곧

신민회의 발기인이다. 본래 안창호를 제외한 6명은 상동청년학원이라고 하는 기독교 계열 교회의 청년단체 회원이었다. 안창호가 귀국한 지 2개월 만에 신민회를 조직할 수 있었던 이유는 흔히 '상동파'라고 불리는 상동청년학원 조직을 활용했기 때문으로 보인다. 이후 윤치호, 장지연, 신채호, 박은식, 이승훈 등 명망 있는 운동가들이 속속 참여했다.

신민회는 처음부터 비밀결사로 창설되었다. 준비 과정에서 대중에 공개된 합법단체로 만들자는 의견도 있었으나 비밀결사로 결정되었다고 한다. 조직을 공개할 경우 통제하기 어려울 수도 있는 데다 '대한 민족'의 자유를 목적으로 하는 이상 통감부로부터 해산을 당할 수 있다는 이유에서였다. 특히 이갑, 유동열, 이동휘 등은 무관 출신으로서 나중에는 무장독립운동을 주장했던 강경파였으며, 이들은 대중계몽운동에 한계가 있음을 인식하고 비밀결사를 주장했다.

신민회의 목표는 국권을 회복하여 자유독립국을 세우되 그 정치체제를 공화정으로 하는 것이었다. 또한 국권회복을 위한 실력의 양성, 실력양성을 위해 국민이 새로워져야 한다는 신민(新民), 신민은 자기 스스로의 힘으로 이루어야 한다는 자신(自新), 자신을 위한 신사상, 신윤리, 신학술, 신모범, 신개혁을 주창했다. 비밀결사인 만큼 엄격한 심사를 거쳐 회원을 받아들였으며, 당사자 2명 이상은 서로 알지 못하게 했다. 회원은 전국에 걸쳐 800여 명에 이르렀는데, 서북지방의 기독교인이 다수를 차지했고 신지식층이 중심을 이루었다.

이러한 조직을 기반으로 신민회는 정주 오산학교, 평양 대성학교, 강화 보창학교 등을 설립한 것 외에 다양한 대중 강연을 시행했으며(교육운동), 《대한매일신보》와 《소년》 등 각종 언론 매체를 지원하거나 간행하고 태극서관이라는 서점을 운영했으며(언론출판운동), 평양 자기제조주식회사, 형성동사, 상무동사, 조선실업회사 등을 설립하고 사리원에 모범 농촌을 건설했다(산업운동). 이 같은 합법적인 운동 외에, 한국강제병합이 눈앞에 닥친 1909년 이후에는 의병운동을 지원하거나 신흥무관학교를 설립하고 독립군 기지를 창설하는 등 무장투쟁도 추진했다.

이렇듯 신민회의 활동은 그 시기에 일어난 국권회복운동을 거의 망라하고 있다. 그러나 신민회가 조직적으로 이러한 활동을 주도한 것은 아니었다. 그보다는 다양한 활동을 하고 있었던 국권회복운동가 집단들이 신민회라는 이름으로 연대했다고 보아야 한다. 예를 들어 신민회의 회장이자 대한제국 및 일제강점기 계몽운동의 구심점 역할을 했던 윤치호는, 한국인의 실력을 먼저 양성하지 않고 즉각적인 독립만 추구하는 것은 무의미한 일이라고 하면서 의병운동을 비판했다. 반면 적극적인 무장투쟁을 주장했던 이갑과 이동휘는 교육운동이나 계몽운동이 일본에 별다른 위협을 주지 못한다며 인정하지 않았다.

신민회의 활동은 1909년을 전후하여 일제의 탄압이 심해지자 어려움에 부딪혔으며 그만큼 과격해졌다. 이갑, 이동휘, 신채호, 조성환 등은 1909년에 이미 연해주, 서북간도 등지로 망명하여 독립군을 양성하고 있었다. 1910년 8월 29일 한국강제병합이 선언되자 신민회는 독립전쟁론을 공식 노선으로 결정하고 독립군 부대의 만주 이전 계획 및 무관양성운동을 본격적으로 추진했다. 그러나 1911년 일제가 조작한 105인 사건으로 국내에 남아 있던 지도부가 전원 검거되면서 국내 조직은 결국 와해되었으며, 해외에 남아 있던 독립운동 단체 및 독립군들은 각자의 노선을 따라 활동하게 된다.

신민회는 국권회복운동 또는 애국계몽운동으로 규정할 수 있는 넓은 영역에서 활동하는 다양한 운동가들이 신지식층과 기독교인들을 결집하여 만든 단체다. 그만큼 여러 가지 활동을 벌였다는 의의가 있으며, 실제로 신민회에 가입했던 사람들은 급진과 온건을 막론하고 일제강점기에 일어난 민족운동의 대부분을 주도했다. 그러나 신민회 회원 각자가 개별적으로 활동하면서 결집된 조직력을 발휘하지 못했다는 한계가 있었다.

:: —— 105인 사건이란 무엇인가?

'105인 사건'이란 1911년에 조선총독부가 초대 총독인 데라우치 마사타케를 암살하려 했다는 혐의로 신민회 회원 105명을 체포한 사건을 말한다. 데라우치는 일본 육군대장이자 육군대신 출신으로 조선총독에 임명된 뒤 매우 강경한 식민정책을 시행하여 흔히 이 시기를 가리켜 '무단통치 기간'이라고 한다.

1910년 한국강제병합 이후에도 일제는 신민회의 존재를 알지 못했다. 그런데 1910년 12월 안중근의 사촌 안명근이 독립운동을 위한 무관학교를 설립하기 위해 황해도 신천에서 모금운동을 하다가 발각되었다. 일제는 이 사건을 총독 암살을 위한 군자금 모금사업으로 조작하여 안명근과 관련된 인사 160여 명을 체포하고 이 중 안명근, 김구, 김홍량, 배경진, 원행섭 등 16명을 재판에 넘겼다.

안명근 사건을 수사하던 중 조선총독부는 신민회의 존재를 알아냈고 신민회가 안명근을 배후 조종하여 데라우치 총독을 암살하도록 지령했다고 사건을 날조하여 유동열, 윤치호, 양기탁, 이승훈, 이동휘 등 국내에 남아 있던 신민회 회원 600여 명을 검거했다. 이때 체포된 사람들의 면면을 보면 연령별로는 30대, 직업별로는 교사, 종교별로는 기독교, 지역별로는 서북지방 출신이 가장 많았다.

한편, 이들 중에는 신민회가 아닌 다른 단체 회원들도 있었는데 이 기회에 반일 세력을 뿌리 뽑으려 했던 총독부의 방침에 따라 함께 체포되었다. 이 중 105명은 대표적 인물로 지목되어 기소되었고, 1심에서 전원 유죄 선고를 받았으나 항소심에서는 6명만 유죄판결을 받았다. 이 사건으로 국내에 남아 있던 신민회 조직은 무너졌으며 일제의 무단통치정책은 더욱 강화되었다.

41

안중근은 왜 이토를 쏘았을까?

이토 히로부미를 하얼빈역에서 저격한 안중근은 왜 그를 죽여야만 했을까? 또, 이토의 죽음은 어떤 파장을 불러왔을까?

Q

1909년 10월 26일 중국 헤이룽장성 하얼빈역에서 총성이 울렸다. 대한제국뿐 아니라 아시아 침략의 주범인 일본의 거물 정치인 이토 히로부미를 안중근이 쓰러뜨린 것이다. 안중군은 현장에서 러시아 경찰에게 체포돼 일본 관헌에게 넘겨져 뤼순(旅順)의 일본 감옥에 갇혔으며, 이듬해 2월 14일 사형을 선고받고, 3월 26일 형이 집행됨으로써 짧은 생을 마감했다. 그의 나이 32세였다. 우리에게 '의사'라는 호칭으로 친근한 안중근은 왜 이토를 사살했을까? 그리고 그의 행동은 이후 어떤 영향을 미쳤을까?

안중근 사상의 핵심은 '동양평화', 나아가 전쟁 없는 세계의 평화였다. 신앙심 깊은 천주교 신자로서 평화를 인류의 보편적 가치로 지향한 그였지만, 한국의 국권을 침략한 일본에 맞서서는 무력항쟁을 벌였다. 재판을 받을 당시 안중근의 신분은 그가 스스로 밝혔듯이 '의병참모중장

(義兵參謀中將)'이었다. 때문에 그는 재판을 받으면서 "나를 살인 피고인이 아니라 포로로 취급해야 할 것"이라고 당당하게 주장했다.

안중근이 이토 히로부미를 죽인 이유는 그가 대한제국의 주권을 침탈하고 '동양평화'를 해친 주범이며, 일본의 침략정책을 실행한 장본인이기 때문이다. 그렇다면 이토 히로부미는 어떤 인물이었을까?

이토는 메이지유신 이후 일본이 추진한 대외정책에 적극 앞장섰으며 죽기 전까지 네 차례나 총리대신을 역임한, 천황제 일본의 최고 실력자였다. 그는 영국 유학 후 일본을 서양 열강과 같은 위치에 끌어올리기 위해 개혁을 시도해 일본 첫 내각의 총리대신을 지냈고, 특히 두 번째 총리대신을 지낼 때는 청일전쟁을 승리로 이끌었다. 러일전쟁 중에는 대륙 침략 정책을 앞장서서 지휘했으며, 대한제국에 을사조약 체결을 강제해 외교권을 빼앗았다. 초대 한국 통감으로 부임한 후에는 한국의 식민지화를 추진했으며, 1909년 6월 통감에서 물러난 후 천황의 최고 고문회의인 추밀원(樞密院)의 의장을 지냈다. 일본인에게는 개국공신과도 같은 인물이지만 한국인에게는 나라의 주권을 빼앗은 '원흉'이었다.

안중근은 재판 당시 이토를 저격한 후 왜 도망가지 않았느냐는 질문에 대해 이토의 죄상을 밝히는 기회를 얻는 목적이 있으므로 그런 생각은 하지 않았다고 대답했다. 그가 밝힌 이토의 죄상은 모두 15가지로, 명성왕후의 시해, 고종 황제의 강제 퇴위, 을사조약과 정미7조약의 강압 체결, 의병 진압을 구실로 한 양민 학살, 산림채벌권·철도부설권·광산개발권 등 대한제국의 각종 이권 침탈, 일본은행권 유통, 군대 해산, 민족의식을 고취하는 교과서 소각, 한국인의 외국 유학 금지, 신문 구매 금지 등 언론 탄압, 국채 발행으로 인한 경제구조의 악화, 동양평화와 세계질서의 교란, 일본 천황(메이지 천황 직전의 고메이孝明 천황을 말함)을 시해

한 죄 등이다.

당시 일본은 매번 한국의 독립과 동양의 평화를 위한다고 했지만, 이는 결국 거짓으로 드러나고, 그로 인해 한국은 주권을 사실상 일본에 빼앗기게 되었다. 따라서 안중근은 그러한 잘못된 정책을 펼쳐온 이토를 처단한 것은 곧 동양평화를 위한 일이며, 의병을 일으켜 항전한 것은 일제의 침략을 폭로·규탄하기 위함이었고, 오로지 나라를 위해 이토를 '살해'한 것이지 개인의 자격으로 한 것이 아니라고 당당하게 밝혔다.

안중근은 사형 선고 3일 후인 1910년 2월 17일 뤼순 법원의 최고 책임자인 히라이시 우지히토(平石氏人) 고등법원장을 만난 자리에서 일본이 앞으로 나아가야 할 길로, 재정을 길러 나라를 튼튼하게 하고, 세계 열강의 신용을 회복하고, 세계 각국이 일본의 약점을 노리고 있으므로 이에 대비해야 한다고 제시했다. 여기에는 일본이 동양의 평화, 나아가 세계의 평화에 기여하기를 바랐던 안중근의 진심이 담겨 있었다.

안중근은 뤼순 감옥에서 자서전 《안응칠 역사》(안응칠은 안중근의 아명)를 쓰고, 동시에 《동양평화론》을 집필했으나 끝내 완성하지 못한 채 형장의 이슬로 사라졌다. 그의 '동양평화론'은 한국과 중국, 일본 세 나라가 각각 독립을 유지하면서도 단결하여 서구의 세력에 대응한다면 참다운 동양평화를 이룰 수 있다는 주장이다. 그는 동양평화를 위해서 구체적인 방안까지 제시하고 있는데, 첫째는 뤼순항을 중심으로 동양 삼국(한국·중국·일본)이 관리하는 군항(軍港)을 만들어 이를 관리하기 위해 삼국 대표로 구성된 '동양평화회의'를 조직해 회비로 운영하는 것이고, 둘째는 동양 삼국이 공동으로 은행을 설립해 각국이 공용하는 화폐를 발행하며, 셋째는 평화회의를 정착시키고 원활하게 운영하기 위해 삼국 청년들로 군단을 편성하고 이들에게는 2개국 언어 이상을 배우게 하여 우방 또는 형제의 관념을 갖게 하는 것이었다. 동아시아 공동체를 만들어 가는 데 지금의 우리에게도 시사하는 바가 있다 하겠다.

이토 히로부미의 죽음으로 인해 불법적 한국 '병합'이 좀 더 앞당겨졌다는 견해도 있다. 그러나 일본 정부의 한국에 대한 정책은 이토 사망 직전인 1909년 7월에 이미 '한국병합에 관한 건'으로 결정되어, '적당한 시기'에 한국을 '강제병합'한다는 방침이 진행되고 있었다. 따라서 이토가 안중근에게 사살되었기 때문에 '병합'을 단행한 것이라는 일본 측의 주장은 설득력이 없다. 다만 '적당한 시기'가 1910년 8월로 앞당겨진 것은 이토의 죽음에 이어 항일의병 등 반일감정이 고조되어 제2, 제3의 안중근이 출현할 것으로 우려한 것과, 이토를 저격한 안중근을 보면서 중국과 러시아가 한국을 이전과 다르게 인식하기 시작했음을 일본이 감지했기 때문이다.

42

한국강제병합, 왜 1910년에 이루어졌나?

1905년 이미 외교권을 상실한 대한제국을 일본은 왜 5년 후에 강제로 병합한 것일까? 대한제국이 일본에 강제로 병합되기까지 어떤 과정을 겪었을까?

Q

1907년 6월 헤이그 밀사 사건이 일어나자 일본 정부는 이를 계기로 대한제국에 대한 지배체제를 더욱 강화했다. 이토 통감은 이 사건을 구실로 고종을 퇴위시키고, 아울러 대한제국의 내정권을 장악해 통감의 권한을 대폭 강화한 정미7조약을 체결했다. 그러나 이때 일본 정부는 대한제국을 병합하지는 않았다. 고종에서 순종으로 양위가 이루어졌으나 대한제국 왕실과 정부는 계속 유지되었다. 일본 정부는 원로와 내각 대신들이 모여 숙의한 결과, 대한제국을 둘러싼 국내외 정세가 병합을 단행하기에는 이르다고 판단했다. 강제적인 대한제국 병합에 따른 민중의 저항은 물론 러시아를 비롯한 강대국의 간섭을 우려했기 때문이다. 일본 정부는 순차적으로 대한제국의 내정권을 장악하고 병합을 위한 기반을 마련해나갔다. 마침내 1909년 들어 한국병합에 대한 논의가 시작되었다.

일본이 한국병합의 시기를 결정하는 데는 서양 강대국과의 관계가 큰 영향을 미쳤다. 일본은 대한제국의 보호국화 이후에도 서양 강대국의 입장을 확인하며 한국병합을 추진했다. 청일전쟁 이후 겪은 삼국간섭의 경험 또한 중요한 변수로 작용했다. 특히 러일 관계는 일본이 대한제국을 지배하는 데 결정적 영향을 주었다. 1907년 7월 제1차 러일협약이 마무리되자 일본은 정미7조약을 통해 대한제국의 내정권을 장악했으며, 일본의 한국강제병합은 제2차 러일협약이 체결된 직후 단행되었다. 1910년 7월 4일 조인된 제2차 러일협약은 만주의 세력 분할에 관한 합의였으나 협상 과정에서 러시아가 일본의 한국병합을 정식 승인했다.

미국은 러일전쟁 이후 일본의 대한정책에 우호적이었고 문호 개방 원칙을 대한제국에 적용하지는 않았다. 1910년에 들어 미 국무부는 조만간 일본이 한국을 병합할 것으로 예상하고, 광산 이권과 교육사업은 타격을 받겠지만 관세에 변화가 생길 경우에는 미국의 통상에 유리하도록 치외법권 포기를 협상안으로 이용하려고 했다. 영국은 러시아와 일본의 접근으로 영일동맹이 위축될 수밖에 없었기 때문에 일본의 한국병합에 신중한 태도를 보였다. 결국 8월 5일에 이르러서야 한국에서 기존 관세를 10년 동안 유지하는 조건으로 일본의 한국병합 방침을 승인했다.

한편 간도 문제에 관한 처리 과정도 한국병합과 관련이 깊다. 간도 영유권을 둘러싸고 청은 일본의 만주침략을 우려하고 있었으며 강대국의 간섭도 배제할 수 없었다. 일본으로서는 강대국의 간섭을 피하기 위해 간도 영유 문제를 서둘러 해결하고, 대한제국을 주변국의 간섭이 불가능한 식민지로 확고히 해둘 필요가 있었다.

일본 정부에서 한국병합의 구체적 방안을 제시한 사람은 제2차 가쓰라 다로 내각의 외상 고무라 주타로였다. 그는 대한제국 문제에 관한 기본 방침을 확립해둘 필요가 있다고 보고, 구라치 데쓰기치(倉知鐵吉)

정무국장의 의견서를 바탕으로 대한방침 및 시정대강을 작성해 1909년 3월 30일 수상에게 제출했다. 이에 가쓰라 수상은 즉시 동조했다. 이전부터 대외강경론을 주장해온 야마가타 아리토모(山縣有朋) 추밀원 의장과 데라우치 마사타케 육군대신도 같은 견해였다. 병합에 신중한 입장을 보인 이토 히로부미도 파탄에 이른 '보호통치'를 더는 주장하지 않고 고무라의 방안에 동의했다. 1909년 7월 6일 한국병합에 관한 일본 정부의 공식 방침이 결정되었다. 주요 내용은 "대한제국을 병합하는 것이 한반도에서 일본의 실력을 확립하기 위한 가장 확실한 방법"이며, "병합의 시기가 도래할 때까지는 병합의 방침에 따라 충분히 보호의 실권을 거두고 실력의 부식을 꾀해" "적당한 시기에 한국병합을 단행"한다는 것이었다. 이러한 방침에 따라 1909년 7월 사법 및 감옥 사무의 위탁, 군부 폐지, 조선중앙은행 설치, 1910년 6월에는 경찰권의 위탁, 헌병경찰제도의 실시 등 병합을 위한 사전 정지작업이 추진되었다.

한편, 안중근의 이토 히로부미 사살 사건 후 국내에서는 흑룡회와 연계한 일진회를 중심으로 '합방청원운동'이 일어났다. 1909년 12월 4일 일진회 회장 이용구가 회원 100만 명의 이름으로 성명서를 발표했고, 1910년 2월 6일 일본 내각에 합방을 청원하기도 했다. 그러나 일진회의 합방청원운동은 국가연합의 형태로 한국과 일본이 합방하자는 것으로 한국의 주권을 완전히 박탈해 직접 식민지화하려는 일본 정부의 방침과는 차이가 있었다. 따라서 일본 정부는 병합의 분위기 조성을 위해 이들을 이용했을 뿐 이들의 요구를 받아들이지는 않았다.

제2차 러일협약 교섭이 순조롭게 진행되면서 일본 정부가 기다리던 한국병합의 '적당한 시기'가 예상보다 빨리 찾아왔다. 1910년 5월 30일 데라우치가 통감에 임명되면서 병합을 위한 실무 작업을 진행했다. 데라우치는 내각서기관장, 법제국장관, 외무성 정무국장을 중심으로 '일한병합준비위원회'를 구성해 6월 3일 병합 이후 한국 통치에 대한 구체적인 시정방침을 결정했다. 7월 24일 서울에 부임한 데라우치는 이완용 총리대신에게 병합에 관한 각서를 교부하고 조약안에 관한 협상을 개시해 8월 22일 병합조약에 조인했다.

:: —— 1909년 일본은 왜 간도협약을 체결했을까?

두만강 이북의 간도(間島, 현재 중국의 옌볜조선족자치주) 영유권 문제에 일본이 개입한 것은 1905년 대한제국의 보호국화 이후이다. 1906년 11월 19일 박제순 참정대신이 청으로부터 탄압을 받고 있던 간도 거주 조선인의 보호를 요청한 것이 계기가 되었다. 간도의 전략적 중요성을 인식하고 있던 일본은 이 기회에 간도를 만주 진출의 발판으로 삼고자 했다.

제1차 러일협약이 체결된 직후 일본은 1907년 8월 19일 간도 룽징춘(龍井村)에 '통감부 임시 파출소'를 설치했다. 이에 청이 반발하면서 간도 영유권을 둘러싼 청일 외교 교섭이 진행되었다. 그러나 청이 완강하게 영유권을 주장한 데다 일본이 만주를 군사적으로 침략할지도 모른다고 우려한 서양 강대국을 의식해 일본의 간도 정책은 한 발 물러났다.

이러한 배경에는 만주 개방을 둘러싸고 강대국이 서로 다투는 상황에서 일본이 간도 문제로 청과 대립해 국제적 개입을 불러일으키면 대한제국을 지배하기 어려울 수 있다는 인식이 자리 잡고 있었다. 또한 정미7조약 체결 이후 대한제국 내에서는 고종의 강제 퇴위, 군대 해산 등으로 반일운동이 전국으로 확산되던 상황에서 통감부가 한국을 안정적으로 지배하기 위해서라도 간도 문제로 인해 발생할 국제적 간섭을 회피할 필요가 있었다.

1908년 9월 25일 일본 정부는 만주의 철도와 탄광 이권을 간도 문제와 연계해 처리한다는 기본 방침을 세웠다. 1909년까지 계속된 양국의 교섭은 간도 거주 조선인의 치외법권 문제로 어려움을 겪었으나 미국, 독일 등의 개입을 우려한 일본이 간도의 조선인에 대한 재판권을 포기하면서 사태가 전환되었다. 청과 일본은 1909년 9월 4일 간도협약을 체결하여 간도 관리권을 청에 넘겼다.

43

일본에 병합을 요청한 조선인은 누구인가?

일본에 병합을 정식으로 요청했다는 조선인들은 누구이며, 왜 병합을 요청했을까? 그들은 병합을 통해 어떤 이익을 얻었을까?

Q

1910년 8월 22일 오후 1시 창덕궁에서 순종 황제의 명으로 대한제국 내각 대신들이 참석한 어전회의가 열렸다. 총리대신 이완용이 '합병조약'에 대한 조약안을 순종에게 보이고 각 조항을 설명한 후 이의를 제기하는 자가 없자 가결되는 형식을 거쳤다. 이 조약안은 3대 통감으로 부임한 데라우치 마사타케가 이미 7월 말부터 이완용을 앞세워 내각 전원의 동의를 얻도록 공작을 벌인 결과였다. 오후 4시 이완용은 곧바로 농상공부대신 조중응과 함께 통감 관저를 찾아가 어전회의 결과를 보고한 뒤 자신을 전권위원으로 임명한 위임장을 제시하고 조약을 체결했다. 이로써 대한제국은 모든 통치권을 '완전 또 영구히' 일본에 넘긴다는 것을 주요 내용으로 하는 '한국병합에 관한 조약'(전문 8개조)이 체결되었다.

그러나 이 조약은 대외적으로 알리지 않다가 일주일이 지난 8월 29일에 국권 양여에 대한 순종의 칙유(勅諭, 황제가 직접 내린 포고문)와 함께 발표됐다. 이날 통감 데라우치는 일본 천황의 위임을 받아 통치 방침을 알리는 유고(諭告)를 발표해 대한제국 황실에 대한 예우, 조선 민중의 혜택, '병합'에 공로가 있는 자들에 대한 작위와 은사공채, 관리 등용, 중추원 임명 등을 약속했다.

1904년 2월 러일전쟁 이후 일제는 대한제국을 압박해 여러 차례 강제 조약을 체결했다. 이때마다 이른바 '매국노·매국적'이 적극 앞장섰다. 1905년 11월 '을사늑약'에 동조한 을사5적(권중현·박제순·이근택·이완용·이지용), 1907년 7월 '정미7조약'에 동조한 정미7적(고영희·송병준·이병무·이완용·이재곤·임선준·조중응), 1910년 8월 '한국병합조약'에 동조한 경술9적(고영희·김윤식·민병석·박제순·윤덕영·이병무·이완용·이재면·조중응)이 대표적이다. 각 조약에 참여한 이들은 21명이지만 겹치는 인물을 빼면 15명이다. 이 중 황족인 이재면(흥선대원군의 장남, 고종의 친형)을 제외한 모두가 대한제국의 내각 대신이었다. '매국노·매국적' 15명 전원은 8월 29일 일본 황실령 제14호로 발표된 22개 조항의 조선귀족령에 따라 '훈공'에 따른 작위(후작 6명, 백작 3명, 자작 22명, 남작 45명)를 받았다. 이들은 작위에 따라 최고 50만 4천 원부터 최저 2만 5천 원의 은사공채를 받았다(1910년대 10만 원은 지금 시세로 최대 20억 내외임). 1910년 10월 7일자로 76명(이 중 8명은 곧바로 작위와 은사공채를 거절 또는 반납함)의 조선 귀족이 발표되었으며, 작위는 세습되었다. 조선 귀족에게는 공작은 없었고, 황족인 이재면은 '공족(公族)'으로서 '이희공 전하'의 예우를 받았다(은사공채는 83만 원).

이들 외에 민간이나 사회단체의 일부도 망국에 적극 앞장섰다. 특히 대한제국기 최대 규모의 친일단체인 일진회는 일제의 지배정책을 수행하는 데 적극 협력했다. 1909년 12월 4일 일진회장 이용구는 100만 회원의 명의로 '합방 청원서'를 발표했다. 이로써 병합 주도권을 놓고 일진회와 이완용을 추종하는 친일 어용단체들의 대립이 본격화되었다. 일진회 계열로는 한성보신사 · 국민동지찬성회 · 국민협성회 · 국민협성진보회 · 국민협성동진회 · 유생건의소 · 한국평화협회 · 시국연구소 등이 있었다. 이완용 계열은 내각 정치 세력 외에 국시유세단(이후 정우회로 개편) · 국민연설회 · 일본관광단 등이 있었다. 두 계열의 대립은 1909년 10월 26일 안중근의 이토 히로부미 사살 후 세력화되기 시작했다. 특히 이완용은 탁지부대신 고영희를 일본에 파견해 일본 총리 가쓰라 다로에게 5개 조항의 '합방안'을 제출했다가 거절당했고, 일진회의 '성명서'가 발표되던 날에는 비서 이인직을 일본에 보내 병합 공작을 위한 세력 규합을 지시했다.

일진회가 조직될 때 핵심 인물이자 이후 총재를 지낸 송병준은 이완용 내각에서 농상공부대신을 지내면서 고종 황제의 강제 퇴위에 앞장섰고, 지위를 이용해 각종 이권에도 관여해 많은 재물을 축적했다. 그는 1908년 6월 내부대신에 올랐고, 다음해 2월에는 가쓰라 다로에게 대한제국을 일본에 넘겨주는 대가로 1억 엔을 요구했다. 송병준은 내부대신에서 물러난 후 일본에 건너가 일진회를 조종하는 한편 이용구는 물론 총리대신 이완용과도 대립하며 별도의 병합 공작을 벌였다.

일제강점기 35년간에 걸친 치욕의 망국사를 겪게 된 데에는 이민족 지배하에서라도 권력을 유지하고 재산을 축적하고자 했던 친일 매국노들의 사리사욕이 적잖게 영향을 미쳤다.

44

국권을 빼앗긴 후 고종 황제와 순종 황제는 어떻게 살았을까?

고종과 순종은 대한제국을 일본에 빼앗기고 나서 어떻게 되었을까? 이후 이들은 어떻게 살았을까? 고종의 죽음과 3·1운동은 어떤 연관성이 있는 것일까? 순종과 6·10만세운동은 어떤 관계가 있을까?

Q

1907년 7월 일제는 대한제국의 거센 저항을 무력화하기 위해 고종 황제를 강제 퇴위시켰다. 일제와 대한제국의 친일 내각은 고종의 궁호를 덕수(德壽)로 정하고(이후 경운궁을 덕수궁이라 부름), 고종의 연호인 광무(光武) 또한 새 연호인 융희(隆熙, 순종의 연호)로 정했다. 이는 양위가 아닌 대리청정을 명한 고종 황제를 부정하는 것이었다. 일제는 퇴위한 고종이 순종에게 영향력을 행사하지 못하도록 거처부터 분리시켰다. 황위에 오른 순종은 9월에 덕수궁 중명전에서 즉조당으로 옮겼다가, 11월에는 덕수궁을 떠나 황후와 함께 창덕궁으로 옮겼다.

망국과 함께 덕수궁에 유폐된 고종은 '덕수궁 이태왕 전하'로, 창덕궁에 유폐된 순종은 '창덕궁 이왕 전하'로, 일본에 볼모로 잡혀 있던 황태자(순종의 동생)는 '왕세자 이은(대한제국의 마지막 황태자) 전하'로 불리게 되었다. 일제는 1910년 12월 30일 황실령 제34호 14개 조항의 이왕직 관제(李王職官制)를 공포해 이왕직 직원을 두는 한편 별도의 예산을 책정해 관리했다. 특히 고종에게는 사무관·찬시·전의 등을 배치해 일거수일투족을 감시했으며 왕세자나 공족에게도 인원을 배치했다. 밖으로는 옛 왕가를 우대하는 듯한 인상을 주고, 안으로는 왕가와 공가(公家)의 반발을 누르는 동시에 왕가를 빌미로 일어날 수 있는 항일운동을 막고자 한 의도였다.

고종은 덕수궁에 갇혀 지내며 왕실 행사에 참여하거나, 왕족이나 대한제국 시기의 고위 관료들을 접견했다. 때로는 자동차를 타고 창덕궁에 들러 순종과 함께 후원을 산책하고, 창경원(1911년 4월 창경궁을 개칭)의 박물관·동물원·식물원을 둘러보거나 갖가지 공연을 관람하며 신문이나 잡지를 읽는 일 외에는 철저히 외부와 단절된 생활을 했다. 1911년 7월에는 명성왕후가 시해된 후 십수 년을 함께해온 순헌황귀비 엄씨(고종의 계비로 황태자 은을 낳음)마저 세상을 떠났다.

고종은 1919년 1월 21일 새벽 1시 45분 덕수궁 함녕전에서 사망했다. 고종의 갑작스런 죽음과 관련해 독살설이 퍼져 나갔다. 고종이 68세로 숨을 거둘 때까지 평소 위장병 외에는 별다른 지병이 없었던 터라 조선 사람들은 독살설을 사실로 받아들였다. 이를 뒷받침하는 근거로 3·1운동 당시 배포된 신문이나 격문뿐만 아니라 일제가 조사한 3·1운동 관련 민정(民情) 문서에도 각 지역의 만세시위운동이 독살설과 관련이 있다고 보고하고 있다. 일제는 이를 무마하기 위해 유언비어 유포를 강력하게 단속하면서 고종의 직접적인 사망 원인은 뇌일혈이며, 장례는 3월 3일 국장으로 치른다고 발표했다. 사망 일시도 1월 22일 새벽 6시로 왜곡하여 발표했다. 나흘 뒤 일본과 조선은 하나라는 일선융화(日鮮融和)의 모범이 될 왕세자 이은(영친왕)과 일본 황족 나시모토노미야 마사코(梨本

宮方子, 이방자)의 결혼식도 연기되었다.

고종의 사망 소식에 수십 만 명에 이르는 추모 인파가 덕수궁 대한문(당시는 대안문大安門이었음) 앞에 모여들었다. 일제는 고종의 장례를 일본식으로 치르려 했지만 순종이 끝까지 전통 예법을 주장하자 이를 절충해 치르기로 했다. 전국의 추모 열기 속에 강압적인 식민 통치를 규탄하고 고종과 명성왕후의 '큰 원수 큰 원한을 깨끗이 씻기 위한' 만세운동이 준비되었다.

일본 도쿄에서 조선인 유학생들이 2·8독립선언서를 발표했고, 국내에서도 2월 말부터 독립선언서가 배포되었다. 3월 3일 고종의 국장일을 피해 3월 1일에 천도교·기독교·불교를 대표하는 민족대표 33인의 독립선언식이 거행되었다. 탑골공원에서도 학생과 시민들의 독립선언서 낭독과 함께 만세시위가 시작돼 독립만세운동은 전국으로 퍼져나갔다.

일제의 철저한 통제와 감시를 받았던 고종과 마찬가지로 순종 또한 일제의 지시와 통제를 받아들여야 했다. 여러 자료에 따르면 순종은 기억력이 매우 뛰어나서 보학(譜學, 족보 연구)이나 의례에 탁월했고, 시계 수집에 취미가 있었다고 한다. 어릴 때부터 심신이 유약했던 탓에 운동의 하나로 옥돌(당구)을 즐겼다. 대외적으로 순종이 궁궐 밖을 나선 것은 1917년 6월 일제가 조선 통치의 선정(善政)과 '제국'의 우월함을 알리고자 마련한 '천황 부부 알현' 자리에 참석하기 위해 일본을 방문한 것이 유일하다.

조선의 마지막 왕이자 대한제국의 마지막 황제 순종은 1926년 4월 25일 53세를 일기로 창덕궁 대조전에서 사망했다. 일제의 공식 발표에 따르면 오랫동안 앓던 위장병·신장염·심장병·류머티스 등이 원인이었다고 한다. 창덕궁 돈화문 앞에 순종을 애도하는 인파가 모여들어 5일 만에 40만 명, 조문한 사람만 2만 5천여 명에 달했다고 한다. 이 당시 순종을 조문하는 제3대 조선 총독 사이토 마코토(齋藤實)를 암살하려는 시도도 있었다.

순종의 국장이 치러진 6월 10일에는 학생들을 중심으로 6·10만세운동이 일어났다. 3·1운동 이후 일제의 폭압에 맞서 7년 만에 일어난 대대적인 만세운동이었다. 6·10만세운동은 단순히 순종의 죽음에 따른 연민이나 회한에서 일어난 것은 아니었다. 고종의 죽음이 3·1운동의 한 축이 됐다면, 순종의 죽음을 계기로 옛것을 청산하고 새로운 자주독립국가를 위한 투쟁이 시작되었다.

순종이 사망한 후 영친왕 이은이 '창덕궁 이왕 전하'로 왕실의 명맥을 유지했지만, 대한제국을 포함해 530여 년을 이어온 조선 왕조는 막을 내리고 말았다.

45 :: 왜 '경술국치일'을 기억해야 할까?

해마다 8월 15일을 광복절로 기념하지만 8월 29일이 대한제국이 일본에게 강제로 병탄된 '국치일' 임을 기억하는 사람은 많지 않다. 이미 100년이 지난 이날을 지금 우리가 기억해야 하는 이유는 무엇일까?

Q

"전사불망 후사지사(前事不忘, 後事之師, 과거 일을 잊지 말고 훗날에 교훈으로 삼는다)." 중국 헤이룽장성 하얼빈시에서 남쪽으로 24km 떨어진 핑팡(平房)에 있는 일본 관동군 731부대 유적지, 그곳 본관 건물 입구에 새겨진 비석의 내용이다. 중국 정부는 일본군이 만행을 저지른 곳마다 '불망비(不忘碑)'를 세워 다시는 이러한 치욕과 비극을 되풀이하지 말자고 다짐하고 있다. 이에 비해 35년간 일제의 식민지로 고난의 삶을 살아야 했던 우리는 1910년(경술년)의 망국을 부끄러운 역사라고 해서 감추거나 잊으려고 하는 것은 아닐까 뒤돌아볼 필요가 있다. 해방을 맞이한 8월 15일은 경축하면서 정작 그 원인이라 할 국치일에 대해서는 아무도 말하지 않는다. 잊거나 외면함으로써 역사의 상처가 사라지면 좋으련만 그렇지 않다는 데 역사의 엄중함이 있다. 왜 우리는 부끄러운 과거를 기억해야만 할까? 중국 정부가 세운 불망비 가운데 다음과 같은 글귀가 그 대답의 하나가 될 것이다. "우리는 평화를 갈구하고 (그러기에) 일본 제국주의의 만행을 잊지 않는다."

대한제국이 일본의 식민지가 된 직접적 원인은 무엇보다 일본의 강압적인 군사 지배에 말미암은 것이지만, 그렇더라도 왜 일제의 침략을 막고 스스로 근대국가로 나아가지 못했는가를 곰곰이 돌아보고 냉정하게 반성할 필요가 있다. 더불어 침략자인 일본과 그 동조세력에게도 질문을 던져야 한다. 일본은 왜 조선을 식민지로 만들려고 했을까? 조선이 일본의 식민지로 전락할 때 미국과 영국을 비롯한 대부분의 열강은 왜 이를 묵인하거나 지지했을까? 따지고 보면 조선은 '힘의 정의'를 내세우던 제국주의의 희생자는 아니었을까?

100년 전 서구 제국주의 열강은 민족 간에도 우성민족 열등민족이 있으며 자연계와 마찬가지로 "약육강식·적자생존"이 적용된다고 주장하면서 약소국가를 식민지로 만드는 것을 정당화했다. 일본도 이러한 주장을 내세우며 조선을 식민지로 만들었다. 인종주의나 민족우열론을 동원해 민족 억압과 차별, 배제를 정당화했다. 조선총독부는 강압과 폭력으로 경제적으로 수탈했으며 조선 민족의 일체의 인간적 권리 또한 근본적으로 부정했다. 이로 말미암아 우리 스스로 민주 사회를 건설할 수 있는 일체의 정치적, 경제적, 사회적 조건을 박탈당했다.

한편, 일제는 내선일체(內鮮一體)라는 민족말살정책을 통해 민족의 정체성을 말살하고자 했고, 수많은 조선인을 학살이라는 인종 청소의 형태로, 때로는 대외침략전쟁에 징병·징용·정신대 등의 명목으로 동원해 목숨을 빼앗아갔다. 요컨대 일제의 식민 지배는 인간 생명의 존엄성과 평화를 파괴하는 20세기 세계사 차원의 끔직한 범죄였으며, 그 상처는 지금도 치유되고 있지 않다. 그 해결되지 않은 범죄의 출발점이 바로 '경술국치일'이다.

지금 세계에는 다양한 형태의 지역공동체가 만들어지고 있다. 그러나 유일하게 지역협력체가 만들어지지 않고 있는 곳이 바로 동아시아다. 아니 오히려 갈등의 골이 더 깊어지고 있다. 남북한과 일본 사이에는 식민 지배로 빚어진 한일과거사 문제와 독도 문제, 중국과 일본 사이에는 난징대학살 문제와 영토분쟁, 일본과 러시아 사이에는 이른바 북방4도(島) 영토문제 등이 동아시아의 각국의 갈등을 고조시키고 있다. 이러한 갈등요인 대부분이 20세기 일본의 식민지 지배와 침략전쟁과 관련돼 있다는 점을 주목할 필요가 있다. 결국 21세기 동아시아 각국의 평화와 공영은 20세기 일제의 식민 지배와 침략전쟁의 역사에 대한 진지한 반성과 근본 해결 없이는 불가능하다. 따라서 동아시아 갈등의 기폭제가 된 '경술국치일'을 기억하는 것은 곧 동아시아 사회가 평화와 공존의 시대를 열어가기 위한 모색이기도 하다.

:: — 한일합방, 강제병합, 합병, 강점, 식민지란 용어에 대해

'한일합방(韓日合邦)'이란 일본의 침략 세력이나 국내 친일 세력이 사용하던 용어로서 한국(당시 대한제국)과 일본이 대등하게 하나의 국가로 합친다는 말이다. 대한제국은 일본의 식민지가 되었기 때문에 한일합방은 사실과 맞지 않는 용어이다. 실제로는 일본이 대한제국을 일본의 영토(식민지)로 '병합(併合)'했고, 대한제국의 경우 일본에 '합병(合併)'되었다는 표현이 더 정확하다.

흔히 '병합'보다는 '강제병합'이란 용어를 써서 병합 과정(식민지화)의 강제성 또는 불법성을 강조한다. 1904년부터 1910년 8월에 이르는, 일본이 대한제국에 강요한 각종 조약(또는 협약 등)은 강압과 불법으로 체결되었기에 1910년 8월의 이른바 병합조약만이 아니라 그 이전의 조약들도 당연히 불법, 무효라고 할 수 있다. 그러나 무엇보다 일본은 대한제국을 침략해 식민지로 만든 사실 자체가 조약의 합법 불법 이전의 근본적인 범죄이며 원천적으로 무효임을 강조할 필요가 있다. 노예를 합법적으로 부려먹었든 불법적으로 부려먹었든 노예노동 자체가 지금은 인류의 범죄로 규정되었듯이, 식민지로 삼는 것 자체가 세계사적 범죄로서 규정되어야 하기 때문이다.

또 '병탄(倂呑)'이라는 용어는 말 그대로 집어삼켰다는 뜻으로 서술적으로는 사용할 수 있으나 공식 역사용어로는 다소 어색하다고 하겠다.

(불법) 강점이라는 말을 쓰기도 하는데, 이때 강점은 일본이 영토만을 무력(또는 불법)으로 점령했다는 뜻이다. 이 경우 조선은 법적으로 일본의 식민지가 아니라는 의미가 있으나 현실적으로 조선총독부가 35년간 지배한 식민지 현실을 제대로 설명하지 못한다.

경술국치는 간지법에 따른 동북아시아의 전통 연대표기법의 하나로, 1910년은 간지로 경술년이 되고 이해에 국가적 치욕(망국)을 겪었다는 뜻이다. 경술국치는 전근대적인 역사 사건을 표기하는 방식의 하나로, 지금은 많이 사용하지 않는다.

식민지라는 말은 구조적이고 시대적인 용어이기 때문에 특정한 사건 시점과 연결해서 사용하기에는 부적절하다. 최근 역사학계는 (일제에 의한) 강제병합 또는 '대한제국은 일제에 합병되었다'는 식으로 사용하고 있다.

4부

—

일제강점기, 지배와 저항, 그리고 일상

조선 민중의 일상에 드리운 식민 지배의 그림자

일제의 강제병합 이후 조선은 식민지로 전락하였다. 다수의 민중은 강압적이고 폭력적인 일제의 지배 속에서 3·1운동과 같은 저항운동을 통해 자주독립에 대한 열망을 드러내기도 했다.

한편, 일제의 식민 통치 이후 조선 사회의 일상도 많이 달라졌다. 근대로 상징되는 여러 신문물이 유입되었고, 모던걸과 모던보이 같은 새로운 부류의 계층이 등장하기도 했다. 근대화는 눈이 번쩍 뜨일 정도로 화려하고 매혹적이었지만, 대다수 조선 사람들의 삶과는 거리가 멀었다. 과연 조선의 근대화는 누구를 위한 것이었을까? 조선 민중의 삶에는 어떤 변화를 가져왔을까?

연표

1914년 | 제1차 세계대전 발발(~1919)

1917년 | 러시아혁명

1919년 | 3·1운동, 대한민국 임시정부 수립

1926년 | 6·10만세운동

1929년 | 세계경제공황 발생, 광주학생항일운동

1931년 | 일본의 만주 침략

1937년 | 중일전쟁

1939년 | 제2차 세계대전 발발(~1945)

1940년 | 한국광복군 창설

1941년 | 아시아·태평양전쟁 발발(~1945)

46

::

조선총독부는 어떤 조직이었나?

일제가 식민지 조선을 지배하기 위해 만든 조선총독부는 어떻게 구성되었고, 어떤 활동을 했을까?

Q

조선총독부는 일제 식민 통치기구 중 최상위의 중앙행정기구이다. 일제는 '한국병합조약' 체결(1910. 8. 22)과 함께 제3대 통감 데라우치 마사타케를 임시 총독으로 임명하고 '조선 총독은 법률이 필요한 사항을 제령(制令, 규정에 따른 명령)으로 규정할 수 있다'는 내용의 긴급 칙령을 발포했다(1910. 8. 29). 또 한 달 뒤에는 총독부 관제를 제정하고 이를 바탕으로 총독부를 설치했다(1910. 10. 1).

조선총독부의 수장은 조선 총독으로, 그 아래에 통치 행정을 총괄하는 정무총감(실질적인 부총독)이 있어 내무부, 탁지부, 농상공부, 사법부 등 여러 부서를 감독하게 되어 있었다. 이들 관서 외에도 경무총감부(헌병경찰기구), 이왕직(李王職, 구황실 관리), 중추원(친일 조선인으로 구성된 자문기관), 재판소(고등법원과 지방법원) 등이 설치되었다.

총독부 관제의 가장 큰 특징은 총독의 자격과 권한이었다. 현역 육해군대장 중에서만 선임되는 조선 총독은 일본 내각이 아닌 천황에 직속하는 존재로서, 조선군을 지휘하며 조선 내 입법·사법·행정의 전권을 손에 거머쥐고 있었다. 이러한 막강한 권한을 가진 총독을 현역 대장 중에서만 임명하도록 한 것은 조선을 군사적, 무단적으로 통치하려는 의도를 그대로 드러낸 처사였다.

한편, 일제는 3·1운동이 일어나자 조선인의 복리를 증진한다는 명분을 내걸고 1919년 8월 총독부 관제를 크게 개정하여 내무·재무·식산·법무·학무국을 설치했다. 이 조치로 1910년대 일개 '과'에 불과했던 학무 분야가 '국'으로 승격되었다. 이는 조선인을 대상으로 한 학교정책을 강화하겠다는 의지의 표현이었다. 그러나 실제로는 교육을 통해 조선인을 회유하고 그 불만을 잠재우겠다는 뜻이 숨겨져 있는 조치였다. 한편, 일제는 헌병경찰제도를 폐지하고 경무총감부도 해체한 후 경무국을 신설하여 보통경찰제도로 전환했다. 또 정치 선전을 강화하기 위해 정무총감을 위원장으로 한 정보위원회를 설치하기도 했다.

총독도 현역 대장 중에서만 임명하는 제도를 폐지하고 문관을 총독으로 임명할 수 있도록 했다. 그러나 실제로는 관제 개정 후 첫 총독으로 해군대장 출신 사이토 마코토가 임명된(1919. 8) 이래 1945년 광복 때까지 문관 총독은 한 명도 임명되지 않았으며, 이후 모든 총독은 무단통치기와 마찬가지로 현역 육군대장 출신이 임명되었다. 이는 관제를 개정했음에도 조선의 식민 통치에 대한 일본 군부의 영향력 행사가 줄어들지 않았음을 의미한다.

1920~1930년대 거의 변화가 없던 총독부 관제는 아시아·태평양전쟁이 한창이던 1942년 11월 다시 한 번 크게 개정되었다. 이때 '총독은 따로 정해진 바에 따라 내각 총리대신 및 각 성(省) 대신의 감독을 받는

다'고 명확히 규정되었고, 조선총독부에 대한 일본 내각의 감독권도 강화되었다. 총독부 관제를 이처럼 개정한 것은 조선의 물자와 인력을 원활히 동원하기 위해서 조선총독부와 일본 내각의 연락 관계를 강화할 필요가 있었기 때문이다.

조선총독부는 식민 통치의 핵심 기구였기 때문에 그 구성원의 절대 다수는 일본인이었다. 조선인은 전체 구성원의 4~5%에 불과했으며, 그나마 하급 관료인 판임관 이하가 대부분이었다. 물론 3·1운동 이후에는 친일 조선인 육성과 회유책의 하나로 조선인 관료에 대한 특별 임용의 범위가 확대되었다. 그러나 그것도 정책상 상대적으로 중요하지 않은 분야에 한정되었다. 예컨대 치안을 담당하는 경무 분야는 일본인을 임용하는 것이 원칙이었다. 더구나 고위 관료(고등관인 칙임관勅任官, 주임관奏任官)일수록 일본인의 비중은 더 증가했다. 특히 총독부의 정책 결정에까지 관여할 수 있는 국장급 이상의 핵심 관료는 거의 대부분 일본인으로 충원되었으며, 조선인은 일제강점기 35년을 통틀어 이진호(1924~1929)와 엄창섭(1944~1945) 단 두 명이 학무국장으로 임명되었을 뿐이다.

:: 조선 총독으로 부임한 이들은 누구인가?

일제 35년간 조선 총독으로 부임한 인물은 9대에 걸쳐 총 8명이다. 이들의 재임 기간과 주요 이력은 다음과 같다.

	이름	재임 기간	주요 이력
제1대	데라우치 마사타케 (寺內正毅)	1910. 10～1916. 10	육군대장, 제3대 한국 통감(1910. 5), 육군대신, 내각 총리대신
제2대	하세가와 요시미치 (長谷川好道)	1916. 10～1919. 8	육군대장, 한국주차군 사령관
제3대	사이토 마코토 (齋藤實)	1919. 8～1927. 12	해군대장, 해군대신, 내각 총리대신
제4대	야마나시 한조 (山梨半造)	1927. 12～1929. 8	육군대장, 육군대신
제5대	사이토 마코토 (齋藤實)	1929. 8～1931. 6	3대 총독 역임
제6대	우가키 가즈시게 (宇垣一成)	1931. 6～1936. 8	육군대장, 육군대신
제7대	미나미 지로 (南次郎)	1936. 8～1942. 5	육군대장, 육군대신, 한국주차군 사령관
제8대	고이소 구니아키 (小磯國昭)	1942. 5～1944. 7	육군대장, 한국주차군 사령관, 내각 총리대신
제9대	아베 노부유키 (阿部信行)	1944. 7～1945. 8	육군대장, 내각 총리대신

조선 총독은 해군 출신인 사이토를 제외하면 모두가 육군대장 출신이었다. 역대 총독 가운데 6명이 일본군의 최고 핵심인 육해군대신을 지냈고, 4명이 내각 총리대신을 역임했다. 이들의 면면을 간략하게 살펴보면 다음과 같다.

제1대 총독 데라우치는 메이지유신(1868) 이후 일본 정계와 군부의 주류가 된 조슈 군벌의 후계자로, 강제병합의 분위기가 무르익은 1910년 5월 제3대 통감으로 부임하여 강제병합 실무를 주도했다. 그는 통감에 이어 조선 총독의 자리에 올라 헌병경찰제도를 핵심으로 한 무단통치를 시행했다.

러일전쟁기 한국주차군 사령관을 지낸 제2대 총독 하세가와는 데라우치의 직계로 무단통치의 기조를 그대로 이어받았다. 1919년 3·1운동이 일어나자 무자비한 탄압으로 일관하여 안팎으로 비판을 받았고, 결국 3·1운동 발발의 책임을 지고 사임했다.

해군 출신인 제3대 총독 사이토는 일제 지배에 저항하는 조선인의 불만을 잠재워야 한다는 임무를 띠고 부임했다. 그는 헌병경찰제도를 폐지하고 언론 자유를 부분적으로 허용하는 등 이른바 '문화통치'를 표방하며 민족 차별을 없애고 민의를 존중하겠다는 의지를 밝혔다. 그러나 실제로는 친일 조선인과 다양하게 접촉하여 민족운동 세력의 분열을 획책하는 등 더욱 치밀한 식민 통치의 수법을 구사했다.

제4대 총독 야마나시는 일본에서도 '부패 군인'이라는 말을 들을 정도로 악명 높았던 인물로서 총독 재임 중 부산 미두취인소(米豆取人所, 지금의 증권거래소) 설립 허가를 둘러싼 뇌물 수수 의혹을 받아 불명예 사임했다. 야마나시가 부정 의혹 사건으로 사임하자, 실추된 총독과 총독부의 권위를 회복하고자 제5대 총독으로 사이토가 다시 부임했다.

제6대 총독 우가키는 대륙 침략의 의지를 적극 표방했던 인물로 관동군이 일으킨 만주 침략에 호응하여 이른바 '일선만(日鮮滿) 블럭론'(일본, 조선, 만주는 하나의 경제권)을 제창하고 본격적인 조선 공업화 정책을 시행했으며, 지속적인 수탈로 피폐해진 농촌의 민심을 수습하고자 농촌진흥운동을 전개했다.

제7대 총독 미나미는 우가키의 노선을 계승한 인물로 부임 후 중일전쟁이 발발하자 지원병제도를 시행하는 등 전시체제를 수립하고 정비했다. 그는 특히 내선일체(일본과 조선은 하나)를 제창하여 창씨개명과 신사참배를 강요했고, 황국신민의 서사를 만드는 등 민족말살정책을 본격적으로 시행했다.

아시아·태평양전쟁 발발 후에 부임한 제8대 총독 고이소는 조선에서 전시체제를 이른바 '결전(決戰)체제'로 끌어올린 인물이다. 제9대 총독 아베는 일본의 패전과 조선의 광복을 목격하게 된 인물로, 8·15 직전 송진우, 여운형 등과 행정권 이양 협의를 시도하기도 했다.

47

울던 아이도 그치게 했다는 헌병경찰은 어떤 존재였을까?

의병활동 진압에서 개인의 일상생활 규제에 이르기까지 무소불위의 권력을 휘두른 일제강점기 헌병경찰은 어떤 일을 했을까?

Q

1910년대 무단통치의 상징으로 일컬어지는 헌병경찰제도는 현역 군인인 헌병이 군사경찰뿐 아니라 보통경찰 사무까지 집행하여 민간사회에 영향력을 행사하도록 한 것이다. 러일전쟁기 한국주차군 사령부 예하 부대로 편성된 한국주차헌병대는 통감부가 설치된 1906년부터 통감의 지휘를 받아 치안 유지에 관한 경찰 업무를 담당했다. 이때부터 대한제국 경찰의 사무가 일본군 헌병대의 손에 넘어갔다.

강제병합의 분위기가 무르익은 1910년 6월 대한제국 정부의 경찰권이 통감부에 위임되면서 한국주차헌병대는 한국주차헌병대사령부로 확대 개편되었다. 이와 더불어 헌병대 사령관이 경찰 조직인 경무총감부의 경무총장을 겸임하고, 각 도 헌병대장이 도 경무부장을 겸임하는 직제가 제정되었다. 강제병합 이후 헌병경찰제도는 이를 계승한 것이다. 헌병경찰을 이끄는 지위에 있던 경무총장(헌병대 사령관)은 총독부의 다른 기구와 관계없이 총독에 직속되어 있었다. 마찬가지로 각 도 경무부장(헌병대장)은 형식적으로 도장관(도지사)의 지시를 받도록 되어 있었는데, 실제로는 경무총장의 지휘를 받았다. 이처럼 현역 육군대장인 총독을 정점으로 민간인 관료의 간섭을 받지 않는 헌병경찰의 일원적 지휘 계통이 확립되었다.

강제병합 직후 헌병경찰은 그 당시까지 여전히 활동하고 있던 의병을 탄압하기 위해 국경 인접 지역과 의병 출몰 지역 등에 '집중 배치'되었다. 1년여 동안 대대적인 탄압작전을 전개한 결과 일제는 의병활동이 거의 사라졌다고 결론을 내렸다. 1911년 말 헌병경찰의 배치를 '분산 배치'로 전환하는 한편, 원래의 계획대로 보통경찰 사무를 본격적으로 집행하기 위해 헌병 관서(분대, 분견소 등)를 증설했다. 전국 행정구역 개편이 완료된 1914년경에는 전국적으로 1개 군에 적어도 1개 이상의 헌병 관서가 설치되기에 이르렀다. 이와 함께 헌병 및 헌병보조원을 지속적으로 선발·채용하여 1910년 2천여 명이던 헌병 인원수를 1918년 8천여 명까지 늘렸다.

헌병경찰의 업무는 매우 다양했다. 이른바 '불온' 연설 단속, 단체 가입 통제, 언론 감시 및 단속 등 정치적 사항은 물론 이미 1908년경부터 민적(民籍, 지금의 호적) 사무 취급을 시작으로 출생 신고, 청소 지도, 민사 조정, 어업 단속, 징세 활동 지원, 묘지·장례·화장장 단속, 화약 단속, 검역, 음식물 위생 단속, 도로의 정비와 유지 등 개인의 출생에서 사망에 이르는 일생의 모든 사항을 관할했다.

법령에 규정된 헌병경찰의 권한은 막강했다. 헌병경찰은 '일정한 범위 내의 범죄'(경범죄)는 재판을 거치지 않고 즉결 처분할 수 있었으며('범죄즉결례' 1910. 12), 즉결 처분의 내용에는 신체에 직접 매질을 하는 태형의 집행도 포함되어 있었다('조선태형령' 1912. 3. 15). 심지어 87개의 범죄행위는 아예 헌병경찰이 처벌할 수 있도록 규정되었다('경찰범 처벌 규칙' 1912. 3. 25).

'경찰법 처벌 규칙'은 남을 유혹하는 유언비어 또는 허위 보도를 하는 행위, 신청하지 않은 신문이나 잡지 등의 구독 신청을 강요하는 행위, 단체의 가입을 강요하는 행위 등 한국인의 '불온한' 정치적 행동을 규제하는 내용을 포함하고 있었다. 그러나 그와 더불어 일상생활을 규제하는 내용을 많이 포함하고 있었다. 예컨대 밤에 시끄러운 소음을 내어 다른 사람의 수면을 방해하는 행위, 길에 수레를 세워 놓아 통행을 방해하는 행위, 돌 던지기 같은 위험한 놀이를 하는 행위, 상한 과일을 파는 행위 등 일상에서 벌어지는 사소한 일들을 일일이 규정하고 있었다. 사실 이러한 범죄들은 대부분 이미 헌병경찰의 단속 대상에 포함되어 있었다. 그럼에도 불구하고 일제는 다시 '경찰범 처벌 규칙'이라는 법령을 제정하여 이중 삼중의 통제 장치를 만들었던 것이다.

이렇듯 헌병경찰은 조선인의 일상을 감시하고 처벌하는 공포의 존재였다. 헌병경찰을 빗대어 '면(面)의 총독'이라는 말이 나온 것이나 집에서 아이가 울면 헌병이 잡아간다고 어르기 시작한 것은 이러한 현실의 단면을 반영한다.

48

일제는 왜 '조선태형령'을 제정했을까?

일제강점기 조선총독부는 '조선태형령'을 만들어 태형제도를 존속시켰다고 하는데, 일제는 왜 이런 전근대적인 법을 만들었을까?

Q

'태형'은 죄인의 볼기를 태(笞, 나무 회초리)로 치는 형벌을 뜻한다. 태형을 포함하여 인간의 몸에 직접 고통을 가하는 형벌은 전근대 동서양을 막론하고 보편적인 것이었으나, 근대화와 더불어 인권사상이 전파되면서 점차 사라졌다. 대한제국 시기에도 조선의 전통적 태형 제도를 없애자는 논의가 있었다. 그런데 강제병합 이후 일제는 한국인에게만 적용할 '조선태형령'을 제정하여 전근대적이고 민족차별적인 형벌제도를 유지했다. '조선태형령'에서 태형은 최고 100대까지로 시행했는데, 100원 이하의 벌금이나 100일 이하의 징역형에 대해 벌금 1원 또는 징역 1일을 태형 1대로 바꾸어 집행할 수 있다고 규정했다. 일제는 왜 이러한 '조선태형령'을 굳이 제정했을까?

일제는 "조선인은 민도(民度, 민족의 수준)가 낮아서 감옥에 가두는 것을 형벌로 받아들이기는커녕 오히려 생활난을 해결할 수 있는 기회로 여겨 좋아하며, 벌금을 부과해도 잘 납부하지 않으므로" 조선인에게는 태형만큼 확실한 효과를 거둘 수 있는 형벌은 없다고 주장했다. 다시 말해서 조선인은 직접 신체에 고통을 주어야 잘못을 깨닫는 '야만적'인 민족이라는 뜻이다.

그렇다면 태형은 주로 어떠한 범죄에 많이 가해졌을까? 태형 처벌을 받은 범죄는 대부분 '범죄즉결례'를 적용하여 헌병경찰이 즉결처분할 수 있는 경범죄들이었다. 예컨대 집 앞에서 개를 잡는다든지, 공동수도의 물을 몰래 받아간다든지, 한길에서 웃통을 벗고 일을 한다든지 한 사람들이 태형 처벌을 받았다. 술을 마시고 시끄럽게 싸운 사람, 극장에 돈을 안내고 몰래 들어간 사람, 집집마다 다니며 밥을 구걸한 사람도 예외 없이 헌병 주재소로 끌려가 볼기를 맞아야 했다.

한편, 태형 처벌의 대상이 되는 범죄 중에는 조선 사람들이 전통적으로 해오던 일인데 강제병합 이후 범죄로 규정된 경우도 있었다. 대표적인 예로 '삼림령' 위반을 들 수 있다. 조선에서 산이나 숲은 전통적으로 마을이나 문중의 공유였다. 따라서 아무 제약 없이 산에 올라가 땔감을 구할 수 있었다. 그러나 강제병합 이후 일제는 '삼림령'을 제정해 많은 공유 임야를 국유림으로 편입하고 사람들의 출입이나 연료 채취를 통제했다. 이에 따라 국유림에 들어가 '한 묶음의 솔가지', '한 웅큼의 낙엽'을 긁다가 적발된 사람들까지 '범죄자'가 되었고, 태형 처벌이 내려졌다.

이렇게 태형은 헌병경찰이 조선인에게 합법적으로 매질을 가할 수 있는 수단이었다. 따라서 조선인들의 불만은 클 수밖에 없었다. 3·1운동 이후 일제가 이른바 '문화통치'를 선언하면서 제일 먼저 취한 조치 중 하나가 바로 '태형령'의 폐지였다(1920. 4. 1). 이 사실은 태형이 당시 조선인에게 얼마나 큰 고통이었는지 잘 알려준다.

49

::

'위생경찰'이란 무엇인가?

일제강점기에 조선총독부는 왜 위생경찰을 두었으며, 이들은 어떤 일을 담당했을까?

Q

위생경찰이란 '공중위생상 위해를 방제하는' 경찰과 그 활동을 가리킨다. 즉, 다수의 건강을 보호하기 위해 개인의 자유를 제한하는 활동이다. 그런데 일제강점기 위생경찰은 그 활동의 범위와 권한이 보통의 경우보다 훨씬 컸다.

이러한 제도적 틀은 강제병합에 즈음하여 헌병경찰을 총괄하는 경무총감부가 대한제국 위생국 사무를 통합하면서 처음 마련되었다. 1910년대 경무총감부는 검역, 위생 실험 등 전문 인력이 필요한 사무까지 위생경찰 소관으로 흡수했으나 의료기관의 보급과 상하수도 개선 등 지속적인 설비 투자가 필요한 사무는 포기하다시피 했다.

일제는 조선의 주거 환경을 청결히 유지하는 것이 일본인 이주를 장려하는 데에 없어서는 안 될 선결 조건이라고 여겼다. 따라서 청소 상태를 검열하는 권한을 위생경찰에게 부여하고, 자기 집 앞이나 부근 개천 청소를 게을리하는 사람은 즉결 처분으로 벌금을 납부하게 하거나 태형을 부과했다.

한편, 위생경찰은 방역 활동에도 주의를 기울였다. 1915년 6월에 제정된 '전염병예방령'에 따라 경무부장은 전염병이 발병하면 교통로를 차단하고 환자로 의심되는 사람을 강제로 피병원(避病院)이라는 곳에 격리 수용하라는 명령을 내렸다. 그런데 위생경찰은 대개 방역 활동에 비전문가인 데다 감염 의심자를 호송할 때 마치 죄인을 다루듯이 포승을 사용하는 등 매우 강압적인 태도로 일관하여 많은 불만을 샀다.

그럼에도 불구하고 일제가 위생경찰제도를 유지한 이유는 무엇일까? 그것은 사람들에게 위생의 중요성을 설명하고 동의를 구하기보다 경찰력을 동원하여 강제하는 방식이 훨씬 간편하고 비용이 적게 들었기 때문이다. 약간의 개선과 변화가 있었음에도 1945년 광복 때까지 일제가 위생경찰제도의 기본 틀을 유지한 것은 바로 그 때문이었다.

일제는 위생경찰의 활동으로 조선의 위생 상태가 개선되고 조선인의 평균 수명이 연장되었다고 선전했다. 오늘날 일부 학자들도 되풀이하는 이러한 주장은 과연 사실일까? 위생경찰의 강압적 방역 활동으로 인해 콜레라, 이질, 장티푸스 등 급성 전염병의 발병률이 강제병합 이전보다 낮아진 것은 사실이다. 그러나 전염병 중에서도 결핵의 발병률은 낮아지지 않았다는 점에 주목할 필요가 있다. 결핵은 다른 전염병과 달리 감염자와의 접촉뿐 아니라 영양이나 주거 등 환경에 영향을 크게 받는다. 결핵을 예방하기 위해서는 격리 조치뿐 아니라 '지속적인 투자'를 통한 환경을 개선해야 한다. 그러나 일제는 조선인의 영양이나 주거 상태를 개선하기 위한 어떠한 투자에도 인색했다. 조선의 위생을 개선했다는 일제의 주장이 허점투성이임을 알 수 있는 대목이다.

50 :: 조선총독부는 왜 토지조사사업을 했을까?

조선총독부의 토지조사사업은 언제 어떻게 진행되었으며, 이로 인해 농민과 일본인의 토지 소유 구조는 어떻게 변화했을까?

Q

일제는 식민지 조선을 효과적으로 지배하기 위해 제일 먼저 조선의 토지와 인구를 파악했다. 조선총독부는 1910년 8월 22일에 조선을 병합하자마자 그다음 날 '토지조사법'을 공포하고 1918년까지 8년 동안 막대한 예산(2천만 원)을 투자하여 토지조사사업을 수행했다.

일제는 이미 1905년 을사조약을 맺어 대한제국의 외교권과 재정권을 장악한 후, 1908년 국유지와 왕실 토지 등을 조사한 바 있었다. 이러한 경험을 바탕으로 1910년 1월에 토지 조사 계획서를 작성하고 3월에 토지조사국을 설립하면서 토지 조사를 준비해갔다. 그리하여 8월에 조선을 병합하자마자 '토지조사법'을 공포하고 1918년까지 토지조사사업을 실시했다.

일제의 토지조사사업은 크게 조사 사무와 측량 사무로 나누어 진행되었다. 조사 사무는 준비 조사, 실지 조사, 검사의 세 단계로 나뉘었다.

준비 조사는 면동리의 명칭과 경계를 조사하는 것과 토지 신고서를 수합하는 업무이고, 실지 조사는 필지의 경계와 지목(地目, 용도에 따라 땅을 구분하는 것), 토지 소유자 조사, 개황 도면 작성, 실지 조사 장부 작성, 토지 등급 조사업무를 일컫는다. 검사는 실지 조사에서 작성한 개황 도면과 실지 조사부를 검사하고 측량 원도와 토지 신고서를 대조하고 조사하는 작업이었다. 그리고 측량 사무는 삼각 측량과 도면 제조 등의 순서로 진행되었다.

토지조사사업은 그 출발이 그다지 순조롭지 못했다. 조선총독부 당국은 지세 부담을 공평하게 하고 소유권을 보호하기 위해 토지조사사업을 실시한다고 주장했지만 대부분의 조선인은 일제가 지세를 더 많이 거두어들이고 사유지를 관유지로 마구 약탈하기 위해 사업을 펼친다고 여겼다. 즉, 자신들의 소유권을 빼앗길 수 있다고 생각했다. 이러한 생각에서 상당수 조선인은 토지조사사업에 협조하지 않거나 태업으로 대응했다. 이에 일제는 헌병경찰을 동원하여 토지신고서 제출을 강요하는 등 강압적으로 사업을 추진하기도 했다.

조선총독부는 1918년에 사업을 마무리하면서 1,910만 필지(筆地, 구획된 논이나 밭 따위를 세는 단위)에 487만 정보의 토지를 조사하고 소유권을 확정지었다. 그중 조선인 소유지는 418만 정보, 일본인 소유지는 24만 정보, 국유지는 27만 정보였으며, 동양척식주식회사의 소유지는 8만 정보였다.

일제는 토지조사사업을 통해 하나의 토지에 하나의 소유권만 인정하는 토지소유권제를 확립하고, 토지소유권을 국가가 인증하는 등기제도를 실시했다. 이 과정에서 토지소유권에 대한 분쟁이 일어나기도 했다. 분쟁지는 3만 4천 건에 10만 필지 정도였다. 그중 개인과 국유지 간의 분쟁이 65%(6만 4천 필지)였고, 민유지 상호 간의 분쟁은 35%(3만 5천 필지)에 해당했다. 분쟁지는 대개 조선총독부, 일본인 지주, 조선인 지주 순으로 소유권이 유리하게 귀결되었다.

토지조사사업의 결과 다음과 같은 현상이 나타났다. 첫째, 삼국시대 이래 축적되어온 한국의 전통적인 토지 권리가 부정되고 오직 소유권만이 유일한 토지의 권리로 인정됨으로써 한국의 전통적인 토지 권리 체계가 부정되었다. 조선시대에는 토지에 대한 권리가 소유권 외에도 경작권, 개간권 등 여러 가지가 있었다. 그러나 일제가 소유권만 인정하고 나머지 권리는 부정함으로써 오랫동안 경작해온 농민의 경작권이나 황무지를 개간할 수 있는 개간권 등이 소멸되기에 이르렀다.

둘째, 진전(陣田, 오랫동안 농사를 짓지 않던 토지나 임야) 등의 토지 권리가 대지주나 일본인 지주들에게 유리하게 부여되었다. 조선시대에는 농민들이 진전을 개간하여 경지로 만들거나 혹은 수확물을 획득하기도 했지만, 일제는 그 옆의 대지주나 일본인 지주들에게 진전의 토지소유권을 인정해주었다. 이처럼 토지조사사업은 대지주 혹은 일본인 지주들에게 유리하게 전개되었다.

셋째, 토지조사사업으로 국유지가 많이 만들어졌다. 여기에는 둔전, 궁방전 등 이전부터의 국유지와 왕실 토지도 있었지만, 예전에는 농민 소유지였던 곳이 국유지에 편입된 것도 있었다. 농민 소유지 중 일부는 조선총독부가 침탈하여 국유지로 편입됐으며, 이들 토지는 이후 동양척식회사나 일본인 회사, 지주에게 헐값에 팔려나갔다.

넷째, 일본인 토지 소유가 증가했다. 일본인은 논밭을 직접 사기도 했지만, 미개간지 혹은 강 주변지와 분쟁지 등을 헐값으로 사들여 토지를 소유했다. 이 '사업'이 실시된 7년 동안 일본인의 토지 경영인 수는 10배,

투자액은 5배로 늘어났으며, 면적 또한 4배로 증가했다.

끝으로 조선총독부의 지세 수입이 늘어났다. 사업을 실시한 1911년에는 지세 수입이 624만 원이었는데, 사업이 끝난 1920년에는 지세 수입이 1,100만 원으로 2배가량 증가한 것이다. 그만큼 토지 소유주인 조선인들이 지세를 많이 납부했다고 볼 수 있겠다.

이처럼 조선총독부는 토지조사사업을 통해 조선을 식민지로 만들기 위해 '근대화'라는 미명 아래 토지소유권의 확인과 지세 부과의 정리를 폭력적으로 행했고, 그 결과 방대한 토지 약탈과 지세 수탈이 강행되었다. 나아가 일제는 토지조사사업을 실시하면서, 단순한 토지 조사가 아니라 조선을 식량 공급지로 만들어 저급한 단계의 일본 자본주의의 구조적 모순인 농업 문제의 곤경을 타개하고자 했다. 특히 농민을 토지에서 쫓아내고 값싼 노동력을 확보하여 식민지적 초과이윤을 획득하고자 했다. 일제는 1910년대 토지조사사업을 바탕으로 조선에 식민지 기반을 구축하고 1920년대는 산미증식계획을 실시하는 등 조선을 일본 본토의 식량·원료의 공급기지로 만드는 정책을 실시해갔다.

51

일제강점 덕분에 출세한 사람들은 누구일까?

일제강점기 일본이 식민 통치를 하게 되어서 이득을 본 조선인도 있었을 것이다. 그들은 어떤 사람들이었을까?

Q

일제강점 덕분에 출세를 한 사람들은 대략 두 종류로 나눌 수 있다. 일제의 한국 강점에 앞장서서 출세와 영달의 기회를 잡은 사람들과, 비록 강점에 앞장서지는 않았지만 식민 지배라는 객관적 조건을 능동적으로 활용하여 성공과 출세를 지향한 사람들이다.

일본 제국주의의 국권 침탈에 앞장서거나 식민 통치에 협력한 사람들을 일반적으로 '친일파'라고 부르는데, 이들은 일제강점에 편승하여 막대한 부와 권력을 누렸다. 이들은 일본으로부터 협력의 대가를 받았으며, 강점 이후에도 권력을 이용하여 재산을 빼앗고 부를 축적했다.

국권 침탈에 협력했던 대한제국의 고위 관료들은 병합 직후 후작, 백작, 자작, 남작 등의 작위와 함께 많은 액수의 은사공채(恩賜公債, 한국병합 공로자에게 총독부가 내린 사례금)를 받았다. 후작 작위와 함께 28만 원의 은사공채를 받은 박영효나 백작 작위에 15만 원의 은사공채를 받은 이완용, 자작 작위와 함께 10만 원의 은사공채를 받은 송병준 등이 대표적이다. 1910년대의 물가를 고려하면 당시의 1원은 지금 시세로 약 2만 원이므로 10만 원은 20억 원에 달한다. 조선인 노동자의 하루 임금이 1원에도 훨씬 못 미치던 당시로서는 엄청난 금액이었다.

일제의 식민 통치에 적극 협력했던 사람들 역시 일제강점을 출세의 기회로 활용했다. 일제는 조선총독부의 최고위직에는 조선인을 앉히지 않았다. 그러나 일반인들을 회유하고 원활하게 지배하기 위해서 각종 식민 통치기구에 조선인들을 참여시켰다. 아래로는 헌병보조원에서부터 위로는 중추원 참의나 고등 관리에 이르기까지 많은 조선인이 일제 식민 통치의 손발이 되었다. 그중에서 교육직을 제외하더라도 군수 이상의 고위직에 종사한 조선인 관료가 1909년부터 1939년 사이에 2,700명이 넘었다.

일제는 식민지 조선을 효율적으로 지배하기 위해서 통치기구를 만들고 운영했으며, 이렇게 만들어진 근대화된 통치체제를 통해 거대한 관료 특권층이 형성되었다. 여기에는 적지 않은 조선인들이 참여하여 지배층의 일원으로서 사회적 출세와 성공을 누렸다.

특히 1910년대 이후 식민지 근대교육을 받은 청년들 사이에서는 조선총독부의 관리로 일하는 데 대한 거부감이 점차 약화되었다. 그들 가운데 일부는 개인의 영달을 최고의 목표로 삼는 출세욕에 지배되었으며, 그런 풍조가 확산될수록 총독부의 관리를 뽑는 보통문관시험이나 고등문관시험에 응시하는 조선인이 늘어나 경쟁이 치열해졌다. 심지어 조선인들에게 공포와 증오의 대상이자 일제 앞잡이로 경멸을 받았던 순사가 되려는 청년들도 적지 않아서 순사채용시험의 경쟁률도 매우 높은 편이었다. 이러한 시험에 합격하여 총독부 산하 관료가 된 사람들은 고등 관료로 승진할수록 일제의 수탈정책에 협조하고 한국인에 대한 동화정책과 사상범 색출에 더욱 적극적으로 나서야 했다.

일제는 경제 분야에서도 협력자가 필요했다. 거꾸로 말하면 일부 조선인 자본가들은 일제가 제공한 참여의 기회를 활용하여 경성방직과 같은 거대한 사업체를 키울 수 있었다. 그들은 자본 조달, 원료와 설비의 구매, 기술 획득, 제품 판매, 노무 관리 등 여러 측면에서 조선총독부와 일본인 기업과 긴밀하게 협력하면서 성장했다. 일제 당국의 지원을 받고, 일본인 기업과 제휴를 통해 성장하고, 일본 제국주의와 운명을 같이했다는 점에서 그들을 예속적 자본가라고 부를 수 있다. 일제강점기와 같이 정부의 주도권이 강력한 사회에서 조선총독부를 거스르면서 기업을 일으키는 것은 불가능에 가까웠다. 따라서 일제 당국과 협조 관계를 형성하는 일은 성공한 기업가가 되기 위해 어쩔 수 없는 요건이었다고 할 수 있다.

일제강점기에 부를 많이 축적하거나 고등교육을 받았다고 해서 그들을 모두 친일파로 매도할 수는 없다. 일제강점 이후 '근대적' 변화를 경험했으며, 그 과정에서 과학기술 분야나 교육·문화·예술 등 다양한 분야에서 탁월한 재능을 발휘하는 사람들이 많이 등장했기 때문이다. 그러나 새로운 조건과 기회를 활용하여 일단 일정한 지위에 오르게 되면, 일제의 협력 요구를 피하기 어려웠다. 일제가 성공한 조선인들의 사회적 명망과 신망을 자신들의 통치에 활용하고자 했기 때문이다. 그렇다고 해서 그들의 협력을 합리화하는 것 역시 곤란하다. 개인의 출세 기회를 포기한 채 일제 지배에 저항하고 한국의 독립을 이루기 위해 헌신한 사람들 또한 많았기 때문이다.

52

3·1운동은 왜 일어났을까?

3·1운동이 일어난 계기는 무엇이었을까? 어떻게 일어났고, 누가 참여했으며, 3·1운동이 끼친 영향은 무엇이었을까?

Q

강점이 되었다고 조선인의 일상이 하루아침에 변화한 것은 아니었다. 이들의 일상에서의 변화는 서서히 나타났다. 전국에 철도가 깔리고 도시를 중심으로 근대시설이 들어서기 시작했지만 인구의 대다수인 농민은 여전히 전통의 생활방식을 유지하며 살아가고 있었다. 이들은 마을의 구성원으로서 지역공동체의 질서에 순응하면서 가족의 모든 노동력을 생계유지에 쏟아부어가면서 고달프게 살아가고 있었다. 조선총독부가 명분으로 내세운 문명화나 근대화에 대해 당시 사람들 사이에서는 긍정과 부정의 반응이 뒤섞여 나타났지만, 이들 또한 식민지의 지배양식이 이전 시대와 어떻게 다른지 서서히 깨달아가고 있었다. 마을과 시장을 돌아다니며 일상생활을 감시하고 통제하는 헌병경찰과 식민지 행정권력이 시행한 여러 정책을 몸으로 겪고 있었기 때문이다.

강제병합 이후 조선총독부는 자신들의 '신정치' 덕분에 조선인의 삶이 개선되고 있다고 큰소리쳤지만, 대다수 영세 농민의 생활은 나아진 것이 없었다. 연초, 금건(金巾), 면사, 목면, 석유, 성냥 등 외국에서 수입된 공장제 상품이 확산되면서 전통 수공업이 설 자리를 잃고 부역과 조세 수탈이 심화되면서 농가의 경제상황은 나빠져갔다. 여기에 과중한 소작료와 식민 당국이 부과하는 각종 공과금, 그리고 물가 폭등으로 생활고는 더욱더 심해졌다.

당시 고달픈 현실에 대응할 만한 수단이 없었던 민중들 사이에 여러 풍설과 소문이 유행처럼 퍼져나갔다. 1910년대에는 제1차 세계대전이 독일의 승리로 돌아가고 일본도 조선도 전멸한 후 새로운 국가가 건설될 것이라는 내용의 비밀 포교 활동이 이루어지는 등, 다양한 풍설과 소문이 떠돌았다. 순박한 이들을 끌어들이기 위해 어느 사이비 종교단체가 황당무계한 교설을 퍼뜨렸다고 할 수도 있지만, 별다른 희망을 찾기 어려운 상황에서 일본의 멸망을 바라는 민중의 바람이 토속적이고 미신적인 종교의 형태로 나타난 것이다.

조선인들은 식민 통치의 실체를 헌병경찰의 부역 강제나 일상생활에 대한 위압적인 간섭을 통해 체험할 수 있었다. 헌병경찰은 철도나 도로 건설을 위해 집과 농지를 일방적으로 몰수하거나 점거하는가 하면, 무보수로 부역을 강제하여 불만을 샀다. 일본인에게만 이익을 주는 도로를 신설하기 위해 '그렇지 않아도 먹고살기 힘든 빈민에게 부역을 강요하니 뼈가 부서질 지경'이라는 조선인들의 불만이 쌓여갔다.

전에는 통제의 대상이 아니었던 일상적인 관습에 대한 당국의 관리와 간섭 역시 조선인들의 불만을 샀는데, 그중 하나가 임야 이용 금지나 새로운 도량형법을 강제한 것이다. 땔감 얻기가 갈수록 어려워졌고, 공포의 대상인 순사가 집집마다 찾아와 사용하던 옛 도량형기를 압수해갔다.

각종 허가 신청이나 신고 절차는 훨씬 번거로워졌다. 1912년에 공포된 경찰법 처벌 규칙에서는 공공질서와 위생 등 일상생활과 밀접하게 관련된 87개 행위를 구류와 과료로 다스리도록 정하고 있다. 이것은 태형으로 환산하여 집행될 수 있었다. 그 밖에도 사설 묘지 제한, 도살장 이외에서의 가축 도살 금지, 담배 전매제 시행, 자가 소비용 술 제조 금지 등에 대한 법령이 공포되어 조선인의 일상생활은 총독부의 강력한 통제 아래로 들어가게 되었다.

청결 검사나 위생 사업을 빌미로 한 일상생활에 대한 간섭 역시 심해졌다. 조선인들도 청소의 효과나 종두 무료 접종 등을 긍정적으로 평가하기도 했으나, 헌병경찰의 방역 계몽활동이나 질병 검사를 위한 호구조사를 번거로워하고 불편해하는 경우가 훨씬 많았다. 집안의 청결 상태를 살펴보는 정기적인 청결 검사는 공포의 대상이었다. 만족스럽지 않을 경우 경찰이 집주인을 주재소로 데려가지도 않고 그 자리에서 두들겨 패곤 했기 때문이다. 당시 사람들은 조혼 금지나 도박 금지 같은 것도 고달픈 간섭으로 느껴졌다. 국가권력의 규제를 받지 않던 다양한 관습적 행위들이 '공권력'의 규제 대상이 되었기 때문이다. 그러한 규제와 통제의 과정에서 헌병경찰은 물론이고 헌병보조원조차 조선인을 함부로 구타하고 욕설을 퍼붓는 경우가 다반사였다.

헌병경찰은 민심을 염탐하는 일에도 적극적이었다. 그들은 변장을 하고 장터나 마을을 돌면서 여론을 살펴 상부에 보고했다. 주막에서 조선인들이 주고받는 대화를 통해 식민정책에 대한 여론이나 떠도는 소문을 수집하여 통치 자료로 활용했다. 그런 식으로 수집된 당시 조선인들의 불만 사항은 공동묘지를 강제하는 묘지 규칙, 빈농의 살 길을 막아버리는 화전 단속, 늘어난 세금 부과, 번잡한 신고서와 그에 따른 비용 가중, 일본인에 비해 관리 급여가 차이나는 것, 조선인에 대한 일본인의 모욕, 뽕나무밭 강제 조성 등이 대표적인 것이었다. 그러한 문제들은 일제가 구축하고자 했던 식민지 통치체제가 야기한 것으로, 겉으로는 조용해 보이는 민심의 내면에는 이런 고통과 불만들이 쌓여가고 있었다.

조선총독부는 형식적으로는 근대적인 법조문을 가지고 있었지만, 실제로는 경찰, 행정, 사법 체제 안에서 자의적인 법집행과 다양한 가혹 행위들을 자행하고 있었다. 민간인 마을을 쑥대밭으로 만들면서 벌인 의병 탄압이나 고문으로 조작된 105인 사건은 식민 권력의 본질을 보여주는 상징적 사건이었다. 조선총독부는 문명의 정치를 주장하고 선전했지만 통치의 대상인 조선인은 그렇게 생각하지 않았다.

원활하고 효과적으로 이루어지는 것처럼 보였던 1910년대 일본의 조선 통치는 최악의 실패라 기록될 만했다. 일본은 조선인을 일본인으로 만들려고 일본어를 사용하게 하고, 자신들의 풍습을 따르게 했으며 노예 민족으로서 식민 지배에 협조하도록 강요했다. 그러나 무표정한 한국인의 얼굴 이면에는 그들이 예상하지 못한 단호한 저항 의지가 깔려 있었다. 조선총독부는 조선인들을 동화하는 데 성공한 것이 아니라 오히려 조선인의 민족적 정체성을 자각하게 했다. 그것이 3·1운동으로 터져나온 것이다.

제1차 세계대전이 독일의 패전으로 끝난 후 미국 대통령 윌슨은 1918년 1월 파리강화회의에 제출한 14개조의 전후 처리 원칙에서 '민족자결'의 원칙을 제창했다. 이것은 세계의 피압박 민족의 독립 열기를 고조시키는 자극제로 작용했다. 이러한 정세 속에 1919년 1월 22일 고종황제가 갑자기 사망하고 일본인들에 의한 독살설이 유포되면서 민심이 극도로 동요했다. 당시 국내에서 유일하게 조직을 유지하고 있던 종교계가 독립선언서의 작성과 전달을 협의하고 주도했다. 천도교가 중심이 되어 기독교, 불교계와 접촉을 하여 교파별로 민족대표를 선정했으며, 독립선언서의 작성 책임은 천도교 측이 담당했다. 유림 측과도 접촉이 있었으나 그들은 천도교 등 종교계를 이단으로 보았기 때문에 참여하지 않았다.

1919년 3월 1일 오후 2시, 독립선언서에 서명한 33인 중 29명이 종로의 태화관에 모였다. 그들은 식당 주인을 시켜 조선총독부에 독립선언식을 거행한다고 통고한 다음, 간략하게 낭독식과 만세 삼창을 하고, 경찰이 오자 스스로 체포되어갔다. 한편, 탑골공원에 모여 민족대표를 기다리던 학생과 시민들은 스스로 독립선언서를 낭독하고 서울 거리로 나가 독립 만세를 외치며 태극기를 흔들었다. 같은 날 평양, 의주, 원산 등 다른 도시에서도 독립선언식과 만세시위가 있었으며, 이후 전국으로 만세시위운동이 확산되었다.

이후 약 3개월 동안 전국에 걸쳐 1,500회 이상의 만세운동이 일어났는데, 참가 연인원이 200만 명이 넘었다. 처음에는 평화로운 만세시위로 출발했지만 운동이 전국으로 확산되면서 각 지역 주민들은 강제 진압에 맞서 무단통치의 거점이었던 주재소와 면사무소를 집중 공격했다. 헌병경찰은 가장 가까운 곳에서 민중을 지배했으며, 말단 행정기구인 면사무소는 민중을 괴롭히는 각종 정책의 실질적인 집행자였기 때문이다. 시위대는 경찰서와 주재소를 습격하고 일본인 상점을 공격했으며 일본인을 폭행하기도 했다. 납세 거부와 일본 상품 불매, 일본인에 대한 상품 판매 거부와 고용 거부 움직임이 나타나기도 했다.

3·1운동의 전국적 확산은 다음과 같은 조건 때문에 가능할 수 있었다. 첫째, 천도교와 기독교 등 종교적 연결망을 통해 독립선언서와 만세운동의 소식이 지방으로 전파되었다. 둘째, 서울에서 만세시위를 경험하

고 고향으로 내려간 유학생들과 고종의 인산(因山, 국장)에 참여했다가 고향으로 돌아간 사람들을 통해 서울의 소식이 전해졌다. 셋째, 시위 소식을 접한 각 지방에서는 전통적 두레 방식으로 동원된 주민들이 시위에 참여했다. 넷째, 유기적으로 형성된 장시망을 통해 각 지방의 시위 소식이 빠르게 전파되었으며, 농민이 모여드는 장날을 기해 만세시위를 일으켰기 때문에 민중의 자연스러운 참여가 가능했다.

일제는 운동의 확산을 막기 위해 학교의 문을 닫고 장시를 폐쇄했다. 또한 비무장의 시위대를 향해 발포를 했으며, 시위대가 해산한 뒤에는 마을로 쳐들어가 주민들을 색출하고 체포했다. 공식적으로 확인된 피해 상황만 보더라도 사망자 7,509명, 부상자 1만 5,961명, 체포된 사람이 4만 6,948명이나 되었다. 시위로 소각당한 교회가 47개소, 학교가 2개교, 민가가 715채에 이르렀다.

3·1운동은 조선총독부를 무너뜨리고 새로운 국가를 건설하기 위한 조직적 변혁운동은 아니었다. 전국적 시위운동이었음에도 즉각적인 독립을 이루어내지는 못했다. 그러나 국내외적으로 독립의 당위성을 천명하고 독립을 향한 강렬한 열망을 표출했다. 그 영향으로 대한민국 임시정부가 수립되는 한편, 조선총독부에도 커다란 충격을 주었다. 식민 통치에 대한 자신감으로 충만해 있던 조선총독부는 큰 타격을 입었고, '문화정치'로 전환하는 계기가 되었다. 비록 독립을 이루어내지는 못했지만 조선인의 의식에도 많은 영향을 주었다. 전국 각지에서 모든 계층이 함께 참여한 만세운동의 과정에서 민족의식이 고양되었으며, 그것은 1920년대 이후 활발한 정치적·사회적 활동으로 나타났다.

53

::

일제는 왜 무단통치에서 문화통치로 지배정책을 바꾸었을까?

3·1운동을 기점으로 일제는 무단통치에서 문화통치로 지배정책을 바꾸었다. 문화통치란 무엇이며, 왜 실시되었으며, 어떤 변화를 가져왔을까?

Q

강점 초기 일제가 무단통치라는 폭력적인 통치 방식을 채택한 데에는 몇 가지 이유가 있었다. 먼저, 일제는 강점과 통치를 별개의 문제로 여겼다. 독자적인 역사와 문화를 바탕으로 살아온 조선인이 쉽게 복종할 리 없었기 때문이다. 더욱이 합병 시기에 통치 기반이 충분히 마련되지 않았고, 따라서 지방 행정 조직과 치안 조직을 담당할 관리가 매우 부족했다. 불안정한 지배체제에서 통치체제의 안정화를 마련하기 위해 일제가 선택할 수 있는 방법은 많지 않았다. 폭력을 전면에 내세워 조선인의 저항 의지를 싹부터 없애버리는 것, 바로 무단통치가 대안이었다.

두 번째 요안은 일본 육군의 정치적 이익 때문이었다. 강점을 주도한 육군 세력은 일본 내 다른 정치 세력이 조선 통치에 개입하는 것을 최대한 막으려 했다. 조선을 육군의 정치적 거점이자 자신들의 구상에 부합하는 대륙 침략 기지로 만들기 위해서였다. 일본은 이를 위해 조선 총독에 무관만 임명되도록 제도화하고, 통치체제 역시 군 중심으로 구축했다. 군이 중심이 되는 통치 방식, 곧 무단통치는 이런 지배체제의 필연적 결과였다.

마지막으로, 일본의 어려운 재정 상황도 중요한 이유였다. 러일전쟁 이후 심각한 재정 적자, 부채에 시달리던 일제는 '조선 통치 비용'을 마련할 예산을 확보하기 어려웠다. 이런 상황에서 군대를 내세운 무단통치는 적은 비용으로 효율을 극대화하는 '효과적인' 통치 방식이었다.

그러나 이러한 무단통치는 조선인의 더 큰 저항을 불러일으켰다. 무단통치의 폭력성은 조선 사회 전반에 식민 통치가 무엇을 의미하는지, 국가가 없다는 것이 무엇을 의미하는지 일깨웠다. 마침내 무단통치의 모순은 대대적인 저항운동으로 폭발했다. 3·1운동이었다. 이에 일제는 무단통치를 대체할 새로운 지배정책을 생각하지 않을 수 없었다.

새로운 지배정책은 크게 세 가지 방향에서 제기되었다. 무단통치 강화론, 자치론, 그리고 '내지연장주의'이다. 이미 파산한 무단통치 강화론을 제외하면 자치론과 내지연장주의 중 어느 쪽을 선택하느냐가 핵심 문제였다. 이때 자치론은 조선인을 직접 통치하지 않고 일정 수준의 자치(주로 내정에 제한된 입법 기능과 의회 설치)를 허용하는 방안이었다. 반면 '내지연장주의'는 조선에 일본을 기준으로 한 법체계를 시행하여 차별에 따른 반발을 무마하고, 장기적으로 점진적 동화를 추진하는 방안이었다. 결국 일제가 선택한 정책 방향은 '내지연장주의'였다.

'내지연장주의' 채택에는 몇 가지 요인이 작용했다. 먼저, 무단통치와 같은 강압 일변도의 방식으로는 효과적으로 통치하기가 어렵다는 판단이 있었다. 조선인의 반발을 무마하기 위해서는 유화책이 필요했다. 일제는 자국에 준하여 언론, 출판, 집회, 결사의 자유 같은 기본권을 일정하게 허용한다는 내지연장의 원칙을 표명한다면 조선인의 반발을 완화하는 데 효과가 있을 것이라고 생각했다. 두 번째는 내각 수뇌부의 정치적 계산도 한몫했다. 하라 다카시(原敬) 수상은 정당 내각을 강화하기 위해서는 육군의 정치적 영향력을 약화시켜야 한다고 보았다. 그는 본국을 기준으로 삼는 '내지연장주의'가 실시된다면 식민 통치에 대한 내각의 영향력이 강화되고, 반대로 육군의 정치적 기반은 약화될 것이라고 생각했다. 마지막으로, 식민 통치의 또 다른 대안인 자치제는 너무 위험하다는 판단 때문이다. 일제는, 통치의 근본 목표가 동화라고 할 때 독자적인 의회와 입법권을 제한적으로 허용하는 자치제가 실시되면 동화가 아닌 독립으로 연결될 가능성이 있다고 보았으며, 조선인이 자치기구의 주도권을 장악할 가능성이 크다고 판단한 것이다. 요컨대 일제 수뇌부는 동화라는 식민 통치의 목표를 견지하면서도 3·1운동으로 고양된 조선 사회의 강렬한 저항을 무마하고, 정당 내각의 정치적 영향력을 강화할 식민 통치책을 구상했던바, 그 해답을 '내지연장주의'에서 찾고자 했다.

문화정치는 바로 3·1운동 이후 부임한 3대 총독 사이토 마코토가 '내지연장주의'를 바탕으로 헌병경찰 폐지, 지방자문기관 설치, 언론·출판·집회·결사 등의 부분 허용을 주요 내용으로 하여 발표한 새로운 지배정책의 이름이었다. 일제는 새로운 식민 통치 방침을 무단통치에 대비되는 문명적 통치임을 과시하기 위해 '문화통치'라고 명명한 것이다.

그러나 문화통치는 이름만 바뀐 기만책이었다. 헌병경찰이 폐지되고 보통경찰제가 도입되었지만 경찰의 숫자는 오히려 그 이전보다 늘어났다. 언론은 검열, 집회는 경찰관의 임석, 결사에는 사전허가라는 제한 조건이 붙어 통제가 전제된 '자유' 아닌 '자유'가 주어졌다. 지방자문기관 역시 매우 기만적이었다. 일제는 지방자치제도를 시행하겠다고 부와 면에 협의회를 설치했지만 실제 선거는 일본인이 주로 거주하는 부와 지정면에서만 실시되었고, 대다수 조선인이 거주하는 곳의 협의회는 임명제로 운영되었다. 선거권 역시 25세 이상의 남자로서 1년 이상 동일 지역에 거주하고, 부세 또는 면의 부과금을 5원 이상 납부한 경우에만 제한적으로 주어졌다. 1920년 당시 부와 면의 선거권자는 일본인 7,650명, 조선인 6,436명이었다. 명목상의 정치 참여일 뿐 대부분의 조선인과는 무관했다. 그나마 조선인이 도평의원, 부면협의회원으로 선출된다고 해도 그들에게는 아무런 실권이 없었다.

문화정치의 통치 목적은 민족 분열과 친일 세력 육성이었다. 총독 사이토의 지시로 만들어진 《조선민족운동에 대한 대책》에는 다음과 같은 내용으로 가득 차 있다.

> 조선인 관리를 재조사, 검토해서 상벌을 분명히 하고 …… 일본에 절대 충성을 다하는 자로서 관리를 임용한다. 조선인 한 사람 한 사람을 분명히 가려내기 위해 몸과 마음을 다해 일할 핵심적 친일 인물을 귀족, 양반, 부호, 실업가, 교육가, 종교가 등에 침투시켜 얼마간의 편의와 원조를 주어 친일단체를 만들게 한다. 조선 문제 해결의 사활은 친일 인물을 많이 얻는 데 있으므로 친일 민간인에게 편의와 원조로 수재 교육의 이름 아래 친일 지식인을 긴 안목으로 키운다.

이처럼 3·1운동으로 결집된 조선 사회를 분열시키고, 사회 내부에 일제의 지배 논리와 지배정책을 선전할 세력을 구축하는 것이야말로 문화통치의 진정한 관심사였다.

54 :: 대한민국 임시정부는 무엇을 했나?

3·1운동 이후 수립된 대한민국 임시정부는 누가 만들었고, 또 어떠한 활동을 했을까? 임시정부가 왕조의 복원이 아니라 공화정을 선택한 까닭은 무엇일까? 그리고 독립운동에서 가지는 역할과 위상은 무엇일까?

Q

대한민국 임시정부는 1919년 4월 세워진 대한민국의 정부를 말한다. 또한 우리 민족사에서 근대 국민국가로 최초로 세워진 '대한민국'을 운영할 정부 조직이었다. 대한민국 임시정부는 3·1운동을 계기로 수립되었다. 3·1운동은 일제의 식민통치를 부정하고 독립을 달성하고자 '조선이 독립국'임을 전 세계에 선포한 우리 민족 최대 민족운동이었다. 이러한 독립에 대한 열망은 곧바로 대한민국이라는 근대 국민국가를 세우는 것으로 이어졌고, 이를 운영할 임시의정원(국회)과 임시정부(정부)가 수립된 것이다.

3·1운동이 절정에 이르던 1919년 3월과 4월 국내외에서 8, 9개의 임시정부 수립이 발표되었다. 먼저 러시아령 연해주에서는 1919년 3월 17일 전로한족회중앙총회가 대한국민의회로 개편, 임시정부를 수립했다. 상하이에서는 4월 10일과 11일 대한민국 임시의정원이 개최된 후

'대한민국 임시정부'가 수립되었고, 국내에서도 13도 대표가 4월 23일 인천 만국공원에 모여 국민대회를 개최한 후 '한성정부' 수립을 대내외에 발표했다. 이렇듯 연해주와 상하이, 한성정부만이 실제적인 조직과 기반을 갖추고 있었고, 나머지는 모두 전단만으로 발표된 정부였다.

거의 같은 시기 수립된 이 세 임시정부는 연해주의 대한국민의회와 상하이의 대한민국 임시의정원의 주도로 통합을 추진했다. 여러 차례 논의를 거쳐 1919년 9월 11일 한성정부의 법통을 인정하고 정부의 위치는 상하이에 둔다는 원칙에 합의한 후, 대통령에 이승만, 국무총리에 이동휘를 비롯해 국무위원들을 선출하고 '대한민국 임시정부'로 통합되었다.

대한민국 임시정부는 민주공화제 정부였다. '대한민국 임시헌장' 제1조에 "대한민국은 민주공화제"로 함을 천명하고 국민이 주인인 민주공화제 정부가 수립되었음을 선포했다. 또한 제3조에서는 만인이 평등하다는 것을 명시했다. 황제가 주인인 전제군주제나 입헌군주제를 부정하고 민주(民主)·민본(民本)·민권(民權)을 기본 이념으로 삼는 공화주의 정부를 수립했던 것이다.

1910년 한국강제병합 후 독립운동은 복벽주의와 공화주의라는 두 가지 흐름으로 전개되었다. 복벽주의란 구체제로의 복귀, 즉 전제군주제로의 지향을 말하는 것으로 군주가 주인인 대한제국으로의 복귀를 의미한다. 대체로 한말 의병운동 계열이 복벽주의 노선을, 계몽운동 계열이 공화주의 노선을 취했다. 그러나 강제병합 이후 주된 노선은 공화주의였다.

신민회에서 새로운 국민국가건설을 주장했던 것처럼 근대 국민국가를 건설하려는 노력은 강제병합 이전부터 싹이 트고 있었다. 강제병합 후 대부분의 민족운동가들은 독립될 국가의 이념으로 공화주의를 받아들였다. 이들은 '군주'사회가 아닌 '민주'사회, '민주공화제' 국가를 건설하고

자 했다. 민족운동가들이 공화주의 이념을 수용하는 데에는 국제정세도 작용했다. 1911년 중국의 신해혁명, 1917년 러시아혁명, 1918년 독일혁명이 일어났다. 대표적인 제정(帝政) 국가였던 청과 러시아, 독일의 붕괴는 전제군주정치가 막을 내리고 공화제 국가의 시대가 도래했다는 것으로 받아들여졌다. 이처럼 당시 국제적 분위기는 공화제 국가의 건설이 주된 흐름이었다.

민족운동가들 모두가 공화주의를 수용한 것은 아니었다. 봉건의식이 남아 있었기 때문에 복벽주의 성향을 지닌 민족운동가나 독립운동 단체들도 있었다. 이러한 두 노선이 3·1운동과 대한민국 임시정부 수립을 계기로 공화주의로 정착된 것이다. 임시정부 수립으로 한국 역사 최초의 민주정체를 갖춘 공화제 정부가 수립된 것이다.

대한민국 임시정부는 일제강점기 27년 동안 정부 조직을 유지하면서 독립운동을 주도했다. 국제정세의 변화에 따라 가능한 모든 방략을 동원했으며, 연통제와 교통국을 중심으로 다양한 활동을 벌였다. 특히 국내에 임시정부 조직망인 연통부를 설치해 연계를 맺어나갔고, 교통국을 통해서 독립자금 모집과 전달, 물자와 인원의 수송, 정보 수집과 보고를 수행했다.

임시정부는 군사 활동에 주력했다. 무관학교를 설립해 초급장교를 양성하기도 했으며, 서간도에 직할 독립군부대를 조직하기도 하고, 지속적으로 만주독립군을 통합하려는 계획도 추진했다. 1932년 1월에는 일본 도쿄에서 '천황'을 저격한 이봉창의 의거, 4월에는 상하이 훙커우공원(지금의 루쉰공원)에서 시라카와 요시노리(白川義則) 대장을 비롯한 일본군 수뇌부를 폭사시킨 윤봉길의 의거와 같은 의열투쟁을 거행했다. 또한 지속적으로 군사력을 기르는 데 역량을 집중해 1940년 9월에는 임시정부 국군으로 한국광복군을 창설했다. 한국광복군은 이후에 영국군과 함께 인도·버마(미얀마) 전선에서 대일항전을 펼쳤으며, 미국 첩보기구인 OSS(Office of Strategic Services)와 국내 진공작전을 추진하기도 했다.

임시정부는 외교활동에도 치중했다. 일제의 침략을 국제사회에 폭로하고 독립을 위해 세계 열강의 지원과 협조를 받기 위해서였다. 프랑스에 파리위원부, 미국에 구미위원부 등 외교전담 기구를 설치해 파리강화회의와 태평양회의 등 각종 국제회의가 개최될 때마다 대표를 파견해 독립을 보장받기 위한 외교활동을 펼쳤다. 이러한 활동은 중일전쟁과 태평양전쟁이 발발하면서 더욱 강화되었으며, 임시정부가 국제적 승인을 받는 데 집중되었다.

임시정부의 국제적 승인 문제는 전쟁이 끝난 후 연합국의 지위를 획득하는 것과 관련이 깊었다. 임시정부가 태평양 전쟁 발발 직후 대일선전포고를 하고 미국에 임시정부 승인과 광복군 지원을 요청한 것도 교전국의 지위를 인정받기 위한 것이었다. 1943년 카이로회의에서 한국의 독립문제가 논의되고 '적당한 시기에 한국을 독립토록 한다'는 선언이 발표된 것은 임시정부가 지속적으로 추진한 외교·군사 활동의 결과였다.

그러나 임시정부에 대해 긍정적인 평가만 있는 것은 아니다. 임시정부는 민족의 대표 기구로서 독립운동의 구심체 역할을 했으나 다른 독립운동 조직보다 그 영향력이 미약했던 시기도 있었으며, 조직 자체를 유지할 수 없을 정도의 침체기도 있었다. 독립운동 세력의 분화, 인적·물적 자원의 공급 부족, 중국 내정과 국제정세의 변화가 겹치면서 어려운 국면에 처했기 때문이다. 1930년대부터 상하이를 떠나 충칭에 정착할 때까지 여러 곳을 이동해야 했던 것도 큰 걸림돌이었다. 그러나 임시정부는 이러한 어려움 속에서도 정부 조직을 유지했고, 이념적 갈등을 극복하고 1945년 광복을 맞이할 때까지 독립운동 최고기구로 활동했다. 세계 식민지해방운동에서 27년간 정부 조직을 유지하며 독립운동을 전개한 것은 대한민국 임시정부가 유일하며, 한국 독립운동사에만 찾아지는 특수한 경우이다.

:: — 대한민국 임시헌장 선포문

신인일치(神人一致)로 중외 협응하여 한성에서 기의(起義)한 지 30유일(有日)에 평화적 독립을 3백여 개 주(州)에 광복하고 국민의 신임으로 완전히 다시 조직한 임시정부는 항구 완전한 자주독립의 복리로 아 조선 여민(黎民)에 세전(世傳)키 위하여 임시의정원의 결의로 임시헌장을 선포하노라.

제1조 대한민국은 민주 공화제로 함.
제2조 대한민국은 임시정부가 임시의정원의 결의에 의하여 이를 통치함.
제3조 대한민국의 인민은 남녀 귀천 및 빈부의 계급이 없고 일체 평등함.
제4조 대한민국의 인민은 종교, 언론, 저작, 출판, 결사, 집회, 통신, 주소 이전, 신체 및 소유의 자유를 향유함.
제5조 대한민국의 인민으로 공민 자격이 있는 자는 선거권 및 피선거권이 있음.
제6조 대한민국의 인민은 교육 납세 및 병역의 의무가 있음.
제7조 대한민국은 신의 의사에 의하여 건국한 정신을 세계에 발휘하고, 나아가 인류 문화 및 평화에 공헌하기 위하여 국제연맹에 가입함.
제8조 대한민국은 구(舊)황실을 우대함.
제9조 생명형(生命形), 신체형(身體刑) 및 공창제(公娼制)를 전폐함.
제10조 임시정부는 국토 회복 후 만 1년 내에 국회를 소집함.

55

일제에 맞선 가장 효과적인 독립운동은 무엇이었을까?

우리 민족이 전개한 독립운동에는 어떤 것이 있었을까? 그리고 각 독립단체의 활동은 어떻게 전개되었을까?

Q

우리 민족이 전개한 독립운동 노선은 크게 외교활동, 독립전쟁, 의열투쟁, 사회혁명론, 실력양성론 등으로 나누어 살펴볼 수 있다.

외교활동은 우리 민족 자체의 역량은 극히 미약하여 자주적으로 독립을 획득할 수 없으므로 제국주의 열강의 호의와 원조를 받아 독립하려는 방법이었다. 이승만 계열이 미국에 청원을 통해 일본을 압박하여 독립을 얻어내려 한 방책이나 파리강화회의에 대표를 파견한 대한민국 임시정부의 외교 노선 등이 이에 해당한다.

독립전쟁은 당장 무력을 동원해 독립전쟁을 일으키자는 것이 아니라 국외에 독립운동 기지를 설치하고 독립군을 양성한 후 적당한 시기에 일본과의 혈전을 통해 빼앗긴 국권을 되찾겠다는 방략이었다. 1910년대 독립군기지 건설과 이후 청산리 전투 등 만주와 연해주에서 일본군과 벌인 독립군 전투가 이에 해당한다. 흔히 무장투쟁이라고 하면 이를 말한다. 그러나 일본과의 압도적인 군사력 차이를 어떻게 극복할 것인가 하는 어려운 문제가 남아 있었다.

의열투쟁은 소수의 결의에 충만한 애국지사들을 통해 일본 침략자와 친일파를 암살하고 일본의 주요 시설을 파괴하여 일본의 식민 통치를 교란하는 방략이다. 암살과 파괴가 빈번한 사회는 국민들이 동요하고 국가 질서가 문란해져 국가권력이 무너지거나 독립운동의 기회를 마련할 수 있다는 생각이었다. 주로 아나키즘 노선을 걷거나 의열단 등 소규모 비밀결사 형태로 독립운동을 진행할 경우 의열투쟁을 전개했다.

사회혁명론은 사회주의 노선에 입각해 노동자계급이 이끄는 프롤레타리아혁명으로 제국주의를 끝장내고, 식민지 해방과 계급해방을 한꺼번에 달성한다는 방략이다. 1917년 러시아혁명으로 사회주의국가가 등장하자 제국주의 강대국들을 무너뜨릴 또 다른 방략으로 사회혁명론이 각광을 받으며 등장했다. 1920년대 이후 등장한 조선공산당 등 사회주의 운동이 이에 해당한다.

실력양성론은 우리 민족이 교육, 실업, 인격, 문화가 발전되지 못하여 일본의 통치를 받고 있으므로 교육과 산업을 발전시켜 민족의 실력을 양성하자는 노선이었다. 애국계몽운동이나 각종 사립학교를 설립한 교육구국운동, 문화운동 등이 여기에 속한다. 그러나 한민족의 실력이 양성될 때까지 적당한 때를 준비하자는 점진적이며 준비론적 방법의 한계 때문에 실력을 양성할 때까지 일본과 타협해야 한다는 경향이 나타나기도 했다.

그렇다면 과연 어떤 노선이 독립하는 데 더 효과적이었을까? 결론적으로 우리나라의 독립을 온전히 우리의 손으로 되찾기 전에 일본이 제2차 세계대전에서 패전함으로써 증명할 기회를 얻지 못했다. 다른 나라의 사례를 살펴보면 베트남처럼 무장투쟁을 통해 독립을 쟁취한 나라도 있고, 매우 드물긴 하지만 동티모르와 같이 외교활동이 독립하는 데 결정적 요인이 된 나라도 있다. 어느 하나만 옳다 그르다 할 수는 없다.

우리의 과거로 돌아가서 보면, 사회혁명론을 제외한 다른 노선들은 이미 대한제국기에 활용된 바 있었다. 대한제국의 위정자들은 식민지화의 위기를 모면하기 위해 외교활동을 펼쳤다. 일본을 견제하기 위해 다른 강대국들을 끌어들여 세력 균형을 맞추려 했고, 한반도 중립화안 등을 제출하며 외교활동에 힘썼지만 강대국들의 지지를 받지 못했다. 민중들은 의병을 일으켜 일제와 전쟁을 벌였으나 전투력에 밀려 실패했다. 뜻있는 애국지사들은 사립학교를 세우고 근대적 학문과 지식을 가르치는 한편 신민회 등 비밀결사를 조직해 독립을 도모했다. 안중근이 하얼빈에서 이토 히로부미를 암살한 것도 이때였다. 그러나 이 모든 노력은 일제의 압도적인 무력 앞에 허사로 돌아갔다.

일제가 우리나라를 침략한 사실은 비판받아 마땅한 일이다. 그러나 각계각층이 힘을 합치지 못하고 제각기 다른 노선에 따라 독립운동을 벌인 탓에 일제의 침략을 효과적으로 막지 못했던 사실에 대해서도 안타까움을 지울 수 없다. 일제강점기에 전개된 외교활동, 독립전쟁, 의열투쟁, 사회혁명론, 실력양성론 등의 독립 노선도 그러한 한계를 지니고 있었다. 이들 각 노선은 서로 융화하지 못한 채 제각각 경쟁적으로 전개되었다. 유일당 운동 등 독립 전선을 통합하려는 움직임이 없는 것은 아니었지만, 기대만큼의 성과를 거두지는 못했다.

:: —— 단재 신채호의 〈조선혁명선언〉

〈조선혁명선언〉은 일명 〈의열단 선언〉이라고 하는데, 단재 신채호가 1923년 1월에 작성했다고 한다. 그중 일부를 소개하면 다음과 같다.

강도 일본이 우리의 국호를 없이 하며, 우리의 정권을 빼앗으며, 우리 생존의 필요조건을 다 박탈하였다. …… 내정독립이나 참정권이나 자치를 운동하는 자 누구이냐? 너희들이 '동양 평화' '한국독립보전' 등을 담보한 맹약이 먹도 마르지 아니하여 삼천리강토를 집어먹던 역사를 잊었느냐? …… 일본 강도 정치하에서 문화운동을 부르는 자 누구이냐? 문화는 산업과 문물의 발달한 총적을 가리키는 명사니 경제 약탈의 제도하에서 생존권이 박탈된 민족은 그 종족의 보전도 의문이거든, 하물며 문화 발전의 가망이 있으랴? ……

강도 일본의 구축(驅逐)을 주장하는 가운데 또 다음과 같은 논자들이 있으니, 첫째는 외교론이니, …… 국가 존망, 민족 사활의 대문제를 외국인 심지어 적국인의 처분으로 결정하기만 기다리었도다. …… 둘째는 준비론이니, 을사조약 당시에 여러 나라 공관에 빗발 돋듯 하던 종이쪽지로 넘어가는 국권을 붙잡지 못하며, 정미년의 헤이그 밀사도 독립 회복의 복음을 안고 오지 못하매, 이에 차차 외교에 대하여 의문이 되고 전쟁 아니면 안 되겠다는 판단이 생기었다. …… 이상의 이유에 의하여 우리는 '외교', '준비' 등의 미몽을 버리고 민중 직접 혁명의 수단을 취함을 선언하노라.

조선 민족의 생존을 유지하자면 강도 일본을 구축할지며, 강도 일본을 구축하자면 오직 혁명으로써 할 뿐이니, 혁명이 아니고는 강도 일본을 구축할 방법이 없는 바이다. …… 우리가 일본 세력을 파괴하려는 것이, 첫째는 이족 통치를 파괴하자 함이다. …… 민중은 우리 혁명의 대본영이다. 폭력은 우리 혁명의 유일 무기이다. 우리는 민중 속에 가서 민중과 손을 잡고 끊임없는 폭력-암살, 파괴, 폭동으로써 강도 일본의 통치를 타도하고, 우리 생활에 불합리한 일체 제도를 개조하여 인류로써 인류를 압박치 못하며, 사회로써 사회를 박탈치 못하는 이상적 조선을 건설할지니라.

56

우리 독립군끼리도 총을 겨누고 싸웠다는 게 사실일까?

1921년 독립군끼리 싸운 자유시사변 사건이 일어났다. 어떻게 그런 일이 일어난 것일까?

Q

모스크바와 블라디보스토크를 잇는 시베리아 횡단철도는 세계에서 가장 긴 철도 노선이다. 이 철도 연변에는 '자유'라는 이름을 가진 조그마한 도시가 있다. 1917년 러시아혁명 이전 알렉세예프스크로 불리던 이 도시는 혁명 이후 자유라는 뜻의 스바보드니로 개칭되었고, 당시 한인들은 이 도시를 자유시라고 불렀다.

1921년 6월 28일 한 방의 총성이 자유시의 새벽을 열었다. 이 총성을 신호로 자유시에 주둔하고 있던 대한의용군에 대한 무장해제가 시작되었다. 무장해제에 투입된 부대는 소비에트 적군인 자유시수비대 제29연대와 고려혁명군이었다. 무장해제 결과 수십 명의 한인 독립군들이 사망하고 수많은 병사가 행방불명되었다. 살아남은 대한의용군 병사들은 반일투쟁전선의 동지 관계에서 순식간에 포로로 전락하고 말았다. 무슨 일이 일어난 것일까?

1910년 일제가 한반도를 무력으로 강점하자 국내에서 독립투쟁은 힘들어졌다. 많은 독립운동가들은 조국을 등지고 해외로 망명하여 투쟁을 계속하고자 했다. 각지에서 고립 분산적으로 전개되던 독립투쟁은 3·1운동을 계기로 새로운 국면을 맞이했다. 국외에서 독립운동을 지도할 최고 지도기관 건설운동이 전개된 결과 상하이에 대한민국 임시정부가 수립되었다. 그뿐만 아니라 만주에서는 일제와 군사 대결을 통해 독립을 쟁취하고자 하는 독립전쟁론을 기반으로 무장투쟁이 더욱 활발히 전개되기 시작했다.

간도와 러시아령 연해주에는 3·1운동 이전부터 이미 독립군이 일본군과 직접 교전을 벌이고 있었다. 3·1운동 이후 대한민국 임시정부의 국무총리로 취임한 이동휘는 이들 독립군을 임시정부 산하 부대로 재편하고자 했다. 대한제국 군대의 장교 출신으로 신민회에 가입하여 민족운동을 전개하다 일제가 한반도를 강점한 직후 망명한 이동휘는 1917년 러시아에서 볼셰비키혁명이 일어나 사회주의 정부가 수립되자 그 후원 아래 독립운동을 전개하고자 이듬해 하바롭스크에서 최초의 한인 사회주의 정당인 한인사회당을 조직한 인물이었다.

이동휘는 당시 간도와 연해주의 한인들 사이에서 명망이 매우 높았다. 이 때문에 대한민국 임시정부의 국무총리로 선임되었고, 여기에 취임하면서 활동 근거지를 상하이로 옮기게 되었다. 이동휘가 상하이로 활동지를 옮기자 한인사회당도 상하이로 그 근거지를 옮기고 이후 당명을 고려공산당으로 바꾸었다.

한편 그 무렵 러시아 이르쿠츠크에서는 김철훈, 최고려 등이 이동휘의 고려공산당과 같은 이름의 사회주의 정당을 조직했다. 이르쿠츠크에 설립되어 있던 이 조직과 상하이의 고려공산당을 서로 구분하기 위해 전자를 흔히 '이르쿠츠크파 고려공산당'이라고 부르고, 후자를 '상해파 고려공산당'이라고 한다. 상해파와 이르쿠츠크파는 서로 반목하여 좀처럼 연합하지 못했다. 당시 간도와 연해주의 무장독립단체들은 대개 상해파 고려공산당과 긴밀한 협조 관계를 맺고 있었기 때문에 이르쿠츠크파의 영향력은 제한적이었다.

그 무렵 이동휘는 측근 인물인 한형권을 임시정부 전권대사로 모스크바로 파견하여 신생 소비에트정부로부터 독립운동을 후원하겠다는 약속을 받아낸 다음, 간도에서 일본군의 공격을 받아 퇴각하던 독립군 부대들을 한곳으로 모아 조직적인 부대를 창설하고자 했다. 무장독립부대들이 모여든 장소는 시베리아의 작은 도시, 자유시였다.

간도와 연해주의 무장부대들은 자유시에서 대한의용군(일명 특립사할린빨치산부대)을 결성했다. 이 무렵 자유시에는 이미 자유대대라고 하는 한인 무장부대가 있었다. 극동공화국 제2군단의 특립대대로 편입되어 있던 자유대대는 한인 무장부대들을 제2군단과 연결해주는 역할을 했다. 그런데 통합의 주도권을 두고 자유대대와 대한의용군 사이에 대립이 생겨났다. 이 대립은 상해파 고려공산당과 이르쿠츠크파 고려공산당의 대립으로 비화되었는데, 두 파는 각자의 입지를 강화하고자 한인의 무장단체를 자파 산하로 끌어들이기 위해 노력했다.

여기에 통합운동의 운명을 좌우할 또 다른 변수가 있었다. 그것은 바로 통합운동을 지원할 극동공화국과 코민테른(제3 국제공산당)이었다. 애초에 통합운동은 극동공화국의 지원 아래 이루어졌다. 그런데 1921년 1월 동북아시아 지역의 모든 공산주의사업과 일반적인 혁명사업을 조정하는 기관으로 코민테른 극동비서부가 조직되었다. 자연히 통합운동에 대한 결정권도 코민테른 극동비서부로 이관되었다. 문제는 코민테른 극동비서부의 책임자인 슈먀츠키라는 사람이 이르쿠츠크그룹과 긴밀한 관계를 맺은 인물이라는 데 있다.

슈먀츠키는 시베리아에서 한인 무장부대 통합 준비기관으로 임시고려혁명군정의회를 조직했다. 군정의회는 갈란다라시빌리라는 러시아인을 사령관으로 하고 이르쿠츠크그룹의 성원들이 주축이 된 자유대대의 지도자들을 중심으로 조직되었다.

군정의회는 기존의 대한의용군과 마찰을 빚으며 점차 통합운동에서 주도권을 잡아나갔다. 따라서 간도에서 온 무장부대들은 군정의회를 중심으로 한 통합으로 방향을 돌렸다. 홍범도부대 등 간도에서 온 대부분의 무장부대들이 대한의용군을 떠나 군정의회 측으로 합류했다. 이로 말미암아 군정의회는 통합에서 주도권을 쥘 수 있었다.

통합운동에서 확실한 주도권을 잡은 군정의회는 1921년 6월 19일 무장부대 통합을 위해 모든 한인 무장부대의 군간부 전체회의를 소집했다. 300여 명이 참여한 이 회의에서 고려혁명군정의회를 중심으로 무장부대를 통합한다는 결정안이 채택되었다. 그리고 그간 통합을 방해해왔던 대한의용군에 대한 사면을 약속했다. 이 결정에 따라 무장부대는 이제 하나로 통합되기만 하면 되는 것처럼 보였다. 그러나 고려혁명군정의회를 중심으로 한 무장부대 통합운동은 자유대대 지도자들에 대한 전력 시비와 고려혁명군으로의 재편 문제에 대한 대한의용군의 반발로 난관에 부딪혔다.

무장부대의 통합이 난항을 겪게 되자 갈란다라시빌리는 권고와 타협을 시도했다. 그러나 그 역시 실효를 거두지 못했다. 결국 그는 대한의용군의 무장해제를 결정했다. 그리하여 1921년 6월 28일 고려혁명군정의회의 요청에 따라 자유시수비대 29연대는 수라세프카에 주둔하고 있던 대한의용군의 무장해제를 단행하게 된다.

무장해제를 계기로 서로 전투를 벌인 끝에 발생한 사망자 수를 가해자 측인 군정의회에서는 36명이라고 발표했다. 그러나 이 사망자 수는 현장에서 확인된 시신의 숫자일 뿐이다. 수라세프카 주위로는 제야강이 흐르고 있는데, 수많은 병사가 무장해제를 피해 도망하던 중 제야강에 빠져 익사했고 그 시신을 찾지 못했다. 이를 근거로 피해자 측에서는 600여 명이 사망했다고 주장한다. 그런데 자유시를 탈출했던 많은 병사가 간도와 연해주로 돌아와 다시 반일투쟁에 가담하거나 때로는 생업에 종사하기도 한 것으로 보아 도망자 모두를 사망자로 간주할 수는 없을 것이다. 그렇지만 1,400여 명의 병사들 중 수십 명에서 수백 명이 억울한 죽음을 당했다는 사실은 실로 엄청난 비극이 아닐 수 없다.

결국 1920년대 초반 간도와 연해주의 무장부대를 통합하여 민족해방운동을 전개하려던 시도는 실패로 돌아가고 말았다. 이처럼 무장부대들 사이에 통합의 방식을 둘러싼 견해 차이, 통합으로 만들어질 군대의 성격에 대한 인식 차이, 소련 및 코민테른 당국자들의 일관되지 못한 정책 등이 무장부대 상호 간의 불신과 결합하여 결국 자유시사변이라는 폭력적인 해결 방식으로 나타났다. 그리고 이는 이후 민족해방운동 전선에서 극복해야 할 과제로 남게 되었다.

57

일제강점기 사회주의운동이 활발했던 까닭은 무엇일까?

국내에서 일본에 저항한 독립운동가 중에는 사회주의자가 많다고 하는데, 대표적인 사람은 누구이고, 이들은 어떠한 운동을 전개했을까?

Q

1920년대 이후 식민지 조선에는 사회주의 이론으로 무장한 사회주의 활동가들이 등장해 다양한 활동을 전개했다. 당시의 사회주의운동은 1918년에 러시아 하바롭스크에서 만들어진 한인사회당에서 비롯한다. 한반도가 일본에 강점당한 후 해외로 망명한 이동휘 등 독립운동가들이 러시아 사회주의혁명의 영향을 받아 조직한 한인사회당은 조선 독립의 가능성을 사회주의운동에서 찾으려고 한 최초의 시도였다. 이후 이들은 상하이의 대한민국 임시정부에 참여하고 해외의 무장투쟁을 조직하고 지원함으로써 민족해방투쟁의 일선에 나섰다. 이들의 활동은 1920년대 초 해외에서 조직된 두 개의 고려공산당 창립으로 이어졌다.

한편, 국내에서는 3·1운동의 영향 아래 새롭게 성장한 젊은 지식인들을 중심으로 사회주의운동이 광범위하게 전개되었다. 이들은 서울청년회, 화요회, 북풍회, 조선노동당과 같은 사상단체를 조직해 사회주의를 학습·선전하고, 이를 매개로 대중운동을 펼쳐나갔다. 또한 합법단체인 사상단체 안에 비합법 정치조직으로 고려공산동맹, 꼬르뷰로 내지부, 까엔당, 스파르타쿠스당 등 비밀사회주의결사를 조직해 국내에 조선공산당의 조직도 준비했다. 그 결과 1925년 4월 조선공산당이 창당되었다. 화요회 성원인 김재봉·김찬·박헌영·조봉암 등의 꼬르뷰로 내지부가 중심이 돼 조직한 조선공산당은 일제의 완전한 타도와 독립 쟁취, 8시간 노동제 쟁취, 노동자 임금 인상, 사회보험제도 실시 등을 내용으로 하는 강령을 내세웠다. 이무렵 이광수 같은 이들은 이른바 '자치운동론'을 제기했는데, 조선공산당은 이에 강력히 반발하고 일제를 완전히 타도해 독립을 쟁취하자고 주창했다.

조선공산당은 창당 이후 네 차례에 걸쳐 대규모 검거를 당한다. 1925년 일본에 이어 조선에서도 시행된 치안유지법이 사회주의운동을 탄압하는 무기가 되었다. 먼저, 조선공산당이 조직된 바로 그해 11월, 소위 '신의주사건'으로 인해 일제 경찰에 발각되어 대규모 검거를 당했다. 그러나 체포를 면한 사회주의자들은 곧바로 강달영 등을 중심으로 후계당을 조직해 활동을 이어나갔다. 이들은 1926년 순종의 죽음을 계기로 6·10만세운동을 계획하는 등 적극적으로 독립운동을 전개했으나 일제의 탄압으로 또다시 대규모 검거 사태를 맞았다. 그 이후에도 조선공산당은 곧바로 후계당을 조직해 사회주의운동을 이어나갔으나 치안유지법을 앞세운 일제 경찰의 집요한 탄압으로 인해 1928년에 최종적으로 해산되었다.

조선공산당은 노동운동과 농민운동을 지도하는 한편 자치운동론자들에 맞서 1927년 통합운동단체인 신간회 조직을 주도하는 등 민족운동에 적극 뛰어들었다. 혹자는 사회주의자들이 신간회에 참여하고서는 하루아침에 입장을 바꾸어 이를 해소해버렸다고 말하기도 하지만 해소 주장이 등장할 무렵 신간회에는 자치운동론자들이 다수 들어와 활동하고 있었기 때문에 사회주의 세력이 신간회 해소를 주장한 것은 어찌 보면 당연한 일이었다.

당시 민족주의 세력은 산업과 교육이 발전하기만 하면 독립이 될 것이라는 막연한 희망 아래 '실력양성운동'을 전개하고 있었다. 그러나 '실력양성'이란 목표는 일제 수탈로 헐벗고 가난한 대중에게는 그다지 설득력이 없었다. 게다가 '실력양성'이라는 목표를 설정하고 활동하던 민족주의자 중에는 일제에 협력해 우리의 산업을 일으켜보자는 주장을 하는 사람도 있었다. 사회주의 세력은 '실력양성운동'이 제국주의자들의 가혹한 지배를 받아들이는 것이라고 판단해 강력히 비판했으며, 1930년대에 접어들어서는 농민조합과 노동조합을 결성하고 이를 중심으로 반제국주의 투쟁을 전개하는 '혁명적 농민·노동조합운동'에 매진했다. 이후 사회주의운동은 '혁명적 농민·노동조합운동'을 기반으로 1928년 해산된 조선공산당을 재건하려는 '당재건운동'으로 전개되었다.

1930년대 이후 전개된 혁명적 노동조합운동과 당재건운동의 지도자로 유명한 사회주의자가 바로 이재유다. 을사조약이 체결되던 1905년 함경남도 삼수군에서 화전농의 아들로 태어난 이재유는 갖은 고생을 해가며 학업을 이어가다 동맹휴학을 주도하여 결국 퇴학당하고 일본으로 건너간다. 신문배달부로 일하면서 도쿄제국대학 학생들이 설립한 야학을 다니다 그곳에서 사회주의사상을 습득하게 되었으며, 이후 조선공산당 일본총국에 가입해 활동하다 1928년 8월 네 번째 조선공산당 대규모 검거 때 경찰에 붙잡혀 서울로 압송되어 징역 3년 6개월형을 선고받고 투옥되었다.

1932년 12월 출소한 이재유는 곧바로 혁명적 노동조합운동에 뛰어들었다. 그는 감옥에서 만나 평생을 함께하기로 한 동지들과 노동운동을 시작하기로 하고 '트로이카'라는 새로운 운동방식을 제시했다. 이는 유력한 지도부가 먼저 당을 조직하는 것이 아니라 마치 세 마리의 말이 자유롭게 마차를 끄는 것과 같이 회원 전부가 각각 자유롭게 선전과 투쟁을 전개하는 방식이었다. 이 운동 방식에 따라 이재유는 1933년 5월 조선공산당 재건을 위한 경성트로이카를 결성한 후 영등포와 용산 일대 공장에서 노동조합을 결성하고 파업을 지도했다.

이재유의 이름이 특히 유명해진 것은 두 차례에 걸친 탈출 사건 때문이었다. 1934년 1월 경찰에 체포된 이재유는 일제의 고문을 버티다가 간수가 잠든 틈을 타서 탈출을 감행했다. 그러나 오랜 고문 탓에 체력이 바닥나 곧 정신을 잃었고 결국 다시 검거되어 유치장에 갇히고 말았다. 당시 일제 경찰은 이재유가 탈출하지 못하도록 수갑과 족쇄를 채웠는데 놀랍게도 이재유는 그 수갑과 족쇄를 풀고 두 번째 탈출에 성공을 했다. 혹자는 그가 종이로 수갑과 족쇄의 열쇠를 만들어 탈출했다고도 하고, 또 다른 사람들은 모리다라는 일본인 순사를 설득해 탈출했다고도 한다.

방식이야 어찌됐든 이재유의 탈출은 일제 경찰을 당황하게 한 사건으로 한동안 세간의 화젯거리가 되었다. 탈출에 성공한 이재유는 경찰의 수배를 피해 이관술과 함께 양주군 공덕리에 농민으로 위장하여 은거하면서 1936년 12월 체포될 때까지 계속해서 사회주의운동을 전개했다. 징역 6년형을 선고받은 이재유는 옥고 기간이 끝났음에도 풀려나지 못하고 일제의 감옥에 갇혀 있다 해방을 열 달가량 앞둔 1944년 10월 옥사했다.

이재유 외에도 수많은 조선인 청년들이 독립의 꿈을 안고 국내 혹은 해외에서 사회주의운동에 뛰어들었다. 그 가운데 미국 작가 님 웨일즈(Nym Wales)의 《아리랑(Song of Arirang)》이라는 책을 통해 잘 알려진 김산이 있다. 본명이 장지락인 김산은 평안북도 용천 출생으로 16세 때인 1921년에 일본을 거쳐 중국으로 건너가 독립운동에 투신하였다. 그는 독립운동의 일환으로 사회주의운동에 뛰어들기로 결심하고 1925년경 중국공산당에 입당해 중국대혁명에 참가했다. 1927년 광동꼬뮌에 참가하기도 했던 김산은 이후 상하이와 베이징 등지에서 민족해방운동을 전개하다가 경찰에 잡혀 옥고를 치르기도 했다. 수감생활 당시 김산이 고문의 고통을 참기 위해 감방 벽에 민요 〈아리랑〉의 가사를 적으며 죽을 고비를 넘겼다는 일화는 지금도 유명하다.

그는 1936년 7월에 상하이에서 조선민족해방동맹을 창설하고 항일운동을 전개하다가 1938년 중국공산당으로부터 간첩 혐의를 뒤집어 쓴 채 사형당했다. 김산은 비록 중국공산당 소속이었지만 중국 사회주의운동의 성공과 조국의 독립을 동일시했던 사회주의자이자 독립운동가였다.

일제시기 사회주의자들은 대부분 김산처럼 독립운동의 과정에서 독립을 위한 방법의 하나로 사회주의를 받아들였다. 그들에게 사회주의와 민족의 독립은 별개가 아니었다. 사회주의는 민족해방을 위한 도구이자 독립을 쟁취한 후 궁극적으로 도달해야 할 이상향이었다. 1930년대 후반 민족주의 세력의 지도자 상당수가 일제의 강압에 못 이겨 친일의 길에 접어들었던 반면 사회주의자들은 국내와 해외에서 끝까지 항일운동을 전개했다. 1933년 2월 27일자 《동아일보》에 실린 〈사상관계의 재감자 2,200명 돌파〉라는 기사에 따르면, 당시 감옥에 수감된 독립운동가 가운데 사회주의자가는 1,723명, 민족주의자는 461명에 그쳤다. 이는 민족해방운동의 전선에서 사회주의자들이 민족주의 세력보다 더 활발한 활동을 펼쳤음을 명백히 보여준다.

58

독립운동을 하다 체포되면 어떻게 되었을까?

일제는 조선의 독립운동을 어떤 식으로 탄압했을까? 그리고 체포되면 어떤 처벌을 받았을까?

Q

독립운동은 국내를 비롯해 만주와 중국 관내, 러시아, 미주, 일본 등 전 세계를 무대로 다양한 형태로 펼쳐졌다. 그러나 일제의 가혹한 탄압으로 무수한 희생을 치러야 했던 험난한 가시밭길의 연속이었다. 일제는 '사상단속과 법치주의'라는 명목 아래 '보안법', '조선태형령', '제령 제7호', '치안유지법' 등을 만들어 독립운동을 탄압했다. 특히 '제령 제7호'인 '정치에 관한 범죄처벌의 건'은 해외에서 활동하던 독립운동가들도 '제국의 안녕질서를 방해하는 자'라는 명목으로 탄압한 법령이었다. 독립운동가들은 대부분 이러한 '악법'을 위반했다는 죄목으로 재판을 받았으며, 소위 '내란죄'라는 명목으로 유죄판결을 받았다.

재판도 공정하지 않았다. 독립운동가들은 조사를 받는 과정에 잔혹한 고문과 악형에 시달려야 했지만 재판 과정에서 이러한 고문에 대한 문제 제기는 받아들여지지 않았다. 1910년대 국내 독립운동 단체인 광복회에서 활동했던 채기중의 경우 "연일 악형을 멈추지 않았고, 몇 번이나 죽을 고비에 이르렀다"며 조사 과정에서 불법이 자행되었음을 판사에게 호소했으나 묵살된 바 있다. 이렇듯 일제는 고문을 자행하는 것 외에도 정식 재판을 받기 전에 예심제도를 두어 독립운동가를 마음대로 가둔 후 6개월 내지 2, 3년 동안 예심이라는 약식재판을 받도록 했다. 이 때문에 투옥된 독립운동가들은 무죄가 입증되더라도 예심 기간이 길어 억울한 옥살이를 해야 했다.

일제는 독립운동가들에 대한 학살도 서슴지 않았다. 독립운동 중 붙잡힌 독립운동가들은 국제법 및 인도주의적 차원에서 대우를 받아야 했으나 현장에서 처형되는 경우가 많았다. 러시아 지역에서 이름을 떨친 독립운동가 최재형도 일본 헌병에 체포된 후 학살당해 어디에 묻혔는지조차 알 수 없다. 이처럼 독립운동 중 일제 헌병이나 경찰에 체포되어 재판을 받지 못하고 죽음을 맞은 독립운동가는 그 수를 헤아릴 수조차 없이 많다.

일제는 민간인들도 무수히 학살했다. 1894년 농민전쟁부터 시작된 일제의 민간인 학살은 광복이 될 때까지 이어졌다. 한인들은 의병부대나 독립군 마을에 거주했다는 이유만으로 가옥이 불태워지고 처형되기도 했다. 3·1운동 당시 제암리 교회 학살은 잘 알려진 경우다. 1920년 4월 러시아 연해주 지역에서 자행된 4월참변과 한인 학살, 청산리 전투 이후 1920년 10월부터 8개월에 걸쳐 북간도와 서간도 일대에서 일본군 2만여 명이 민간인을 학살한 경신참변, 1923년 간토대지진 당시 일본에서 자행된 한인 대학살 등 일제에 의해 죽음을 맞은 민간인 한인의 수는 그 수를 헤아린다는 것이 불가능할 정도이다. 일본 군경이 자행한 민간인 학살은 비인도적 범죄이나 일제는 전혀 문제 삼지 않았고, 현재도 그러하다.

59

:: 적극적으로 독립운동을 하지 않은 사람은 모두 친일파였을까?

일제강점기 독립운동에 적극 나서지 않은 사람은 모두 친일파였을까? 당시 친일파는 어떤 사람들을 일컬었을까? 또 이들은 어떤 친일 활동을 했을까?

Q

일본의 지배를 벗어나려는 조선인의 민족운동은 국내외의 광범위한 지역에서 다양한 형태로 전개되었다. 지역에 따라 민족운동을 벌일 수 있는 조건이 천양지차였으므로 투쟁 방법도 다를 수밖에 없었다. 그럼에도 민족운동가들에게는 일본에 저항하는 방법이 적극적이든 소극적이든, 공개적인 것이든 비밀스러운 것이든 일본의 운명과 미래를 자신의 미래와 같이하지 않겠다는 의지가 담겨 있다는 공통점이 있었다.

그러나 친일파는 달랐다. 지위와 빈부, 지식 정도를 막론하고, 자신과 일족의 운명과 미래를 일본의 미래와 같이하려 했다. 다시 말해 일본이 흥하면 자신과 일족도 흥하고, 일본이 망하면 자신과 일족도 망하는 운명을 선택한 '민족 반역자'였다.

물론 어쩔 수 없이 일본의 강요에 못 이겨서, 또는 생활이 어려워서 친일을 한 사람도 있을 것이다. 그러나 정말 어쩔 수 없이 친일 행위를 한 친일파라면 친일파 간의 경쟁구도에서 뒤처질 수밖에 없었다. 따라서 친일 행위의 경쟁구도에서 살아남았거나 조금이라도 혜택을 보았다면 불가피한 행위였다고 변명할 수는 없을 것이다. 처음에는 어쩔 수 없이 친일 행위를 했을 수도 있지만, 결국에는 개인의 안일과 출세, 영달을 위해 반민족 행위를 하는 경우가 거의 대부분이었다. 해방 후 이런 부류의 사람들이 자신 때문에 피해를 본 사람과 지역사회를 위해 속죄하는 차원에서 무엇인가를 기여한 경우는 없었다.

일본의 침략정책에 동조하며 개인적 영달을 꾀하거나 정치 세력을 확대하려는 친일파의 등장은 러일전쟁에서 일본이 승리하면서부터였다. 친일파들은 1905년의 을사조약이 일본의 보호 아래 한국의 독립을 유지하고 동양의 평화를 보전하는 길이라고 보았다. 그들은 의병을 폭도라고 규정했고, 일본군이 의병을 무력으로 진압하는 데도 적극 협조했다. 그래서 각국이 주권을 유지하며 동양 평화를 달성할 수 있다고 보는 안중근의 실천적 행위와 친일파의 선택은 확연히 달랐던 것이다.

친일파는 대한제국이 독립할 능력이 없기 때문에 교육과 국민의 산업을 발전시키고 왕실의 안녕을 보전하기 위해서는 일본과 '합방'해야 한다고 보았다. 이는 1909년 안중근이 이토 히로부미를 저격한 이후부터 일진회와 이완용 등이 합방 여론을 조성하는 활동을 벌인 이유이기도 했다. 친일파는, 독립이 곧 민족 보전의 전제요 부강의 기초라고 생각한 사람들을 이해할 수 없었을 것이다. 마찬가지로 저항의 주체로 민족을 발견한 신채호, 해외에 독립운동 기지를 세우기 위해 전 재산을 처분한 이회영의 형제들 또한 독립불능론을 내세우며 '합방'을 주장하는 친일파를 이해하거나 용서할 수 없었을 것이다.

3·1운동이 전국에서 일어나자 윤치호는 우리가 민족적으로 자결할

이유가 없으며, 약자는 강자에게 항상 순종해야 하는데 이를 거역하면 약자 자신을 괴롭히게 된다면서 많은 사람이 동참한 만세운동에 참가하자는 제안을 거부했다. 친일파는 독립이 불가능하니 일본의 지배 아래 조선인의 실력과 민권을 향상하여 일본제국의 신민으로 정정당당히 살아가야 한다고 주장했다. 특히 참정권을 획득해 일본의 연장으로서 문명화된 조선을 달성할 수 있으며, 조선인과 일본인이 같은 뿌리를 가진 일시동인(一視同仁)에 다다를 수 있다고 보았다. 1919년 대한민국 임시정부가 임시헌장에서 친일파를 일본의 '주구'로 규정한 것도 이 때문이었다. 임시정부는 만인이 평등한 문명화를 달성하기 위해 일본과 친일파를 한반도에서 몰아내야 한다는 입장이었다.

일본은 1931년과 1937년에 만주와 중국 본토를 연이어 침략했다. 1941년에는 말레이시아와 하와이를 기습 공격하여 아시아·태평양전쟁을 일으켰다. 일본 제국주의의 확전은 조선인의 절대적 협조를 전제한 선택이었다. 그래서 일본은 식민지 조선을 전시동원체제로 탈바꿈시키면서 조선인의 자발성을 끌어내 전시동원의 효과를 극대화하려 했다. 1938년부터 황국신민화 정책이 추진된 이유가 여기에 있다.

일본 천황의 백성되기를 강요한 황국신민화 정책은 조선인과 일본인이 하나라는 내선일체를 전면에 내세웠다. 친일파는 징병과 징용을 합리화하는 선전에 앞장서면서, 몸을 바쳐 황국신민이 되어야만 조선인과 일본인의 수준 차이를 극복하고 차별에서 벗어날 수 있다고 떠들고 다녔다. 그들은 일본인처럼 조선인의 권리에 대해서는 아무런 언급도 하지 않은 채 오로지 천황에 대한 충성과 헌신만이 내선일체에 이르는 유일한 길이라고 주장했다. 황국신민화란 식민지 조선인에게는 민족 말살을 의미하므로, 결국 친일파는 민족 말살의 선봉장 역할을 한 사람들을 일컫는다.

60 ::

독립선언서에 서명한 민족지도자 중 일부가 친일파가 된 까닭은?

3·1운동 당시 독립선언서에 서명한 33인의 민족지도자 가운데 나중에 친일파가 된 사람이 많다고 하는데, 그들은 왜 친일파가 되었을까?

Q

민족대표 33인은 각계 대표 인물 33인을 의미한다. 33인은 다음과 같다. 손병희, 권동진, 오세창, 임예환, 나인협, 홍기조, 박준승, 양한묵, 권병덕, 김완규, 나용환, 이종훈, 홍병기, 이종일, 최린, 이승훈, 박희도, 이갑성, 오화영, 최성모, 이필주, 김창준, 신석구, 박동완, 신홍식, 양전백, 이명룡, 길선주, 유여대, 김병조, 정춘수, 한용운, 백용성.

민족대표는 대개가 천도교, 기독교, 불교 등 종교계를 대표한 인물들이었다. 이들은 3월 1일 태화관에서 선언서를 발표한 후 스스로 종로경찰서에 연락해 연행되었기 때문에 3·1운동 기간에 직접 활동하지는 않았다. 이들 민족대표는 모두 일정 기간 옥살이를 감수해야 했으며, 양한묵의 경우는 옥사하기까지 했다.

민족대표는 원하든 원하지 않든 일제하 민족운동의 상징적 인물들이었다. 하지만 1930년대 일제의 만주침략, 중일전쟁, 제2차 세계대전을 거치며 수많은 친일 변절 세력이 등장하는 과정에서 이들 중 일부도 친일 세력으로 변신했다. 최린, 정춘수, 박희도가 대표적이다.

최린(1878~1958)은 함경도 함흥 태생으로 1904년 황실 특파 유학생으로 일본에 건너가 대한학회 회장, 대한흥학회 부회장을 역임한 한말 엘리트 유학생이었다. 그는 1910년 천도교 교주 손병희의 권유로 천도교에 입교한 후 천도교 종리사, 종법사를 거쳐 1929년 천도교 최고직인 도령(道領)에 올랐으며, 손병희 사후 천도교를 이끈 최고지도자였다. 또 3·1운동 당시에 민족대표 33인으로 참여한 까닭에 3년간 옥고를 치렀고, 출옥 후에는 조선민립대학기성회 집행위원으로 활동하는 등 민족운동에도 참여했다. 그러나 그는 1920년대 중반부터 조선 총독 사이토의 정치 참모인 아베 미쓰이에(阿部充家) 등과 교류하며, 자치운동 노선을 견지하는 등 친일의 길로 들어섰다. 자치운동이란 독립을 포기하고 일제로부터 자치권을 얻어 누리는 것을 목표로 내세운 움직임이다.

최린은 1930년대 들어서서 자치운동을 더욱 노골적으로 전개했다. 신간회운동이 한창이던 1930년 아베와 긴밀히 연락하며 《동아일보》의 송진우를 끌어들여 자치속진회라는 단체를 결성하고, 천도교가 자치운동에 앞장서야 한다고 주장했다. 그러나 이 시도는 큰 성과를 거두지 못했다. 일제가 1931년 지방제도 개정 조치를 내리면서 자치를 허용할 의사가 없다고 밝혔기 때문이다. 이후 조선 총독의 자문기관인 조선총독부 중추원 참의가 되어 일제 지배를 받아들이기에 이르렀다.

1930년대 중반부터 이러한 적극적 친일 행위는 매우 뚜렷해졌다. 그는 1934년 8월에 친일단체 시중회 결성을 주도하고, 1936년 11월에는 심지어 '조선인 징병제 요망운동'을 벌이기도 했다. 또 중일전쟁이 일어나자 이른바 '시국강연회'를 개최하여 그 연사로 나섰고, 1938년에는 조선

총독부 기관지 《매일신보》 사장에 취임하기도 했다. 이외에 그는 국민정신총동원 조선연맹 이사, 조선임전보국단 단장, 조선언론보국회 회장 등으로 활동하면서 친일 경력을 차곡차곡 쌓아갔다.

최린의 자기정당화 논리는 "조선인의 이익을 위해 일본에 협력해야 한다"는 것이었다. 조선인 스스로 자신의 운명을 구제할 능력이 없다는 이러한 생각은 더 나은 대우를 위해 일제에 충성하라는 요구로 이어질 수밖에 없었다. 그가 내뱉은 언설은 수많은 조선의 젊은이들을 전쟁터로 내몰았다. 민족대표 33인 중 1인, 천도교 최고지도자로서 그가 누린 영예만큼 그에게 부과된 도덕적·사회적 책임도 컸다. 그는 해방 후 반민특위에 가장 먼저 체포된 사람 중 하나가 되는 불명예를 안게 되었다.

3·1운동 참여 후 친일 활동가로 변신한 정춘수(1873~1953)는 충청북도 청주에서 태어나 1906년 남감리교 전도사가 된 후 1916년부터 원산 상리교회에서 시무하다가 1919년 박희도, 오화영의 권유로 3·1 독립선언에 민족대표로 참여했다. 이 일로 1년 6개월을 선고받고 1921년 출옥하여 1933년까지 철원, 평양, 경성에서 목회활동을 펼치는 한편, 1927년 2월에는 신간회에 간사로 참여했다. 적어도 1920년대는 민족적 입장에서 교회와 사회활동을 활발히 전개한 감리교계의 대표적 중진이었다. 하지만 1932~1933년 파시즘 수용을 주장한 신흥우의 적극신앙단에 참여하면서 1938년 5월 기독교계 부일협력 단체인 경성기독교연합회 부위원장, 1938년 9월 '전향 성명서' 발표, 1940년 7월 국민정신총동원 기독교조선감리회연맹 이사장 취임, 1941년 국민총력 조선연맹 문화부 문화위원, 1945년 7월 개신교를 통합한 일본기독교 조선교단 고문으로 이어지는 친일활동을 전개했다.

정춘수는 1938년 9월 전향 성명서를 통해 "현재의 지나사변(중일전쟁)은 일본의 대국가적 사명, 즉 신동아 건설의 목적을 달성케 하려는 성전이므로 …… 황국 일본의 신민으로서 영예와 책임을 통감하고 팔굉일우(八紘一宇)의 도의적 결합으로 스스로 분발할 것을 선서"한다는 충성 선언을 발표한 이래 '내선일체의 원리 실현에 복무하는 것이 기독교인의 책무이다', '기독의 희생정신으로 충군애국, 멸사봉공하는 것이 기독교의 책임이다'라는 등의 전쟁 동원 연설을 끊임없이 반복했다. 이러한 활동의 결과로 일제의 지원을 받아 1939년 감리교 총리원 총리사(감독)에 오르는 등 감리교 최고직을 역임했지만, 해방 후 1949년 반민특위에 체포되었다.

박희도(1889~1952) 역시 감리교계를 중심으로 활동한 종교인이었지만, 종교활동보다는 민족운동, 사회운동에서 두각을 나타낸 인물이었다. 황해도 해주에서 태어난 박희도는 평양의 숭실중학교, 경성의 협성신학교를 졸업한 후 1916년 6월 조선중앙기독교청년회에서 활동을 시작했다. 조선기독교청년회 회원부 간사를 맡고 있던 1919년 민족대표 33인으로 독립선언서에 서명했고, 1년 6개월을 복역한 뒤 1922년 1월 가출옥했다. 이어 1922년 11월에는 자신이 창간한 잡지 《신생활》이 '러시아혁명 5주년기념'을 특집으로 다룬 것이 문제가 되어 다시 2년 6개월을 복역했다. 1925년 출옥한 뒤에도 1927년 2월 신간회 간사, 1929년 7월 신간회 중앙집행위원, 10월 신간회 중앙상무집행위원으로 활동하는 등 민족운동계의 중진으로 활약했다. 한편 활발한 사회활동 중에도 교육 사업에 적극 참여하여 1928년 9월 중앙보육학교를 설립했고, 협성실업학교 부교장, 조선고아구제회 이사로도 활동했다. 민족대표 33인 중에서도 민족운동, 사회운동에 활발히 참여한 사람 중 한 명이었다.

그러나 1930년대 들어서 박희도의 활동은 급변했다. 1934년 앞서 최린이 주도한 시중회에 참여하고 간사, 이사직을 시작으로 1936년 11월

'징병제도실시 상임준비위원', 1937년 학무국 주최의 제2차 전조선시국 강연반 강사, 1938년 1월 조선보국회 발기인, 1938년 9월 조선방공협회 경기도 연합지부 평의원 등 관제 친일단체의 간부로 변신했다. 특히 1939년 1월에는 '내선일체 구현'과 '일본 정신 앙양'을 모토로 내세운 잡지사 《동양지광(東洋之光)》을 설립하고 스스로 사장, 편집인 겸 발행인이 되었다. 《동양지광》은 대표적 친일 언론으로서 전향 지식인, 변절한 민족주의자들의 입장을 가장 충실히 대변하던 친일 세력의 핵심 매체였다.

이상에서 살펴보았듯이 민족대표 33인에서 친일파로 변신한 3명은 1920년대까지만 해도 민족운동의 중견 인사로 폭넓게 활약한 인물들이었다. 1931년 만주 침략 이후 대륙 침략을 본격화한 일제는 식민지 조선 사회의 친일화를 가속화하기 위해 민족 인사로 명망 높은 인물들을 체제에 포섭하는 작업을 강화했고, 이들은 여기에 부응하여 친일파로 변신한 것이다.

이들이 친일파로 변신한 원인은 한마디로 말하기 어렵다. 자신이 몸담고 있는 교회, 교파의 이해관계도 일정하게 작용했을 터이고, 1930년대 이후 침체된 민족운동, 일제의 대륙 침략 등도 자신을 지키기 어렵게 한 요인이었다. 그러나 가장 큰 요인은 스스로 밝혔듯이, 조선인은 스스로 자기 운명의 주인이 될 수 없으며, 일제의 침략에 편승해 아류 제국 신민이 되는 것이 최선의 선택이라고 믿었던 데 있다. 현실이 어려워지자 3·1운동에서 보여준 민족에 대한 신뢰를 스스로 저버리고, 또 침략자를 돕는 길로 민족을 밀어넣는 것을 '무능한 민'을 이끄는 '지도적 역할'이라고 생각했던 그릇된 자기인식이 그 밑에 깔려 있었다고 하겠다.

61

11월 3일을 학생독립운동기념일이라 하는 까닭은?

매년 11월 3일은 학생의 날(학생독립운동기념일)이다. 이날의 기원이 일제강점기였던 1929년 11월 3일이라고 하는데, 그날 무슨 일이 있었기에 '학생의 날'로 기념하는 것일까?

Q

1929년 10월 30일 전남 광주역, 나주-광주 통학 열차에서 내리려는 광주여자고등보통학교의 한 조선인 여학생을 광주중학교의 일본인 학생이 "센진"이라 하며 희롱했다. '센진'은 조선인의 '선인'을 일컫는 일본식 발음으로, 당시 일본인이 조선인들을 깔볼 때 흔히 쓰던 말이었다. 같은 전차에 타고 있던 광주고등보통학교의 조선인 남학생이 이에 항의하자 싸움이 벌어졌다.

이때 광주역 앞 파출소의 일본인 경찰이 학생들의 다툼에 개입하여 조선인 학생들을 일방적으로 구타한 일이 발생했다. 이 사실이 알려지자 조선인과 일본인 학생 사이의 싸움은 이튿날에도 이어졌고, 경찰은 조선인 학생들만 심하게 다루었다. 일본어 신문은 한 술 더 떠서 조선인 학생들이 일본인 학생을 구타했다고 보도하고 나섰다.

경찰과 언론의 편파적 대응이 이어지는 가운데 11월 1일 일본인 학생들이 하교하는 조선인 학생들을 습격하여 많은 학생이 다쳤다. 그런데도 광주고등보통학교의 일본인 교사들은 일본인 학생들만을 옹호했다.

이 사건은 1929년 11월 3일에 이르러 더욱 격화되었다. 이날은 강점 당시 일본 천황이던 메이지의 생일이었다. 일제는 동화정책의 하나로 학교나 지역에서 개최하는 기념행사에 조선인들을 강제동원했는데, 숭일학교와 농업학교 등 조선인 학생들은 이 행사에 참가하지 않고 그들에게 책임을 뒤집어씌운 신문사와 여학생을 희롱한 일본인 학생들을 습격했다. 이 사건이 바로 광주학생항일운동이다.

그동안 광주고보에서는 비밀서클인 독서회 등이 조직되어 민족문제를 다룬 서적과 사회주의 이론을 담은 서적들을 탐독하면서 항일의식을 고취했는데, 이들 학생멤버들이 시위를 주도했다.

운동이 일어나자 일제는 광주 시내에 비상경계체제를 선포하고 각 학교에 임시휴교령을 내렸다. 이때 조선인 학생 72명, 일본인 학생 7명이 경찰에 구속되었다. 조선인 학생의 대부분이 검사국으로 송치된 반면, 일본인 학생은 모두 풀려나왔다. 이러한 사실을 알게 된 광주 시내의 조선인 학생들의 저항은 더욱 확대되었다. 광주 시내는 12월 초까지 혼란에 빠졌고, 광주 학생들의 용기 있는 항일운동은 바로 한반도 전체, 그리고 만주와 일본에까지 알려졌다. 그들을 지지하는 뜻으로 각지의 조선인 학생과 민족 단체들이 항일운동에 나섰다.

우리가 단지 학생의 날로 알던 11월 3일, 이날에는 바로 이런 사연이 담겨 있다. 그런데 아이러니하게도 이날은 일본에서도 기념일이다. 앞서 언급한 메이지 천황 생일이 '문화의 날'로 이름만 바뀌어 지금도 기념되고 있기 때문이다. 한국과 일본은 11월 3일에서부터 역사 인식의 차이를 보이고 있는 것이다.

62

신간회는 어떤 단체이며, 무슨 활동을 했을까?

민족주의 진영과 사회주의 진영이 함께 만든 신간회는 어떤 활동을 벌였을까? 또, 일제강점기 가장 큰 세력을 이루었던 이 단체가 스스로 '해소'를 선택한 까닭은 무엇일까?

Q

1920년대 민족해방운동은 내용과 형식면에서 이전의 운동과는 확연히 달랐다. 가장 큰 이유는 3·1운동 때문이었다. 3·1운동 이후 민중이 정치적으로 자각하고 사회적 진출이 빠르게 확대되면서 국내외에 걸쳐 민족해방운동의 반경이 넓어졌다. 간도와 연해주에서는 무장투쟁이 벌어지고, 중국 관내에서는 독립운동 최고기관 설립운동이 일어나 대한민국 임시정부가 세워졌으며, 국내에서는 노동운동과 농민운동, 청년운동, 형평운동 등 사회운동이 활발하게 전개되었다.

1920년대 국내 민족해방운동의 가장 큰 특징은 전체 민족운동 진영에서 사회주의자들의 영향력이 커졌다는 점이다. 국내 지식인들은 러시아혁명이 성공했다는 점에 주목하고 사회주의를 바탕으로 민족운동을 전개해나가야 한다고 생각하기 시작했다. 이에 노동운동과 농민운동, 청년운동이 활발히 펼쳐졌고, 사회주의자들은 이를 통해 사회운동 각 분야에서 주도권을 잡아갔다. 또 1925년 4월에는 조선공산당을 설립하여 민족해방운동의 구심점을 마련했다.

한편, 사회주의 세력에 비해 민족주의 진영은 점차 그 영향력이 쇠퇴하고 있었다. 민족주의 진영이 그 활기를 잃어가기 시작한 것은 3·1운동 이후 일제가 민족운동 진영을 분열시키기 위해 노력한 결과였다. 당시 일제는 민족주의 진영의 명망가 중에 몇몇을 골라 집중적으로 회유 공작을 전개했다. 일제의 회유에 걸려든 지식인들은 독립보다는 자치를 우선시하는 자치운동론을 펴기 시작했다. 1925년 1월에 발표된 이광수의 〈민족적 경륜〉은 자치운동의 출발을 알리는 신호탄이었다.

이광수와 최린 등이 자치운동을 전개하자 조선일보 계열의 이상재, 안재홍, 천도교 구파의 권동진 등은 이에 반대하며 '비타협적 민족전선의 수립'을 제창했다. 마침 당시 사회주의자들도 '타협적' 민족운동과 '혁명적' 민족운동을 구분하고 비타협 민족운동과의 협력을 모색했기 때문에 민족연합전선을 구축하기 위한 노력이 결실을 맺을 수 있었다. 신간회는 바로 그러한 노력의 산물이었다.

신간회는 폭넓은 지지를 받았다. 각 지방에서는 신간회 창립에 호응하여 적극적으로 지회를 결성했다. 신간회 창립이 10개월이 채 지나지 않은 시점에 이미 지회는 100개를 돌파했으며, 해소될 무렵인 1931년 5월에는 전국에 124~126개의 지회가 활동하고 있었다. 해소 당시를 기준으로 보았을 때 회원 수는 3만 9,914명에 이르렀다.

신간회 지회들은 대개 해당 지역의 청년단체가 운영을 했다. 지회는 웅변대회와 연설회를 개최하고, 야학을 개설하는 등 민중 계몽을 위해 여러 활동을 전개했다. 그 외에도 노동·농민단체와 발맞추어 소작권 보호운동을 벌이거나 수리조합 설치에 반대하는 활동을 펼치기도 했다. 한마디로 1920년대 후반 식민지 조선에서 벌어진 민족운동에 신간회가 개입하지 않는 일은 없었던 셈이다. 그러나 일제의 탄압으로 신간회 활동은 점차 쇠퇴의 길로 접어들 수밖에 없었다.

신간회 활동은 광주학생항일운동을 계기로 일제 경찰의 집중적인 견제를 받게 되면서 잦아들기 시작했다. 광주학생항일운동 직후 신간회가 민중대회를 개최하려 하자 일제는 그 하루 전에 신간회 중앙본부를 포위, 급습하고 대회 추진에 열중하던 중앙집행위원장 허헌 등 91명을 체포해버렸다. 이 사건으로 지도부를 잃게 된 신간회는 허헌을 대신하여 김병로를 추대했는데, 김병로는 종래의 노선을 수정하여 일제와 직접적인 충돌을 피하고자 했다. 또 기존에 배척하던 자치운동론자들을 적극 받아들여 운동의 방향을 전환하고자 했다. 중앙본부보다 적극적으로 민족운동 노선을 견지하던 지방지회는 이러한 변화에 비판적인 시각을 드러냈다. 신간회에 가담하던 사회주의자들은 이러한 조직과 노선의 변동에 대응하여 코민테른의 〈한국 문제에 관한 테제(12월 테제)〉를 근거로 민족협동전선을 아예 해소하는 것이 바람직하다는 주장을 하고 나섰다.

12월 테제는 코민테른이 조선의 사회주의자들에게 권고한 운동 방침으로서, 민족주의자들과 협력하기보다는 사회주의자들이 주도권을 장악하고 노동·농민운동을 근거로 강력한 당을 건설할 필요가 있다는 내용으로 구성되어 있었다. 이에 영향을 받은 사회주의자들은 신간회 지도부를 소부르주아적 정치운동 집단으로 규정하며 온건 노선을 거세게 비판했다.

이렇듯 여러 가지 상황 변화 속에서 1931년 5월 15일 경성 종로에 위치한 중앙기독교청년회(YMCA) 회관에서 신간회 전국대회가 개최되었다. 1927년 2월 15일 같은 장소에서 창립대회가 열린 지 4년 3개월 만이었다. 대회 이틀째인 5월 16일 임원을 개선하여 새로운 중앙집행부가 선출되었다. 새 집행부의 첫 안건은 신간회 해소에 관한 건이었다. 곧바로 해소가 가결되었다. 새 집행부는 첫 안건의 표결과 함께 해소되어버렸다. 이로써 1920년대 후반 비타협 민족주의자들과 사회주의자들이 반일통일전선 조직으로 결성한 신간회는 역사에서 사라졌다. 1930년대 민족해방운동의 양상이 극적으로 변모할 것임을 알려주는 전조였다.

이후 비타협적 민족주의자들은 조직적으로 운동을 전개하지 못했고, 개인적으로 지조를 지키거나 국어 · 국사 연구에 몰두하는 경향을 보였다. 사회주의자들은 비타협 민족주의자들과 제휴하기보다 혁명적 노동조합, 혁명적 농민조합을 조직하고 지도하는 데 모든 노력을 기울였다.

63 :: 윤봉길은 테러리스트인가?

최근 윤봉길을 테러리스트라고 주장하는 사람들이 있다. 일본에게는 그렇게 여겨질지라도 우리에게는 영웅이었을 텐데, 윤봉길을 테러리스트로 보는 까닭은 무엇일까?

Q

1932년 4월 29일 상하이 홍커우공원에서 윤봉길은 수통 모양의 폭탄을 던져 중국 주둔 일본군 총사령관과 일본거류민단장 등을 폭사시켰다. 이 사건은 단순히 일본의 고관 몇 명을 사살했다는 점에서가 아니라 전 세계에 조선 독립의 정당성을 알림으로써 독립운동을 새로운 국면으로 전환시켰다는 의미에서 성공한 의거였다.

윤봉길은 한인애국단의 일원이었다. 한인애국단은 1931년 일본이 만주를 침략하자 독립운동의 새로운 활로를 개척하기 위해 김구가 결성한 임시정부의 특무기관이다. 한인애국단의 활동은 의열단과 역사적 전통과 맥이 닿아 있었다. 1919년 11월 만주에서 창립되어 상하이를 중심으로 활동하던 의열단은 총독부 고위 관리와 친일파들을 암살하고 일제의 통치기관을 파괴하는 활동을 통해 독립을 이루고자 했다. 의열단의 의거는 1920년 9월과 12월 부산경찰서와 밀양경찰서에 폭탄 투척을 시작으로 1920년대 내내 식민지 조선과 일본, 중국을 시끄럽게 했다. 경성에서는 조선총독부와 종로경찰서에 폭탄이 투척되었고, 상하이에서는 일본 육군대장 다나카 기이치(田中義一)에게 총탄이 날아들었으며, 도쿄의 일본 황궁 앞에도 폭탄이 떨어졌다. 그 와중에 많은 단원이 총격전 끝에 전사하거나 일제의 감옥에서 옥사했다. 나석주는 식민지 경제 침략의 본거지인 동양척식주식회사와 조선식산은행에 폭탄을 던지고 일본 경찰들과 대치하다 자결했다.

의열단과 한인애국단의 이러한 암살 파괴 운동은 당시에도 큰 논란을 불러왔다. 독립운동 진영 안에서도 이들의 의열투쟁 방략을 위험하게 보는 의견이 적지 않았다. 하지만 의열단과 한인애국단의 의열투쟁 방략은 일제를 타도하고 민족해방을 이룬다는 명확한 목적에서 나온 것이었다. 그리고 그것은 우리 민족의 독립 의지를 전 세계에 알렸을 뿐만 아니라 효과적인 방책이기도 했다.

그런데 요즈음 의사와 열사들의 의거를 '테러리즘'으로 폄하하는 주장이 종종 발언권을 얻고 있다. '테러'가 권력 유지나 탈취라는 정치적 목적으로 불특정 다수에게 자행하는 무차별적 폭력행위라면, '의열투쟁'은 인류 보편의 양심과 정의감이라는 윤리적 가치에 입각하여 구체적 대상에 대해서만 행하는 제한적 폭력행위이다. 의열단은 공약 10조의 1, 2조에 "천하에 정의로운 일을 맹렬히 실행하기로 한다", "조선의 독립과 세계의 평등을 위하여 몸과 목숨을 희생하기로 한다"라고 하여 자신들의 의거가 인류 보편의 가치에 입각해 있음을 분명히 했다. 윤봉길도 자신의 의거가 단지 조선의 독립에만 머무르지 않고, 전 세계 피압박 약소민족의 독립을 이루는 밑거름이 될 것이라고 했다. 이런 점에서 '테러리즘'과 '의열투쟁'은 구별되어야 할 것이다.

:: — 누구를 '의사(義士)'로, 누구를 '열사(烈士)'로 부르는 것일까?

일본 제국주의가 한반도를 강점한 이래 많은 이들이 일제에 직접 또는 간접적으로 저항하다 죽음을 맞았다. 우리는 그중에서도 특히 추모하고 기억할 필요가 있는 이들을 '의사' 또는 '열사'라고 부른다. 그렇다면 누구를 '의사'로, 누구를 '열사'로 부르는 것일까?

국어사전을 보면 의사는 주로 무력이나 행동을 통해 큰 공적을 세운 사람을 부르는 용어이고, 열사는 직접적인 행동은 하지 않았으나 죽음으로 정신적 저항의 위대성을 보인 지사를 뜻한다. 그러나 이 같은 구분은 그다지 큰 의미가 없다. 다만 열사들은 대부분 극적인 죽음을 맞이했는데, 아마도 이를 부각시키기 위해 '열사'라는 명칭을 사용한 것이라고 할 수 있다. 다시 말해 의거를 일으킨 이들은 모두 의사이며, 그 가운데에서도 극적인 죽음으로 자신의 대의를 표현하는 경우에 한해 열사로 부른 것이다. 좀 더 깊이 들어가자면 의거를 성공한 경우에는 '의사'라고 불렀으나, 의거의 최종 목적을 달성하지 못하고 죽음에 이르렀다면 '열사'라고 부르는 경향이 있다. 따라서 '안중근 의사'이며, '이준 열사'인 것이다. 그런 의미에서 볼 때 윤봉길은 의사라고 부를 수 있다.

64

::

1930년대 이후 항일무장투쟁은 어떻게 전개되었나?

항일무장투쟁은 1920년 청산리, 봉오동 전투를 대표적으로 이야기하는데, 그 이후의 항일무장투쟁은 없었던 것일까? 1930~40년대의 무장투쟁은 어떻게 전개되었을까?

Q

1920년 봉오동 전투와 청산리 전투는 국권을 상실한 이후 독립을 향한 조선인의 열망이 극적으로 표출된 사건의 하나였다. 민간인 부대가 월등한 병력과 화력을 갖춘 일본군의 정규 부대와 싸워 크게 승리했다는 점은 민족운동사에서 아무리 강조해도 지나치지 않을 것이다.

일본군을 상대로 일상적 무장투쟁, 곧 일시적 봉기가 아니라 항상 총을 들고 다니며 벌인 항일투쟁은 1931년 9월 일본이 만주를 침략한 이후 다시 전개되었다. 일본군이 만주를 무력으로 점령하려 했기 때문이다.

당시 만주에서는 사회주의운동 세력과 민족주의운동 세력 사이에 적대적 대결이 지속되고 있었다. 민족주의 세력도 남만주 일대에 기반을 둔 국민부 세력과 북만주 일대에 기반을 둔 한족총연합회, 그 후속으로 조직된 한족자치연합회(한국독립당) 세력으로 나뉜 실정이었다. 사회주의자들은 코민테른이 제기한 '1국 1당 원칙'에 따라 1929년부터 중국공산당에 입당하여 활동하고 있었으므로 조선 독립을 목적으로 한 민족운동에는 직접 뛰어들지 않고 있었다. 이러한 사정은 1931년 일본군이 만주를 침략한 이후에도 지속되었다.

이에 비해 남만주의 국민부는 조선의 독립을 직접 내걸고 조선혁명군을 중심으로 무장투쟁을 전개했으며, 북만주의 한국독립당도 즉각 한국독립군을 조직하고 무장투쟁을 벌였다. 두 무장대는 각각 중국국민당을 지지하는 중국인 항일부대와 연합작전을 벌이거나 부대를 통합하여 협동작전을 강화하기도 했다. 그러나 조선혁명군과 한국독립군은 활동지역이 떨어져 있다는 이유로 군사작전을 함께 벌이지 않았다.

중국공산당에 가입한 조선인 사회주의자들도 일본이 만주를 침략하자 즉각 무장투쟁에 나섰다. 1934년 중국공산당 만주성위원회가 지도하는 무장대들은 동북인민혁명군 제1군부터 제7군까지로 재편되었는데, 이들 부대는 조선인들이 조직한 유격대에서부터 시작되었다. 당시에 만주에 있던 중국인 당원들은 대부분 도시에 거주하고 있었던 데 비해 조선인 당원들의 대다수는 농촌에 거주하고 있어 유격대를 조직하기가 상대적으로 유리했다. 더구나 조선인 당원들은 만주를 침략한 일본군을 물리치지 않으면 나중에 조선의 독립을 위해 싸울 기회가 없다고 보았기 때문에 일본의 침략행위에 적극 대응했다. 이러한 이유에서 조선인이 가장 많이 거주하는 동만주를 활동 기반으로 하는 동북인민혁명군 제2군은 대원의 90%가 조선인일 정도로 조선인의 비중이 높은 편이었다.

청산리 전투 때도 그랬지만, 일본 제국주의로서는 만주 지역의 무장투쟁을 보고만 있을 수 없었다. 자신들이 세운 만주국이란 괴뢰정권의 통치 기반이 흔들릴 뿐만 아니라, 조선의 통치를 불안하게 하고 중국 본토 침략에도 집중할 수 없었기 때문이다. 그래서 군과 경찰을 동원하여 군사

작전을 벌이는 한편으로, 저항 세력을 회유하고 주민의 사상을 통제했다. 또한 집단부락을 만들어 산간벽지의 사람들을 한곳에 모아 감시함으로써 무장대를 고립시켰다.

1930년대 중반을 고비로 일본의 탄압은 효과를 발휘하기 시작했다. 한국독립군은 1933년 말경에 이르러 조직적인 항일무장투쟁을 중지해야 했고, 조선혁명군도 1935년을 지나면서 투쟁력이 크게 약화되었다. 일부 저항 의지가 있던 조선혁명군 대원들은 중국공산당이 지휘하는 동북항일연군에 가담했다. 이즈음 동북항일연군은 이전과 달리 이념이 다르더라도 항일에 동참하는 모든 무장 세력과 연합부대를 편성하고 있었다. 그 결과 1938년에는 3만여 명의 병력으로 제11군까지 편성했다.

그러나 이들 또한 일본군의 철저한 탄압으로 1940년에 이르면 1,500여 명에 불과할 정도로 급속히 무너졌다. 이들 대부분은 1940년 하반기부터 1941년 사이에 소련으로 넘어가 동북항일연군교도려라는 통합 조직을 편성했다. 교도려는 소련군의 지도를 받으며 체계적인 군사훈련을 받는 한편, 10~15명으로 구성된 소규모 부대로 만주 각지에 파견되었다. 소부대의 임무는 일본군의 동향을 정찰하고 주민의 여론을 파악하며 동조자를 모으는 것이었다. 하지만 이전처럼 유격 투쟁을 벌이지는 않았다. 역량을 보존하는 것이 우선이었고, 유럽에서의 제2차 세계대전에 몰두할 수밖에 없던 소련으로서는 일본과의 긴장을 조성할 필요가 없었다.

교도려 소속의 조선인 대원들은 1945년 5월 독일이 연합군에 항복하자 조선공작단위원회를 결성하고 새로운 조선 건설에 대비하기 시작했다. 대부분의 조선인 대원들은 1945년 9월 원산항을 통해 북한으로 들어왔다.

65

조선인 노동자의 월급 수준은 어떠했을까?

일제강점기 도시 공장노동자의 월급 수준은 어느 정도였을까? 일본인 노동자와는 얼마나 차이가 났을까? 당시 물가 기준으로 살아갈 만한 수준이었을까?

Q

20세기의 여러 직종에 근무한 노동자의 평균임금을 2000년을 기준으로 정리해보면 아래 그림과 같다. 실질임금은 1960년대 중엽 이후부터 급격하게 상승하기 시작했고, 그 이전에는 큰 변화 없이 낮은 수준을 유지하고 있음을 확인할 수 있다.

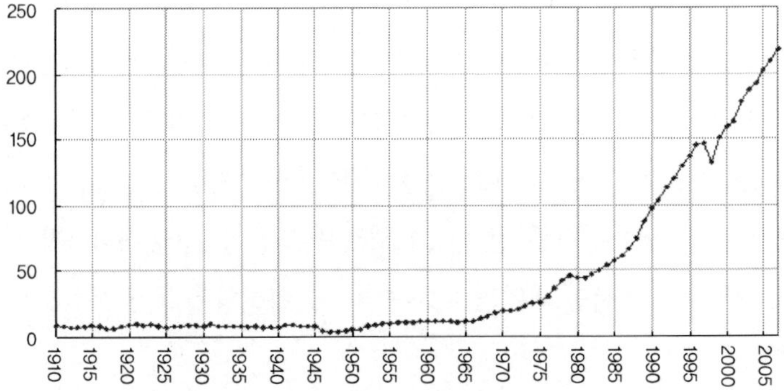

〈그림〉 월평균 실질임금(2000년 가격 기준, 단위 만 원)

20세기 전반기까지의 이 임금수준은 주로 농업사회나 농업부문에 수많은 잠재실업(또는 위장실업)이 존재하는 경우에, 생존임금수준(subsistance wage level)으로 무제한적인 노동공급이 가능한 사회에서 일반적으로 관찰되는 현상이다. 아마 조선시대의 실질임금도 시기별로 다소 기복은 있었겠지만 이 수준을 크게 벗어나지 않았을 것이다.

생산력의 발전이 완만했던 전근대 사회의 경우에는 실질임금이 생존수준보다 크게 높아지게 되면 인구증가로 실질임금은 다시 하락하게 되고, 실질임금이 이 수준보다 낮아지면 인구가 감소하여 실질임금은 다시 증가하게 될 것이기 때문에 장기적으로 실질임금은 생존수준을 중심으로 상하 변동했을 것이다.

일제강점기, 특히 1930년대 이후 공업이 발달했다고 하지만 조선의 실질임금은 여전히 낮은 수준에 머물러 있었다. 일제강점기 조선인들의 실질임금이 다소 증가했다는 주장도 있지만 그 주장은 일부를 가지고 전체를 미루어 계산하는 방법에 문제가 있고, 그 주장을 그대로 받아들인다고 하더라도 그 증가율은 매우 작다. 결국 앞에서 본 그림과 큰 차이가 없다.

이 생존임금수준은 실제로 어떤 것일까? 다음의 조사 자료는 일제강점기에 조선 경제가 고도성장했고, 공업화로 공업제품의 조선 내 소비가 급증했다는 일본의 지표와는 거리가 먼 생활이었음을 보여준다.

1928년 발행된 공장노동자 생활 조사 자료에 의하면 조선인 노동자들은 하루 평균 80~90전의 임금을 받았다. 지급되는 옷은 계절별로 차이가 있지만 작업 모자 1개, 옷 두 벌, 양말과 작업화, 한 끼 식사로 쌀 270g, 된장과 김치 그리고 채소를 먹기도 했다고 한다. 이 정도의 생활수준이라면 지급받는 임금만으로 생활해나가는 데에 큰 어려움은 없었을 것이다.

그러나 1년간 실업일수(일이 없는 날)가 50일 이상이었기 때문에, 이 점을 고려하면 한 달 수지가 흑자인 경우보다 적자인 경우가 훨씬 많았다.

조선인 노동자 중 숙련 노동자와 같은 일부 노동자는 생활 상태가 훨씬 나았겠지만, 수적으로 거의 대부분을 차지하는 미숙련 노동자의 경우에는 일제강점기를 포함하여 1950년대 말까지는 그 임금수준이 생존 수준을 크게 벗어나지 못했다.

:: — 강주룡이 을밀대 지붕 위로 올라간 까닭은?

을밀대는 평안남도 평양시에 있는 고구려시대의 정자 이름이다. 평양 시내가 한눈에 들어오는 금수산 마루에 위치해 있으며 주변 경치가 아름다워 명승지로 이름이 높은 곳이다. 1931년 5월 29일 새벽, 젊은 여성 한 명이 천 하나에 의지해 이 을밀대 지붕 위에 올라갔다. 그리고 아침이 되자 모여든 사람들에게 무언가를 외치기 시작했다.

여성의 이름은 강주룡, 평양의 평원고무공장에 다니는 노동자였다. 그녀는 1901년 평안북도 강계 태생으로 14세부터 몰락한 부모를 따라 서간도에서 농사를 짓고 살았다. 20세에 다섯 살 연하의 남편을 만나 금슬 좋게 살다가 항일 독립군 활동을 같이하기도 했다. 그러다가 병으로 남편을 잃고 시집에서도 쫓겨나 조선으로 돌아왔다. 결혼한 지 4년 만의 일이었다. 1926년부터 평양에서 고무 직공으로 밥벌이를 했다. 부모와 어린 동생의 생계가 강주룡 손에 달려 있었다.

일제강점기 평양을 중심으로 발달했던 고무산업의 이면에는 열악한 노동 조건에서 고무신을 만든 여성 노동자들의 고통이 숨겨져 있었다. 일본 독점자본의 진출로 이들과 힘겹게 경쟁해야 했던 조선인 자본의 착취 속에서 대부분의 노동자들은 저임금과 장시간의 노동에 시달려야 했다. 그중에서도 여성 노동자들의 환경은 더욱 열악했다. 12시간이 넘는 장시간 노동은 기본이고, 조선인 남성 노동자들의 2분의 1, 일본인 남성 노동자들의 4분의 1 수준에 불과한 임금을 받아야 했다.

1929년 이후 세계공황의 여파로 상황은 더욱 나빠졌다. 공장주들은 노동자를 볼모로 공황의 위기를 극복하려 했다. 노동자들을 해고하고 임금을 깎고 노동 강도를 높였다. 이에 저항하여 1930년 평양의 10개 고무공장 노동자들이 총파업 투쟁을 벌였지만 결국 자본의 목적은 관철되고 말았다. 다음해에도 공장주가 다시 임금을 깎으려고 하자, 평원고무공장의 여직공들은 즉각 파업으로 맞섰다. 이에 공장주는 이들을 해고하고 공장 밖으로 쫓아냈다. 좌절감에 자살할 생각으로 을밀대를 찾았던 강주룡은 생각을 고쳐먹고 지붕 위로 올라갔다. 우리나라 최초의 고공 농성 노동자는 주위에 몰려든 사람들에게 외치고 또 외쳤다.

"우리는 49명 파업단의 임금 감하를 크게 여기지는 않습니다. 이것이 결국은 평양의 2,300명 고무공장 직공의 임금 감하의 원인이 될 것이므로 우리는 죽기로써 반대하려는 것입니다."

강주룡이 스스로 밝힌 을밀대 위에 올라간 까닭이었다. 이후 언론과 시민들의 주목을 받으며 파업을 벌인 결과, 열흘 만에 공장 측은 임금 삭감 주장을 철회했다. 그러나 일부 파업 직공의 해고는 막아내지 못했다. 강주룡은 평양지역 혁명적노동조합에 참여했다는 명목으로 체포되어 투옥되었다가 1년 만에 병보석으로 풀려났다. 이후 두 달 동안 앓다가 1932년 8월 13일 오후, 평양 서성리의 빈민굴에서 숨을 거두었다. 그녀 나이 서른두 살 되던 해였다.

66

::

학교에서는 무엇을 가르치고 배웠을까?

일제강점기에는 일본인과 조선인이 한 공간에서 공부를 했을까? 차별은 없었을까? 또 당시에는 어떤 교육을 받았을까? 일본의 역사를 '국사'라 하고 일본어를 '국어'라 부르던 시절, 우리 역사와 우리 국어 교육은 전혀 받지 못했을까?

Q

1910년 이후 조선총독부는 '조선교육령'을 발포해 식민지 교육체제를 만들어냈다. 이를 통해 조선에 있는 일본인 대상 교육보다 저급하고 간단한 교육환경을 유지하면서 조선인과 선교사들이 설립한 사립학교에 대한 간섭과 규제를 강화해갔다. 따라서 1910년대에 조선인들은 보통학교(오늘날의 초등학교)보다는 서당을 더 선호하는 편이었다. 그러나 1919년 3·1운동을 계기로 이른바 '교육열'이 발흥하여 조선인은 보통학교에 적극적으로 다니기 시작했고, 그 결과 보통학교마저 입학시험이 시행될 정도였다.

1920년대 이후에는 식민지 교육기관이 수용하는 조선인 학생 수보다 입학을 지원하는 학생 수가 언제나 많았기 때문에 이른바 '입학난'이 만성적인 사회문제가 되었다. 이에 대한 대응으로 조선총독부는 식민지 교육정책을 전환하여 일본인 교육과 조선인 교육의 연한을 일치시키는 방향으로 부분 전환했다. 또한 교사를 공급하기 위해 사범학교가 신설되었으며, 1920년대에는 경성제국대학이 들어서게 된다. 그렇지만 이러한 조치는 조선인의 적극적인 교육 요구를 수용하는 데 한계를 보였다.

총독부는 교육 기회의 확대에는 소극적이었고, 오히려 기회를 제한해야 한다는 입장이었다. 이런 상황에서 조선인들은 스스로의 힘으로 교육 기회를 확보하고 보통학교를 늘리기 위한 일련의 교육운동을 펼쳤다. 보통학교 설립과 운영비용의 상당 부분은 조선인의 자발적인 기부금과 일제가 징수한 학교비 부과금, 수업료 등으로 충당했다. 그러나 동시에 보통학교를 비롯한 식민지 교육기관의 교육 내용과 목적은 식민지 지배 정책에 따라 일방적으로 규정되는 모순적인 상황이 계속되었다.

일본인과 조선인은 각기 다른 체계 속에서 초·중등 교육을 이수했다. 재조선 일본인의 경우 소학교와 중학교로 이어지는 학제의 적용을 받았는데, 대체로 교육 시설이 우수한 편이었다. 이에 비해 조선인을 대상으로 하는 교육 시설은 매우 열악했다. 학교 수도 절대적으로 부족했고, 수업 연한도 일본인보다 짧았다. 실업학교의 경우 조선인과 일본인이 함께 다니도록 되어 있었지만 민족별 입학 정원제가 유지되었기 때문에 우수한 조선인 학생은 능력이 뒤처지는 일본인 학생보다 진학에 어려움을 겪어야 했다.

초등교육기관은 그런대로 늘어난 편이었지만 이와 비교해 중등교육과 고등교육기관은 매우 부족했으므로 해가 갈수록 중등과 고등교육 입학 경쟁이 치열해질 수밖에 없었다. 이에 보통학교에서 이루어지는 교육 역시 오늘날 이야기되는 이른바 '입시 위주의 교육'으로 흘러갔다. 당시 중등학교 입학시험은 주로 일본어와 산수 두 과목이었다.

조선어 교과는 1910년대에는 한문과 함께 가르쳤고, 1938년 이후에는 선택 과목으로 바뀌었다. 1941년 국민학교제 실시와 더불어 이를 폐지해버렸다. 국사와 지리는 1920년대부터 6년제 보통학교에서 가르쳤지만 주로 일본 역사와 일본 지리였고 부분적으로 조선의 역사와 지리가 포함되었다.

한편, 사립학교와 야학 등 조선인의 주체적인 근대교육은 공립 보통학교 체제의 주변부로 밀려나, 존립 자체가 위협을 받았음에도 식민지 말기까지 유지되었다. 서당의 경우에도 보통학교와 병존하는 교육기관으로서 식민지 말기까지 존속했다. 보통학교는 1938년 제3차 '조선교육령' 개정을 통해 일본인 학교와 마찬가지로 '소학교'로 통일되었으며, 1941년에는 '국민학교'로 명칭이 바뀌었다. 1942년에는 1944년부터 시작된 징병제 실시에 수반하여 '의무교육제' 실시 계획이 공포되었으나 1945년 일제의 패망으로 식민지 교육체제는 종식을 고하게 된다. 초등교육기관인 보통학교, 서당, 사립각종학교의 규모를 보면 1911년에는 보통학교 3만여 명, 서당 14만여 명, 사립각종학교 5만여 명이었고, 1922년에는 각기 23만여 명, 28만여 명, 7만여 명으로 변화했다. 식민지 말기인 1942년에는 177만여 명, 15만여 명, 6만여 명이 되었다.

67

식민지 조선에서도 일본어 몰입 교육이 있었을까?

조선총독부는 모든 조선인에게 일본어 교육을 시켰을까? 당시 모든 조선인이 일본어를 알고 있었을까? 혹시 일본어를 모르는 조선인들은 불이익을 당하지 않았을까?

Q

식민지 시기 조선인들은 주로 보통학교(1938년에는 소학교로, 1941년에는 국민학교로 명칭이 바뀌었다.)를 통해 일본어를 배웠다. 보통학교는 1학년부터 6학년에 이르기까지 모든 교과, 즉 수신 · 국어(일본어) · 조선어 · 산술 · 이과 · 지리 · 역사 · 창가 · 도화 · 체조 등을 일본어로 교수하게 되어 있었다. 그 때문에 보통학교 전체 교사의 약 3분의 2를 차지하던 조선인 훈도(교사)들도 조선인 학생을 대상으로 1학년 첫 시간부터 일본어로 수업을 진행해야 했다. 오늘날 영어 교육에 비유한다면 초등학교 1학년부터 모든 교과서가 영어로 쓰여 있고, 교사가 영어로 수업을 진행하는 식이라 할 수 있다. 다만, 조선어 교과의 경우에는 수업의 필요에 따라 교사가 조선어를 사용할 수 있었다.

이러한 교육 방침은 보통학교 저학년 조선인 아동들에게 적지 않은 부담이었지만, 그만큼 일본어 학습의 뛰어난 효과를 발휘했다는 것 또한 부정하기 어렵다. 보통학교 6년 과정을 이수하면 일상적인 일본어 회화가 가능할 뿐만 아니라 일본어로 된 책과 신문을 읽고 초보적인 글을 쓰는 수준에 도달할 수 있었다. 일본 제국주의가 이처럼 조선인을 대상으로 한 일본어 교육에 비교적 적극적이었던 이유는 기본적으로 일제의 식민지 지배정책이 조선인을 문화적인 동화정책의 대상으로 설정한 데서 찾을 수 있다.

한편, 조선인들 가운데에도 일본어를 배우는 데에 적극적인 사람이 많았다. 그 이유는 무엇일까?

첫째, 식민지 시기에 근대적인 지식과 정보를 접할 만한 문헌 정보매체는 몇 안 되는 한글 신문과 잡지를 제외하고 대부분 일본어로 되어 있었기 때문에 조선인들은 근대 세계를 이해하기 위해서라도 일본어를 배워야 했다. 예컨대 식민지 시기 조선 지식인들은 일본어 번역본을 통해 서양의 사상과 문학을 학습한 것이다.

둘째, 식민지 시기 조선의 일상적인 사회생활에서 일본어 학습의 필요성이 점차 늘어났다. 산업화와 더불어 새로이 생겨나는 직종들, 예컨대 관리·교원·은행원·회사원으로 취직하려면 일본어가 필수였다. 그뿐만 아니라 임금이 부당하게 떼인다거나 토지 등의 재산권을 둘러싸고 일본인과 조선인 간에 분쟁이 일어날 때, 나아가 형사·민사상의 사건이 발생할 때 일본어를 모르는 조선인들이 크고 작은 민족적 불이익을 경험했다. 따라서 조선인들은 자신의 권리를 지키기 위해서라도 일본어를 일종의 기본적 생존수단으로 학습한 것이다.

68

::

조선의 젊은이들이 일본으로 유학을 간 까닭은?

일제강점기 식민지 조선의 지식인들은 대부분 일본으로 유학을 떠났다. 그들이 주로 일본으로 유학을 떠난 까닭은 무엇일까? 또 이들은 돌아와서 어떤 일을 했을까?

Q

일본 유학은 개항 이후인 19세기 말부터 시작되었다. 당시 일본은 동북아시아 국가들이 근대적 서양 학문을 배울 수 있는 중요한 통로였다. 심지어 도쿄는 '동양의 런던'이라고 불릴 정도였다.

조선의 청년들은 한말 시기 대한제국을 세계 열강과 겨룰 수 있는 신국가로 만들기 위해, 일제강점기에는 독립과 해방의 과제를 풀고자 일본으로 유학을 떠났다. 20세기 전반기 유학 생활을 마치고 귀국한 일본 유학생은 당대 지식인 사회를 주도했으며, 민족운동에서도 중요한 역할을 담당했다.

일본 유학은 1881년부터 시작되었다. 우리나라 최초의 일본 유학생은 유길준, 유정수, 윤치호였는데, 이들은 일본에서도 처음 맞이하는 외국 유학생이었다. 이들은 원래 유학을 목적으로 일본에 간 것이 아니었다. 조사시찰단의 일원으로 일본을 방문했다가 도쿄에 그대로 남아 신학문을 공부한 사람들이다. 당시 유길준과 유정수는 후쿠자와 유키치가 창설한 게이오의숙에, 그리고 윤치호는 도진샤에 입학했다.

본격적인 일본 유학은 1895년부터 박영효의 주도로 일본에 대규모 관비 유학생을 파견하면서 시작되었다. 당시 유학생은 모두 세 차례에 걸쳐 151명이 파견되었다. 이들은 게이오의숙에 입학하여 6개월 내지 1년 반에 걸쳐 보통과 교육을 받았다. 유학생 친목회가 발간한 《친목회회보》 창간호(1896년 2월호)는 일본 유학의 이유를 "외국에 유학하여 학문을 배우려 함은 견문을 넓히고 지식을 밝게 하여 국가 정치의 기초와 동량을 스스로 기하고 문명개화의 정신과 골자를 자임하고자 함"이라고 밝혔다. 여기에서 확인할 수 있듯이 당시 일본 유학생은 유학을 통해 얻게 될 신지식을 바탕으로 대한제국의 부흥을 도모하고자 했다.

1904~1905년 이후 관비 유학생과 함께 사비 유학생의 숫자가 늘어났다. 관비 유학생의 경우, 1904년 황실특파 유학생 50명이 파견되었는데, 대부분 도쿄부립제일중학교에 입학했다. 이들은 주당 31시간의 수업을 받았다. 영어와 수학을 각각 8시간과 7시간가량 학습했고, 그 외에도 일어 · 역사 · 체조 · 자연과학 · 미술 · 지리 · 수신을 공부했다.

당시는 일본이 조선을 본격적으로 침략하던 때로서 많은 지식인이 항일 의지를 불태우고 있었다. 그러나 유학생들은 일본을 강대국의 대열에 합류한 '모범 국가'로 여기고 있었다. 그들은 일본을 배척하기보다는 본받을 대상으로 여겼다.

1910년 이후 조선총독부는 식민지 조선인들이 고등교육을 받을 경우 민족적 저항의식이 고취될 것을 우려하여 대학을 설립하지 않으려 했다. 대신 1915년에 전문학교 시행규칙을 제정하여 관립 전문학교 4개를 설치했다. 관립 전문학교와 더불어 연희전문학교, 세브란스의학전문학교, 보성전문학교 등의 사립 전문학교도 문을 열었다. 이들 전문학교는 대학교가 아니라 전문 기술을 전수하는 기능을 맡고 있었다. 때문에 대학 교육을 원하는 조선인들은 일본으로 유학의 길을 떠나야 했다.

대학 유학생들은 이공계보다는 법학, 정치학, 사회학 등 인문사회 계통 학문을 선호했다. 관료, 변호사로 진출할 길을 모색했기 때문이다. 그러나 고등교육을 받고 귀국한 이들에게 취업의 기회는 그리 많지 않았다. 1912년부터 1923년 사이에 귀환학생 1,312명 가운데 취직한 사람은 농업 288명, 무직 284명, 학교 교원 177명, 관공리 140명, 은행·회사원 119명, 상업 103명, 의사 50명, 변호사 16명 등에 불과했다.

일본 유학은 일본을 통해 '근대'를 배우면서, 개인적으로 관공리·의사·변호사 등 '출세'를 위함에 목적이 있었다. 이와 동시에 민족을 체험하는 공간이기도 했다. 사비로 일본 유학을 시작하는 것부터 쉽지 않은 일이었다. 〈조선총독부 유학생 규정〉(1911)에 따르면, 유학생은 이력서 등을 지방장관을 거쳐 조선총독부에 제출해야 하며, 지방장관은 본인의 성품 및 부형의 생업과 재산 상황까지 조사했다. 아울러 유학을 희망하는 자는 학자금을 책임질 만한 2명의 보증인 연서의 보증서를 첨부해야 했다.

일본에 가서도 조선 유학생은 일본 관헌의 감시 대상이었다. 일제는 조선 유학생을 갑과 을로 분류해서, '배일사상'을 갖고 있거나 가질 우려가 있는 자로 이를 전파할 가능성이 높고, 행동으로 옮길 우려가 높으며, 또 독립운동가와 교류가 있는 자를 요시찰 대상으로 설정했다. 일본 유학생들은 일본 안에서 '민족 차별'을 경험하면서 민족의식을 깨우쳤고, 일본에서 배운 근대 지식을 통해 민족운동의 방안을 모색했다. 1919년 도쿄 유학생 중심의 2·8독립선언운동은 그러한 활동의 일환이었다.

69

::
'간토대지진' 때
일본인들은 왜 조선인을 죽였을까?

1923년 일본 간토대지진 때 수많은 조선인이 죽음을 당했다. 왜 그런 일이 벌어졌을까? 당시 일본에 있다 죽음을 당한 조선인은 어떤 사람들이었고, 이들은 왜 일본으로 건너갔을까?

Q

1923년에 일본의 간토(關東)지방에서 대지진이 일어났다. 엄청난 자연재해로 인해 피해가 컸는데, 그보다 더 끔찍한 일이 며칠 동안 계속되었다. 그것은 일본에서 일하며 살고 있던 재일동포 6천여 명을 일본인들이 학살한 일이었다. 일본인들은 왜 재일 조선인들에게 그런 엄청난 만행을 저지른 것일까?

1923년 간토대지진은 요코하마와 수도 도쿄에 심각한 피해를 주고 10만 5천 명 이상의 목숨을 앗아갔다. 그리고 이때 군대와 경찰 등 국가 권력과 일본인에 의해 조선인, 중국인, 일본인이 학살되는 사태가 일어났다. 이 같은 일들이 일어난 이유에 대해 많은 일본인은 당시 '조선인이 우물에 독을 풀었다', '조선인들이 가정에 침입하여 부녀자들을 폭행하고 도둑질을 하고 있다', '폭탄을 투척하여 산업시설을 불태우고 있다'는 등의 조선인에 대한 악의적인 유언비어 때문이라고 말한다. 즉, 유언비어에 흥분한 일본인들이 조선인 학살에 가세하여 뜻하지 않은 대량학살로 번지게 되었다는 설명이다. 이런 이해는 간토대지진 당시 조선인 학살에 대한 일본 국민의 보편적 인식이다. 하지만 이러한 주장은 학살의 원인을 은폐하기 위해 역사를 왜곡한 결과다. 학살 과정의 중심에 일본 정부가 있었기 때문이다.

간토대지진이 일어나기 전 1919년 3월 1일 조선에서는 전국적으로 일본의 식민지 지배에 반대하는 3·1운동이 전개되었으며, 이 일에 놀란 조선총독부는 독립운동에 대한 탄압과 경계를 강화했다. 그러나 조선인의 독립운동은 더욱더 활발해졌고, 조선뿐 아니라 중국과 일본으로 건너가 일본인 노동자들과도 연대해 발전하는 조짐을 보이고 있었다. 일본 정부는 이러한 움직임을 막기 위해 조선인과 일본인 활동가를 철저하게 탄압했다.

1923년 9월 1일 발생한 지진으로 인해 엄청난 재난과 극심한 혼란이 일어나자 일본 정부는 이를 수습하기 위해 계엄령을 선포하는 것이 가장 효과적이라고 판단했다. 그러나 계엄령은 폭동이나 전시체제에서 발동하는 것이기 때문에 명분이 필요했다. 결국 일본 정부는 조선인에 대한 악의적 유언비어를 군의 통신망을 통해 조직적으로 유포하면서 계엄령 선포의 명분을 만들었다. 그러고 나서 이를 빌미로 군대의 출동을 명하는 등 계엄령 선포에 따른 후속 조치들을 매우 신속하게 처리했다.

지진이 일어난 지역뿐 아니라 지진의 피해가 전혀 없는 사이타마(琦玉), 군마(群馬) 지역에까지 일본 정부는 조선인에 대한 경계와 자경단의 결성 등을 호소했다. 이에 군대와 경찰 그리고 일본 시민 등이 조직적으로 자경단을 조직하여 조선인 학살에 적극적인 참여를 촉구한 것이다.

이 자경단들 중에는 중국 간도 지방에서 조선독립운동을 억압하기 위해 독립군 소탕활동을 벌이거나 조선인 마을을 습격해 학살을 저지른 자들도 다수 참여했다. 심지어 한국에 잘 알려진 일본의 사상가 우치무라 간조(內村鑑三)까지도 자경단에 참여했다. 이들은 시내와 마을의 요소요소를 지키면서 통행인을 검문해 조선 복장을 한 사람이나, 발음하기 어려운 일본어를 말하게 하고 발음을 잘못하면 조선인으로 간주하여 몽둥이, 칼, 쇠갈고리 등으로 살인을 자행했다. 현재까지 알려진 바에 따르면 당시 무려 6천 명에 이르는 조선인들이 무차별적으로 학살당했다고 한다.

학살된 조선인들은 대부분 살 길을 찾아 일본으로 건너가 탄광 막장이나 철도 노동자로 일하던 빈민들이었다. 이들을 고용한 일본인들은 평소 '조선인은 때리고 부려야 한다'는 구호를 써 붙이고 조금이라도 마음에 들지 않으면 구타를 서슴지 않았다. 경우에 따라 그 폭력을 견디다 못해 사망한 사람까지 있을 정도였다.

이러한 비인간적 처우에 분개한 조선인들은 자신들의 권리를 지키기 위해 일본 사회주의동맹에 가담하여 일본 노동계급과 연대활동을 펼치는 등 다양한 활동을 전개했다. 1922년 5월 1일, 도쿄 시바우라(芝浦)에서 열린 제3회 메이데이에 참가한 조선인 노동자 백무(白武)는 "부르주아에게는 국경이 있을망정, 우리에게 무슨 국경이 있으랴"라고 연설했고, 이에 열띤 반응을 보여준 일본 조선 노동자들 사이에는 점점 더 연대감이 싹트기 시작했다. 이런 움직임은 일본 정부에게는 매우 위협적인 상황으로 여겨졌고, 이를 막아내기 위한 경찰의 탄압도 거세어졌다.

이러한 상황에서 간토대지진이 발생했고, 일본 정부는 지진이 일어난 당일 밤부터 군대의 힘을 빌려 일본 사회주의자들을 난폭하게 검속했으며, 불령선인(不逞鮮人, 조선인을 비하하여 부르는 말)들이 사회불안을 조장하고 있다는 유언비어를 유포하고 급기야 '조선인은 적(敵)'으로 몰아

계엄령의 희생자가 되게 한 것이다.

식민지 상황에서 일어난 일제의 많은 범죄 중 간토 조선인학살사건에 대해 일본 정부는 철저하게 은폐, 왜곡해왔다. 일본 사법당국은 소위 '불령선인(조선인)의 범죄라 하면서도 이름을 모른다거나 이름을 알아도 아직 체포하지 못한 상태라거나 범인이 조선인인지 일본인인지 알 수 없다'는 등의 어린 아이들을 속이는 듯한 발표를 했다. 한편, 6천여 명의 조선인을 학살한 사건에 대해서 단 17건을 다루었고, 징역 3년이 2명, 2년이 5명, 1년이 9명일뿐이었다. 하지만 확인되지 않은 유언비어를 유포했던 정부, 그리고 죄 없는 사람을 적으로 몰아 학살하게 만든 일본 정부는 단 한 차례도 잘못을 시인한 일이 없다.

사건 발생 80주년을 맞은 2003년 8월, 일본변호사연합회가 고이즈미 준이치로 당시 총리에게 일본 정부가 진상조사에 착수하고 책임을 인정하며 피해자와 유족들에게 사죄할 것을 권고하는 문서를 냈지만 일본 정부와 고이즈미 총리는 침묵으로 일관했다. 그러나 이보다 더 안타까운 것은 해방 이후 한국 정부가 단 한 차례도 진상조사를 통해 사실관계를 밝혀낸 일이 없다는 것이다. 그러니 피해자 배상 문제는 말할 것도 없다.

요리이 경찰분소에서 자경단에 의해 끌려나와 학살당한, 경남 울진군이 고향인 엿장수 구학영 씨 묘소에는 한국에서 가져온 소나무로 만든 추도비(塔婆)가 세워져 있다. 여기에는 한국의 청소년과 일본의 간토조선인학살을 연구하는 현장 연구자 등 20여 명의 이름이 길게 이어져 있고, "조선인 학살의 진상규명을 멈추지 않겠습니다"는 약속의 글이 적혀 있다. 한국인이 구학영 씨의 묘소를 찾은 것은 사건 발생 이후 2009년이 8월이 처음이었다고 한다.

:: —— **참혹한 학살의 기억, 난징대학살**

중일전쟁 중에 난징을 점령한 일본군이 중국인을 학살한 사건으로, 중국에서는 난징대도살, 일본에서는 난징사건이라 부른다. 난징대학살은 1937년 12월 13일부터 1938년 2월까지 6주간에 걸쳐 일어났으며, 이로 말미암아 약 40만 명(중국 측 주장)이 희생되었다.

일제는 1937년 7월 중일전쟁을 도발하고 바로 베이징, 톈진 등 북부 주요 도시들을 손쉽게 점령했다. 일본군 수뇌부는 "단 3개월 안에 중국 대륙을 점령하겠다"고 큰소리칠 만큼 기세등등했다. 그러나 상하이 상륙작전 전투가 2~3개월간 장기화될 정도로 중국국민당군의 저항이 거셌다. 1937년 11월 일본군은 막대한 피해를 당하면서 어렵게 상하이를 점령하고, 예정에 없었던 중국국민당의 수도 난징을 향해 진격했다.

난징을 포위한 일본군은 중국군에 투항을 권고했지만, 난징을 지키고 있던 탕성즈(唐生智) 사령관 지휘하의 중국군 15만 명은 투항을 거부했다. 12월 10일, 일본군은 중국군에 '항복하지 않으면 피의 양쯔 강을 만들겠다'는 최후통첩을 보냈고, 중국군은 이를 끝까지 거부함에 따라 일본군은 전면 공격에 들어갔다. 12월 13일, 난징은 함락되었고 피난도 가지 못한 채 남아 있던 50~60만의 난징 시민과 중국군은 공황 상태 속에서 6주간 일본군에 의해 대량학살되었다. 대학살은 1938년 봄에야 비로소 끝났다.

난징대학살의 희생자 수에 대해서 중국 측은 극동국제군사재판(1946. 5. 개정)에서 43만 명이라고 주장했으며, '일본군이 점령하여 처음 6주 동안 난징과 그 주변에서 살해한 총인원이 20만 이상이며, 이는 매장된 시체가 15만 5,000명에 이른다는 사실로 증명된다'는 판결이 났다. 이 재판에 제출된 자료에 따르면, 자선단체 두 곳이 난징에서 장례를 치른 유기 시체만 15만 5,337구(그중 어린이 859구, 부녀자 2,127구)였으며, 그 밖에 양쯔 강에서도 대량의 시체가 발견되었다고 한다.

일본군의 중국인 학살은 기총에 의한 무차별 사격과 생매장, 또는 휘발유를 뿌려서 불태워 죽이는 등 매우 잔학한 방법으로 자행되었다. 부녀자에 대한 강간과 약탈, 방화(시내의 약 3분의 1이 소실됨)도 일삼았다. 일본군은 중국인뿐만 아니라 중국인을 도와준 미국·영국·독일 등의 외교관 저택과 병원·학교·교회도 약탈했다.

전후 극동국제군사재판에서 당시 일본군 총사령관 마쓰이 이와네(松井石根)가 난징대학살의 책임자였다는 사실을 밝혀내고 그를 사형에 처했다. 1946년 8월에 속개된 난징전범재판에서도 난징대학살에 가담한 일본군들을 B·C급 전범으로 분류하여 처벌했다. 그 결과 당시 제6사단장 하세 히사오(長谷壽夫)를 포함한 여러 명이 사형되었다. 중국인들은 지금도 난징대학살기념관을 통해 당시의 치욕과 고통을 잊지 않기 위해 노력하고 있다.

70

우리나라의 독립운동을 도운 일본인은 없었을까?

일제강점기 식민지 조선에서, 그리고 해외에서 독립운동을 하는 조선인을 도운 일본인도 있다고 한다. 이들은 왜 조선인을 도왔으며, 구체적으로 어떤 도움을 주었을까?

Q

일제시기에 목숨을 걸면서까지 우리나라의 독립운동을 도운 일본인은 그리 흔치 않다. 물론 고토쿠 슈스이(幸德秋水)나 사카이 도시히코(堺利彦) 같은 사회주의자들은 러일전쟁을 반대하고 뒤이은 일본의 대외 침략을 강하게 비판했으며, 그 연장선에서 조선에 대해 동정심을 가지기도 했다. 그러나 그들이 우리나라 독립운동에 직접 도움을 준 일은 없었다. 아마도 당시에 일본인으로서 우리나라 독립운동가들과 지속적으로 교류하면서 재정적인 후원을 하거나 독립운동에 직접 참여하기란 여간 어려운 일이 아니었을 것이다. 조선인의 독립운동을 돕는 활동은 이른바 '치안유지법'에 저촉되는 일인 데다가 사회적으로도 조선인을 멸시하는 분위기가 팽배했기 때문이다.

그런데 이러한 분위기 속에서도 우리나라 독립운동을 열성적으로 도왔고, 그 공로로 건국 훈장(애족장)까지 받은 일본인이 있다. 후세 다쓰지(布施辰治)라는 인권변호사가 바로 그 주인공이다. 사람들은 그를 독일 나치 치하에서 죽어가던 유대인들을 도운 쉰들러(Schindler)에 비유해 '일본인 쉰들러'라고도 부른다. 실제로 일제강점기 조선인 독립운동가들은 각종 인쇄물에서 후세를 가리켜 "우리의 변호사 후세 다쓰지"라고 칭하며 존경심을 아낌없이 나타내기도 했다. 그는 자신의 묘비명에 쓰인 대로 "살아야 한다면 민중과 함께, 죽어야 한다면 민중을 위하여" 삶을 살았다.

후세 다쓰지는 일본 미야기 현 출신으로 메이지대학을 졸업하고 변호사로 활동하였다. 그는 일본 내에서도 차별받는 노동자 등을 변호하는 데에 앞장섰고, 조선과 타이완 등 식민지에서 벌어지는 민족운동에도 관심을 두었다. 일제의 한국병합을 제국주의 침략으로 규정하기도 했던 그는 1911년에 〈조선의 독립운동에 경의를 표함〉이라는 글을 발표한 일로 경찰에 끌려가 조사를 받기도 했으며, 1919년 재일조선 유학생들이 2·8 독립선언을 발표한 직후에 그 주역인 최팔용, 송계백 등의 변호를 맡은 바 있다. 이외에도 그는 일본 황궁의 니주바시(二重橋)에 폭탄을 던진 김지섭의 변호를 자청했으며, 동양척식주식회사가 농민들에게 빼앗은 땅의 반환 소송을 맡기도 했다.

후세의 활동 중 가장 유명한 것이 조선공산당 사건 당시 그 변호를 맡은 일이었다. 후세는 공산당 사건을 '조선 동포 전체의 사건'으로 간주하여 조선의 독립운동을 정당한 것으로 바라보았고, 사건 관련자 모두에게 "여러분이 왜 이번 공산당 사건에서 검거되었는지를 생각했습니다. 저는 공산당 사건의 중대한 의의를 잘 알고 있습니다. 저는 도저히 잠자코 있을 수 없습니다. 설령 아무런 도움이 되지 못하더라도 법정 투쟁과 항의에 협력하는 일이 제 의무임을 통감합니다. 따라서 저는 여러분의 공판법정에 서서 제 성의를 피력하겠습니다"라는 편지를 발송할 정도로 조선인에게 애정을 표했다.

후세는 법조 활동뿐 아니라 간토대지진이 발생했을 당시 일본 관헌의 조선인 학살사건에 대한 조사활동에 주력했고, 조선인 유학생이 주최한 추도회에서도 학살행위를 맹렬히 비판했다. 그는 조선인 학살에 대해 당국의 태도를 비판하면서 "생각하면 생각할수록 너무나도 무서운 인생의 비극입니다. 너무나도 가혹한 비극이었습니다. 특히 그중에는 조선에서 온 동포의 마지막을 생각할 때, 저는 애도할 말이 없습니다. 또 어떤 말로 추도하더라도 조선 동포 6천여 명의 영령은 만족하지 않을 것입니다. 그들을 슬퍼하는 천만 개의 추도의 말을 늘어놓는다 하더라도 무념에 가득 찬 그 사람들의 마지막을 추도할 수 없을 것입니다"라고 말했다.

일본 정부는 후세의 활동이 정부에 맞서는 것으로 간주하여 한동안 변호사 자격을 정지시키기도 했다. 그러나 일본 패전 이후 후세는 자유법조단을 결성하여 변호사 활동을 재개할 수 있었다. 조선인의 인권을 보호하는 데 적극적으로 앞장서 온 후세는 1953년 만 72세로 세상을 떠났다. 지금도 그는 '일본 사회운동의 맹장'이자 한일연대의 상징, 식민지 민중의 벗으로 기억되고 있다.

후세 외에 미야케 시카노스케(三宅鹿之助)도 우리나라 독립운동을 도운 인물로 유명하다. 타이완에서 자란 미야케는 1924년에 도쿄제국대학을 졸업한 후 경성제국대학 교수로 부임하여 경제학을 가르치면서 조선인 학생들과 사회주의 이론을 공부하는 한편 1930년대에 조선공산당을 재건하는 운동에 관여한 바 있다. 그는 오랫동안 사회주의 활동을 같이 하던 이재유가 수감소에서 탈출하자 자기의 집 마루 밑에 굴을 파고 은신처를 마련해주기도 했다. 그의 도움으로 건강을 회복한 이재유는 곧

바로 운동을 재개했고, 체포를 면한 동료들을 찾아 다시 한 번 사회주의 운동에 뛰어들 수 있었다. 미야케는 일제 경찰로부터 조선의 독립운동을 도와준다는 의심을 받아 오랫동안 감시를 받아야 했으며 1934년에는 검거되기도 했다. 이후 일본으로 돌아가 도호쿠대학에서 정년 퇴임한 것으로 알려졌다.

그 밖에 1920년대 소작쟁의가 일어났을 때나 독립투사들의 재판이 벌어졌을 때 무료로 변호를 맡은 일본 변호사가 여럿 있었으며, 독립운동 단체들과 연계해 연락 임무를 맡은 일본인도 있었다.

71

농촌을 떠나 도시로 온 사람들은 행복했을까?

일제강점기 농촌을 떠나 도시로 온 사람들은 어떻게 살았을까? 대부분 도시빈민층을 형성했다고 하는데, 이들이 농촌을 떠나 도시의 빈민으로 전락하게 된 까닭은 무엇일까?

Q

1920년의 조선총독부 통계에 의하면 식민지 조선에 살고 있는 사람의 90%는 농사를 업으로 해서 살아가는 농민들이었다. 조선인은 대개 농사꾼의 자식으로 태어나 농사꾼으로 살아가는 것을 숙명으로 받아들였다.

식민지 시기 농민들의 생활은 그리 넉넉한 편이 아니었다. 토지를 소유하지 못한 채 남의 땅을 빌려 농사를 짓는 소작인이 전체 농가의 80%에 이를 정도로 농지 소유 구조가 왜곡되어 있었던 데다가 소작인 대다수가 한 해 수확량의 60~70%에 이르는 높은 소작료를 지주에게 납부해야 했기 때문이다.

1920년대에 이르러 일제가 자국의 식량 문제를 해결하기 위해 조선에서 산미증식계획을 실시함에 따라 농가 수지는 더욱 악화되기에 이르렀다. 조선총독부가 '미곡 생산 증진'이라는 명분 아래 수리조합비, 비료 대금 등 각종 부담을 농민들에게 떠넘겼고, 그 탓에 농가 지출이 늘어났다. 이렇게 생활이 어려워지자 가난한 농민들은 정든 고향을 버리고 만주로 살 길을 찾아 떠나거나 도시로 흘러들어가 그야말로 '하루 벌어 하루를 먹고 사는' 고달픈 삶을 이어나갔다.

1920년대에 농촌을 떠나 도시로 유입되는 인구가 많아지면서 경성을 비롯한 대도시 주변에는 '토막촌(土幕村)'이라 불리는 마을들이 속속 들어섰다. '토막'이란 집 없는 빈민들이 공터에 만들어놓은 움막이나 움집을 이르는 말이다. 도시로 흘러들어온 농민들의 상당수는 살 집을 구하지 못하고 도시 주변의 인적이 뜸한 곳에 모여 허름한 움집을 만들어 살았다. 당시 경성 등 대도시의 집값은 미곡 판매로 돈을 벌어들인 지주들이 너 나 할 것 없이 투기에 나서는 바람에 급격히 상승했다. 도시 인구 증가에 따른 집값 상승을 예측하고 가진 돈을 집 사들이는 데에 투자했기 때문이다. 비싼 집값 탓에 무작정 도시로 이주한 가난한 농민들은 살 곳을 구하지 못하고 토막촌으로 흘러들어갈 수밖에 없었다.

경성 주변에 자리 잡은 토막촌으로 숭인동, 창신동, 신당리(지금의 신당동) 그리고 마포 도화동과 지금의 용산 청파동인 청엽정 일대가 유명했다. 이곳 주민들은 인력거꾼, 공사장 인부, 지게꾼이나 공장·상점의 일용직 잡부 등으로 생업을 이어갔는데, 신당리 일대에는 특히 넝마주이와 걸인이 많았다고 한다.

이렇게 도시로 이주한 사람들 가운데 일용직, 무직자가 많았던 것은 취직할 곳이 없었기 때문이다. 당시 언론도 "공장 공업의 발흥으로 노동력의 수요가 증대되어 농촌의 장정과 청년을 유인하는 것은 아니다"(《동아일보》, 1927년 4월 12일자)라고 하여 2, 3차 산업의 경기가 좋은 탓에 농민들이 도시로 몰려드는 것이 아니라 단순히 농촌의 궁핍을 벗어나기 위해 도시로 향한다고 꼬집은 바 있다. 실제로 당시 통계에 의하면 도시로 이주한 농민의 50% 정도는 공사장 인부나 일용직 잡부로 취업했고, 도회지에 정착하지 못하고 중국이나 만주로 다시 옮겨간 사람도 20%에 이른다.

토막민들의 삶은 그야말로 '극빈' 그 자체였다. 쌀 한 가마니 가격이 20원 정도였던 1930년대에 토막민들은 채 10원도 되지 않는 수입으로 한 달을 근근이 버텨나가야 했다. 수입이 적은 탓에 토막민의 아이들은 대개 제대로 된 교육을 받지 못하고 부모의 가난을 대물림했다.

한편 1930년대에 접어들어 경성에 불어 닥친 '문화주택' 건축 열기로 이들 토막민들은 많은 피해를 당했다. 일제의 만주침략과 중일전쟁으로 잠시 활발해진 경기를 타고 갑자기 등장한 떼부자들을 대상으로 이른바 '문화주택'을 지어 분양하는 일이 잦아지면서 토막민들이 살던 땅은 '개발'의 소용돌이에 휩쓸렸다. 토막촌의 대다수는 경성부 공유지 혹은 국유지에 들어서 있었는데, '문화주택' 분양 열기를 타고 거액을 벌어들일 욕심에 경성부가 그 땅을 팔아넘기는 경우가 적지 않았다. 돈 많은 일본인을 대상으로 땅 장사에 나선 경성부는 투자 가치를 높이기 위해 그 땅에 흘러들어온 토막민들을 몰아냈다. 이렇게 집을 잃은 빈민들은 경성부가 마련한 이른바 '집단 이주지'로 생활의 터전을 옮기거나 걸인이 되어 떠돌아다녔다.

72

::

모던걸과 모던보이의 도시, 경성은 어떤 곳이었을까?

일제강점기에도 모던걸과 모던보이가 있었다는데, 어떤 사람들이 모던걸이고 모던보이였을까? 이들은 어떤 삶을 누렸을까? 경성을 누비던 이들의 유희활동과 여가생활은 어떠했을까?

Q

개항 이후 이 땅에 빠르게 확산된 이른바 '모던' 문화는 감수성 예민한 청년층을 중심으로 급속히 확산되어 '모던껄'과 '모던뽀이'가 등장했다. 외세에 대한 거부감 때문에 '모던'에 거부감을 보이던 조선인들은 일제강점기에 접어들어 물질문화의 세례를 받아 서양 외모와 패션을 거리낌 없이 수용하기 시작했다. 전문학교 재학생 이상의 청년층 중에는 양장을 차려입거나 머리를 짧게 자르는 것이 유행처럼 번졌는데, 그 유행의 첨단에 서 있던 이들을 당시 조선인들은 '시대를 선행하는 사람'이라는 뜻에서 '모던껄' 혹은 '모던뽀이'라고 불렀다.

'모던껄'들은 대개 트레머리(가르마를 타지 않고 뒤통수 한복판에 틀어 붙인 머리)를 하고 통치마와 저고리를 입었으며, 여기에다 구두와 양산, 손가방, 손목시계 등을 액세서리 삼아 치장하는 것이 보통이었다. 그들의 패션은 대개 한복과 양장이 절충된 스타일을 고수하는 데에 머무르는 편이었다. 그러나 치마가 예전보다 짧아지고 무릎이 드러나 기성세대와 언론의 비판을 집중적으로 받곤 했다.

패션뿐만 아니라 요즘 표현으로 '라이프스타일' 면에서도 '모던껄'들은 남다른 면모를 보였다. 레코드와 '활동사진' 감상을 취미로 삼는다거나 친구들과 카페나 요릿집에 모여 앉아 유행을 논할 정도가 되어야 진정한 '모던껄'이라는 말이 나돌았다.

'모던뽀이' 역시 '모던껄'과 같이 유행을 선도하는 계층이었다. "톱니같이 삐죽삐죽한 맥고모자를 기울여 쓰고 상아로 치장한 단장(짧은 지팡이)을 팔에 걸고 하얀 분가루를 목까지 바르고 새빨간 목도리와 조끼 같은 짧은 저고리에 나팔바지 입으면 모던뽀이"라는 평이 있었던 것으로 보아 당시 조선인들은 한복을 벗어던지고 바지와 짧은 조끼로 멋을 낸 신사를 '모던뽀이'라 불렀다.

'모던껄'과 '모던뽀이'가 등장할 수 있었던 것은 경성 등의 도시를 중심으로 소비문화가 어느 정도 확산되어 있었기 때문에 가능한 일이었다. 1920년대 후반 무렵 일본을 거쳐 자본주의적 소비문화가 빠르게 유입되면서 경성에는 백화점과 영화관, 카페가 생겨났고 그동안 볼 수 없었던 각종 문화상품들도 넘쳐났다. 경제적으로 여유가 있던 엘리트층들은 그해의 유행 패션과 유명 영화배우의 옷차림새를 소개하는 잡지를 통해 각종 유행 정보를 재빨리 흡수했다. 주머니 사정이 여의치 않은 사람들이라고 하더라도 실크스타킹이나 화장품, 중절모 등을 어렵사리 구하여 몸을 치장했다.

유럽과 일본식 소비문화는 고급 상점과 백화점, 유흥업소가 즐비했던 경성의 남촌(청계천 남쪽 지역으로 일본인들이 주로 거주하던 곳)을 중심으로 퍼져 나갔다. 남촌에는 일본 제일의 백화점으로 유명한 미쓰코시 백화점 경성 지점, 미나카이 백화점 등이 자리 잡고 있었는데, 도쿄 중심가에 뒤지지 않는 화려함을 자랑하던 이들 백화점과 고급 상점은 일본의 최신 유행이 소개되고 소비되는 통로로 기능했다.

이렇듯 '모던' 문화가 급속히 확산되었다고는 하지만 대다수 조선인들은 이러한 유행과 소비문화에서 한 걸음 비켜 서 있었다. '모던껄'에게 없어서는 안 될 멋쟁이 구두 한 켤레 가격이 쌀 두 가마에 이를 정도여서 평범한 조선인들이 그 유행을 따라가기란 쉬운 일이 아니었다. 경성에서도 조선인들이 주로 거주하던 북촌(청계천 북쪽 지역을 중심으로 펼쳐진 조선인 거주 지역)은 남촌의 화려함과 비교해 초라하기 짝이 없었고, 조선인이 경영하는 최고의 백화점이라고 불리던 종로 1가의 화신백화점도 초기에는 넉넉지 못한 조선인들을 상대로 물건을 판매하는 데에 애를 먹었다. 화려한 소비문화는 부유한 일본인과 일부 조선인 '부유층', 그리고 서양식 소비문화를 동경하는 청년들의 전유물이었다.

73

일제강점기 우리의 의식주 생활은 어떻게 변화했을까?

일제강점기 일본과 서양의 문화가 들어오면서 조선 사람의 생활에도 변화가 많았을 텐데 가장 큰 변화는 어떤 것들이 있을까?

Q

급속한 외래문화의 유입으로 식민지 조선의 사회 분위기는 빠르게 변화해갔다. 조선인들의 일상생활에서 그 변화가 눈에 띄게 감지된 것은 단발과 간편한 옷차림새였다. 단발과 서양식 의복이 도입된 것은 한말 개항기부터였지만, 당시 조선인들은 단발과 새로운 의복을 큰 충격으로 받아들였고, 그에 거부감을 표시하는 경우도 많았다.

1895년 11월 단발령 공포 당시 조선 정부는 '의관제도에 관한 건'을 발표하여 '외국의 의복을 사용하여도 무방하다'는 내용의 정부 방침을 밝힌 바 있다. 단발령에 대한 거부감이 광범위하게 퍼져 있던 당시에 사람들은 서양식 복장을 차려입는 것을 그다지 달가워하지 않았다. 그런데도 정부는 1900년에 '문관복장규칙'을 공포하여 관리들의 복장을 모두 서양식으로 바꾸도록 했고 고종 황제가 직접 단발을 하고 서양식 복장을 차려입기 시작했다.

서양식 복장을 갖추어 입는 풍습은 일제강점기에 들어와 일반에 조금씩 퍼져 나갔다. 강점 직후인 1910년대에 접어들어 단발을 하는 사람은 그 수가 이전보다 많이 늘어났다. 그러나 양복을 차려입는 사람들은 여전히 도시의 엘리트층에 국한되어 있었고, 여성의 경우에는 직업여성이나 '모던걸'이라 불리는 소수의 사람들을 제외하고는 대부분 한복을 차려입었다.

양복 등 서양식 복장은 1920년대에 더욱 널리 확산되었다. 이때에 이르러 도시민은 양복이 아니라 하더라도 간편한 바지와 셔츠를 즐겨 입기 시작했고, 농촌에서는 백의(白衣) 대신 색의(色衣, 검정 옷)를 입는 사람들이 늘어났다.

일제는 조선인들이 백의를 입는 풍습을 가진 데 대해 "때가 묻으면 사람들의 눈에 보이기 쉬운 고로 남에게 추한 모양을 보이지 않으려고 자주 빨아 입는데, 옷을 자주 빨아 입으면 빨래 값이 적지 않을 것"(《매일신보》, 1913년 2월 7일자)이라고 지적하며 색의를 입어 세탁 비용을 절감해야 한다고 강조했다. 이러한 주장은 조선인을 '비문명적'이고 불결한 민족으로 바라보는 시각에 근거한 것이다. 당시 일제는 자신들의 식민 통치를 이른바 '문명'을 전파하기 위한 '선의의 행동'으로 미화했는데, 그러한 이데올로기가 작동하는 한, 조선인들에게 소위 '비문명적'인 풍습을 개선하라는 지적은 식민 통치의 정당함을 이미지화하고 구축하는 데 유용했다.

조선인 지식인들도 색의 착용을 장려하는 데에 의견을 같이하고 있었다. 어느 유학생은 조선인이 입은 백의를 "눈엣가시와 같은 것으로 …… 흰옷에 때가 새까맣도록 입고 뭉개는 꼴은 참으로 못 볼 일"(김성, 〈혼돈, 4년 만에 고국에 돌아와서〉, 《개벽》 39호, 1923)이라고 말하며 색의를 입어 좀 더 위생적인 복식을 갖추자고 주장하기도 했다.

백의를 입지 말자는 캠페인은 1930년대 생활개선운동의 하나로 더욱 적극적으로 추진되었다. 각지에 색복장려회라는 위원회가 설치되었고, 장날마다 염색법을 가르치는 강연회가 열렸다. 어떤 지역에서는 면 직원들이 길거리를 돌아다니며 백의를 입은 사람들에게 물총으로 검정 물을 뿌리며 "색의를 입으라"고 외쳐대는 일도 있었다. 이런 노력 탓인지 조선인들의 옷 색깔은 점차 흰색에서 검정, 갈색 등으로 변해갔다. 도시에서는 양복이 유행하고, 농촌에서는 짙은 색깔의 '개량 한복'이 일상화되어갔다.

한편 주택문화도 크게 변했다. 일본이나 미국을 다녀온 사회 저명인사들은 저마다 조선의 전통 가옥이 살기 불편하고 비위생적이라는 데에 의견을 같이했고 그런 사람들을 중심으로 '문화주택'을 보급하자는 논의가 활발히 일어났다. '을사5적'의 한 사람으로 유명한 이완용은 "조선식 가옥에서 가장 큰 문제점은 부엌의 정결치 못함이다. 부엌은 실로 위생에 위험한 줄 알고 나는 먼저 내 가정에서 그 개량을 시험하기 위하여 엄중한 감독하에 여러 가지로 힘을 들이고 있다. 그래서 부득이 지금 있는 양옥집을 건축하고 식사는 요리사를 고용하여 항상 서양 음식을 먹기로 했다. …… 조선의 가정이라는 것은 가정과 가정 사이에 내지인(일본인)이라든지 서양인에 비해 교제가 빈번하지 아니하므로 집 구조도 바꾸어야 한다"(《매일신보》, 1915년 8월 26일자)라고 하여 전통 가옥 부엌의 불결함, 가족들이 모여 교제할 응접실이 없음을 신랄하게 비판했다. 이러한 시각은 일본인의 통치에 순응해서 '문명화'의 길을 걷자는 식의 상투적 논리에 불과했지만 의외로 많은 지식인이 이에 공감을 표시하고 있었다.

조선의 주택은 불결하고 양옥은 위생적이라는 의식은 '문화주택'을 둘러싼 이상 열기로 이어졌다. 1915년 일제가 강점 5주년을 기념해 경복궁에서 개최한 물산공진회(일종의 박람회) 당시 일제는 '문화주택' 전시관을 따로 만들어서 이른바 '문명인이 생활하는 '주택', 즉 '문화주택'을 선전한 바 있다. 당시에 소개된 '문화주택'은 "부엌과 주부실(주부의 방), 양로실(노부모가 계시는 방), 시비실(하녀들의 숙소)이 모두 갖추어진 집으로, 유리창으로 햇빛이 들어오고 정원과 화장실을 갖춘 집이었다"(《매일신보》, 1915년 8월 31일자)라고 소개해놓았다. 이 '문화주택'은 당시 일본에서 유행하던 집을 그대로 본뜬 것에 불과했지만 비교적 깔끔하고 현대적이라는 이미지를 얻으면서 급속히 유행하기 시작했다.

이렇게 만들어진 이상적인 '문화주택'상은 급속히 대중의 뇌리에 파고들었다. 1930년대에 이르러 도시민들은 누구나 '문화주택'에 사는 꿈을 가지게 되었고, 그러한 열기에 편승하여 신당동, 용산, 남산 기슭 등지에 '문화주택'촌이 들어섰다. 그러나 멋들어진 양옥집에 살 수 있는 경제력을 가진 사람들은 대지주, 총독부 관리 등 일부 특권층을 제외하면 그리 많지 않았다. 대다수 서민들은 방 한 칸짜리 집을 구하기도 쉽지 않은 형편이었다. 빈부격차가 극심하던 식민지 시기 보통의 조선인들은 온갖 신식 문화를 그저 그림의 떡처럼 바라보는 것에 만족해야 했다.

74

일제강점기 식민지 조선에서도 일본 돈을 사용했을까?

식민지 조선에서는 어떤 화폐가 통용되었을까? 일본의 식민지이기 때문에 일본 엔화가 사용되지는 않았을까?

Q

일제강점기 식민지 조선에서는 1911년 설립된 조선은행이 발행한 조선은행권이 사용되었다. 식민지 조선에서 사용되는 화폐를 발행할 수 있는 중앙은행이 따로 있었던 셈이다. 조선은행권 지폐에는 일본어로 '이 지폐는 금화 또는 일본은행권으로 교환이 가능하다'고 적혀 있었다. 조선은행권을 액면 가치만큼의 금화나 일본은행권으로 교환해준다는 뜻이다. 이 말은 조선은행이 조선은행권을 발행하기 위해서는 그만큼의 금화나 일본은행권을 보유하고 있어야 한다는 의미이기도 하다.

조선보다 앞서 일본의 식민지가 된 타이완에서도 1899년 중앙은행인 타이완은행이 설립되었다. 그러나 타이완은행권은 은이나 금과 교환되는 화폐였고, 1937년에야 비로소 일본은행권과 교환될 수 있었다. 조선은행권과 타이완은행권의 이러한 차이는 왜 생겼을까? 그것은 일제가 식민지 조선의 지배 비용을 금화로만 발행 준비를 하기 힘들었기 때문에 일본은행권도 발행 준비에 포함했던 것이다. 즉, 일본 엔화를 보유한 만큼 조선은행권을 발행할 수 있게 한 것이다.

조선은행권과 일본은행권의 환율은 조선은행권 100원이 일본은행권 100엔과 교환되는 등가였다. 이는 곧 일본과 식민지 조선 사이에는 환율 장벽이 없었다는 의미이다. 그런데 일제강점기 조선인이 조선은행권을 금화나 일본은행권으로 교환을 요구한 경우는 거의 없었다. 주로 일본인이 식민지 조선에서 벌어들인 조선은행권을 일본에서 일본은행권과 교환을 했다.

그렇다면 일본 제국주의는 왜 식민지 조선에서 일본은행권과 등가인 조선은행권을 따로 발행했을까? 그것은 일제가 식민지 조선에서 일본은행권을 사용하다 식민지 조선의 경제가 불안해지면 그 영향이 고스란히 일본 경제에 파급될 것을 두려워했기 때문이다. 결국 조선은행권은 식민지 조선의 경제적 불안을 회피하는 대신 식민지 지배 비용을 마련하고 경제적 지배력을 강화하기 위한 수단이었다. 이러한 방식은 일본 제국주의가 이후 확보한 식민지 지역에서도 실시되었다. 만주국의 만주중앙은행이나 중국연합준비은행은 조선은행권을 발행 준비로 은행권을 발행했다.

일제강점기에는 지폐와 함께 주화도 발행되었다. 대한제국기에 사용되었던 주화는 1920년 12월 말까지 통용이 인정되었고, 이후 전액 수거되었다. 그러나 엽전의 경우 그 원료인 구리가 비교적 값이 나가는 물건이었기 때문에 어느 정도 가치를 유지할 수 있었다. 엽전은 농촌 지역의 장시를 중심으로 서민들 사이에서 조금씩 통용되었다.

75

식민지 조선의 일본인은 어떻게 살았을까?

식민지 조선에는 '내지인(일본인)'이 80만 명이나 살았다고 한다. 어떤 사람들이 식민지 조선으로 들어와 살았고, 그들은 식민지 조선인을 어떻게 생각했을까?

Q

개항 이후 일본인들은 조선으로 건너와 일본인 사회를 형성하기 시작했는데, 그 속도가 매우 빨랐다. 1876년 부산 개항 직후 54명에 불과하던 거류 일본인은 원산 개항 이후인 1881년에는 3,417명으로 늘어났다. 1883년에는 인천 개항과 더불어 4,003명, 1894년에는 청일전쟁의 승리로 1만 2,303명으로 각각 증가했다.

조선에 거주한 일본인은 러일전쟁이 발발한 1904년에는 3만 1,093명으로 증가했고, 일본의 조선 지배가 확실해진 1905년에는 1년 전보다 1만 명이 늘어난 4만 2,460명에 이르렀다. 일본인은 이후에도 꾸준히 증가하여 1910년 강점 당시에는 17만 명을 넘었고, 식민지 통치 말기인 1944년에는 일본의 작은 부현(府縣) 정도의 규모에 이르는 90만 명을 돌파했다.

초기의 일본인 인구 구성은 남녀 차가 컸다. 1900년 조사 자료에 의하면 남성 100명에 대해 여성이 80명에 그칠 정도로 여자의 수가 적었는데, 이는 일본인 이주자의 다수가 가족을 동반하지 않은 채 홀로 조선으로 넘어왔기 때문이다. 직업 구성도 특이했다. 공무와 자유업의 비중이 특이할 정도로 커서 각 시기를 통해 20~40%를 차지했다. 농림과 목축업은 10%에도 미치지 못했고, 일본의 만주침략 이후에는 어업과 제염업도 감소하는 경향을 나타냈다. 광공업 종사자도 크게 늘어나지 않았다. 광공업 종사자는 만주침략 이후 침략전쟁의 확대로 말미암아 조선의 대륙병참기지화를 추진하던 시기에 이르러 비로소 늘어나기 시작했다.

일본인 이주자의 대다수는 주로 도시에 집단적으로 거주했고, 자신들의 거주 영역을 좀처럼 벗어나지 않았기 때문에 조선인과 대면하는 일이 거의 없었다. 그들은 자신들만의 세계에서 일상생활을 영위했으며 당국에서조차 우려할 정도로 편견과 멸시에 가득 찬 눈길로 조선인을 대했다. 1933년 조선헌병대사령부는 《조선 동포에 대한 내지인 반성자록》을 펴내면서 "조선 통치의 평온을 깨뜨리며, 조선의 인신(人身)을 문란케 하는 것은 소위 공산주의사상도 사회주의기구도 독립사상도 아니다. 무사려, 무분별한 내지인의 경솔한 언동이다"라고 언급하며 일본인의 '자각'을 촉구하기까지 했다. 실제로 당시에는 "일본인이라고 여기고 정성껏 이발을 해준 후 비로소 조선인이라는 것을 알게 되자 태도를 바꾸어 욕을 퍼부었다"거나 "일본인이 정거장 대합실에 앉아 있는 조선인들을 걷어차며 자리를 양보하라고 했다"는 등의 소문이 나돌았다. 심지어 조선인이라는 이유 하나 때문에 진찰을 거부한 의사가 있을 정도였다. 조선인들은 물건을 팔 때에도 수모를 감수해야 했다. 일본인들은 조선인 상인의 물건이라면 무턱대고 "그거 훔친 것이 분명할 터이니 돈을 줄 수 없다"거나 "너희들과 나는 신분부터 다르다"며 폭언을 퍼부어댔다.

이처럼 조선에 살던 일본인은 조선인을 멸시하며 지배자 행세를 했다. 그들은 대부분 관리이거나 군인, 아니면 지주, 자본가였으며 스스로를 식민지 개척의 '첨병'으로 자처하면서 경제적으로 안정된 생활을 영위했다. 그러나 그들이 누리던 부는 대부분 조선인들의 땅을 빼앗아 쌓은 것이거나 식민 지배의 결과로 만들어진 불평등한 사회구조 덕분에 가능할 수 있었다.

76

일제는 왜 민족말살정책을 실시했을까?

1930년대 후반 일제는 우리의 글과 말을 금지시키고 신사참배를 강요하는 등 민족적 자존심을 무참히 짓밟았다. 민족말살정책이란 과연 무엇이고, 일제가 이런 정책을 실시한 이유와 시대적 배경은 무엇일까?

Q

서구 제국주의 국가들은 원료 공급지와 상품 시장을 찾아 아시아·아프리카 지역을 식민지로 만들면서 근대 문명의 세례를 받지 못한 '야만의 땅'을 '문명화'시킨다는 논리로 침략과 식민 지배를 정당화했다. 그러나 일본은 유사한 문화와 역사적 경험을 가진 주변 동북아시아 지역을 식민지로 만들었기 때문에 '문명화' 논리만으로 식민 지배를 정당화할 수 없었다. 일본 제국주의는 단순한 '문명화'를 넘어 식민지 민중을 '심리적으로까지 일본인으로 만들고, 일본에 대한 융화 친선의 사상 감정을 함양'케 하는 '동화(同化)'를 추구했다. 그러나 동화를 당하는 식민지 피지배 민족의 입장에서는 이것이 자신들의 정체성을 제거당하고, 일본의 2등 국민이 되어야 하는 '민족말살정책'이었다.

동화주의에 입각한 일제의 식민 통치 방침은 우가키 가즈시게(宇垣一成) 총독 시기 '내선융화(內鮮融和)'를 거쳐 일본의 침략전쟁이 본격화되는 1937년 중일전쟁을 전후하여 '내선일체'론이 대두하면서 더욱 강화되었다. '내선일체론'은 1936년 8월 총독으로 부임한 미나미 지로(南次郎)가 새로운 조선 통치 이념으로 제시하여 이후 민족말살정책을 뒷받침하는 논리가 되었다. 일제는 조선인들이 진정한 '황국신민'으로서 '대동아공영권'의 추진력이 될 것을 요구했다. 즉, 조선인을 기꺼이 천황을 위해 죽을 수 있는 '일본인'으로 만들고자 했다.

'내선일체'라는 논리로 조선에서 시행된 민족말살정책은 일제 동화주의가 극대화된 것이었다. 일제는 역사적으로 "일본인과 조선인은 원래 하나"라고 외치면서도 조선인이 천황에게 충성을 다하는 이른바 '황국신민'이 되어야 비로소 '하나'가 될 수 있으며, 그 이전까지는 조선인에 대한 차별이 당연하다는 것이다. 즉, 조선인에 대한 각종 차별은 '없애서는 안 될 이유가 있기 때문에 완전히 폐지할 수 없다는 것'이었다. 이처럼 '황국신민화'는 식민지 조선인에 대한 차별을 합리화하는 논리였다.

침략전쟁이 확대되면서 일제는 식민지의 모든 자원을 동원해야 할 필요성을 크게 느꼈다. 이에 조선인이라는 민족의식을 버리고 모두 천황의 적자라는 황국신민 의식을 가질 수 있도록 사회제도는 물론 일상 구석구석까지 이를 위한 정책을 마련해갔다. 먼저 국민정신총동원운동(1938), 국민총력운동(1940)이라는 관제운동을 실시하여 동원체제를 구축해나갔다. 마을마다 '내선일체'라고 쓰인 포스터가 붙었으며, 하루에 한 번(정오) 천황이 살고 있는 도쿄를 향해 허리를 숙여야 했으며, 황국신민서사를 외워야 했다.

이와 함께 1938년 제3차 조선교육령을 발표하여 '황국신민' 완성을 위한 교육의 기본방침을 마련했다. 조선의 문화, 역사, 정신, 관습을 말살하기 위해 언론 통제, 조선어 말살, 창씨개명 실시, 신도(神道) 양양, 내선

통혼 등을 강요했다. 학교교육에서 조선어 교육을 완전히 배제시키고, 조선어 신문 폐간, 국어(일본어) 상용운동 등을 통해 조선어 사용을 전면 금지하고 일본어 사용을 강요했다. 나아가 창씨개명을 통해 조선인의 가족제도 및 혈통 관념마저 부정했고, 종교도 일본의 신도를 믿도록 강요했다. 또한 조선인과 일본인의 결혼을 장려하는 결혼정책을 펴기도 했다.

이러한 민족말살정책 시행은 바로 징병제 실시를 위한 포석이었다. 징병제는 조선인의 완전한 일본인화가 이루어져야 가능한 것으로, 소위 '천황의 군대'라는 일체성 확립을 위해 일본 천황을 신으로 모시고, 모두 일본어 명령을 알아듣고 따라야 하며, 일본식 씨명을 가진 자들만으로 구성되어야 한다는 것이다. 특히 조선인들의 저항 의지가 살아 있는 한 저항의 무기가 될 수 있는 총기를 지급할 수 없었다. 따라서 '천황'에게 충성을 다하는 조선인을 만들어내야 했다.

1938년 육군특별지원병제도를 실시하여 조선인의 병력 동원이 시작되었지만, 지원병의 자격요건을 엄격히 적용함으로써 일제가 병력으로 필요로 하는 조선인의 황민화 모범 사례를 제시하는 수준이었다. 그러나 1941년 아시아·태평양전쟁 도발로 병력 부족이 심각해지자 조선에 징병제 실시가 결정되었다. 이에 대해 일제는 조선인의 내선일체화 작업이 완성되어 비로소 숭고한 병역의 의무가 부여되었다고 선전했다.

일제는 '내선일체', '황국신민'이라는 명분 아래 조선인을 전쟁에 동원하여 천황을 위한 총알받이가 되도록 강요했지만, 여전히 조선인들의 사회적, 정치적인 권리에 대해서는 철저히 배제하고 차별했다. 이것이 바로 내선일체에 입각한 동화의 본질이며 민족말살정책의 목표였다.

77 :: 황국신민화 교육이란 무엇인가?

1930년대 후반부터 일본은 황국신민화 교육을 실시했다. 그전 시기와는 어떻게 달라진 것일까? 이에 따라 학교교육은 무엇이 어떻게 바뀌었을까?

Q

1910년부터 전개된 식민지 교육의 기본 목적은 식민지 지배를 안정적으로 유지하고 '천황'과 일제에 대한 복종과 충성을 확보하는 데 있었다. 그렇다면 황국신민화 교육의 특징은 무엇일까? 그것은 한마디로 말하자면 학교 안과 밖을 통틀어 학생들의 일상적 행동과 생활까지 전방위적으로 철저하게 감시하고 통제하는 전면적인 의례·규율체제의 성립이라고 할 수 있다.

황국신민화 교육의 추진과 함께 학교교육이 어떻게 바뀌었는가를 살펴보자. 먼저 천황제 이데올로기와 관련된 우상숭배 의식이 강화되었다. 일제는 학교에서 천황제 관련 기념일의 의식을 철저하게 거행하도록 했고, 일상적으로 궁성요배(천황이 있는 동쪽을 향해 일제히 허리를 숙여 절을 하는 의식), 봉안전(천황과 황후의 사진 및 교육칙어를 보관한 작은 신전으로 모든 학교에 설치되었다)에 대한 요배, 신사 및 신궁참배, 황국신민서사

암송, 교육칙어 낭송 등을 빠짐없이 하도록 했다.

둘째, 전체주의적 집단 훈련이 강화되었다. 식민지 통치 및 제국주의 지배와 관련된 기념일(시정기념일, 일한병합기념일, 교육칙어하부기념일, 교육칙어환발기념일, 헌법발포기념일, 육군기념일, 해군기념일, 만주침략기념일, 중일전쟁기념일 등)이 늘어나고, 그와 관련된 집단의식과 훈련도 강화되었다. 또 '황국신민 체조' 등이 개발되었다. 체조를 통한 체력 훈련은 조회뿐만 아니라, 이른바 주회(晝會)를 통해서도 실시되었다.

셋째, 학교교육이 군국주의적으로 재편성되었다. 당시 보통학교 건물의 게시판과 복도의 벽면에는 '시국' 대처에 관한 기사, 사진, 위문편지, 각국 군비의 비교 도표, 폭탄의 모형과 사진, 군함의 사진 등이 게시되었다. 또 보통학교 학생들에게 군인을 위문하는 편지를 쓰게 하거나, 이른바 '센닌바리'(千人針, 천 명의 여자가 한 땀씩 수를 놓아 만든 허리띠로 그것을 출정 병사에게 주며 생환하기를 비는 부적)를 만들게 했고, 정기적으로 폐품을 수집하여 마련한 돈은 '국방헌금'으로 납부하게 했다.

이러한 유사종교적, 전체주의적, 군국주의적 특징을 지닌 황국신민화 교육은 과연 조선인의 내면적 의식과 행동을 황국신민다운 것으로 바꿀 수 있었을까? 일상생활에서 민족적 차별과 억압을 직접 몸으로 경험하는 조선인들에게 '우리는 대일본 제국의 신민입니다'(황국신민서사 1조)라고 아무리 암송시킨다 한들 식민지적 착취와 배제를 은폐하고 충성스런 신민을 성공적으로 길러내기는 어렵다. 그러나 보통학교에서 초등 수준의 조선인 아동을 대상으로 하는 황국신민화 교육은 비록 일시적일지라도 조선의 소년 소녀들로 하여금 적어도 교사로부터 인정을 받기 위해 '마음을 모아 천황 폐하께 충성'(서사 2조)을 다하는 '인고 단련하는 훌륭한 국민'(서사 3조)이 되기를 꿈꾸게 했을지도 모른다.

78

::

창씨개명을 피해갈 수는 없었을까?

1940년에 일제가 추진한 창씨개명에 얼마나 많은 사람이 창씨개명을 했을까? 마지막까지 창씨개명을 하지 않았던 사람들은 어떻게 되었을까?

Q

창씨개명은 복잡한 성격을 가진 문제이기 때문에 어떤 측면에서 보느냐에 따라 그 답이 다를 수 있다. 법률과 실태 측면에서도 '창씨'와 '개명'은 다른 것이며, 이를 구분해서 생각해볼 필요가 있다.

'창씨'는 '씨'를 만드는 것이다. 조선인의 이름은 성과 명(개인의 이름)으로 만들어져 있는데, 이때 성은 부계혈통의 친족집단(종족, 종중, 문중 등으로 부른다)을 나타내는 호칭이다. 또 본관은 같은 성의 갈래를 뜻했는데, '전주 이씨'라 표시해 한 문중을 나타냈다. 이와 달리 근대 일본의 법제도에서 '씨'는 가(家, 한 호적에 등록된 가족 구성원)를 나타내는 호칭이었다. 일본에서 예외는 있지만, 여성이 결혼하면 남편의 호적에 들어가 '씨'도 남편 '가'의 '씨'를 올리게 된다. 호적상의 '가'에는 다른 '씨'를 가진 사람은 들어갈 수 없기 때문이다. 호주는 다른 가족에 대해 권한이 컸으며, '가'는 천황제 국가체제를 지탱하는 사회적 기반이기도 했다.

식민지 시기에 지배 당국은 조선에도 '가'를 나타내는 '씨'를 도입하고, 조선의 가족제도를 일본 것으로 바꾸려고 했지만, 1930년대 전반까지는 반대 여론이 강해 실현될 수 없었다. 중일전쟁 시기에 '조선민사령'의 개정안이 만들어지고, 1939년 11월에 공포하여 다음해 2월에 시행되었다. 여기에는 "호주와 가족은 '가'의 씨를 호칭한다", "씨는 호주가 정한다"라고 규정되어 있으며, "6개월 이내에 신고해야 한다"라고 되어 있다. 이 법령을 따라 조선인은 모두 새 '씨'를 만들어 신고해야 했다.

1940년 2월 11일부터 시작된 신고는 4월 말에도 4%에 지나지 않을 정도로 신고율이 매우 낮았다. 이에 총독부 당국은 조직적인 '독려'(감독·격려)공작에 착수했다. 공무원과 경찰관, 도회, 부회원 등 당국의 지시를 거부할 수 없는 사람들에게 우선 '씨'를 만들게 하고, '창씨 실시 주간' 등을 설정하여 직접 일반인을 대상으로 '독려' 작업을 전개해나갔다. 그 결과 신고율은 6월 말 27%, 7월 말 54%, 신고 기간이 끝난 8월 10일에는 80%에 달했다. 이 비율은 당국에서 조직적인 압력을 행사하지 않았다면 달성할 수 없는 수치였다.

당국은 그 과정에서 창씨정책을 비판한 사람은 엄하게 단속하고, 경우에 따라서는 재판에 회부시키기도 했다. 총독부는 "씨를 신고할지 말지는 자유다"라고 말했지만, 창씨정책에 대한 비판을 일절 허락하지 않는 분위기를 만들었다. '자유'는 빈말에 지나지 않았다.

한편, 기간이 종료되었어도 신고하지 않은 '가'가 약 20%에 이르렀는데 이들도 엄밀히 말해 창씨를 하지 않았다고 할 수는 없다. 민사령에서는 씨의 신고를 하지 않은 경우 "호주의 성을 '씨'로 한다"고 되어 있으므로 '씨'를 신고하지 않은 '가'에 대해서는 호주의 성이 자동적으로 '씨'가 되고 호적에도 고쳐서 올려졌다. 결국 호주가 이○○이고, 배우자가

김△△의 경우, '씨'의 신고를 하지 않아도 호주의 이름은 그대로지만 배우자는 이△△로 바뀌었다. 이는 창씨가 법률적 강제였음을 의미한다.

'씨'를 신고할 때는 일본인의 '씨'와 같이 '두 문자의 씨'가 바람직하다고 여겼기 때문에 대부분 원래의 성에 한 문자를 덧붙여 '金山(가네야마)', 본관에서 유래한 '金海(가네우미)', '梁山(야나야마)' 등의 '씨'가 만들어졌다. 개개의 '가'에서는 '씨'를 정한 경우도 있었지만, 문중 차원에서 집단적으로 '씨'를 결정하는 일이 많았다. 총독부 당국은 '가'마다 다른 '씨'를 붙이게 하고자 했지만, 신고가 저조하자 종족집단에 '씨'를 정하는 것도 허락하게 되었다.

창씨개명 정책에 대해서 일본인 사이에서도 반대론이 적지 않았다. 조선인이 일본인과 같은 이름이 되어버리면 식민지 지배자로서 갖는 우월적 지위를 지키기가 힘들다고 생각하는 일본인이 많았기 때문이다. 경찰 당국 역시 일본인과 조선인의 구별이 어려울 수 있다는 우려에서 창씨개명에 반대하는 입장이었다. 이에 총독부는 창씨는 해도 개명은 할 필요가 없고, 원래의 이름을 '훈으로 읽기'(일본어식으로 읽기)가 바람직하다는 견해를 밝혔다. 이는 이름으로 일본인과 조선인을 구별하는 데 그 목적이 있었음을 말해준다. 그 결과 개명한 사람은 총 인구의 10%에 지나지 않았다.

이상과 같이 씨의 신고는 강한 압력 아래 이루어진 것이며, 신고를 거부하기에는 상당한 결의가 필요했었다. 또한 씨를 신고하지 않았어도 호주의 성이 씨가 되는 것은 법적으로 정해져 있었기 때문에 그것을 거부하는 것은 불가능했다.

창씨개명은 식민지 지배 당국이 조선의 가족제도와 사회 본연의 모습을 일본화하려는 것이며, 한편으로는 일본인과 조선인의 구별, 차이를 남기는 데서 차별적인 지배 질서를 유지, 강화하려 했다고 볼 수 있다. ◉

79

친일파 기업인은 어떤 사람들인가?

일제강점기 친일을 해서 재산 축적을 한 기업인에는 어떤 사람이 있을까? 어떤 백화점 주인은 '국방헌금'을 내기도 했다는데, 이들은 민족보다 자신의 재산이 더 소중했을까?

Q

1949년 반민특위 조사 당시 한 백화점 사장은 "임전보국단과 총력연맹 등 정치단체에 가담하여 대동아전쟁의 필승을 강조하고 지원제, 징병제를 찬양하지 않았는가"라는 검사의 질문을 받았다. 그는 "그것은 당시 정책에 의하여 응한 것이고, 전시하 부득이한 것이올시다"라고 답변했다. "일본 전쟁협력을 제일 크게 했다는데?"라는 질문에 한 방직회사 사장은 "회사명으로 국방헌금을 다소 했으니 그런 말이 있겠지요. 그러나 그 당시 헌금을 안 하고는 못 견디었다는 것은 누구나 잘 알 것입니다"라고 대답했으며, 은행을 경영하던 기업인은 "시국대책사상보국연맹 지부장이 된 의도는 무엇인가?"라는 질문에 "만약 지부장 취임을 거절하면 일인들이 본인을 볼 때 사상적으로 주목을 하게 될 것이고, 그렇게 되면 사업 진행상 지장이 많을 듯하여 부득이 취임한 것입니다"라고 답변했다. 이렇듯 반민특위에 체포된 친일 기업인들은 친일행위는 자신들의 기업을 지키기 위해 어쩔 수 없는 선택이었다고 대답했다.

일제강점기 기업인들의 친일 행위에 대한 평가와 해석은 다양하다. 어떤 학자는 일제강점기 기업가들은 기업의 성공이 곧 민족주의의 실천이라고 생각했다고 평가하기도 한다. 어떤 학자는 이들이 민족보다는 기업의 이익을 우선했기 때문에 자발적인 일본 제국주의에 예속되었다고 비판한다. 또 다른 학자는 기업을 시작할 때 조선인 기업가들은 민족주의적 열망을 품기도 했지만 기업이 성장하기 위해 조선총독부의 지원을 받아야 했으며, 특히 1937년 중일전쟁 이후에는 독립적인 조선인의 정체성이 나타날 여지가 전혀 없는 새로운 일본 질서를 기꺼이 받아들이려 했다고 평가했다.

일제강점기 화신백화점을 경영했던 박흥식의 경우를 살펴보자. 1931년 박흥식은 화신상회의 경영권을 장악했고, 1932년 5월에는 근대적 백화점인 화신백화점을 개점했다. 곧이어 동아백화점을 인수·합병했고, 1934년에는 전국 350개소에 화신연쇄점을 개점하면서 기업인의 입지를 다졌다. 그의 입지는 기업 경영의 확대를 통해서만 다져진 것은 아니었다. 그는 부단히 '조선인 사회'를 향해 자신이 '조선인'임을 각인시켰다. 1931년부터 1934년까지 물산장려운동에 참여했으며, '조선 사람 조선 것으로'라는 정신으로 조선인의 경제적 안정과 자본축적을 도모하자고 주장하면서 화신백화점을 민족기업의 이미지로 만들려고 노력했다.

그런데 1937년 중일전쟁 이후 박흥식은 무역업으로 해외 유통망을 구축할 기회를 얻게 된다. 일본 제국주의가 중국을 침략하면서 장악한 중국 시장에 박흥식도 진출하게 된 것이다. 1939년 화신무역주식회사를 설립하고 화신연쇄점의 전국 조직망을 이용하여 수출 물품을 수집했다. 회사 창립 5개월 만에 남아프리카에 양은식기를 수출했고, 1940년에는 타이에 운동화를 수출해 50여만 원의 실적을 올리기도 했다. 1941년 태평양전쟁 발발 이후 조선총독부의 무역업 정비에 따라 화신무역은 해외무역을 전담하는 지정 회사가 되었다. 지정 회사에게만 여권 발급에서부터 상품 대금의 송금 결제의 권한을 주었기 때문에 많은 군소 무역상은 화신무역주식회사에 의존할 수밖에 없었다. 조선총독부의 특혜와 전쟁의 확대로 박흥식은 많은 부를 축적할 수 있었다.

그러나 부가 확대될수록 전쟁 협력 행위도 더욱 노골화되었다. 그는 국민정신총동원연맹, 국민총력연맹에 참여했고, 1941년에는 흥아보국단, 임전대책협의회, 조선임전보국단에 참여했다. 그리고 《매일신보》에 〈영원히 못 잊을 자부(慈父)〉(1942년 5월 30일자), 〈민심의 동향은 어떤가〉(1942년 7월 1일자), 〈배알(拜謁)의 영광의 감읍〉(1942년 12월 16일자), 〈이 전과를 생각하고, 학병의 더 분기를 바란다〉(1943년 11월 10일자), 〈대조(大詔)를 받자옵고 영광을 빛내오리, 발분정려(發奮精勵) 성은에 봉부(奉副)〉(1945년 4월 4일자)라는 제목으로 글을 쓰기도 했다.

일본 제국주의의 침략전쟁은 기업인 박흥식에게 거대한 부를 축적할 수 있는 기회였다. 그리고 부가 축적될수록 일본 제국주의와의 관계는 이전보다 훨씬 밀착되었다. 사업상의 필요만큼 유지되던 경제적 관계는 이제 전쟁 협력이라는 정치적 관계로 바뀌어야 했다. 일본 제국주의가 이러한 관계를 요구했지만, 기업인 박흥식도 자신이 얻는 이익에 상응하는 대가와 비용을 치를 준비가 되어 있었다. 여기서 한 기업인의 경제적 성공과 함께, 기업인으로서 가져야 할 민족사회에 대한 사라진 책임 의식과 회피도 뚜렷하게 볼 수 있다. 삼양사를 경영하던 김연수나, 호남은행을 운영하던 현준호와 금융업·토지경영을 하던 김갑순이나 문명기 등도 예외일 수 없을 것이다.

80

일본 야스쿠니 신사에 한국인이 합사된 까닭은 무엇인가?

일본 군국주의를 상징하는 야스쿠니 신사에는 극동국제군사재판(도쿄재판)에서 A급 전범으로 처벌받은 자들도 신으로 모셔져 있다고 한다. 그런 곳에 어떻게 한국인 유족도 모르게 한국인 합사되어 있을까?

Q

합사란 신도(神道)에서 사용하는 용어로, 현재 신사에 모셔진 제신 외에 새로운 제신을 추가하여 함께 모시는 것을 뜻한다. 야스쿠니(靖國) 신사는 1869년 도쿄초혼사라는 이름으로 건립되었고 합사를 통해 내전과 대외 침략전쟁에서 사망한 군인·군속 등을 모셔왔는데, 그 수는 무려 246만 명이나 된다. 그 가운데는 조선을 식민지화하는 과정에서 한국인을 무력으로 탄압하다 사망한 일본인 군인과 군속들도 포함되어 있다.

그렇다면 이러한 야스쿠니 신사에 왜 한국인이 신으로 모셔져 있을까? 일본이 대한제국을 강제로 병합하고 한국인을 일본의 침략전쟁에 동원한 것이 한국인이 야스쿠니 신사에 합사된 시발점이었다. 1920년부터 1930년대까지는 일본의 헌병보조원이나 경찰이 되어 독립운동을 탄압하는 데 협력하거나 중국을 침략하는 데 통역 등으로 동원되었다가 사망한 소수의 한국인이 합사되었다. 이후 1938년 지원병제가 실시되고 1941년

아시아·태평양전쟁이 발발함에 따라 많은 한국인이 일본군 병사와 군속으로 전쟁터에 동원되어 사망했다. 일본은 한국이 해방된 후에도 아시아·태평양전쟁 중 사망한 한국인 군인과 군속을 일본인으로 간주하여 합사를 강행했다. 이렇게 해서 야스쿠니 신사에 합사된 한국인은 모두 2만 1천여 명이나 된다.

이들은 아직까지 창씨개명 정책에 의해 강요당한 일본식 성과 이름으로 합사되어 있다. 야스쿠니 신사에 합사된 한국인의 입장에서 보면 일본의 식민지 지배는 여전히 계속되는 셈이다.

그렇다면 한국인 유족은 부모나 남편이 합사되는 데에 동의했을까? 대부분의 한국인 유족은 자신의 가족이 합사되었다는 사실조차 모르고 있었다. 왜냐하면 한국인을 합사한 야스쿠니 신사와 합사에 협력한 일본 정부 모두 합사 사실을 유족에게 알리지 않았기 때문이다. 전후 보상운동을 하는 과정에서 합사 사실을 알게 된 한국인 유족들은 부모와 남편을 야스쿠니 신사의 신으로 모시는 것은 죽은 자와 산 자 모두에게 굴욕적인 일이라며 합사 철회를 요구해왔다.

하지만 야스쿠니 신사는 그 요구를 거부하고 있다. 일본 정부는 전쟁에 동원되었다 사망한 한국인의 유족에게는 국적이 바뀌었다는 이유로 아무런 보상도 하지 않았으면서 유족의 동의도 구하지 않고 한국인의 개인별 자료를 야스쿠니 신사에 제공했다. 이러한 일본 정부의 협력에 의해 한국인이 합사되었음에도 불구하고 일본 정부는 그 책임을 인정하지 않고 있다. 현재 한국인 유족들은 일본 정부와 야스쿠니 신사를 상대로 합사 철회 요구 소송을 제기했으며, 이 문제 해결을 위해 한국·일본·타이완이 중심이 된 국제 연대활동이 활발히 이루어지고 있다. 합사 문제는 동북아의 전쟁과 평화 문제로서 인식의 폭을 넓혀가고 있다.

81 :: 식민사관이란 무엇인가?

일제는 왜 조선의 역사를 왜곡하는 식민사관을 만들었을까? 그리고 일제가 규정한 식민사관은 한국 역사학에 어떤 영향을 미쳤을까?

Q

일본의 입장에서 보면, 문화적으로 앞선 과거를 지닌 조선은 지배하기 어려운 나라였다. 일제의 무력에 '병합'당했지만, 한자·유교 등의 문화를 일본에 전파했다는 자부심을 가진 조선인은 식민지 상황에 쉽게 승복하지 않았다. 일제는 식민 지배를 합리화하기 위해 조선의 역사를 왜곡했는데, 이러한 일련의 결과물을 '식민사학'이라고 한다. '식민사학'의 논리는 일선동조론(日鮮同祖論), 정체성론, 타율성론, 당파성론 등을 들 수 있다.

'일선동조론'은 두 나라의 조상이 같다는 논리로, 조선의 시조 단군과 일본 건국신화의 등장인물이 같다거나, 삼국시대 일본이 조선을 침략해 '임나일본부'를 세웠다고 주장한다. '정체성론'은 조선이 중세 일본과 유사할 정도로 정체된 사회이기 때문에 '진보'한 일본이 개발·발전시켜야 한다는 주장이다. '타율성론'은 반도인 조선이 독자적인 역사 문화를 만들지 못하고 주변 국가에 의존했다는 것으로, '사대주의'란 새 용어가 바로 이러한 주장에서 만들어졌다. '당파성론'은 조선시대 '당쟁'의 사례를 민족성 전체로 확대한 주장으로, 일제 관변학자들은 조선인의 민족성은 분열과 대립을 선호하는 특성을 지니고 있다고 강변했다.

'식민사학'은 일본인 역사·경제학자, 관리 등 다양한 계층에서 그 틀을 만들어가다가 1920년대 조선사편수회가 조선사에 대한 연구를 시작하면서 본격적으로 그 모습을 드러냈다. 막대한 예산을 동원해 일제가 만들어낸 '식민사학'은 사실 한국사를 심층적, 객관적으로 분석한 연구 결과가 아니었다. 식민사학자들은 한국 역사를 항상 부정적으로 그리는 한편, 한국인은 언젠가 그 '민족성' 때문에 실패할 것이라 설명했다.

'식민사학'의 논리는 일제강점기는 물론 해방 후까지 한국인에게 상당히 부정적인 영향을 주었다. 식민지 시기 독립에 대한 전망을 '포기'한 지식인들이 자신의 '변절'을 변명할 때 사용하던 논리는 바로 '식민사학'의 논리와 맥을 같이했다. 이들 '변절' 지식인은 조선인이 역사적으로 '나태, 유약'하기 때문에 일제의 지배를 받는 것이 당연하며, 이러한 조선인의 민족성을 개조하기 위해서는 상당한 교육과 훈련 기간이 필요하다고 주장했다. 이는 학문적, 객관적인 인식과는 거리가 멀 뿐만 아니라, 일제 지배를 벗어나 반드시 독립을 해야 한다는 민족운동의 대의를 저버리는 논리이기도 했다.

해방 후 많은 역사학자들이 '식민사학'의 폐해를 바로잡기 위해 노력해왔으나 '게으르고 나태하다'는 한국인에 관한 부정적인 이미지는 한동안 없어지지 않았다. 그러다가 해방 이후 한국인들이 부지런하고 성실한 성격을 바탕으로 눈부신 경제 발전을 이룩해냈다는 이미지가 자리를 잡아가면서 '식민사학'의 논리는 마침내 부정되기 시작했다.

5부

—

해방 이후 과거 청산,
그리고 현재와 미래

치욕의 역사를 청산하기 위해 무엇을 할 것인가?

친일파들은 해방 이후 역사의 심판을 받았을까? 반민족행위특별조사위원회의 조사를 받은 친일파들은 1950년까지 모두 자유의 몸이 되었다. 어떻게 일제로부터 해방된 나라에서 이런 일이 가능했을까?
1965년 한일협정이 체결되었지만 일본이 식민 지배에 대해 사과와 배상을 했다는 소식은 들려오지 않는다. 반면 일본 정치가들의 독도 망언, 일본 역사교과서 왜곡 소식이 우리를 분노케 한다. 그리고 식민 지배 피해자들의 억울한 목소리, 독립운동가 후손들의 고단한 삶은 우리를 부끄럽게 만든다. 어째서 우리는 아직까지 분노하고 부끄러워해야 하는가?

연표

1945년 | 일본의 패전과 한국의 해방(8월)

1948년 | 대한민국 수립(8월)

반민족행위특별조사위원회 조직(1949년 9월 해산)

조선민주주의인민공화국 수립(9월)

1950년 | 한국전쟁 발발(6월)

1965년 | 한일협정(한일기본조약) 조인(6월)

1982년 | 일본 역사교과서 왜곡 파동

1992년 | 위안부 문제 해결을 위한 수요 시위 시작(1월)

2009년 | 《친일인명사전》 발간(12월)

82 :: 우리나라는 어떻게 해방을 맞이했을까?

일본이 패망한 덕분에 우리나라가 해방을 맞이했다고 한다. 그렇다면 우리나라 사람들이 국내외에서 전개한 독립운동은 해방에 아무런 영향을 미치지 못한 것일까?

Q

1945년 8월 15일 일본이 연합국에 항복했다. 그리하여 일본의 식민통치를 받고 있던 한국이 일제의 지배로부터 '해방'되었다. 그러나 8·15 '광복'과 '해방'은 현실정치 면에서는 제한적이었다. 한국이 일본의 항복을 받은 주체가 되지 못했기 때문이다. 일본군은 38선을 경계로 남북으로 나뉘어 군사적으로 점령한 미국과 소련에 항복했다. 이에 조선총독부로부터 행정권을 넘겨받은 미군과 소련군이 남과 북에서 군정을 실시하게 되었다. 그렇다면 일제 35년간 온갖 희생을 치르면서 다양하게 전개했던 독립운동은 수포로 돌아가고 만 것일까?

1905년 국권 실추 이후 국내에서 항일 독립운동이 어렵게 되자 많은 지사가 국외로 나가 독립운동을 전개했다. 이들은 제2의 러일전쟁과 중일전쟁 또는 미일전쟁이 일어날 경우, 외국 군대와 연합해 국내로 진공하여 일본군을 물리치고 국토를 수복한다는 계획을 세웠다. 그리고 마침내

1941년 아시아·태평양전쟁의 발발로 오랫동안 기다려온 기회가 찾아왔다. 대한민국 임시정부(이하 임정)는 1941년 12월 10일 대일선전포고를 발표하고 연합국과 협력해 일본 제국주의를 타도하는 전쟁을 개시할 것을 선언했다. 실제로 중국국민당 정부의 지원을 받아 중국군과 함께 항일투쟁을 전개했던 광복군은 미군과 협정을 체결해 미군의 국내 침투공작에 참여했으며, 영국군과 협력해 버마(미얀마) 전선에 투입되기도 했다.

임정은 대일선전포고를 한 후 임정의 승인을 위한 독립 외교를 전개했다. 이는 임정을 연합국으로부터 정식 교전단체로 인정받아 전쟁이 끝난 후 독립국가의 지위를 확보하기 위한 전략이었다. 중국국민당 정부는 임정 승인 방침을 확정하고 미국과 협의했다. 이에 미국은 영국과 협의했지만 끝내 승인하지 않기로 방침을 정했다. 아시아에서 식민지를 확보하고 있던 영국이 반대했고, 임정을 승인할 경우 소련이 한인 공산주의 세력을 승인할 수 있다는 우려 때문이었다. 임정을 비롯한 한인 독립운동단체의 독립 외교는 연합국으로부터 정식 교전단체로 승인받는 성과를 거두지 못했다. 그러나 한민족이 전개한 활발한 독립운동은 연합국 측에 한민족의 확고한 독립 의지를 각인시켰다. 따라서 연합국 측은 1943년 12월 카이로회담을 통해 일본을 패망시킨 후 한국을 일제의 억압에서 독립시키겠다는 방침에 합의하게 된다. 임정의 외교는 즉시 독립이라는 성과를 거두지는 못했지만, 미래의 독립을 약속받는 성과를 거두었다.

국내에서는 일제의 패망으로 해방을 맞이하자 사회의 혼란을 막고 새로운 국가를 만들기 위한 준비가 진행되었다. 중도좌파였던 여운형과 그 동지들은 이미 1944년에 일제의 패망을 예견하고 건국동맹이라는 단체를 만들어 독립에 대비하고 있었다. 해방 이후에는 중도적 민족주의 세력까지 힘을 합쳐서 여운형을 위원장으로, 안재홍을 부위원장으로 하는 조선건국준비위원회(이하 건준)를 조직했다. 건준은 중앙조직뿐 아니라 전국의 각 지역도 지부를 만들었는데, 8월 말에 설립된 지부가 145개일 정도로 새 나라 건설에 대한 우리 민족의 열정은 뜨거웠고 그 실력도 뛰어났다. 또한 건준은 단지 하나의 정치 세력을 대표하는 것이 아니었다. 좌우 지식인과 지역 유지, 그리고 일제에 의해 수감되었다가 석방된 독립운동가들이 서로 힘을 합쳐 새 나라 건설에 나섰다. 이들은 일제의 경찰을 대신하는 치안대를 조직하여 사회질서를 유지하고 식량 등의 생활필수품을 확보하는 데도 노력하여 민중의 폭넓은 지지를 받았다.

8·15 직후 남한에서는 독립운동 지도자와 정치적 이념에 따라 수많은 정치단체가 결성되었다. 이들 단체는 이합집산을 거듭하며 신국가를 건설하기 위한 다양한 정치활동을 전개했을 뿐만 아니라 노동자·농민단체, 문인단체 등 계층별·직업별로 다양한 단체가 결성되어 언론, 출판, 학술, 문예활동도 활발히 전개했다. 미군정 3년이라는 짧은 기간에 어떻게 이러한 국민적 역량을 보여줄 수 있었을까? 이는 1905년 국권이 실추된 이후 40여 년간 한국인들이 국내외에서 꾸준히 전개한 독립운동을 통해 독립국가 건설의 역량을 축적해왔기 때문이다.

:: —— 1945년 '8·15'는 광복일까 해방일까?

'광복'은 주권 회복의 일반적 의미를, '해방'은 일제의 식민통치로부터 벗어났다는 의미를 지닌다. 따라서 '광복'은 한국을 주체로 놓고 상황을 설명한 용어이고, 해방은 '~에서부터'가 전제되어 억압자의 속박에서 풀려난 상황을 기술한 용어다. '해방'은 '광복'의 내용과 방향을 일정하게 규정하는 측면이 있기에 '광복'이 '해방'보다는 광의의 개념이라 할 수 있겠다. 민족 주체적 관점을 강조하는 경우에는 '광복'을, 사회변혁을 강조하는 경우에는 '해방'을 즐겨 사용하는 경향이 있는데, 일반적으로 이 둘은 의미의 차이 없이 함께 사용되고 있다.

83

::

해방 이후 우리는 어떤 나라를 꿈꾸었을까?

일제에 저항한 독립운동 세력은 저마다 해방 이후의 나라를 구상하고 꿈꾸었을 텐데, 어떤 나라를 만들고 싶어했을까? 그리고 서로 닮은 점은 없었을까?

Q

1910년 일제에게 국권을 빼앗긴 이후 국내외에서 다양한 세력이 독립운동을 전개해나갔다. 당시 의병 계열의 보수주의 세력은 대한제국의 부활을 추구했고, 구국계몽운동 계열에서는 대체로 공화주의를 추구했다. 독립운동가 사이에서 점차 공화주의 국가 건설의 흐름이 확대되어갔으나, 미주 지역에서 간행된 《신한민보》에서는 대한제국의 황제권을 부인할 뿐 아직 민주공화국 건설을 공식화하지는 못하고 있었다. 국내에서는 1910년대 중반까지 대한독립의군부와 같이 대한제국의 부활을 추구하는 움직임도 있었다.

1917년 7월 해외 독립운동가 14명이 〈대동단결선언〉을 발표하면서 1910년 강제적 한국병합을 기점으로 황제권이 소멸되고 국민주권의 역사가 시작되었음을 선언했다. 또한 주권 행사의 제약을 받고 있는 국내 동포의 위임을 받아 해외 독립운동가들이 단결하여 주권을 행사하는 임시정부를 수립할 필요가 있다고 역설했다. 해방 이후의 독립국가는 황제의 국가가 아니라 국민의 국가, 즉 국민이 주권을 갖는 민주공화국이 되어야 한다는 점을 독립운동가 공동의 이름으로 천명한 셈이다. 그리고 1919년 3·1운동은 신국가 건설의 방향을 확정하는 데 분수령이 되는 사건이었다. 국내외의 2천만 동포는 고종 황제의 죽음을 계기로 일치단결하여 한민족의 독립을 선언했다. 그러나 당시 조선의 왕실은 독립 선언에 참여하지 않았다. 독립 선언은 민족대표 33인 명의로 이루어졌으며, 국민 개개인은 만세를 부르거나 조선총독부의 행정권을 접수하는 등 실력으로 주권을 행사하고자 했다. 3·1운동에 나타난 국민적 총의에 따라 한민족의 주권을 조직적으로 행사할 임시정부가 국내외에서 조직되었다.

마침내 1919년 4월 상하이에서 출범한 임시정부는 국호를 '대한민국'으로 정했다. 대한제국을 계승하되, 황제의 나라가 아닌 국민의 나라라는 이유에서였다. 그리고 대한민국의 첫 헌법이라 할 수 있는 '대한민국 임시헌장'이 제정되었다. 헌장에서 정체(政體)는 '민주공화제'로 하며, 대한민국의 인민은 신분과 계급이 평등하며 종교·집회·언론·출판·결사의 자유를 누린다고 했다. 대한민국은 임시의정원이 통치하는 정부로서 국토 회복 1년 후에는 국회를 소집한다고 했다. 이렇듯 의회민주주의에 의거한 국가 건설을 지향했다(임시헌장에는 구황실 우대 조항이 있었지만, 황제 주권은 인정되지 않았다).

대한민국 임시정부는 이후 여러 독립운동 세력의 국가 건설 원칙과 방향에 큰 영향을 미쳤다. 1920년대 대부분의 독립운동 단체는 국민주권주의에 의거한 민주공화국 건설을 공통적으로 지향했다.

그런데 1928년 코민테른의 '조선 문제에 관한 테제(12월 테제)'가 발표된 후 좌익 세력은 노선을 전환하여 민족주의 세력과 결별했다. 이들은 토지혁명으로 지주와 자본가 계급을 타도하고 노농계급이 중심이 되는 노농민주국가 건설을 내세웠다. 이로써 좌익 세력과 민족주의 세력은 국가 건설 구상에서 현격한 차이를 드러내게 되었다.

1937년 중일전쟁, 1941년 아시아·태평양전쟁이 발발하면서 일본 제국주의의 침략에 대한 국제적 연합전선이 형성되었다. 이에 항일투쟁의 역량을 결집하고자 좌우익 세력이 연합하려는 움직임이 나타났다. 1930년대 후반 이후 지도자와 이념에 따라 제각기 나뉘었던 독립운동 정당들은 제휴와 협력 아래 국가 건설 구상에서 다시 수렴되는 현상을 보이기도 했다.

1936년 결성되어 반일민족통일전선 노선을 채택한 재만한인조국광복회는 인민의 선거로 구성된 '진정한 한국의 독립적 인민 정부' 구성을 목표로 내세웠다. 토지개혁과 산업의 국유화 대상은 일본 및 매국적 친일파 소유에 한정했다. 또한 민족의 농공상업 발전을 추구하기 위해 민족주의자는 물론 민족 자본가와 지주의 정권 참여를 인정했다. 1942년 연안에서 창립된 조선독립동맹은 '독립 자유의 조선민주공화국' 건립을 내세웠다. 국민의 보통선거로 민주 정권을 수립하고, 일본 소유의 토지와 대기업을 국영화하고, 농민에게 토지를 분배할 것을 강령으로 채택했다. 이처럼 1930년대 후반 이후 좌익 세력이 구상한 '인민 정부' 혹은 '민주공화국' 구상은 우익 세력의 민주공화국 건설론에 가까웠다.

1930년경 중국에서 대한민국 임시정부의 중심 조직인 한국독립당은 대중을 중심으로 민족혁명 노선을 추구했다. 이에 삼균주의(정치·경제·교육의 균등을 내세운 정치노선)를 지도 이념으로 채택하고 보통선거제 실시, 토지 및 대생산기관의 국유화, 의무교육 실시 등을 강령으로 내세웠다. 이후 남녀·종교·계급의 차별 없는 국민의 기본권 평등을 추가하여 평등주의 요소를 강화했다. 1935년 중국에서 활동하는 좌우익이 연합하여 결성한 민족혁명당 역시 삼균주의에 기초하여 '정치, 경제, 교육의 평등에 기초를 둔 진정한 민주공화국' 건설을 내세웠다. 한국독립당과 민족혁명당 세력은 일제의 패망이 가까워오자 대한민국 임시정부에 참여하여 연합정권을 구성했다.

이렇듯 해방이 가까워지면서 좌우익은 독립된 이후의 국가 건설 구상에서도 수렴된 현상으로 나타났다. 신국가는 자유·평등·평화의 가치를 지향했다. 이를 위해 보통선거를 통해 국회를 구성하여 민주주의 정부를 수립하고, 토지와 대기업을 국유화하고, 농민에게 토지를 분배하되 민족적 기업활동은 보장했다. 또한 의무교육 실시와 노동시간 단축을 추구하고 신분·남녀·종교·교육·계급 등의 차별을 철폐하여 평등사회를 구현하고자 했다. 자유롭고 평등한 민주주의 국가를 건설하여 국제사회의 일원으로 인류 평화와 번영에 기여하는 것, 이것이 독립운동을 통해 확인한 한국인들의 일치된 목표였다.

84

::

해방 후 한반도는 왜 두 개로 나뉘었을까?

그렇게 간절히 바라던 해방을 맞이한 후 한반도는 왜 남과 북으로 나뉘게 되었을까? 미국과 소련 때문이었을까? 아니면 국내 지도자들의 좌우 이데올로기 대립 때문이었을까?

Q

해방의 기쁨도 잠시, 우리나라는 참혹한 전쟁까지 치르며 남북으로 나뉘어 오늘날까지 분단국으로 살아가고 있다. 일본의 패망으로 나라를 되찾던 그 순간에는 누구도 예상하지 못한 비극이었다. 그 비극의 서막을 장식한 주인공은 미국과 소련이다. 제2차 세계대전에서 승리한 양국은 일본군의 항복을 받고 무장을 해제할 목적으로 38도선을 경계로 한반도를 분할하고, 각각 남북에 군대를 주둔시켜 통치했다.

그렇다면 38도선은 처음부터 분단선으로 그어진 것일까? 미국과 소련은 본래 한반도에 두 개의 정부를 세울 계획이 없었다. 우선 신탁통치를 실시한 뒤 독립국가를 수립할 수 있도록 돕는다는 구상이었다. 하지만 해방 후 한반도 정세는 그들의 예상대로 흘러가지 않았다. 38도선은 단순히 남북을 구분하는 임시 분할선이 아니라, 점차 사람과 물자의 흐름을 가로막는 장벽이 되어갔다.

해방된 지 넉 달이 지났지만, 결국 민족 구성원 누구도 참가하지 못한 국제회의에서 한반도 운명에 대한 일방적 결정이 내려지고 말았다. 1945년 12월 미국·영국·소련이 모스크바에서 개최한 3상회의는 한반도에서 38도선을 없애고 미·영·중·소 등 연합국의 감독과 원조를 받는 임시정부를 수립하며, 5년 뒤에 총선거를 실시하여 완전한 독립국가를 수립하도록 한다는 결정에 합의했다.

그런데 1945년 12월 27일자 《동아일보》는 이러한 모스크바 3상회의의 결정 사항을 '소련은 신탁통치 주장, 미국은 즉시 독립 주장'이라고 보도하면서 '소련의 구실은 38선 분할 점령'이라 주장했다. 그러나 실제 모스크바 3상회의에서 미국은 이전의 국제 회담과 마찬가지로 한국 문제에 대해 신탁통치 방안을 제시했고 소련은 이에 대응해 임시정부 수립안을 제안했다. 결과적으로 절충안이 마련된 것이다. 미군정은 《동아일보》의 보도가 잘못된 내용인 줄 알면서도 침묵으로 일관했다. 결국 모스크바 3상회의의 결정 사항의 핵심이 임시정부 수립이 아닌 신탁통치로, 신탁통치가 미국의 제안이 아닌 소련의 제안으로 잘못 알려지면서 한반도는 모스크바 3상회의의 결정 사항에 대한 좌우익 간의 찬반양론으로 뜨겁게 달아올랐다. 해방 이후 최초의 오보 사건은 이렇게 우리 민족의 운명을 뒤틀어놓게 되었다. 이러한 좌우 대립 속에서 미국과 소련은 예정대로 1946년 3월과 5월 두 번에 걸쳐 임시정부 수립을 위한 미소공동위원회를 개최했다. 하지만 미소공동위원회는 참가 단체의 자격 문제(모스크바 3상회의 결정 사항에 대한 지지 여부)로 미국과 소련의 대립 속에서 공동위원회의 성공에 대한 의지조차 부족하여 어떤 성과도 얻지 못한 채 무산되고 말았다.

미소공동위원회가 무산되자 미국은 "한반도 문제가 유엔총회에 상정됨에 따라 신탁통치를 거치지 않고 조선을 독립시키는 수단이 강구되

길 바란다"고 하면서, 한반도 문제를 정식 안건으로 유엔총회에 제출했다. 당시 유엔은 미국 지지파가 절대적으로 많아 대체로 미국의 뜻대로 움직이고 있었다. 소련은 한반도 문제 해결을 유엔으로 넘기는 것은 모스크바 3상회의 결정에 어긋나는 것이라며 반대했다. 마침내 1947년 미국은 소련과의 협력 노선을 포기하고 봉쇄정책으로 전환한다는 내용을 담은 트루먼독트린을 발표했다. 이렇게 미국과 소련의 대결 구도가 냉전체제로 굳어지면서 한반도의 운명도 그 영향을 받게 되었다.

이런 가운데 유엔은 1947년 11월 유엔한국위원단의 감시 아래 남북한에서 총선거를 실시하여 하나의 정부를 수립한다는 방안을 결정했다. 1948년 1월 이 결정에 따라 유엔한국위원단이 한반도에 파견되었고, 소련은 미국의 주도로 유엔이 일방적으로 내린 결정을 거부했다. 결국 유엔한국위원단은 38도선 이북으로 들어갈 수 없게 되었다. 당시 미국은 동북아시아에서 자본주의 진영을 강화하고자 패전국인 일본의 경제적 부흥을 돕는 동시에 한반도에서 남한만의 단독정부 수립을 구상하고 있었다. 남북한 총선거안이 좌절되자, 유엔소총회는 38도선 이남만의 선거를 결의했다. 그것은 남한의 단독선거를 통한 단독정부 수립을 의미했다. 두 개의 나라로 나뉠지 모른다는 우려가 현실로 나타난 것이다.

이처럼 해방 직후 한반도는 미국과 소련이 갈등하고 대립하던 냉전의 실험 무대 중 하나였다. 그 결과 국토와 민족의 분단이라는 시련을 겪어야만 했다. 한반도의 운명이 강대국의 이해관계와 이념 갈등에 따라 요동치는 가운데, 새로운 민족국가를 건설하려는 국내 정치 세력 간의 갈등과 대립도 점차 심해졌다.

먼저 국내 정치 세력은 모스크바 3상회의 결정 사항을 두고 극명하게 갈라섰다. 좌익 진영은 3상회의의 결정 사항에 지지를 보냈다. 좌익을 대표하는 조선공산당은 신탁통치 방안에 민족적 굴욕감을 느끼지만 무조건 반대하기보다는 임시정부 수립이 독립국가 건설로 가는 징검다리의 역할을 한다는 점을 더 주목해야 한다고 보았다. 여운형, 김규식 등의 중도파는 신탁통치에 대해서는 반대했지만, 남북의 분단을 막기 위해서는 임시정부 수립이 우선이라고 생각했다. 우익 진영에서는 김구가 이끄는 임시정부 세력의 신탁통치 반대운동이 가장 격렬했다. 즉시 독립을 원하던 독립운동가와 당시 민중들에게 신탁통치라는 용어 자체가 감정적으로 받아들이기 어려운 것이 사실이었다. 이 틈을 타서 친일파의 온상으로 지목받던 지주와 자본가들의 정당인 한국민주당은 신탁통치 반대 국민운동을 선언하며 정치적 반전을 꾀했다. 그들은 좌익을 찬탁 = 매국 = 식민화 세력으로 몰아세우며, 자신들이 진정한 애국자임을 내세웠다. 친일파가 애국자로 둔갑하는 순간이자 우리 현대 정치사의 또 다른 비극의 시작이었다.

이처럼 좌우익이 임시정부 수립 찬성론과 신탁통치 반대론으로 갈등하면서 폭력적 방식으로 충돌하는 격렬한 분위기는 미소공동위원회가 열리는 동안에도 식을 줄 몰랐다. 그 과정에서 좌우익의 대립은 더욱 격화되었다. 우익정당과 단체들은 대대적인 반탁운동을 전개했고 조선공산당은 미군정과의 협조노선을 투쟁노선으로 전환했다. 그리고 이승만을 중심으로 하는 일부 우익 세력은 남한만의 단독정부 수립 운동을 시작했다. 이들은 유엔의 남한 단독선거 실시 결정을 환영했다.

한편 우익 지도자로서 반탁운동에 앞장섰던 김구가 남한만의 단독선거는 민주주의 파산을 선고하는 것이라며 거세게 비판하고 나섰다. 김구는 일찍부터 좌우대립보다는 좌우합작을 추진하는 데 적극적이던 김규식과 함께 남북통일정부 수립운동에 나섰다. 두 사람은 직접 38도선을 넘어 평양을 방문했으며, 그곳에서 북측 지도자 김일성, 김두봉 등을 만나 회담을 하고 미국과 소련 군대의 즉시 철수와 단독정부 수립 반대 등에 합의했다. 이러한 제한적인 남북협상은 한반도가 두 개로 나뉘는 것을 막을 수는 없었으나 남북 대중의 열렬한 지지를 받았다. 당시 사람들은 고려 왕조 이래 분단의 경험이 없었고, 분단 정부가 들어서면 미국과 소련을 등에 업은 동족상잔의 전쟁이 일어날 것이라는 두려움을 갖고 있었다. 두 사람은 서울로 돌아와서 단독정부 수립에 반대하는 사람들을 모으고 '민족 문제의 자주적 해결'을 줄기차게 주장했다. 그런 뜻에서 이들은 5월 10일 실시된 단독선거에 참여하지 않았다.

1948년 8월 15일 한반도가 일제의 강점에서 해방되던 날, 이승만을 대통령으로 하는 대한민국 정부가 남한 지역에 세워졌다. 북한 지역에서는 9월 9일 김일성을 수상으로 하는 조선민주주의인민공화국이 수립되었다. 미국과 소련의 한반도 분할 점령의 경계선이던 38도선은 이렇게 한 민족이 두 나라로 나뉘는 장벽이 되고 말았다.

85

::

한국인의 반일 감정, 그 뿌리는 어디에서 시작되었을까?

제국주의 시대에 식민 통치를 받은 나라들이 많은데 그중 유독 한국인의 반일 감정이 다른 식민지국 사람들보다 유별나다고 한다. 그 까닭은 무엇일까?

Q

오래전부터 한국은 일본에 대해 호의적인 감정을 가지지 않았다. 왜구의 침략과 임진왜란 등을 겪으면서 한국인은 일본인에 대해 노략질을 일삼는 민족으로 인식했다. 19세기 중엽 아편전쟁을 시작으로 서양 강대국이 동북아시아 세계를 흔들어놓을 때, 동학 경전인 《용담유사》에서는 서양보다는 '개 같은 왜적놈'을 먼저 경계할 것을 밝혔다.

민중의 경계심은 결코 기우가 아니었다. 일본이 동북아시아에서 근대화의 선두 주자로 나서면서 한국과 일본 사이의 힘의 관계와 선진 문물의 전달 경로가 역전되었다. 우리가 일본이라는 프리즘을 통해 서양 문명과 만나게 된 것이다. 그리고 마침내 일본에 의해 나라가 망하고 일본의 식민 통치로 고통스런 경험을 하게 된다. 이 시기를 거치면서 일본에 대한 열등의식과 저항의식이 섞인 반일 감정은 더욱 고조되었다. 다른 식민지에 비해 치열했던 민족해방운동의 경험 역시 이러한 반일 감정과 무관하지 않았다.

해방이 되었어도 반일 감정은 식을 줄 모르고 더욱 기승을 부렸다. 일본의 식민 통치 경험의 파장은 예상보다 훨씬 컸다. 우선 친일파 청산에 실패하면서 일본을 사대하고 추종하던 세력이 다시 권력과 부와 명예를 거머쥐며 부활했다. 남북 분단이라는 민족적 비극도 일본의 식민 통치와 무관하지 않았다. 일본군의 무장해제를 명분으로 38도선을 긋고 남과 북에 미국과 소련의 군대가 주둔했고 마침내 1948년에 한반도에는 두 개의 정부가 수립되고 말았다.

이처럼 전통적으로 왜놈이라고 폄하하는 일본관에 20세기 한반도 역사에서 일본이 담당했던 악역이 더해지면서 식민 경험이 있는 그 어느 나라보다 적대적인 반일 감정이 만들어졌고 또 여전히 유효하다. 한일 간의 스포츠 경기는 반드시 이겨야만 하는 싸움, 즉 '대결'이라 불리고 일본의 역사 왜곡이나 정치인 망언에 대해서는 남녀노소를 불문하고 모두 흥분한다.

미래에는 과연 어떨까. 지금 한국과 일본에서는 청소년을 중심으로 각각 일본과 한국 문화의 영향력이 커지면서 정서적 장벽이 차츰 허물어지고 있다. 그리고 한국이든 일본이든 여러 민족과 인종이 어울려 사는 다문화 사회가 되어가고 있다. 이런 변화 속에서 반일 감정을 넘어 좋은 이웃이라는 선린 의식이 확산되길 기대해본다. 다만 이러한 기대가 현실로 이루어지기 위해서는 몇 가지 선결 조건이 필요하다. 그것은 바로 불법적인 식민 지배에 대한 일본 정부의 진솔한 사과와 반성, 그리고 배상 문제를 해결하는 것이다.

:: ── 영국, 프랑스, 일본 식민 통치의 차이점과 공통점

식민 통치의 유형은 식민지 주민에게 부여하는 정치적 자율성에 따라 자치정책, 동화정책, 연합정책 등으로 나눌 수 있다. 영국의 경우 자국의 이익을 해치지 않는 범위 내에서 식민지의 의회 구성권 등 자치권을 부여했다. 물론 식민지의 자율성과 발전은 영국 정부의 감독과 제한된 범위에서만 가능했으며, 영국과 식민지 사이에는 철저한 차별이 존재했다.

프랑스는 계몽주의를 내세우며 식민지에 프랑스식 행정과 군사, 문화를 강요했다. 이에 따라 식민지 주민은 프랑스의 관습과 언어를 익히고 사용하며 프랑스인처럼 사고할 것을 강요받았다. 이 동화정책은 1900년을 전후해 바뀌었다. 식민지 지배가 기대처럼 안정되지 않았고 저항도 예상외로 거셌기 때문이다. 프랑스는 자치정책과 동화정책을 결합한 연합정책을 전개해나갔다. 식민지에 파견된 프랑스 관리가 식민지에 대한 감독과 영향력을 행사하면서 식민지의 독자성을 인정하는 형식이었다.

식민 통치 정책을 영국식 또는 프랑스식으로 나눌 수도 있지만, 이 둘의 공통점도 많았다. 식민 모국어의 일상 사용을 목표로 하는 언어정책, 경제적 수탈을 목적으로 하는 징세 및 규제정책, 전시 동원을 목표로 하는 징병정책, 식민 모국에 대한 충성심 강화를 목적으로 하는 교육 및 종교정책, 민족주의를 희석시키기 위한 잡혼 및 이주정책 등이 그것이다. 여기에 정책 수단으로 탄압과 강압이 동원되기도 한다.

1905년 초대 통감으로 부임한 이토 히로부미는 식민지를 합병하여 직접 통치하는 프랑스식보다는 세계 여러 지역을 보호국 식민지로 만들어 간접 통치하는 영국식 통치 방법을 선호했다. 그러나 군부 주도로 한국을 식민지화한 일본의 처지는 유럽과 달랐다. 유럽의 식민지는 본국과 멀리 떨어져 있었고 본국과 식민지 주민은 외관상 쉽게 구별되었다. 하지만 일본과 조선은 바로 이웃해 있는 데다 외관상 구별도 쉽지 않았다.

일제강점기에 일본은 한국인에 대한 탄압과 강압, 회유를 통해 동화정책을 강화해나갔다. 또한 자국의 필요와 전략에 따라 한국적인 것을 말살하고 일본적인 것을 형성하는 정책을 지속적이고 단계적으로 추진했다. 1930년대 후반에는 일본과 조선과 타이완을 한 국가로 통합하기 위해 급진적인 동화정책을 선택하기도 했다.

86

한국의 근대화는 일제의 식민 통치 덕분일까?

일본의 식민 지배 덕분에 한국에 도로, 전기 등 근대적 시설이 마련되어 지금과 같이 잘살게 되었다는 주장이 있다. 과연 사실일까? 또, 당시 미국 또는 소련보다 일본의 식민지가 된 것이 그나마 다행이라고 주장한 사람들도 있다고 한다. 과연 그러할까?

Q

조선은 일본의 식민지로 전락한 후에 경제적인 측면에서 많은 변화를 겪었다. 일제는 도로와 철도를 부설하고 수도를 설치하는 등 이른바 '근대적'인 시설과 제도를 마련했다. 또 등기제도 실시를 통해 토지의 소유권을 확립한다는 명분으로 토지조사사업·임야조사사업을 시행하기도 했다. 1930년대에는 함경도 일대에 군수 기업체를 비롯한 여러 공장이 들어서 공업화를 주도하기도 했다.

혹자는 일제의 '근대화' 정책에 힘입어 식민지 조선의 국민소득이 1910년부터 1940년 사이에 매년 2.3%가량 늘어났다고 주장하기도 한다. 그러나 일제강점기에 조선 경제가 꾸준히 성장했는지의 여부는 명확히 판단하기 어려운 문제이다. 조선총독부는 매년 '통계 연보'를 작성하기는 했지만 1인당 국민소득을 조사, 발표한 적이 없었다. 학자들은 저마다 근거를 대며 추정치를 계산해내지만 자료가 빈약하기 때문에 그 신뢰도가 낮은 편이다. 게다가 학자들이 주장하는 국민소득 추정치에는 경제적인 부가 어느 계층에 집중되어 있었는지, 그리고 실질 구매력은 어느 정도였는지 알려주는 지표가 포함되어 있지 않다. 실질적 생활수준을 알 수 있는 소득과 관련된 중요한 지표가 아직까지는 제시되지 않은 셈이다.

물론 명목소득의 측면에서 볼 때 1940년에는 1910년대보다 분명히 늘어난 것으로 짐작된다. 그러나 1937년에 일제가 중일전쟁을 도발한 후 전쟁 비용을 충당하기 위해 조선은행권을 엄청나게 많이 찍어 유통시켰기 때문에 실제 조선인들의 구매력은 그다지 늘어나지 않았다. 중일전쟁이 시작되기 전에 우리나라에 유통된 조선은행권의 총액은 2억 8천만 원 정도였는데 불과 7~8년 사이에 21억 5천만 원으로 늘어났다. 이와 같은 통화의 팽창 추세는 세계적으로도 유례를 찾기 힘든 일이다. 일제는 중일전쟁뿐 아니라 만주침략 등 여러 전쟁을 도발하는 과정에서 조선은행권을 집중적으로 증발하곤 했다. 때문에 식민지기 조선인들은 치솟는 물가로 큰 곤란을 겪을 수밖에 없었다. 다시 말해 국민소득이 늘어난 그 이상으로 물가가 폭등한 까닭에 조선인들의 살림은 그다지 나아지지 않았다.

일제는 자국 국민이나 외국인들에게는 조선에 여러 가지 '근대적'인 시설과 제도를 만들었고, 조선인들도 이를 환영한다고 강변하였다. 그러나 일제가 자랑하는 이른바 '문명적 시설'은 조선인들의 복리를 증진하는 역할을 하지 않았다. 오히려 일제는 도로, 철도를 부설하거나 여러 '근대적' 제도를 창설하는 과정에서 조선인들에게 크나큰 경제적 부담을 안겨주었다. 예를 들어 일제는 우리나라 곳곳에 '신작로'라고 불리던 도로를 만들었는데, 도로 신설 공사에는 언제나 주변에 거주하는 조선인들을 강제로 동원하여 무보수로 노동력을 징발했다. 이 때문에 조선인들은 일제가 도로나 철도를 부설한다는 소문만 들어도 근심에 잠기곤 했다.

토지조사사업이나 임야조사사업의 경우도 마찬가지였다. 일제는 토지의 소유권을 확인한다는 명분을 내걸었지만 그 과정에서 발생하는 측량 비용은 소유권자가 모두 부담하도록 했으며, 사업이 끝난 후에도 조사의 결과를 바탕으로 지세를 부과해 식민지 통치 비용으로 써버렸다. 또 이른바 '근대적'인 제도를 이식한다는 명분으로 우리나라 사람들이 전통적으로 누려오던 여러 가지 관행적 권리를 부정했다.

예를 들어, 우리나라에는 조선시대 이래 도지권 등과 같이 소작인들에게 일정 기간 경작할 수 있는 권리를 보장하는 관행이 있었다. 이러한 관행은 사회적 약자인 소작농들이 안정적인 생활을 영위할 수 있는 장치로 기능했다. 그런데 일제는 이른바 '근대' 혹은 '문명'이라는 이름하에 전통적인 관행을 일거에 부정해버렸다.

이러한 경향은 임야조사사업 이후 취한 일련의 정책에서도 확인할 수 있다. 일제는 우리나라 사람들이 근대적인 등기제도의 효율성을 알지 못하고, 심지어 토지를 소유의 대상으로도 여기지 않기 때문에 경제가 발전할 수 없었던 것이라고 주장하곤 했다. 등기제도가 성립하고, 경작권을 비롯한 여러 전통적이고 관행적인 권리를 부정한 채 소유자의 권리만 인정하면 경제가 발전될 수 있다는 것이다. 그러나 일제는 그들이 그토록 보호·육성해야 한다고 말하던 지주 및 소유권자들에게 무거운 부담을 안겼다. 예를 들어 임야조사사업 직후에 일제는 소유자들로부터 식목 비용을 징수하는 한편, 삼림조합비나 임야세 등의 이름으로 수많은 잡세를 거두어들여 행정 사무비나 관리들의 급여와 같이 식민 통치에 필요한 여러 가지 비용으로 써버렸다.

삼림조합비는 매우 무거운 부담이었던 듯하다. 얼마나 그 부담이 컸던지 곳곳에서 "문명이니 뭐니 해서 여러 가지 조치가 시행되기는 했지만 그 이후로 나아진 것이 뭐가 있느냐? 조합비 같은 것을 거두어들여 취직 못하는 일본인들만 고용하여 월급을 주는 것 외에 무슨 일을 하는 것이 있느냐"라는 원성이 자자했다. 그런데도 일제는 자신들이 '근대화'를 위해 노력하고 있다는 선전을 그치지 않았고, 조선인들은 무지몽매하여 자신들의 노력을 이해하지 못한다고 주장했다. 일제는 심지어 자신들이 내세우는 '근대화' 정책에 불만을 표시하는 조선인들에게 총격을 가하는 일까지 서슴없이 자행했다. 1930년 7월에 함경남도 단천군에서는 삼림조합비를 체납한 농민을 경찰이 심하게 구타한 사건이 있었는데, 이에 조선인들이 항의하자 무차별 총격으로 17명을 사살해버렸다.

이처럼 일제는 조선인들을 위하여 '근대화' 정책을 펼친다고 해놓고서는 그 문제점들을 지적하는 조선인들을 매우 가혹하게 대했다. 일제는 조선을 '근대화'시키기 위해 식민지로 삼아 지배해야 한다고 주장하곤 했는데(이를 '문명화 이데올로기'라고 부르기도 한다) 그러한 이데올로기를 선전하기 위해서라도 자신들이 조선에서 '근대화' 작업을 열심히 추진하고 있다고 내외에 공표할 필요가 있었을 것이다. 그러나 그 '근대화' 정책을 추진하는 데 필요한 비용은 대개 조선인이 부담했다. 그러면서도 조선인들은 이른바 '근대화'로 그다지 이익을 거두지 못했다. 일제는 '근대화'가 되면 모든 조선인의 복리가 증진될 것이라 주장하면서 그들의 정책이 모두 '공익'을 위한 것이라고 억지 주장을 폈다. 그러나 사실 일제가 주장하는 '공익'이란 자신들의 이익을 포장하는 변명에 지나지 않았다. 이런 점에서 우리는 일제의 식민 통치가 일본인과 소수의 특권적 조선인에게만 유리한 것이었음을 명확히 인식할 필요가 있다.

87

::

아직도 식민지 잔재 청산을 이야기하는 까닭은 무엇일까?

해방된 지 60여 년이 지났는데도 식민지 잔재 청산을 해야 한다는 이야기가 곳곳에서 들린다. 왜 이런 주장이 아직도 계속되는 것일까?

Q

제국주의 국가들이 식민지를 경영한 것은 잘못된 과거이며 되풀이 되어서는 안 된다는 데 대부분의 사람들이 동의한다. 특히 식민지를 경험한 당사자들은 더욱 당연한 일로 받아들인다. 그러나 현실은 반드시 그렇지만 않다.

대한제국을 식민지로 삼고 아시아 각국을 침략했던 일본은 여전히 진정한 의미의 사과를 하지 않고 있다. 우리나라와의 관계만 보더라도 일본의 일부 정치지도자들이 말로만 사과를 하는 데 그치고 있다. 1965년에 체결한 한일협정(한일기본조약)에서도 일본은 식민지가 불법적이고 잘못된 과거임을 글로 남기기를 거부했다. 식민지 지배에 대한 배상도 이행하지 않았다. 그들은 경제협력 자금, 독립 축하금이라는 명목 아래 경제 지원을 하는 것으로 '사과'를 대신했다. 북한에 대해서는 수교를 하지 않은 채 남한과 똑같은 방식으로 경제 지원을 하는 것으로 식민지 과거사 문제를 마무리하자는 제안을 해놓은 상태다.

1991년 8월 14일 충격적인 사건이 있었다. 김학순 할머니가 열여섯의 어린 나이에 일본군에게 끌려가 '위안부'라는 이름으로 성적 학대를 받았다고 일제의 범죄 사실을 폭로한 것이다. 할머니의 증언은 일본군이 군위안부 문제에 관여하지 않았다는 일본 정부의 거짓말을 세상에 폭로하기 위함이었다. 이후 230명이 넘는 할머니들이 자신들의 고통스런 과거를 딛고 일본 정부에 당당히 보상을 요구하기 시작했다. 그런데 식민지 피해자는 비단 할머니뿐이 아니었다. 원자폭탄 피해로 자신은 물론 후세들까지 끝없는 고통을 받는 사람들, 징용에 끌려갔다가 정당한 월급도 받지 못한 채 고향으로 돌아오거나 죽은 사람들, 멀리 시베리아로 끌려갔다가 돌아오지 못한 사람들, 유족도 모른 채 야스쿠니 신사에 일본 '천황'을 위한 '신'으로 모셔진 사람들, 유골조차 고향에 돌아오지 못한 피해자들……. 일본의 식민 지배와 침략 전쟁에 동원되어 희생된 사람들은 그 수를 헤아리기조차 어려울 정도다.

그러나 일본 정부는 문제를 해결하려는 의지를 보이지 않았다. 심지어 피해자의 존재 자체를 부정하기도 했다. 일부 정치 세력들은 교과서에 그러한 인식을 담아 학생들을 가르치기도 한다. 일본 정부는 한일기본조약으로 한국에 대한 모든 배상 문제는 끝났다고 주장했다. 협정문만 놓고 보면 국가간 배상 문제는 끝이 났다고 할 수 있다. 그런데 당시에는 존재조차 알려지지 않았던 피해자들에 대한 배상은 별개의 문제다. 개인이 당한 전쟁이나 식민 통치의 피해를 국가가 대신해 보상받을 수 있는가에 대해서도 논란거리다. 국제형사재판소는 반인도적 범죄와 전쟁범죄, 고문과 같은 중대한 인권침해 범죄에 대해서는 공소시효를 적용하지 않고 있다. 무엇보다 식민지와 전쟁범죄에 대한 일본 정부의 공식적인 인정과 사죄가 명문화되어야만 평화공존의 미래를 전망할 수 있다.

식민지 잔재 청산의 필요성은 일본과의 관계에만 있는 것이 아니다. 국내에서도 친일 행위로 부를 쌓고 권력을 누린 사람들이 제대로 청산되지 않은 탓에 아직까지도 갈등의 씨앗이 되고 있다. 이제는 세월이 흘러 그들에 대한 물리적 청산은 불가능하다. 그렇지만 역사에 기록으로 남겨 역사적 청산을 해야 하는 것은 분명하다. 그래야 식민 지배를 정당화하고 그 틈에 자신의 부귀영화를 추구하는 사람들이 더는 나올 수 없을 것이다.

또한 이러한 운동은 약육강식의 세계질서가 아닌 평화공존의 세계와 가치를 만들어가는 일이기도 하다. 식민지 잔재 청산은 평화공존의 아시아, 나아가 평화로운 세계 건설의 전제 조건인 것이다.

88

해방 후 친일파 청산은 어떻게 이루어졌을까?

해방 후 사람들은 친일파 청산을 위해 어떤 노력을 기울였을까? 정부 수립 후 반민특위를 만들었으면서도 친일파를 청산하지 못한 까닭은 무엇일까?

Q

1945년 8월 15일, 일제의 패망으로 식민지 지배가 끝나고 해방을 맞이했다. 사람들은 거리로 뛰어나와 해방의 기쁨을 만끽하며 해방을 축하하는 기념식을 열었다. 반면에 일제에 협력하고 민중을 못살게 굴었던 친일파는 자취를 감추었다. 해방 직후 전국 곳곳에서 친일파를 응징하는 일이 벌어질 정도로 친일파 청산은 세인의 주된 관심사 가운데 하나였다. 그것은 반민족 행위의 단죄와 함께 당면 목표인 자주적 통일국가 수립 문제와 직결되었기 때문이다. 국가 건설을 준비하는 기관으로 결성된 건국준비위원회는 친일파의 참여를 막았으며, 대다수의 정치단체와 사회단체도 친일파를 배제하고 처벌하는 내용을 주요 정책으로 삼았다.

친일파 청산의 분위기는 미군이 남한을 점령하면서 점차 약해졌다. 미국은 한국의 완전한 독립과 자주 국가 수립 문제에 관심을 기울이지 않고, 한국을 소련의 영향력에서 벗어나게 하는 방책에만 골몰했다. 미군정은 일제의 지배 구조를 그대로 유지한 채 일본인이 떠난 자리에 친일파를 기용했다. 그 결과 친일파는 행정·사법 분야의 요직을 장악했으며, 특히 경찰과 군 분야에서 두드러졌다. 미군정은 친일파를 기용하여 이들의 기득권을 유지해주고 출세를 보장해준다면 미국을 위해서도 충성을 바칠 것임을 잘 알고 있었다. 미군정의 정책으로 사회 각 분야에서 친일파가 다시 등장할 수 있는 분위기가 만들어지면서 친일파 청산은 더욱 힘들어졌다.

미군정의 친일파 기용과 함께 국내 정치 세력의 분열도 친일파 청산을 어렵게 했다. 미군정의 정책이 상황을 어렵게 만들었지만, 정치 세력이 한 목소리로 친일파 청산을 주장했다면 불가능한 일은 아니었다. 친일파가 많던 우파 세력은 친일파 청산을 반대했고, 중도 세력은 처벌은 하되 범위를 최소화하자는 입장이었으며, 좌파 세력은 적극 처벌을 주장했다. 친일파 청산에 대한 다양한 입장이 대립된 상황에서 친일파를 처벌할 수 있는 기회가 한 번 있었다. 1947년 남조선과도입법의원은 친일파를 처벌할 특별조례의 제정을 추진했다. 이에 맞서 친일파는 반대시위를 벌이고 의원들에게 뇌물을 제공하며 특별조례의 제정을 극렬히 반대했다. 어렵게 특별조례가 제정되었지만, 미군정은 조례의 인준을 거부했다. 1948년 남한 단독선거를 앞두고 미군정의 확실한 지지 기반인 친일파가 배제되는 것을 우려했기 때문이다. 결국 미군정기에 친일파 청산은 좌절될 수밖에 없었다.

친일파 청산의 노력은 제헌국회가 헌법을 제정하는 과정에서 다시 시작되었다. 개혁적이고 양심적인 소장파 의원들은 애국선열의 넋을 위로하고 민족정기를 바로잡기 위해 친일파를 처벌할 특별법을 제정할 수 있다는 조항을 헌법에 넣었다. 나아가 정부 수립 직전에 시행될 공무원

채용에서 친일파는 제외시켜야 한다는 주장을 했으며, 해방 후 친일파들이 반민족 행위에 대한 반성도 없이 계속 활동하고 있다고 비판하면서 친일파를 처벌할 특별법의 제정을 추진했다. 이 과정에서 이승만 대통령의 반대와 친일파의 방해 책동, 그리고 일부 의원들의 반대가 있었지만, 제헌국회는 '반민족행위처벌법'(반민법)을 제정했다. 이어 친일파를 체포하여 조사할 반민족행위특별조사위원회(반민특위)를 설치하고, 친일파의 기소 여부와 재판을 담당할 특별검찰부와 특별재판부를 구성했다.

반민특위는 7천여 명에 달하는 친일파의 일람표를 작성하고, 1949년 1월부터 친일파의 체포에 나섰다. 반민특위는 거물급 친일파 가운데 미국으로 도피하려던 화신백화점 사장 박흥식을 시작으로 반민특위 반대운동을 펼치던 이종형과 이광수, 최린, 최남선, 김연수를 비롯한 거물급 친일파를 잇달아 체포했다. 이들 중에는 자신의 친일 행위를 반성하며 자수하는 친일파도 있었다. 국민들은 반민특위의 활동을 적극 지지하며 반민특위에 친일파의 행적을 증언하거나 제보했다.

반민특위의 활동이 활발하게 전개되자 이승만 대통령은 반민특위를 비난하고 활동에 제동을 걸었다. 그는 반민법이 논의될 때부터 친일파 처벌을 반대하는 입장이었으며, 반민특위가 요구한 정부 내 친일 관리의 처리도 거부했다. 나아가 체포된 친일파의 석방을 요구하며 반민특위의 활동은 불법임을 거듭 표명했다. 반민특위가 거부하자 반민특위를 무력화하는 내용의 반민법 개정안을 제출했으나 관철되지 못했다. 이 대통령이 친일파 처벌을 반대한 표면적 이유는 이들이 국가 발전에 필요한 기술을 가지고 있고, 북한과 대치하는 상황에서 치안 유지가 어렵다는 데 있었다. 하지만 친일파가 가진 기술이란 경찰의 고문 기술이 대표적이었고, 오히려 친일파로 말미암아 참신한 인물의 등용이 막혔으며, 사회 혼란도 친일파의 권력 장악으로 야기된 측면이 컸다는 점에서 앞뒤가 뒤바뀐 주장이었다.

반민특위의 활동으로 궁지에 몰린 친일파는 이승만 대통령의 포섭 또는 유화정책에 힘을 얻어 반민특위의 활동을 방해하는 데 적극 나섰다. 친일 경찰과 친일 자본가가 공모하여 반민특위 요인의 암살을 계획했다. 비록 준비하는 과정에서 발각되어 실행되지는 못했지만 반민특위를 무너뜨리려는 친일파의 태도를 극명하게 보여준 사건이었다. 또한 정부 고위 관리와 친일 경찰의 지원 속에 반민특위에 의해 수배된 친일파의 시위가 반민특위 사무실 앞에서 연일 벌어졌다.

이승만 정권과 친일파의 방해 책동 속에서도 반민특위의 활동이 계속되자, 이 대통령은 친일 경찰로 하여금 반민특위 사무실을 습격하게 하여 사실상 반민특위를 무너뜨렸다. 이어 친일 출신의 경찰과 군은 반민특위는 물론 이 대통령에 비판적인 세력을 제거하기 위해 국회 프락치 사건을 조작하고 김구를 암살했다. 이러한 사건이 연이어 터지면서 반민특위의 활동은 약화되었다.

한편, 반민특위 구성원과 운영에서도 문제가 있었다. 반민특위의 일부 조사위원과 조사관은 자격 미달이었으며, 심지어 일제나 만주국 관리를 지낸 자가 기용되었다. 이들은 반민특위의 내부 정보를 이용하여 반민특위의 활동을 방해했다. 반민특위와 함께 친일파를 처벌하기 위해 설치된 특별검찰부와 특별재판부는 초기에 협력을 다짐했으나 내부 이견과 외부 압력으로 대립과 갈등의 모습을 보였다. 이 때문에 날이 갈수록 반민특위의 활동은 부진했으며, '잠자는 반민특위'라는 비난을 받았다. 결국 이러한 요인들이 복합적으로 작용하여 활동 시한을 단축하는 내용의 반민법 개정안이 통과되어 1949년 8월에 반민특위의 활동은 종료되었다. 이로써 반민특위의 좌절은 물론 궁극적으로 친일파 처벌은 실패로 돌아갔다.

친일파 청산의 좌절은 우리 사회가 발전하는 데 부정적인 영향을 끼쳤다. 친일파는 민족 분열을 조장하여 분단체제의 고착에 앞장섰으며, 군과 경찰을 장악하여 한국전쟁 전후에 수많은 민간인을 학살했다. 연이은 독재정권에 충성을 바치며 독재정권의 영구 집권을 꾀하고, 온갖 종류의 부정부패를 저지르며 민주주의를 짓밟았다. 아울러 처벌은 차치하고 권력을 포함한 사회 여러 분야의 지도자로 행세하며 영향력을 행사하는 모습은, 잘못을 저지르면 반드시 처벌된다는 상식과 사회정의를 무너뜨려 사람들에게 가치관의 혼돈을 일으켰다. 이 때문에 현재 세계 여러 나라가 식민지와 분단, 그리고 전쟁의 폐해를 이겨내고 비약적인 경제 발전을 이루어낸 한국을 주목하지만, 국가 평가에서는 점수가 그리 높지 않다. 물질 성장과 함께 인류의 보편적 가치를 지향하는 의식이 함께 성장하지 못했기 때문이다. 이는 바람직한 사회 발전을 위해서는 사회 구성원의 성찰과 관용의 태도를 키우는 과거사 정리가 반드시 필요함을 보여준다.

:: — 반민특위가 친일파를 체포할 때 이들의 반응은 어떠했을까?

친일파의 반응은 도피하거나 자수하는 사람, 심지어 자살하는 사람 등 그야말로 천태만상이었다. 친일파들은 처벌을 우려하여 해외로 도피했고, 친일 경찰은 군을 피신처로 삼아 입대했다. 이들은 주로 헌병사령부에 근무하면서 반민특위의 활동과 이승만 정권에 비판적인 소장파 의원을 제거하기 위해 국회 프락치 사건을 조작하고 김구의 암살에도 깊이 개입했다. 이들과는 달리 일제강점기에 경찰 고위직을 지낸 사람들은 자신의 잘못을 뉘우치고 자살하는 길을 택했으며, 자수하는 친일파도 적지 않았다. 자신의 과오를 반성하고 처벌을 달게 받겠다며 자수하기도 했지만, 일부는 자수할 경우 처벌을 경감하거나 면제해준다는 반민법의 규정을 악용하여 자수하는 친일파도 있었다.

체포된 친일파는 자신의 잘못을 인정하기보다는 변명하는 경우가 많았다. 대표적 인물로 최남선을 꼽을 수 있다. 그는 3·1운동 당시 독립선언서를 기초하고 민족운동을 펼쳤으나 일제 말기에 적극적인 반민족 행위로 체포되었다. 그는 형무소에 수감된 후 일종의 자백서인 〈자열서〉를 썼다. 내용은 자신의 잘못을 뉘우치는 반성문이라기보다는 변명으로 일관된 해명서에 불과했다.

반민특위가 활동할 때는 아니었지만 자신 혹은 선친의 과오를 반성하며 참회하는 경우도 있었다. 일제시기에 군수를 지낸 이항녕은 자신의 잘못을 참회하는 글을 신문에 싣거나 소설로 출간했다. 그는 여러 차례 일제에 협력한 덕에 잘살았고 해방 후에 이를 부끄럽게 생각했으나 다시 곡학아세의 길을 걸은 데 대해 참회하는 심경을 밝혔다. 더욱이 자신이 군수로 일했던 하동을 방문하여 일제에 협력하고 군민을 괴롭힌 사실을 밝히며 군민에게 사죄했다.

우리에게 〈북청물장수〉와 〈국경의 밤〉을 쓴 시인으로 널리 알려진 김동환의 아들 또한 선친의 반민족 행위를 사죄했다. 김동환은 반민특위에 체포되어 공민권 정지 7년을 선고받은 인물이다. 그의 아들은 다시 독립운동가와 유족에게 무릎을 꿇고 부친의 잘못을 사죄했다. 그의 진솔한 참회는 부친의 자료집을 발간하기 위해 자료를 정리하면서 부친의 친일 관련 자료를 하나도 빼놓지 않고 수집하여 자료집에 모두 수록한 점에서 잘 알 수 있다.

자신의 과오에 대한 변명과 억지, 자살과 같은 극단적 방식이 아니라 두 경우처럼 진솔한 참회와 반성, 이를 포용하는 자세, 이것이 진정한 과거사 정리의 모습일 것이다.

89

한국인 B·C급 전범은 어떤 사람들인가?

제2차 세계대전 이후 전범 재판이 진행되었는데, 그중에 한국인 B·C급 전범이 있다고 한다. 이들은 누구이며, 왜 어떻게 전범이 되었을까?

Q

제2차 세계대전 종전 직후 연합군은 전쟁을 일으키거나 전쟁 중에 포로 학대 등의 범죄를 저지른 자들을 전범으로 규정한 후 그들을 체포·처벌했다. A급 전범은 침략전쟁을 계획, 준비, 실행한 중심인물로서 전 일본 수상 도조 히데키(東條英機) 등 모두 25명이 이에 해당한다. 침략전쟁을 주도한 자들 외에도 연합군은 '포로 학대 행위의 감독 명령을 했던 자'를 B급 전범으로, 포로 학대 행위를 직접 실행한 자를 C급 전범으로 각각 규정했다.

종전 후 전범 재판이 실시될 것이라는 사실은 1945년 7월 26일 미·영·중 대표가 선언한 포츠담선언에 이미 언급되어 있었다. 이 선언은 일본군의 즉각적이고 무조건적인 항복을 요구하는 내용으로 되어 있었는데, 그 외에 세부 사항으로 종전 후 일본 군대의 무장을 해제할 것, 민주주의 정부의 수립, 카이로선언 실행 등을 내용으로 하는 13개 조항이 함께 발표되었다. 이 선언의 제10조에 "포로를 학대한 자를 포함한 일체의 전쟁범죄에 대해 엄중한 처벌을 가한다"라는 내용이 삽입되어 있었던 바, 이것이 전후 전범 재판 실행의 근거가 되었다.

일본에서 열린 전범 재판은 9월 초 도쿄에 도착한 연합군 최고사령관 더글러스 맥아더가 1946년 1월 극동국제군사재판소를 설치하고 전쟁범죄 용의자 선정과 체포를 명함에 따라 본격적으로 시작되었다. 극동국제군사재판소는 1945년 11월에 개최된 뉘른베르크 나치 전범자 처리 재판 당시의 판결을 원용하여 '침략전쟁을 계획, 준비, 수행하여 세계 평화를 교란한 자'를 A급 전범으로 간주하고, '전쟁 법규 및 조약을 위반한 자' 등을 B·C급 전범으로 간주했다. 이 재판에 따라 모두 28명이 A급 전쟁범죄자로 기소되었고 5,700여 명이 B·C급 전쟁범죄를 저지른 혐의로 재판에 회부되었다.

A급 전범에 대한 재판은 이른바 '도쿄재판'이라고도 불린다. A급 전범은 1945년 9월부터 체포되기 시작했는데, 주로 도조 히데키 내각의 각료들이 A급 전범 죄목으로 검거되었다. 1946년 4월에 시작된 A급 전범 재판에 기소된 자는 모두 28명이었지만 오카와 슈메이(大川周明) 등 3명이 정신장애·사망 등의 이유로 중도에 기소중지 처리되었다. 이들 전범은 1948년 11월 12일에 최종 판결을 받았는데, 전 수상 도조 히데키와 육군 대신 이타가키 세이시로(板垣征四郎)를 비롯한 7명은 교수형, 전 수상 고이소 구니아키(小磯國昭) 등 16명은 종신형, 외무대신 도고 시게노리(東鄉茂德)와 중국대사 시게미쓰 마모루(重光葵)는 각각 20년, 7년의 금고형에 처했다. 이들 외에도 A급 전범으로 지명되었으면서도 재판에 회부되지 않은 자들이 70명 정도 있었던 것으로 알려졌다.

처형된 전범들의 유골은 화장 처리되었다. 그러나 고이소 구나아키의 변호사였던 자가 유골을 은밀히 빼돌렸고, 이후 아이치(愛知) 현에 조성된 '순국 7사묘'에 안치되었다. A급 전범이 이처럼 '순국'으로 미화된 반면 억울하게 죽음을 당한 B·C급 전범들은 그동안 제대로 된 평가를 받지 못했다.

B·C급 전범은 대개 포로의 처우 등을 규정한 제네바조약을 어긴 죄, 다시 말해서 포로에 대한 비인도적 취급 및 민간인에 대한 살육 등을 금지한 조항을 위반한 경우에 해당되었다. 이들에 대한 재판은 1945년부터 1951년까지 일본 요코하마와 중국, 동남아시아 등 49개소에서 승전 7개국이 독자적으로 제정한 법령에 따라 진행되었다. B·C급 전범들은 대부분 현지의 포로수용소 사령관이거나 상관의 명령에 복종할 수밖에 없었던 하급 병사, 통역 및 포로 감시원 등의 군속들로서 모두 984명이 사형판결을 받았다. 유죄판결을 받은 사람 중에는 포로 감시원 129명을 포함한 148명의 조선인이 있었는데, 재판 결과 그 가운데 23명이 사형을 언도받았다.

일제는 아시아·태평양전쟁 발발 후 연합군 포로가 급격히 증가하자 이들에게 강제노역을 부과하는 한편 그 관리를 위하여 1942년 5월부터 조선인과 타이완인으로 구성된 포로 감시 전담 특수부대를 편재하고자 20~35세의 청년들을 3천 명가량 모집했다. 포로 감시원은 2년 계약인 경우가 많았으나 대개 계약 연한을 초과하여 근무하는 형편이었으며 관리나 경찰의 '권유'에 따라 강제동원된 경우도 있었다.

조선인 포로 감시원은 2개월간 혹독한 군사훈련을 받고 동남아시아 각지에 파견되었는데 포로의 처우 등을 규정한 제네바조약의 존재조차 통지받지 못한 상태에서 상관의 명령에 따라 철도·도로·비행장 공사에 투입되었다. 이들의 업무는 포로를 감시하는 한편 할당된 작업량을 완수하는 것이었다. 당시 일제는 국제조약에 규정된 포로에 대한 처우 규정을 준수하지 않았으며 식량·의약품 등 기본적 보급품마저 제공하지 않았다. 이러한 열악한 환경 속에서 영화 〈콰이강의 다리〉로 잘 알려진 타이와 버마(미얀마)를 잇는 태면철도 건설 등에 투입된 포로들은 다수가 사망하거나 전염병에 시달려야 했다.

전후에 조사된 기록을 보면 일본군의 포로가 된 연합군 소속 군인의 30%가 사망할 정도로 일본군의 포로에 대한 처우는 가혹했다고 한다. 이렇게 열악한 환경 속에서 포로들을 관리하던 조선인들은 상관의 명령에 따라 어쩔 수 없이 병들고 쇠약한 포로들을 공사 현장으로 내몰게 되었는데, 이것이 '전쟁 법규 및 조약을 위반'한 행위로 규정되어 B·C급 전범으로서 처벌받는 원인이 되었다.

B·C급 전범으로 기소된 조선인 포로 감시원들은 공정한 변론과 이의 신청의 기회를 얻지 못한 채 사형당하거나 일본의 스가모 형무소로 이감되어 복역했다. B·C급 전범에 대한 관리 권한은 처음에 연합군이 행사하다가 1951년 9월 미국 샌프란시스코에서 체결된 대일강화조약(샌프란시스코강화조약)의 규정에 따라 일본 정부로 넘어갔다. 그런데 대일강화조약에 의하면 일본 정부는 연합국으로부터 일본 국적 전범자들의 형 집행에 관한 일체의 업무를 인수받도록 되어 있었다. 조선인의 경우 일본 국적자도 아니었고 일제강점기 당시 국적법의 적용을 받지 않았으므로 일본 정부가 조선인 B·C급 전범자들을 계속 구금하는 것이 적법한지의 문제를 두고 논란이 발생했다. 그러나 일본 정부는 "형을 언도받을 당시에는 일본인이었다"는 주장을 고수하며 이들의 석방을 거부했다.

일본 정부는 침략전쟁에 동원되어 전쟁 책임자들이 받아야 할 죄의 대가를 대신 받은 조선인 B·C급 전범자들을 국적이 다르다는 이유로 은

급법이나 원호법(전상병자전몰자유족등원호법) 등의 적용 대상에서 제외시켰다. 조선인 B·C급 전범자들의 대다수는 '대일 협력자'라는 모국의 따가운 시선을 의식해 귀국을 포기하고 일본에 정착해 경제적 어려움과 무관심 속에 살아야 했다. 이에 이들은 1955년 '한국출신전범자동진회'를 구성하고 일본 정부를 상대로 적절한 보상과 명예 회복 조치를 요구했다. 그러나 일본 정부는 1965년 체결된 한일협정에 따라 한국의 대일 민간 청구권이 해소되었다는 주장을 내세워 지금까지 보상을 거부하고 있다.

한편 한국 정부는 2004년 9월 '일제강점하 강제동원 피해 진상규명 등에 관한 특별법'이 공포됨에 따라 진상 조사가 시작되었고, 그 결과 조선인 B·C급 전범자들이 '전범이 아니라 강제동원 피해자'라는 사실을 공식적으로 인정했다.

90

독립운동을 하면 3대가 망한다는 말은 어떻게 생겨났을까?

독립운동을 하면 3대가 망한다는 말은 사실일까? 왜 그런 말이 나왔을까? 독립유공자들에 대한 정부의 예우는 어떻게 이루어지고 있을까?

Q

2003년 12월에 '이달의 독립운동가'로 선정된 인물은 최양옥이었다. 강원도 횡성에서 양반의 장남으로 출생한 그는 원주보통학교를 졸업하고 서울에서 중동중학교를 다녔다. 1920년 대동단(大同團)에 가입하여 전라도 지방에서 독립운동 자금을 모집하다가 체포되어 징역 7년을 선고받았다. 1928년 중국 산시성 타이위안(太原)에서 대한독립공명단을 조직한 이듬해 군자금을 모으기 위해 국내에 들어왔는데, 마치고개에서 송금 차량을 습격했다가 체포되어 징역 10년을 받았다. 이러한 공적으로 1962년에 건국훈장 독립장을 수여받았다.

그런데 최양옥은 해방 후 미군부대에서 나오는 먹고 남은 음식으로 '꿀꿀이죽'을 만들어 먹으며 연명했다고 한다. 그의 아들은 사설학원의 운전기사로, 손자는 회사에 다니며 적은 수입으로 가난하게 살고 있었다. 이들의 삶을 보면 "독립운동을 하면 3대가 망한다"라는 말이 빈말이 아닌 것이다.

독립운동에 전념하면, 특히 그 과정에서 목숨을 잃거나 감옥에 수감되면 가족을 돌볼 수 없었다. 독립운동가인 가장의 죽음 또는 옥고 때문에 그의 가족들은 굶주림을 겪어야 했다. 일제시대 자손들은 차별과 냉대 속에서 제대로 교육도 받지 못하고 버젓한 직장을 잡을 수도 없었다. 손자들 또한 교육을 제대로 받지 못한 탓에, 이른바 '훌륭한 회사'에 들어가거나 관공서에서 근무하기가 여의치 않았다.

국가의 독립과 민족의 해방을 위하여 자신을 희생했음에도 불구하고, 국가는 독립운동가들을 제대로 독립유공자로 포상하여 기리지도 않았다. 1948년 대한민국이 수립되었지만, 이승만 정부 시절에는 이승만과 이시영 두 사람만이 독립유공자로 포상되었다. 본격적으로 포상이 실시된 것은 1962년 이후였다. 그때부터 근 50년간 독립유공자 포상사업을 실시해왔으나, 2009년 8월 현재 독립유공자로 포상된 인원은 1만 1,766명에 불과하다. 독립운동 참여자가 300만 명이고, 순국자만 해도 15만 명이나 된다는데, 포상 인원은 고작 1만여 명에 지나지 않는다. 입증할 자료의 발견이 어렵고, 사회주의계 독립유공자에 대한 포상이 지연된 탓도 있지만, 관심 결여가 가장 큰 원인으로 보인다. 10년 전만 해도 독립유공자 포상 업무를 담당한 직원이 불과 수명이었다는 사실이 이를 단적으로 증명한다. 상황이 이렇다보니 독립유공자와 그 유가족에 대한 지원과 예우가 제대로 이루어질 리 만무했다.

1960년대까지는 전담 부처가 없다가 1961년 군사원호청이 설립되고, 1962년 원호처로 발전하여 독립유공자에 대한 지원 사업을 실시하려 했지만, 1960~70년대는 나라의 경제 사정이 좋지 못하여 국가가 이들을 제대로 지원하거나 예우하지 못했다. 다행히 1985년 국가보훈처로 개칭

된 후 독립유공자에 대한 포상을 지속적으로 실시하고, 연금 지급, 취업 지원, 교육 보호, 기념사업 등을 행하여 독립유공자와 그 유가족에 대한 예우가 전에 비해 크게 향상되었다. 그렇지만 이제는 독립유공자와 그 유가족이 사망했거나 고령이 되어 지원 대상에서 제외된 탓에 지원하려고 해도 법적으로 지원할 수 없는 것이 문제이다.

앞으로 국민적 합의를 이루어 독립유공자의 유가족을 실질적으로 지원할 수 있는 합리적인 방안을 도출해내야 한다. 아울러 독립유공자를 기념하고 그 정신을 계승하기 위한 기념사업도 비중 있게 실시해야 할 것이다. 연금 지급이나 취업 지원은 길어야 3대에 지나지 않지만, 기념사업은 국가와 민족이 존재하는 한 지속될 수 있기 때문이다. 따라서 정부뿐 아니라 일반 시민들의 자발적인 참여가 절실하다.

:: — 단재 신채호 선생은 무국적자?

2009년 3월 단재 신채호를 비롯한 독립유공자 62명의 가족관계등록부가 만들어졌다. 일제로부터 압제의 사슬이 풀린 지 64년이 흐르고, 신채호가 뤼순 감옥에서 순국한 지 73년 만의 일이다. 조국의 독립을 위해 평생을 바친 독립운동가들이 대한민국 국적을 되찾았다는 사실은 해방 이후 66년간 무국적자였다는 의미이기도 하다. 어떻게 이런 일이 가능했던 것일까?

일제는 1912년 식민 통치를 위해 '조선민사령'을 공포하여 조선인의 호적을 정리했는데 신채호를 비롯한 상당수 독립운동가들이 강제병합을 전후하여 만주와 연해주 등으로 망명했던 터라 일제가 만든 호적에 이름이 등재되지 않았다. 그런데 해방 이후 대한민국 정부는 국적부를 따로 두지 않고 일제강점기 호적에 등재된 사람 모두에게 대한민국의 국적을 부여한 탓에 신채호는 무국적자로 남게 되었다.

신채호는 언론인이자 역사가로 우리 근현대 지성인의 참모습을 보여주었으며, 무장투쟁론자이자 무정부주의자로서 독립운동가의 삶이란 어떤 것인지를 몸소 실천했다. 그는 〈조선혁명선언〉에서 일제와 협력하려는 자치론을 비판하고, 준비론과 외교론의 비현실성을 지적하며 민중의 직접 혁명으로 독립을 이룰 수 있다고 주장했다. 그의 역사의식이 잘 드러난 '역사는 아(我)와 비아(非我)의 투쟁'이라는 표현처럼 단재 개인의 역사는 일제로부터 독립을 쟁취하기 위한 투쟁의 과정이었으며, 그 속에서 언론인, 역사가, 무정부주의자의 삶을 조국의 독립을 위한 무기로 선택하였다.

이런 그에게 이제야 국적을 복원한 대한민국은 진지한 성찰의 자세로 역사 앞에 서야 한다. 신채호의 아들은 이승만을 비판했던 아버지 때문에 빨갱이란 소리를 들으며 숨어 다녀야 했고, 돈을 벌기 위해 부두 노동자로, 고철 장수로, 재봉틀 수리공으로 생활하며 30만 원의 월세방에서 생을 마감했다. 해방된 대한민국에서 친일파의 일부 후손들이 합법적으로 선조들의 땅과 재산을 돌려받았지만 독립운동가의 후손들은 선조들의 땅과 재산을 제대로 돌려받기도 어려웠다. 이러한 역사 현실은 경술국치 100주년을 맞아 우리가 다시 한 번 치욕의 역사를 기억해야 하는 이유를 잘 말해준다.

91

《친일인명사전》은 왜 만들었을까?

해방을 맞이한 지 반세기가 훌쩍 넘었는데 이제야 《친일인명사전》이 만들어졌다. 뒤늦게나마 사전을 편찬한 까닭은 무엇일까? 또 《친일인명사전》에 올라간 사람들은 누구이며, 이들은 어떤 기준으로 뽑힌 것일까?

Q

2009년 말 민족문제연구소와 친일인명사전편찬위원회는 4,300여 명의 친일인사들의 행적을 담은 《친일인명사전》을 출간했다. 일제로부터 해방된 지 64년, 친일반민족행위자를 처벌하기 위해 만들어진 반민특위가 이승만 정권과 친일 세력에 의해 와해된 지 60년 만의 일이다.

《친일인명사전》은 '구한말과 일제강점기에 일본의 한반도 침략을 고무·찬양·협력하고, 식량과 토지를 비롯한 각종 수탈행위와 징병·징용·정신대 등 강제동원에 앞장서고, 일제의 내선일체·황국신민화 정책과 침략전쟁 등을 찬양 고무하거나 적극 협력하며, 부당한 투옥과 고문을 자행해 민족의 독립을 방해 혹은 지연시키며, 민족정신과 신념을 훼손하는 등 정치·경제·사회·문화·예술·언론 각 부문에서 일제의 통치에 적극 협력한 자'들을 대상으로 하고 있다.

대체로 1910년 강제병합을 전후해 활동한 '매국형 친일파'와 식민지

시기 조선총독부 등 일제의 식민 통치기구에 소속된 고등관(지금의 사무관에 해당) 이상의 관료(군수 등), 판검사 등과 경부 이상의 경찰 간부와 위관급 이상의 군 장교 등 '직업형 친일파', 그리고 1930년대 이래 중일전쟁과 아시아·태평양전쟁 등 일제의 대외 침략정책에 맞추어 일제의 침략전쟁을 성전으로 미화하고, 내선일체와 황국신민화를 통해 민족 말살을 기도했고, 각종 국방 헌납과 조선인의 전쟁 동원을 획책한 '전쟁 협력형 친일파'들, 그리고 지위는 낮더라도 그 친일 행위가 심각한 해악을 끼친 자 등이 주요 대상이다.

1945년 8·15해방 후 친일파 청산은 이후 수립될 국가가 도덕적이고 역사적인 정당성을 지니기 위한 최소한의 조건이었으며, 건국을 위한 첫 과제이기도 했다. 그러나 친일파 청산은 미군정의 비협조와 이승만 정권의 방해와 탄압, 그리고 친일파 세력의 반격에 의해 실패하고 말았다. 문제는 친일파 청산의 실패가 안타까운 과거의 역사로 끝나지 않는다는 데 있다. 먼저 친일파 중 상당수는 한국전쟁이 터지면서 친일 문제가 흐지부지되자 '반공애국투사'로 변신해 자신의 친일 행각을 덮으려 했다. 일부는 과거 자신이 독립운동을 했던 사실만 내세우고 친일파로 변절한 이후의 행적을 감춤으로써 독립투사로 행세하기도 했다. 지금도 40여 명 이상의 일제 밀정이나 헌병보조원 또는 각종 친일 행위자들이 독립투사들과 함께 국립묘지에 버젓이 안치되어 있다.

친일파의 거물들은 대부분 지식인 출신이나 관료 또는 부호들이 많았다. 이들은 친일파 숙청이 실패한 덕으로 친일의 대가로 보존해온 자신의 기득권을 해방 후에도 그대로 유지할 수 있었다. 이들은 정계, 재계, 관료 집단, 문화, 언론, 학술, 교육계 등에 실력자·원로로 자리 잡으면서 자신의 친위 세력이나 방어 조직을 광범위하게 구축했다. 이러한 상황 아래에서 친일 문제를 거론하는 것은 우리 사회의 금기가 되고 말았다. 나아가 서울이나 지방의 많은 지자체들은 시민의 세금으로 친일파들의 친일 행적은 감춘 채 이들을 기리는 기념관을 건립하거나 각종 기념행사를 벌이고 있다. 지역 주민과 학생들에게 친일파를 21세기 대한민국 미래의 존경할 만한 인물로 둔갑시켜 가르치는 '범죄의 재구성'이 이루어지고 있는 것이다. 우리가 친일파를 기념하면서 일본의 한국 침략을 비판할 수 있겠는가. 낯부끄러운 일이다.

심지어 친일 행적이 분명한 박정희 전 대통령을 미화하려는 노력도 있다. 박정희는 일본군 장교가 되겠다는 일념으로 보통학교 교사를 그만두고 일제에 대한 충성의 편지를 써서 일제 당국의 환심을 얻었다. 그는 만주군관학교와 일본 육군사관학교를 우수한 성적으로 졸업하고 만주국 중위이자 일본군 예비역 소위로 복무하다 해방을 맞이했다. 얼마 전 발견된 신문 자료에 의하면 박정희는 만주군관학교에 입학하기 위해 "한 번 죽음으로써 충성함. 개와 말처럼 충성"하겠다는 혈서까지 작성했다고 한다. 이러한 박정희 전 대통령의 친일 행적을 '군인이 되기 위해서 갔을 뿐'이라거나 '박정희 대통령은 비밀광복군이었다'고 두둔하면서, 국민 성금으로 기념관을 짓겠다는 대한민국은 일제로부터 독립한 나라가 맞는지, 아니면 우리가 지금 일제강점기를 살고 있는 것은 아닌지 의심이 들 정도이다.

이러한 역사의 은폐와 왜곡, 그리고 미화에 대해 우리는 역사의 진실을 기록해 후손에게 남길 의무가 있다. 금단의 영역으로 여겨진 친일, 그 진실의 역사를 기록한 것이 《친일인명사전》이다. 사실 개인의 영달을 위해 일제에 충성하고 민족 성원에게 온갖 해악을 끼친 사람들의 역사를 기록하는 것마저 거부하는 대한민국의 현실이야말로 《친일인명사전》이

이 시대에 출간되어야 할 진정한 이유가 아닐까?

이 사전 편찬은 진정한 과거사 청산을 통해 미래의 화합을 도모하고 민족정의를 바로 세우는 의미 있는 작업일 것이다. 《친일인명사전》 편찬은 은폐된 역사의 진실을 기록하는 일인 동시에 잘못된 역사는 반드시 바르게 잡힌다는 상식과 정의를 재확인하는 일이라 할 것이며, 따라서 이 책은 다시는 이런 부끄러운 잘못을 되풀이하지 말자는 다짐을 하는 '역사의 참회서'라 하겠다.

:: —— 문답으로 읽는 《친일인명사전》

질문〉 드디어 《친일인명사전》이 발간되었습니다. 몇 년이 걸렸습니까?

– 반민특위가 해체된 지 60년, 친일문제 연구의 개척자라 할 임종국 선생의 《친일문학론》이 간행된 지 45년, 임종국 선생의 유지를 계승한 민족문제연구소가 설립된 지 18년, 편찬위원회가 출범하여 본격적으로 편찬사업에 착수한 지 8년 되었습니다.

질문〉 총 수록자는 몇 명이며 지난번 발표와 비교하면 어떻습니까?

– 이번에 수록된 인원은 총 4,389명입니다. 지난 최종 명단 발표 4,776명에서 387명이 줄어들었습니다.

질문〉 이렇게 차이가 나는 원인이 무엇인가요?

– 수록 대상에서 완전히 제외된 사례는 3건밖에 없습니다. 신현확 전 국무총리는 일제 말기 근무지를 이탈하여 고등관으로 부임하지 않았습니다. 만주국 이사관 최근우는 독립운동단체인 건국동맹에 참여한 최근우 전 사회당 창당준비위원장과 동일인으로 판명되었습니다. 이동훈은 일본 육사 27기로 소위 출신이지만 3·1운동 때 일경에 끌려가 고초를 겪고 상해 망명을 준비하다 사망한 사실이 확인돼 제외되었습니다. 나머지 보류된 384명은 (1) 수록 기준에는 해당하지만 정보가 지나치게 소략해 추가조사가 필요한 경우 (2) 국적이 조선인이지만 확증하기 어려운 해외활동자 (3) 신중을 기하는 측면에서 이의신청을 일부 수용해 사실 확인 중인 경우로 보유편(補遺篇) 발간 때 수록 여부를 최종 결정할 예정입니다. (출처 : 민족문제연구소 홈페이지 www.minjok.or.kr)

92

일본 정부의 사죄와 배상은 한일협정으로 끝났다는 것이 사실일까?

일본은 왜 우리나라에 공식적으로 사죄하지 않는 것일까? 우리 정부는 왜 적극적으로 일본의 사과와 배상을 요구하지 않았을까? 일본은 한일협정으로 배상이 마무리되었다고 생각하는데, 사실일까?

Q

1965년에 체결된 한일협정은 형식으로는 1905년 을사조약으로 외교권을 비롯한 사실상의 주권을 상실한 이래 60년 만에 이루어지는 상호 반성을 위한 합의였다. 따라서 진정한 국교 회복을 위해서는 한일협정에 일본 정부의 사죄와 배상이 명문화될 때 비로소 불행했던 과거사 청산이 시작될 수 있다.

그렇다면 한일기본조약은 이 문제를 어떻게 처리했을까. 한일기본조약은 '한일협정'으로 불리는 여러 조약 가운데서 가장 상위에 위치하는 조약이다. 한일 조약들 중에서 헌법에 해당하는 문서로, 이 조약에서 무엇을 어떻게 정했는가에 따라서 다른 조약들의 내용도 정해진다. 이 조약은 전문과 7개조로 구성되어 있다.

전문의 첫머리는 "대한민국과 일본국은 양국 국민 간의 역사적 배경과 선린관계와 주권 상호 존중에 입각한 양국 관계의 정상화에 관한 상호 희망을 고려하여……"라고 되어 있다. 여기에는 일본 제국주의의 식민 지배에 대한 사죄는 물론 사실에 대한 언급조차 없이, 단지 '역사적 배경'이라는 글귀만 제시되어 있다. 결국 한일기본조약은 일본 제국주의의 불법적인 식민 지배와 수탈행위, 창씨개명과 언어 말살 등의 민족말살정책, 독립운동에 대한 비인도적 학살과 강제 노동 등의 범죄행위에 대해서는 침묵함으로써 일본에 일종의 면죄부를 준 결과를 낳았다.

물론 한국 정부는 협상 과정에서 이러한 점을 강조하여 협상에 반영하려 했으나, 냉전체제의 강화에 따른 미국의 한일 수교 요구와 박정희 정권의 취약한 정치기반을 청구권 자금으로 만회하려는 조급함 등으로 실현시키지 못했다. 그 결과 굴욕 외교라는 비판을 받을 수밖에 없었고, 국내의 반대 세력은 무력으로 탄압하여 관철할 수 있었다. 일본 정부는 협상 과정 내내 두 국가로 '분리'된 이후 맺는 조약이라는 점을 강조했으며, '구보타 망언'에서 보듯이 오히려 식민 지배가 조선에 도움이 되었다는 인식을 가지고 협상에 임했다. 따라서 식민 지배에 대한 사죄와 배상은 아예 성립될 수 없는 개념이었다.

조약에 임하는 이러한 차이는 한국이 일본으로부터 받은 청구 자금의 성격을 규정하는 데서도 잘 드러난다. 1965년 5월 14일 '청구권 및 경제협력위원회 제6차 회의'에서 양측은 돈의 성격을 놓고 다음과 같이 첨예하게 대립했다.

> 일본 측 니시야마 대표 : 한국에 대한 우리 측의 제공은 어디까지나 배상과 같이 의무적으로 주는 것이 아니라, 경제협력이라는 기본적인 사고를 갖고 있다…….
>
> 한국 측 이규성 수석대표 : 우리도 제공이 배상이 아니라 특수한 것이라

고 생각하나, 그 표현은 청구권 및 경제협력이라는 표현이 적절할 것이다…….

일본 측 니시야마 대표 : 청구권의 의미가 포함되어 있으나, 한국 측에서는 청구권의 대가라는 의향이 있는 것 같은데, 우리 측에서는 그렇게 생각하고 있지 않다. 따라서 기본적인 사고의 차이는 조정되어야 한다고 생각한다. 일본의 일방적인 의무에 기초해서 제공하는 것으로 여기면 곤란하다. 한국 측에서 이 돈은 우리가 받아야 하는 것이니 마음대로 하겠다고 한다면 곤란하다.

결국 일본 정부는 한일협정으로 한국에 지불하게 된 무상 3억 달러, 유상 2억 달러(현금이 아니고 물품과 무역의 형태임)가 어디까지나 '경제협력 자금' 또는 '독립 축하금'의 성격을 띠고 있다고 주장했다. 청구권 자금의 성격에서도 식민 지배에 대한 배상·보상이라는 개념은 들어 있지 않았다.

이렇게 해서 한일 간의 식민 지배를 둘러싼 과거 청산 문제는 어정쩡한 형태로 일단락되었다. 그 결과 일제 말기 침략전쟁에 강제동원되어 노예 노동과 반인도적 범죄행위로 피해를 당한 피해자들의 피해 문제가 제대로 해결되지 못하는 상황이 지속되어 왔다. 일본 정부는 한일청구권 자금이 경제협력 자금이라고 주장하면서도, 강제동원 피해자들의 피해 회복 요구에는 한일협정으로 모두 '완전히 그리고 최종적으로 해결'되었다는 주장을 하는 스스로 모순된 태도를 취해왔다.

그러나 일본 정부의 주장처럼 한일청구권 협정으로 재산권과 관련된 청구권 문제가 해결되었다고 가정하더라도 일본군 '위안부', 강제 연행과 강제 노동, 군인·군속 등 전시하의 불법적 강제동원에 대한 보상

문제는 해결되지 않았다. 2005년 8월 26일 한일협정 문서를 전면 공개한 한국 정부가 강제동원 피해자들에 대한 보상 입법을 추진하면서 청구권 협정에 대해 분명한 견해를 밝힌 바 있다. 주요 내용을 보면 한일청구권 협정은 한일 간의 재정적·민사적 채권·채무 관계를 해결하기 위한 것이며, 일본군 '위안부' 문제 등 반인도적 불법행위는 청구권 협정으로 해결되지 않았기 때문에 일본 정부의 법적 책임이 남아 있고, 사할린 동포, 원폭 피해자 문제도 한일청구권 협정 대상에 포함되지 않았다. 다만 청구권 협정을 통해 일본으로부터 받은 무상 3억 달러는 '개인 재산권(보험, 예금 등), 조선총독부의 대일 채권 등 한국 정부가 국가로서 갖는 청구권, 강제동원 피해 보상 문제 해결 성격의 자금 등'을 포괄적으로 고려하고 있다. 따라서 한국 정부는 강제동원 피해자를 구제할 도의적 책임이 있다.

이 해석은 강제동원 피해자의 책임 문제를 분명하게 밝혔다는 점에서 매우 중요하며 그 의의가 있다. 그러나 한국 정부가 반인도적 불법행위에 대해 일본 정부에게 법적 책임이 있음을 공식적으로 밝히긴 했으나, 외교 문제 등을 고려하여 적극적인 책임 추궁을 하지 않았다. 그런 의미에서 강제동원 피해자들에게 한일협정은 여전히 한일 간의 아픈 역사를 올바로 청산하지 못한 질곡으로 남아 있을 뿐이다.

93

일본군 '위안부' 피해 할머니들이 수요 시위를 하는 까닭은 무엇일까?

일본대사관 앞에서 매주 수요일 시위를 벌이는 일본군 '위안부' 피해 할머니들은 왜, 무엇 때문에 시위를 하고 있는 것일까?

Q

매주 수요일 12시, 서울 종로의 일본대사관 앞에 가면 만날 수 있는 사람들이 있다. 바로 일본군 '위안부' 피해 할머니들과 일본군 '위안부' 문제 해결을 위해 노력하는 사람들이다. 비가 오나 눈이 오나 매주 수요일이면 어김없이 나타난다. 이들은 손 팻말을 들썩이며 노래를 부르기도 하고 구호를 외치기도 한다. 희망을 나타내는 노란색 팻말에는 "할머니에게 명예와 인권을!"이라는 글자가, 경고를 나타내는 빨간색 팻말에는 "전쟁범죄에 대한 사죄와 배상을!"이라는 글자가 적혀 있다. 매주 수요일 정오가 되면 펼쳐지는 이 열린 공간에는 '위안부' 문제 해결을 바라는 사람이면 누구나 자유롭게 참여할 수 있다.

1931년부터 1945년까지, 제국주의 일본이 아시아와 태평양 지역을 상대로 침략전쟁을 벌이면서 실시했던 일본군 '위안부'제도는 여성들을 집단적으로 동원하여 일본군의 성노예로 이용했던 성폭력이었다. 피로와 죽음의 공포에 시달리는 군인들에게 '성병으로부터 안전한 성적 위로'를 제공할 목적에서 만들어졌다. 이를 통해 일본은 군인들을 효율적으로 통제하고 성병을 예방하는 한편, 현지 여성에 대한 강간을 막을 수 있다고 믿었다. 일본인 여성, 식민지 조선 및 타이완 여성, 그리고 점령지의 여성들이 일본군 '위안부'로 동원되었다. 민족 차별적인 사회구조 속에서, 가난하면서도 교육 기회나 취업 기회에서 차별받은 여성일수록 조직적인 동원의 대상이 되었다.

일본군 '위안부' 피해 문제가 역사의 수면 위로 떠오른 것은 전쟁이 끝나고도 50여 년이 흐른 뒤였다. 1988년 일본 남성들이 한국에서 성매매 관광(일명 기생관광)을 하는 문제를 논의하는 한 세미나에서 일본군 '위안부' 문제가 처음으로 제기되었다. 일본군 '위안부' 문제는 성매매 관광의 역사적 뿌리이며, 어느 세력에 의한 정치 침탈, 경제 침탈, 군사 침탈이 일어나는 곳에서 언제든 일어나는 오늘날의 문제임을 역설했다. 여성단체들은 일본군 '위안부' 문제의 해결이 현재에도 계속되는 여성에 대한 성폭력 문제를 해결하는 출발점이 되리라고 공유했으며, 연구 모임을 꾸리고 진상 규명을 위해 노력했다. 또한 문제 해결을 위해 한국 정부가 적극적으로 나설 것을 촉구하는 한편, 일본 정부에게는 사죄와 진상 규명을 요구했다.

한일 정부로부터 성의 있는 답변을 얻지 못한 여성단체들은 1990년 11월, 36개 여성시민단체가 연대하여 한국정신대문제대책협의회를 결성했다. '정신대'는 일제가 노동력을 동원하기 위해 조직했던 '근로정신대'를 가리키는 말로써, 엄격히 따지자면 일본군 '위안부'와는 의미가 달랐다. 그러나 일제강점기를 살았던 사람들은 '정신대'를 '위안부'라고 이해하고 있었다. 당대 사람들의 경험 속에서 만들어진 '정신대'='위안부'라는 오해는 당시 일본군 '위안부'의 동원이 '근로동원'이나 '공출', '취업'의 외피를 쓰고 은밀히 이루어졌다는 사실을 말해준다.

이러한 은밀한 성격은 일본 정부가 일본군 '위안부' 문제에 대한 정부 책임을 부정하는 하나의 핑계가 되었다. 여성단체의 진상 규명 요구에 일본 정부는 정부나 군이 '위안소' 설치에 관여한 바가 없다는 답변만 되풀이했다. 한국 정부 또한 진상 규명에 소극적 태도를 보였다. 1991년 8월 14일, '위안부' 문제가 다시 잊힐 것만 같았던 막막한 상황에서 김학순 할머니 본인이 일본군 '위안부'였음을 처음으로 밝혔다. "당시 당했던 일이 하도 기가 막히고 끔찍해 평생 가슴속에만 묻어두고 살아왔지만 …… 국민 모두가 과거를 잊은 채 일본에 매달리는 것을 보니 도저히 참을 수가 없다"고 울분을 토로했다. 김학순 할머니의 등장에 용기를 얻은 다른 피해 생존자들도 한 명, 두 명 모습을 드러내기 시작했다.

그러나 생존자의 등장으로 여론의 관심이 높아지고 진상 규명에 대한 요구가 거세지는 가운데에서도 일본 정부는 '정부와 군의 관여는 없었다'는 종래 입장을 바꾸지 않았다.

1992년 1월 8일 수요일, 한국정신대문제대책협의회의 주관하에 서울의 일본대사관 앞에서 첫 번째 수요 시위가 열렸다. '위안부' 피해 생존자를 비롯하여 여성시민단체, 일반 시민들이 모여 일본 정부를 향해 '위안부' 문제 해결을 위해 나서도록 촉구했다. 사죄와 배상, 진상 규명과 역사교육은 2010년까지 900회가 넘도록 이어져 온 수요 시위의 핵심 요구였다.

일본군 '위안부' 문제가 본격적으로 제기된 지 20여 년이 지났다. 그 사이 일본 정부와 군의 관여를 입증하는 문헌자료가 발견되고, 1993년에는 일본 관방장관이 '일본군이 위안소의 설치, 관리 및 '위안부'의 이송에 직접 또는 간접으로 관여한 것'을 인정하고 '유감'을 표명했다. 한국

정부는 '위안부' 피해 생존자에 대한 보상금 지급과 생활 지원을 시작했으며, 진상 규명 활동을 직간접적으로 지원했다. 일본 정부는 1995년 '여성을 위한 아시아평화국민기금(이하 국민기금)'이라는 외곽 단체를 만들어 피해 여성들에게 배상이 아닌 '위로금' 지급을 시도했다. 기구의 운영은 정부가 하되 '위로금'만 '국민 성금' 방식으로 마련하여 '위안부' 피해에 대하여 '도의적 책임'을 지겠다는 취지였다. 이로써 가해자인 정부 책임은 회피하되 국제사회에서는 일본이 동아시아의 과거사 청산을 위해 노력한다는 인상을 줄 수 있다고 생각했다. 특히 한국과 타이완의 피해 여성들이 '국민기금'의 기만성을 비판하며 이를 거부하자, '국민기금' 측은 브로커를 동원하여 피해 여성에게 은밀히 접근하는 등의 방식으로 '위로금' 지급을 강행했다. '국민기금' 사업은 2007년에 공식적으로 종료되었지만, 사업이 남긴 생채기와 폐해는 '위안부' 피해 여성들에게 고스란히 남아 있다. '위안부' 문제 해결의 실마리는 일본 국회의 의결을 거친 공식 사죄와 일본 정부 차원의 배상금 지급에서부터 시작된다고 줄기차게 외쳐왔지만, 이에 대한 일본 정부의 성의 있는 대답은 없다. 오히려 일본의 역사교과서에서 '위안부' 관련 서술을 삭제하는 등, '위안부' 문제 인식은 2000년대 들어와 후퇴하고 있다.

그동안 '위안부' 피해자였음을 밝힌 한국 여성 234명 가운데, 2010년 현재 살아계신 분은 90명이 채 되지 않는다. 수요 시위에서 생존자들은 일본군 '위안부' 문제뿐만 아니라 역사교과서 왜곡 반대, 전쟁 반대 및 평화 요구, 여성에 대한 폭력 반대 등 오늘날의 현안에 대해서도 목소리를 높이고 있다. 일본군 '위안부' 문제가 단지 과거에 끝난 문제가 아니라 오늘날에도 벌어지는 문제이며, 어쩌면 앞으로 다음 세대가 겪어야 할 문제일지도 모른다는 위기감 때문이다.

94

::

일본에 강제징용된 조선인 노동자들의 밀린 임금은 어떻게 되었을까?

1930년대 후반 일본에 강제징용되어 끌려간 조선인 노동자는 어떤 사람들이었으며, 강제노역 후 어떤 일을 했을까? 이들의 임금은 대부분 체불되었다고 하는데, 이 밀린 임금을 받아낼 수는 없을까? 과연 그 체불 임금은 어디로 사라진 것일까?

Q

일본 정부는 침략전쟁이 장기화되고 확대되자 부족한 군사력과 노동력을 보충하기 위해 조선에서 대규모 인력 동원을 추진했다. 1939년 9월부터 '모집', '관의 알선', '징용'의 형태로 최소 70만 명(일본 공식 통계)에서 최대 150만 명에 이르는 조선인들을 일본 등지로 강제동원하여 광산, 탄광, 군수공장, 토목건설현장에서 노예노동을 강요했다. 강제동원된 조선인들은 명목상 임금을 받았으나, 각종 이름의 강제 저축 외에도 회사가 임금의 절반을 보관했다가 한꺼번에 가족에게 송금한다는 이유 등으로 돈을 받지 못했다.

일본이 패전한 후 강제동원된 조선인 노동자들은 '재일본조선인연맹'(조련)의 지원을 받아 일본 전국 각지의 광산·탄상·토목공사현장·공장에서 보상과 미불 임금 반환을 요구하는 운동을 벌였다. 이에 10월 12일 후생성은 '조선인 노무자 등에 대한 미불금 기타에 관한 건'이란 통첩을 내고 미불금을 공탁하도록 지방장관에게 지시했다. 통첩에 따르면 조선인 노동자를 고용한 기업은 임금, 퇴직금, 적립금, 저금, 유가증권 등의 미불금을 채무 이행할 지방의 공탁소에 공탁하고, 공탁 완료시에는 공탁서의 번호, 공탁연월일, 공탁소명, 받을 사람의 이름, 본적지, 고용 및 해고의 사유, 미불금의 내력 등을 적은 보고서 3부를 지방장관에게 제출하도록 했다. 일본 정부는 조련이 일본 공산당과 관계한다는 이유로 기업들이 교섭에 응하지 말도록 지시했다. 이 공탁금의 일부는 시효가 끝나 국고로 들어갔지만, 대부분의 공탁금은 여전히 지방 법무국에 남아 있다.

동시에 일본 정부는 정령 22호에 기초하여 군인·군속의 미불 임금도 도쿄 법무국에 공탁했다. 이 공탁금은 현재 일본은행이 관리하고 있으며, 매월 말 잔고를 재무성 이재국으로 보고하고 있다. 그 금액은 현금과 유가증권을 합쳐 약 2억 1,500만 엔에 이른다. 이 공탁금은 처음부터 시효 적용을 받지 않는 것으로 규정되어 있다.

일본 정부와 관계 기업은 '주소 불명' '통신 불능'을 이유로 채권자인 조선인 강제동원자나 그 유족에게 통지도 하지 않은 채 공탁했다. 그러나 공탁의 근거가 된 '주소 불명' '통신 불능'은 거짓말이다. 앞서 본 미불금 공탁 보고서에는 채권자의 본적지가 번지에 이르기까지 기록되어 있기 때문에 '주소 불명'은 성립되지 않는다. 그리고 한국과의 통신도 1947년 초까지 모두 가능했다. 따라서 일본 정부는 조선인 노동자들의 미불 임금을 주지 않기 위해 애초부터 거짓말을 한 것이며, 그런 까닭에 생존자나 유족은 전후 반세기가 넘도록 자신의 돈이 공탁되어 있다는 사실조차 알지 못한 채 살아왔다. 게다가 한일 간의 청구권 문제를 협상하는 과정에서도 일본 측은 가지고 있는 자료조차 내놓지 않았다. 국가간의 협상에서 기본적인 규칙을 지키지 않은 것이다.

한국 정부는 1965년 한일청구권 협정에서 강제동원 피해자들의 미불금을 포함하여 8개 항목을 일괄 타결하는 정치적 방식을 취했다. 따라서 피해자들의 권리에 대한 책임이 이제 한국 정부로 넘어왔으나 박정희 정권은 피해자의 권리를 존중하지 않았으며 졸속으로 해결해버렸다. 1975년부터 1977년까지 지급된 보상액은 재산관계 66억 4,100만 원, 징용 중 사망자 28억 6,100만 원, 합계 95억 200만 원으로, 무상자금 3억 달러 중 5.4%이며, 이는 이자분에 해당하는 금액이었다. 결국 정부가 잘못 협상한 손실을 피해자들에게 떠넘긴 셈이다.

지난 2005년 노무현 정권이 피해자들을 지원하는 법을 만들면서 미불금에 대한 지원을 결정하여 그나마 도의적 책임을 지고 있다. 그러나 여전히 피해자 가운데 일부는 생사는 물론 자료조차 확인되지 않은 상황이며, 자료를 가진 일본 정부는 비협조적이다. 과거를 극복하기 위한 최소한의 조건조차 충족되지 못한 것이다.

95

해방 후에도 일본에 남은 조선인은 어떤 사람들일까?

일제강점기에 일본으로 건너간 조선인들 중에는 해방 후에도 고향으로 돌아오지 못한 이들이 많았다고 한다. 이들은 왜 일본에 정착하는 길을 선택했으며, 그 수는 얼마나 될까? 또 이들은 이후 어떻게 살아왔을까?

Q

1945년 일본이 패전했을 때 약 200만 명의 조선인이 일본에 거주하고 있었다. 8월 15일 해방이 되자 이들은 귀국선에 올랐고, 1946년 3월까지 130만~140만 명의 조선인이 귀환을 했다. 돌아오지 못한 65만 명의 조선인들은 왜 일본에 남게 되었을까? 그전에 먼저 이들은 왜 일본으로 건너가게 되었는지 살펴보자.

1910년 일본의 식민지 농업정책이 시작된 이후 1920~1930년대에 조선의 농촌 경제가 파탄 지경에 이르자 일본으로 도항하는 조선인이 급증했다. 이들은 대부분이 몰락한 농민으로, 저임금 노동자가 필요했던 일본 기업에 싸구려 노동자로 고용되었다. 도항 초기에는 남성 혼자인 경우가 많았으나 점차 여성과 어린아이를 포함한 가족 단위의 도항으로 바뀌면서 오사카 등의 집단 거주 지역에는 '재일조선인 사회'가 형성되었다. 여기에는 아시아·태평양전쟁 발발 이후 일본으로 강제징용된 노동자들도 포함되었다.

아시아·태평양전쟁 말기인 1944년에 들어서면서 연합군의 일본 본토에 대한 공습이 본격화되면서 재일조선인들은 식민지 조선으로 피난을 가게 되었고, 해방을 계기로 대대적인 귀환이 이루어졌다. 당시 한반도는 동북아시아 각지에서 귀환한 사람들로 인해 인구 증가와 극도의 인플레이션, 전염병의 유행 등으로 혼란스런 상황이었다. 일본을 점령한 연합군은 귀환시 일본에서 반출할 수 있는 금액을 1천 엔, 짐을 250파운드(약 114kg)로 제한했다. 재일조선인들은 밀린 임금도 받지 못한 데다가 1천 엔으로 한정한 귀환 지참금으로는 한국에 돌아와서 일가족이 한 달도 살아가기 힘든 상태였다. 이런 이유로 사람들은 즉시 귀환을 주저했다. 그러는 사이 1948년 제주 4·3항쟁과 여순사건, 그리고 1950년 한국전쟁이 발발하면서 귀환은커녕 일본으로 재도항하는 사람들이 늘어났다. 결국 60여만 명의 재일조선인은 귀향의 꿈을 접은 채 일본에 정착하는 길은 선택할 수밖에 없었다.

그에 더해 일본 정부와 연합군의 통제로 이루어진 재일조선인 귀환 정책도 이들의 귀환을 어렵게 만들었다. 일본 정부는 조선인의 재도항을 단속하기 위해 1947년 5월 2일 '외국인등록령'을 제정했으며, 연합군 관계자 외에 '외국인'의 입국 금지와 재일외국인의 등록, 그리고 외국인등록증명서의 휴대 등의 등록령을 위반한 경우 국외 추방할 수 있었다. 당시 일본 정부는 재일조선인을 '제국 신민'으로 간주했는데, 외국인등록령에는 이들을 '외국인으로 간주한다'는 조항을 넣었다. 재일조선인의 해방 국민의 지위를 부인하면서도 단속 차원에서는 '외국인'으로 취급하는 모순된 법체제를 마련한 것이다. 일제강점기에도 재일조선인의 도항이 자유롭지는 않았지만 한 해에 수만 명이 왕래했다. 그런데 외국인등록령은 이를 완전히 막아버렸다. 일본을 점령한 미국의 연합군 최고사령관 총사령부(GHQ)도 이러한 일본 정부의 정책을 묵인하며, 오히려 한국의 분단체제가 형성되는 과정에서 재일조선인 귀환정책을 치안유지 차원에서만 고안했다.

일본 정부는 1952년 대일강화조약이 발효되자 재일조선인의 '일본 국적 상실' 조치를 취했다. 그러나 일본과 한국 사이에 국교가 맺어지지 않았고, 전쟁 중인 상황에서 이러한 조치는 곧 재일조선인이 무국적 상태가 됨을 의미했다. 일본 정부는 재일조선인에게 출입국관리령과 외국인등록법을 적용해 외국인등록증의 상시 휴대 의무와 지문 날인 의무를 강제했다. 이렇듯 재일조선인의 법적 지위는 매우 불안정했으나 한국 정부는 재일조선인 보호에 힘쓸 겨를이 없었다.

1959년에는 조선민주주의인민공화국을 향한 귀국사업이 시작되었는데, 이때 일본 정부는 재입국을 하지 않는다는 것을 절대조건으로 제시했다. 즉, 일본이 바란 것은 '왕래'가 아니고 두 번 다시 돌아오지 않는 '귀환'이었던 것이다. 이러한 조건에도 불구하고 10만 명이 넘는 재일조선인들이 북한행 귀국선을 선택했는데, 이는 당시 일본 사회가 조선인에게 얼마나 미래 없는 사회였는지를 짐작하게 한다.

1945년 해방이 되었으나 고향으로 돌아오지 못한 재일조선인은 일제강점기 식민 지배가 낳은 산물이자 식민지 시대의 최대 피해자로 볼 수 있다. 일본 정부와 연합군의 재일조선인 귀환정책에서 보았듯이, 이들은 자국의 논리를 내세우며 재일조선인의 귀환 희망을 무참히 짓밟았다. 이후 일본 정부는 한반도와 일본의 왕래를 막으며 '일방통행'의 방식으로 재일조선인 정책을 폈다.

∷ ── 재일조선인의 국적, 호칭, 그리고 민족교육

재일조선인의 국적은 크게 한국, 일본, 그리고 '조선'으로 분류된다. 일제강점기에 일본 정부가 조선인을 '제국 신민'이라고 규정했으나 조선에서는 국적법을 시행하지 않았기 때문에 조선인은 일본 국적을 이탈할 수 없었다. 한편 일본은 조선인과 일본인의 호적을 나누어 별개의 법적 대응을 취할 수 있게 했다. 조선 호적에서 일본 호적으로 이적하기 위해서는 혼인이란 수단밖에 없었으므로 일제강점기에 모든 조선인은 '재일조선인'이었다고 할 수 있다.

패전 후 일본은 재일조선인에 대해 외국인등록령의 국적란에 '조선'이라고 기재하게 했다. 이것은 '조선 호적' 대상자라는 의미일 뿐 국적을 지칭하지는 않았다. 1950년 이후에 국적란에 '한국'이라고 표기할 수 있게 되는데, 이것도 한국 국적과는 무관한 기호에 불과했다. 1952년 대일강화조약 체결로 일본은 재일조선인의 일본 국적 '상실'을 선언하고, 한일협정 체결 이후에야 한국 국적을 인정하게 된다. 이렇게 해서 재일조선인은 한국, '조선', 일본이라는 세 가지의 국적을 사용하게 된 것이다. 여기에서 '조선'은 조선민주주의인민공화국과는 무관하며, 일제강점기의 '조선'에 가깝다. 외국인등록에서만 재일조선인 '본적'란에 지금은 이미 존재하지 않는 일제강점기의 지명이 남아 있는 셈이다.

일본에 거주하는 조선인에게는 '재일조선인' 외에도 여러 호칭이 있다. 일제강점기 이래 '조센진' 혹은 '센진'이란 호칭에는 식민주의적 차별 의식이 담겨 있는데, 해방 직후의 '조선인'이란 자칭에는 일본인도 '센진'도 아닌 해방된 '조선'의 국민이란 긍지가 담겨 있다. 대한민국 정부 수립 과정에서 '재일한국인'을 자칭하는 사람들이 나온 것도 남북분단을 반영하는 비슷한 의미였다.

재일조선인의 호칭은 이런 자칭적 성격만 있는 것은 아니다. 1970년대 이후 한일협정 영향으로 한국 국적자가 늘어난 상황을 고려한 일본 지식인이나 언론들이 '재일한국·조선인', '재일코리언'이란 호칭을 만들어냈다. '재일교포'는 원래 일시적으로 일본에 재류하는 자란 의미인데, 이것은 한국 사회가 재일조선인을 바라보는 시각을 상징적으로 나타낸다. '자이니치'는 일본의 마이너리티란 시각이 반영된 호칭이며, '코리언 재패니즈'는 일본 국적 취득자가 늘어나는 현실을 반영하는 동시에 귀화 이후 재일조선인의 바람직한 길이라고 생각하는 사람들의 소망을 표현하는 호칭이기도 하다.

이처럼 재일조선인의 호칭은 자신의 정체성을 표현하는 자칭보다는 남들이 재일조선인을 바라보는 시각을 반영한 성격이 더 강하다.

해방과 동시에 재일조선인은 일본 각지에 학교를 세웠다. 1948년에 조련(재일본조선인연맹)이 운영한 586의 초등학원에서 약 5만 9천 명의 학생이 배웠고 민단(재일본조선인 거류민단) 등의 한국계 단체가 운영하는 소학교도 52개교에 달했다. 그러나 일본 정부와 점령군은 1948~1949년에 학교 폐쇄를 명령하여 조련계, 민단계 할 것 없이 대다수의 조선인 학교가 폐쇄된다. 현재의 조선인 학교는 1950년대에 학교 재건 과정에서 만들어진 학교들이다.

현재 일본의 민족교육은 재일조선인을 대상으로 한 '민족학교' 형태의 민족교육과 일본 학교를 다니며 조선 말과 문화를 가르치는 '민족학급' 형태의 두 종류로 구분된다. '민족학교'에는 운영조직에 따라 총련(재일본조선인총연합회)계와 민단계의 학교가 있고, 민단계 학교 중에서도 일본 문부성의 정식 인가를 받고 정부의 지원을 받는 '일조교' 학교와, 총련계 학교처럼 학교교육과 유사한 교육을 실시하지만 직업학교 성격이 강한 '각종학교' 자격의 학교가 있다. 그중 대다수는 총련계 학교이며, 초·중·고등학교와 대학교가 있으나 '조선'적 재일조선인만 다니는 것은 아니다. 일본의 법제상 우리말로 주요 교과를 가르치는 경우 일반 학교를 지칭하는 '일조교'로 인정을 하지 않기 때문에 보조금이나 수험 자격 등 여러 면에서 제도적 차별을 받고 있다.

96

::

해외로 떠났던 조선인들은 해방 후 어떻게 되었을까?

대한제국기, 일제강점기를 거치면서 수많은 사람들이 일본을 제외한 해외로도 떠나갔는데, 이들이 해외로 떠난 까닭과 이주한 곳은 각각 어디인가? 또 이들은 해방 이후 어떻게 되었을까?

Q

두만강과 압록강을 사이에 두고 중국 땅을 바라보고 있던 함경북도와 평안북도의 서북지방 사람들. 이들은 밤이면 몰래 강 건너 섬으로 들어가 농사를 짓고는 가을이면 추수하여 생계를 꾸렸다. 이때 불린 섬 이름이 '사잇섬', 곧 간도였다. 소설가 안수길은 작품《북간도》에서 이와 같이 적고 있다.

간도는 원래 청을 건립한 여진족의 발상지였다. 때문에 청은 왕조 수립 이후 이 지역에 봉금책(封禁策)을 실시하여 출입을 엄격히 금했고, 그중 두만강 건너 북간도를 철저히 관리했다. 간도에 조선인이 집단 이주하게 된 것은 1869년 발생한 이른바 '기사년 대재해'였다. 서북지방의 사상 유례없는 흉년으로 굶어죽는 사람까지 생기자, 농민들은 몰래 강을 건너 간도에 정착했다. 이것이 조선 왕조 말기 조선인이 해외로 집단 이주한 시발점이었다. 이후 간도 이주가 계속되자, 함경북도 회령부사와 평안북도 강계군수는 황무지 개간을 명목으로 월경(越境)을 허락했다. 이는 기아를 해결하기 위한 고육지책이었다.

조선인의 간도 이주 급증에 따라 청은 1875년 적극적인 이주정책을 실시했다. 이주 초기 북간도 룽징(龍井) 등 하이란강(海蘭河) 일대를 중심으로 자리 잡은 조선인들은 1890년대 들어 북간도 전역에 촌락을 형성할 정도로 급증했고, 1904년경에는 7만 8천여 명에 이르렀다. 압록강 건너편의 서간도는 1869년부터 3년 동안 6만여 명이라는 엄청난 조선인이 이주했다. 또한 농사를 짓기 위해 1860년부터 시작된 시베리아 연해주로 떠난 조선인 이주 역시 1900년경 상당수에 이르렀다.

1905년 을사조약 이후 일제의 침략이 가속화되자, 전국 각지에서 의병과 계몽주의자들이 항일운동을 전개했다. 그러나 1908년 후반 일본군의 탄압으로 의병전쟁이 점차 쇠퇴하자, 국내에서 더는 독립전쟁을 전개할 거점이 없어졌다. 이에 따라 의병 출신과 계몽주의자들은 항일투쟁을 지속적으로 전개하기 위해 국내와 인접한 간도와 연해주로 망명했다. 이때 1909년 '간도협약'을 계기로 중국에서 조선인에게 거주권과 토지 및 재산 소유권을 부여했고, 러시아 또한 황무지를 개척하는 조건으로 조선인들의 정착을 허락하여 1908년 4만여 명의 조선인이 거주했다. 이처럼 간도와 연해주가 해외 조선인 사회의 중심지로 주목을 받으면서 1910년 '병합' 당시 간도에는 20만여 명이, 연해주에는 10만여 명을 웃도는 조선인이 거주했다.

2차 이주 세력은 간도와 연해주를 중심으로 1910년대에는 독립운동기지 개척, 국내 진공작전 전개, 한인학교 설립을 통한 민족주의 교육에 주력했다. 1919년 대한민국 임시정부 수립 이후에는 일본군을 상대로 독립전쟁을 치르면서 1930년대 후반까지 항일무장투쟁의 중심지로 거듭났다. 바로 청산리 전투와 봉오동 전투가 대표적이다.

1932년 일제의 괴뢰국인 만주국이 성립하자, 일제는 만주국 통치에 필요한 조선인을 동원하기 위해 대규모 집단 이민을 추진했다. 2만 3천여 호에 이르는 조선인을 대량 이주시킨 일제는 '집단 부락'이라는 이름으로 만주 일대 조선인을 통제했고, 이때부터 간도 조선인들은 일제의 만주 통치 수단으로 이용되었다. 1942년 당시 만주 일대 조선인 수는 150만여 명에 이르렀다. 한편 1937년 연해주를 비롯한 시베리아 지역의 조선인 18만여 명이 카자흐스탄을 비롯한 중앙아시아로 강제 이주되었다. 이는 스탈린이 조선인이 일제에 협력하는 것을 막기 위한 명분으로 추진되었는데 이 시기 2천여 명의 조선인이 '일제 첩자' 등의 명목으로 숙청당했다.

랴오닝성(遼寧省), 헤이룽장성(黑龍江省), 지린성(吉林省) 등 이른바 동북3성에 거주하는 조선인은 170만여 명(1987년 현재)이 살고 있으며, 이 중 110만 4천여 명이 중국 '연변조선족자치주'가 있는 지린성에서 '조선족'이라는 이름으로 거주하고 있다. 중앙아시아에는 '카레이스키'로 불리는 고려인이 구소련의 정책으로 우리의 말과 글을 잊은 채 지금껏 살아오고 있다.

서·북간도와 연해주의 조선인이 생계형 유민(流民)이었다면, 하와이 이민은 한인 최초의 정식 이민이었다. 19세기 후반, 하와이는 사탕수수농장에 노동력이 많이 필요하자, 주한공사 알렌을 통해 한인의 이주를 추진했다. 그리하여 하와이사탕농장주협회는 대한제국 정부와 이민 계약을 체결한 뒤 하와이 노동이민을 추진했다. 1902년 12월 22일 한인 121명이 하와이를 향해 인천항을 출발한 것을 비롯하여, 1905년 7월 일제가 미주 이민을 금지할 때까지 7,226명의 한인이 하와이로 이민했다.

하와이 한인들은 사탕농장에 배치되어 하루 10시간 이상 중노동에 시달렸다. 집단농장의 통제된 작업, 백인 감독들의 가혹한 사역 등 노예와 같은 노동을 견디기 힘들었던 한인들은 이민자의 10%가 넘는 983명이 귀국했고, 2천여 명은 좀 더 경제적 조건이 좋은 미국 본토로 떠났다. 그리하여 1910년 미국 본토에는 2천여 명, 하와이에 4,187명이 거주하면서 한인 사회를 형성했다.

재미 한인들은 1909년 대한인국민회를 결성하여 독립전쟁론, 독립군기지 개척론, 임시정부건설론 등을 주창하면서 사실상 1910년대 미주 조선인의 최고기관으로서 민족운동론을 이끌었다. 또한 1919년 대한민국 임시정부 수립 이후 대한인국민회는 재미 한인들에게 '국민 의무금'을 부과하여 35년 동안 임시정부를 후원하며 독립운동 자금 공급지의 역할을 했다.

하와이 노동이민이 전개되던 즈음인 1905년 4월에는 멕시코 국적의 영국인과 일본인의 사기극에 속아 한인 1천여 명이 멕시코로 노예이민을 떠나기도 했다. 〈애니깽〉은 바로 멕시코 한인들의 슬픈 이주 역사를 다룬 영화였다. 이후 멕시코 한인들은 미주 대한인국민회 지방회로 편입되어 조국의 독립을 위해 헌신했다. 그러나 1910년대 멕시코혁명이 일어나자 쿠바로 이민하는 경우도 있었다.

현재 해외에서 살고 있는 한국인은 세계 각지에 500만여 명을 웃돈다. 이들이 해외로 유민 또는 이민으로 살기 시작한 것은 지금으로부터 140여 년 전, 대한제국 정부의 무능함과 제국주의의 침략에 따른 이중 구조에서 비롯되었다.

97

합천을 한국의 히로시마라고 부르는 까닭은?

우리나라는 원자폭탄 피해를 당하지 않았는데도 경상남도 합천을 한국의 히로시마라고 부르는데, 그렇게 부르는 까닭은 무엇일까?

Q

1945년 8월 6일 히로시마 그리고 8월 9일 나가사키의 하늘에, 지금까지 인류가 한 번도 본 적 없는 원자폭탄 두 발이 두 곳에 미군 폭격기에서 떨어졌다. 그 뒤 8월 15일 일본은 침략전쟁의 패배를 선언했고, 조선은 그토록 염원하던 해방을 맞이했다. 그러나 그 폭탄이 가져올 참상과 비극의 역사는 그 누구도 상상하지 못했다.

순식간에 히로시마와 나가사키를 생지옥으로 바꿔버린 원자폭탄의 위력은 지금까지 인류가 경험해본 적 없는 상상을 초월하는 것이었다. 폭심지에서 반경 1km 안에 거주하는 사람의 90%가 흔적도 없이 녹아내렸고, 원자폭탄이 떨어진 순간에 모든 시계는 멈춰버렸으며, 동네 꼬마가 타던 자전거는 녹아버렸다. 종소리를 울리던 철탑은 엿가락처럼 휘어 쓰러졌고, 점심시간을 기다리던 누군가의 도시락은 새카맣게 타버려 석탄처럼 굳어버렸다.

히로시마와 나가사키에 원자폭탄이 떨어졌을 때 히로시마에는 42만여 명, 나가사키에는 27만여 명이 살고 있었다. 이들 69만여 명의 '피폭자' 가운데 원자폭탄이 떨어졌을 때 즉사하거나 후유증으로 그해 말까지 죽은 사람('폭사자'라고도 한다)이 히로시마에서 16만여 명, 나가사키에서 7만 4천여 명에 이른다. 살아남은 사람들도 피폭 당시 섭씨 6천도의 열기, 핵 폭풍, 열풍, 방사능 피폭, 방사능을 포함한 '죽음의 비' 등의 피해로 서서히 죽어가거나 지금까지도 그 후유증으로 고통당하고 있다.

일제강점기 미쓰비시(三菱)중공업을 비롯하여 군수공장과 조선소 등의 군사시설이 밀집해 있던 히로시마와 나가사키에는 징용과 징병으로 식민지 조선에서 끌려간 10만여 명의 조선인과 그 가족들이 살고 있었다. 이들 가운데 전체 피해자의 약 10%에 해당하는 7만여 명이 원자폭탄의 피해를 당했다. 특히 히로시마에는 경상남도 합천 출신자가 많이 살고 있었는데, 살아남은 사람들이 고향 합천으로 돌아와 합천은 '한국의 히로시마'라 불리게 되었다.

그러나 원자폭탄의 참화를 피해 겨우 목숨을 부지하여 한국으로 돌아온 이들을 기다린 것은 한국과 일본 정부의 무관심, 사회의 냉대, 원인을 알 수 없는 질병과 가난뿐이었다. 외국인 피폭자들에 대한 일본 정부의 차별적인 원호정책, 1965년 '청구권 협정'에서 배제된 조선인 피폭자들은 이중 삼중의 고통을 강요당했다. 특히 원자폭탄 피해의 후유증이 2세, 3세에게까지 나타나고 있지만, 일본 정부는 물론 한국 정부조차 해방된 지 65년이 지난 오늘까지도 원폭피해자를 위한 특별법조차 제정하지 않은 채 아무런 대책도 없이 이들을 방치하고 있다(한국인 원폭피해자 지원을 위한 특별법은 지난 17대 국회에 발의되었으나 심의조차 거치지 못하고 폐기되었으며, 18대 국회에 다시 발의 중이다).

98

일본의 평화헌법을 지지하는 사람들은 누구인가?

일본에서도 양심적으로 평화헌법을 지지하고 지키고자 노력하는 사람들이 있다고 하는데, 이들은 과연 어떤 사람들일까?

Q

일본은 1945년 전쟁에 패하고 나서 메이지시대 이래 유지해오던 제국헌법을 폐지하고 1947년부터 새로운 헌법을 시행했다. 이 헌법은 천황을 상징적 존재로 격하하고, 제9조에 전쟁과 무력행사는 영구히 포기하며, 육해공군 기타의 전력을 갖지 않고, 국가의 교전권도 인정하지 않는다는 내용을 담았다. 외국 침략이 있을 때 자위권을 발동할 수 있는 수준만 인정되었다. 제9조의 정신을 강조하여 이 헌법을 평화헌법이라고 부른다. 그런데 일본의 극우주의자들과 일부 우익 정치 세력들은 이 조항을 없애고 군대를 보유하고 전쟁을 할 수 있는 '보통국가'로 만드는 운동을 강력하게 벌이고 있다.

이에 대응하여 일본의 지식인과 시민사회단체들은 평화헌법을 지키기 위한 활동을 활발하게 전개하고 있다. 대표적 단체인 '9조회'는 노벨문학상 수상 작가인 오에 겐자부로(大江健三郎) 등이 발기인으로 참여해

2004년 발족한 이래 2009년 6월 현재 전국에 7,443개의 크고 작은 모임이 소속되어 활동하고 있다. 이들 모임은 개인, 지역, 가족 모임 등 다양한 형태로 구성되어 강연회, 학습회, 뉴스레터, 잡지, 팸플릿, DVD 발간 등의 활동을 통해 평화헌법 지키기 활동을 실천하고 있다(관련 홈페이지 http://www.article-9.org/jp/about/index.html).

이들은 평화헌법이 일본의 전쟁 책임의 일환으로 만들어졌고, 제2차 세계대전의 경험을 통해 국제분쟁의 해결책으로 전쟁을 선택해서는 안 된다는 교훈을 담고 있다고 이해한다. 또한 평화헌법을 개정하려는 사람들의 의도가 미국의 뜻에 따라 일본도 '전쟁을 행하는 나라'로 바꾸려는 데 있으며, 비핵 3원칙이나 무기수출금지 등의 중요 시책을 무효화하려는 데 있다고 파악한다. 그런데 평화헌법 반대 세력은 자위대의 해외 파병과 무력행사로 이미 헌법을 위반했다. 이러한 상황에서 평화헌법 지키기 활동 단체는 정부가 교육기본법을 개정하여 어린이들에게 애국심을 강조하고 헌법 개정의 필요성을 가르치는 현실을 받아들일 수 없다고 천명한 바 있다.

한편, 이러한 움직임에 동조하는 시민운동단체와 전문가 단체들은 공동으로 '글로벌 9조 캠페인'을 벌여 헌법 9조의 이념과 평화주의를 세계인에게 널리 알리는 활동을 하고 있다. 여기에는 피스보트(PEACE BOAT, ピースボート), 일본국제법률가협회(日本國際法律家協會, JALISA), GPPAC Japan(Global Partnership for the Prevention of Armed Conflict Japan, 무력분쟁예방을 위한 글로벌 파트너십 일본) 등이 참여하고 있다. 이들은 2005년 8월 15일, 세계 9개국 12개 신문에 '9조'를 게재하는 것을 시작으로 매년 국내외 신문에 자신들의 주장을 광고 형식으로 게재하고 있다. 이 밖에도 코스타리카(2008. 7), 에콰도르(2009. 11) 등 세계 각지에서 헌법 9조 정신을 알리는 국제회의를 개최하고 있다.

99 왜 일본은 독도 영유권을 주장하는 것일까?

일본이 독도 영유권 주장을 계속하면서 한일 양국의 갈등으로 번지고 있다. 독도 문제란 무엇이며, 그 해결 방안은 무엇일까?

Q

일본의 독도영유권 주장에 대한 한국 정부의 입장은 2006년 4월 25일 노무현 대통령이 발표한 '한일 관계에 대한 특별 담화문'으로 정리할 수 있다.

독도는 일본의 한반도 침탈 과정에서 가장 먼저 병합된 역사의 땅이며, 일본이 러일전쟁 중에 전쟁 수행을 목적으로 편입하고 점령했던 땅이다. 러일전쟁은 제국주의 일본이 한국에 대한 지배권을 확보하기 위해 일으킨 한반도 침략전쟁이다. 일본은 한반도를 점령하고 재정권과 외교권을 박탈하여 우리의 주권을 유린했고 일본은 이런 와중에 독도를 자국의 영토로 편입하고 망루와 전선을 가설하여 전쟁에 이용했다. 지금 일본이 독도에 대한 권리를 주장하는 것은 제국주의 침략전쟁에 의한 점령지 권리, 나아가서는 과거 식민지 영토권을 주장하는 것이다. 이것은 한국의 완전한 해방과 독립을 부정하는 행위이다. 우리 국민에게 독도는 완전한 주권 회복의 상징이다. 더불어 과거 역사에 대한 일본의 인식, 그리고 미래의 한일 관계와 동북아시아의 평화에 대한 일본의 의지를 가늠하는 시금석이다.

일본이 독도 영유권을 주장하며 가장 적극적으로 제시하는 근거는 1905년의 시마네현 고시와 1951년 9월 미국 샌프란시스코에서 일본과 연합국이 서명한 대일강화조약이다.

2005년 3월, 시마네현은 시마네현 고시 100주년을 기념하여 이른바 '다케시마(竹島)의 날'을 정하는 조례를 제정했다. 조례에 따라 죽도문제연구회를 설립하여 일본의 주장을 정당화하기 위한 자료수집 및 연구활동, 시민강좌 등을 개최하고 있으며, 해마다 다케시마의 날 기념식과 강연회가 열린다. 외무성은 "일본은 대한민국의 독립을 승인하고 제주도, 거문도 및 울릉도를 포함하는 한국에 대한 모든 권리와 권원 및 청구권을 포기한다"는 대일강화조약 2조를 근거로 연합국도 일본의 영토로 인정했다며 홈페이지, 홍보물을 통해 알리고 있다.

그러나 한국 정부는 시마네현 고시는 독도를 강탈하기 위한 불법 조치이며, 독도 영유권 주장은 제국주의 침략의 결과물을 정당한 권리로 주장하려 한다는 입장이다. 또한 대일강화조약은 카이로선언, 포츠담선언, 일본의 항복 문서, 항복 후 미국의 초기 대일정책, 연합국 최고사령부 지령에서 일관되게 독도를 한국 영토로 규정한 사실을 근거로 해서 반박하고 있다.

독도는 일본 단일의 식민 국가에 의한 피식민지배이고, 독도를 일본 영토로 편입했다는 시마네현 고시가 러일전쟁 중 동해의 해상권을 장악하기 위한 일본 군부의 결정이라는 사실은 독도 문제의 원인이 제국주의

침략에 있다는 사실을 명백히 하고 있다. 또한 시마네현 고시의 원인이던 '량코도영토편입병대하원(リャンコ島領土編入竝貸下願)'을 제출한 나카이 요사부로(中井養三郎)도 자신이 독도를 조선의 영토로 믿고 있었다는 일본의 다양한 기록과 은주시청합기, 내무성 질문 및 태정관 지령문, 수로지, 조선국교제시말내탐서 등 독도를 한국의 영토로 인정하는 일본 측 자료도 이를 뒷받침한다.

그럼 독도 문제가 한일 정부의 외교 현안으로 등장한 때는 언제일까? 오늘날 독도 문제는 한일 정부 차원의 정치 · 경제 · 사회 · 문화 교류는 물론 민간 차원의 교류마저 중단시킬 만큼 그 영향력이 매우 크다. 한일 정부 사이에 가장 첨예한 현안 문제로 등장하게 된 계기는 독도를 대한민국의 해양주권 영역에 포함하는 1952년 1월 18일자 '대한민국 인접 해양의 주권에 관한 대통령 선언'(평화선)이다.

1월 28일, 일본 외무성은 주일 한국대표부에 '평화선에 대한 어떠한 가정이나 청구도 인정하지 않겠다'는 구상서를 보내 항의했다. 일본 어선의 평화선 침범이 계속되었고 해상보안청 순시선은 독도에 무단 상륙하여 목재 표식을 설치했다. 한국 정부는 일본 어선 나포, 1953년 7월 독도 순라반 파견, 1954년 독도경초사 건립에 이어 1955년부터 독도경비대를 상주시켰고 이후 일본의 무력 점거는 발생하지 않았다. 그러나 일본은 독도를 국제분쟁지역화하여 국제사법법원에서 해결하려는 시도를 계속하고 있다. 외무성은 외교청서에, 방위성은 방위백서에, 해상보안청은 해상보안 리포트에 독도를 일본 영토로 명시화했다. 자위대는 독도를 가상 상륙 지점으로 한 상륙작전 훈련을 실시하기도 했다. 2008년 2월, 외무성은 《다케시마 문제를 이해하기 위한 10의 포인트》를 한국어 등 10개 외국어로 제작하여 배포하였다. 특히 문부과학성은 독도 문제의 대중화와 여론

환기를 위해 중고교 교과서와 학습지도요령 해설서에 독도 문제를 포함했다.

그렇다면 일본이 독도 영유권을 주장하는 주요 근거는 무엇인가? 일본은 '다케시마는 역사적 국제법적으로 명백한 일본의 고유 영토이다'를 전제로 개정일본여지노정전도, 도해면허, 시마네현 고시를 주요 근거로 제시한다. 그러나 개정일본여지노정전도는 일본이 독도를 인식하고 있었다는 사실 외에 일본 영토라는 증거가 되지 못한다. 도해면허에 대해 일본의 역사학자 가지무라 히데키(梶村秀樹)는 '도해'라는 글자 자체가 외국에 나가는 것을 의미하므로 일본 스스로 울릉도와 독도를 일본 외 지역으로 인식했다고 반박했다. 시마네현 고시가 독도를 강탈하기 위한 불법 조치임은 물론 시마네현 고시를 통해 일본의 모순을 확인할 수 있다.

일본은 1905년의 시마네현 고시 이전의 역사적 권원을 주장하고 있다. 동시에 "독도는 타국이 이용한 형적이 없는 주인이 없는 섬(무주지)이기 때문에 시마네현의 오키도사(隱岐島司)의 소관으로 한다"라는 내각 결정, 그리고 후속 조치인 시마네현 고시를 근거로 제시하고 있다. '무주지 선점은 국제법상 영토 취득 방법의 하나이며, 일본의 행위는 정당하다'는 주장을 하고 있다. 그러나 1905년을 전후한 무주지 선점과 무주지 선점 이전의 역사적 권원을 주장하는 것은 논리적 모순으로 양립할 수 없는 관계이다. 1905년에 독도가 무주지가 되기 위해서는 1905년 이전에 독도는 일본 영토가 될 수 없기 때문이다.

그렇다면 독도 문제는 어떻게 해결해야 할 것인가? 오늘날 독도 문제는 한일 양국의 양립할 수 없는 주장의 반복으로 나타나고 있으며, 한국 정부는 역사의 문제로 일본은 영토분쟁으로 보고 있다. 일본 정부는 영토 문제를 내세우며 해결 수단으로 국제사법법원 제소를 주장하면서

센카쿠(尖閣)열도(중국명은 댜오위다오釣魚島)의 국제사법법원 제소를 주장하지 않는 이중적 행태를 보이고 있다. 일본이 국제사법법원 제소를 주장하는 이유는 역사적 권원이 한국보다 약하고, 한국이 실효적으로 지배하는 독도를 분쟁지역화하여 실효적 점유로 얻는 효과를 일부라도 훼손하기 위함이다.

일본 시민사회단체 활동가 일부는 독도가 한국 영토라며 일본의 독도 영유권 주장을 비판하고 있다. 그러나 역사 문제가 아닌 영토 문제의 하나로 보는 한계를 갖고 있다. 일본군 위안부, 야스쿠니 합사 반대, 강제징용, 간토대지진, 재일조선인 차별 문제 등 대일과거사 문제의 원인을 침략과 식민지 정책의 역사에서 찾는 것과 대조적이다. 대일과거사 문제와 관련된 한일 시민사회단체가 수십 년 동안 침략의 역사를 바로잡기 위해 공동 대응을 한 반면 독도 문제는 공론화되지 못하고 있다.

독도 문제를 영토 문제로 보느냐 역사 문제로 보느냐는 독도 문제의 본질뿐만 아니라 일본 시민사회의 인식 변화에 매우 중요하다. 영토 문제로 볼 경우 국가를 이루는 기본 요소인 '영토'가 최상위 개념으로 작용하여, 독도의 역사적 권원과 독도 문제의 원인이 되는 침략의 역사는 고려하지 않고 일본 국민의 입장에서 생각하기 때문이다. 하지만 역사 문제로 보면 영토의 개념, 즉 한국과 일본의 영토 문제가 아닌 객관적, 역사적 사실의 문제로 볼 수 있다.

한일 양국의 독도 역사, 일본 제국주의와 식민 지배의 역사, 러일전쟁과 독도 침탈의 역사를 통해 독도 문제를 바라볼 때 독도는 역사 문제로 정의되고 해결 방법을 찾을 수 있다. 올바른 역사 인식이야말로 독도 문제의 유일한 해결 방안이다.

100 :: 일본 역사교과서, 무엇이 문제인가?

일본의 우익 교과서가 역사 사실을 왜곡하고 있다는데, 구체적으로 무엇이 문제일까?

Q

2001년 일본의 우익단체인 '새로운 역사교과서를 만드는 모임'(새역모)이 후소샤(扶桑社) 출판사를 통해 만든 중학교용 일본사 교과서가 일본 문부성의 검정을 통과하면서 일본 내부는 물론이고 남북한, 중국 등 주변 국가들로부터 강한 반발을 불러일으켰다. 이 교과서는 그동안 일본 우익 정치 세력들이 주장하던 내용을 그대로 실었다. 이 교과서가 만들어진 배경에는 1993년부터 1995년까지 2년간 활동한 자민당의 역사검토위원회가 있다. 이 위원회는 전후 50년을 결산하고 다시 평가한다는 구실 아래 ① 대동아전쟁(아시아·태평양전쟁)은 침략전쟁이 아니라 자존·자위전쟁이며 아시아 해방전쟁이었다. ② 난징대학살, '위안부' 등의 가해는 날조이며 일본은 전쟁범죄를 범하지 않았다. ③ 최근 교과서는 있지도 않은 침략이나 가해를 쓰고 있어 새로운 '교과서 분쟁'이 필요하다. ④ 이 같은 역사 인식을 국민의 공통인식, 상식으로 하기 위해 학자들이 나서서 국민운동으로 전개할 필요가 있다는 결론을 발표했다.

새역모는 바로 이런 배경하에서 출현한 단체다. 이 교과서는 이들의 의견을 충실히 반영했다. 이들은 일본의 아시아 침략전쟁을 대동아전쟁, 아시아 해방전쟁으로 미화하고 있다. 그들은 서양 제국주의의 아시아 침략을 막아내고, 식민지로 전락한 아시아 국가들을 해방시키기 위해 전쟁을 일으켰다는 논리를 내세운다. 당연히 그 과정에서 아시아 인민에 대한 대량학살이나 여성들에 대한 '위안부' 강제동원 같은 사실은 있을 수 없다는 논리이다. 설사 일부 '위안부' 피해자가 있었다고 하더라도 그것은 일본 국가나 일본군과 무관한 민간 차원의 일에 불과하다는 입장이다. 따라서 이들의 교과서에 일본군 '위안부'는 등장하지도 않고, 난징대학살은 부정되고 있다.

새역모의 교과서는 전쟁을 미화하기 위해 특공대원의 유서를 싣기도 하고, 오키나와에서 8만여 명의 현민이 모두 천황을 위해 죽어간 것처럼 왜곡하고 있다. 이에 오키나와 현민들은 교과서가 역사를 왜곡하고 있다며 대규모 시위를 진행해 교과서의 수정 방침을 이끌어 내기도 했다. 또한 일본 자위대의 해외파병을 자랑스럽게 내세우면서 평화헌법을 개정할 것을 노골적으로 주장하고 있는데, 이는 그동안 일본이 국제사회에 경제적 기여만 해옴으로써 역할을 제대로 인정받지 못하고 있으므로 무장력의 해외파병을 통해 국제사회에 '공헌'함을 인정받을 필요가 있다는 논리인 것이다.

이 밖에도 이들 교과서는 임진왜란을 침략이 아닌 진출로 표기하거나 임나일본부를 역사적 사실로 기술하여 한반도가 고대부터 일본의 식민지였다는 과거의 왜곡된 학설을 반영하고 있다. 그런데 이런 내용을 담은 위험한 교과서가 중학교의 경우 2001년, 2005년, 2009년의 채택 시기를 거치면서 0.039%에 불과하던 채택률이 2%에 육박하는 사실은 생각보다 사태가 심각함을 보여준다. 게다가 일본의 중학교 교과서 작성의 지침이 되는 중학교 학습지도요령에는 독도 영유권에 대해 다룰 것을 지시하고 있다. 또 고등학교 학습지도요령에도 중학교의 영토 관련 내용을 더욱 심화시켜 교육할 것을 주문한다. 이제 모든 중고등학교 역사교과서들이 독도가 일본 영토임을 주장하는 글을 싣게 될 날이 머지않았다.

이처럼 상황은 점점 어려운 국면으로 빠져들고 있지만, 해결을 위한 노력도 점차 활발해지고 있다. 특히 한일 민간단체들은 중국, 북한 등의 관계 단체들과 네트워크를 마련하여 공동 활동을 전개하기 시작했다. 한중일 간에는 《미래를 여는 역사》와 같은 공동의 역사 교재를 만들기도 하고, 한중일 청소년 캠프를 개최하는 등의 다양한 노력을 기울이고 있다. 한일 정부 간에도 공동 연구기구를 설치하여 공동의 역사 인식 마련을 위해 노력하고 있다.

한편, 한일 공동의 역사 인식을 만들기 위해서는 독일과 프랑스의 사례를 눈여겨 볼 필요가 있다. 이 두 국가는 나폴레옹이 독일을 침략한 이래 네 번이나 전쟁을 치른 아픈 과거가 있다. 두 나라는 양국의 역사 인식 차이를 극복하기 위해 약 70년의 노력 끝에 2006년 공동 역사교과서를 펴내 양국 고등학교에서 사용하기 시작했다. 한국과 일본의 경우는 먼저 일본의 식민 지배와 침략전쟁에 대한 공식적인 사과, 그리고 피해자들에 대한 명예회복과 배상 등 과거사 청산이 전제되어야 하지만, 인내를 가진 대화와 경험 공유만이 평화공존의 아시아 건설을 위한 디딤돌이 될 것이라는 사실이 점차 공감대를 넓혀가고 있다.

◉ — 김기승 집필 문항 : 82, 82 BOX, 83

고려대학교 사학과를 졸업하고 동대학원에서 석사와 박사학위를 받았다. 순천향대학교 인문과학대학장, 한국독립운동사연구소장을 역임했다. 현재 순천향대학교 교수이자 동대학 부속 아산학연구소장으로 있다. 유학과 서양사상의 만남, 이념 대립의 극복 문제에 관심을 갖고 한국 근현대 사상사를 연구하고 있다. 지은 책으로《한국 근현대 사회사상사 연구—배성룡의 진보적 민족주의론》,《조소앙이 꿈꾼 세계—육성교에서 삼균주의까지》등이 있다.

◉ — 김남수 5부 도입글, 90 BOX

성균관대학교 사학과를 졸업하고 동대학 교육대학원에서 역사교육을 전공했다. 부천북고등학교에서 역사교사로서 첫발을 내디뎠고, 현재는 성남 돌마고등학교에 재직 중이다. 한국현대사에 관심을 갖고 공부하고 있으며, 앞으로도 학생들과 자유롭고 행복하게 생활하는 것이 소박한 꿈이다.

◉ — 김대호 18, 18 BOX, 35

서울대학교 국사학과를 졸업하고 동대학원에서 석사와 박사학위를 받았다. 서울대학교와 명지대학교에서 강사를 역임했고, 2008년 4월부터 국사편찬위원회에서 편사연구사로 활동 중이다. 논문으로〈1910~1920년대 조선총독부의 조선신궁 건립과 운영〉,〈일제 강점 이후 경복궁의 훼철과 '활용'(1910~현재)〉등이 있고, 공저로《일본의 식민지 지배와 식민지적 근대》,《서울대학교 경제문고 해제》등이 있다.

◉ — 김도훈 96

국민대학교 국사학과를 졸업하고 동대학원에서 석사와 박사학위를 받았다. 민족문제연구소 책임연구원, 국가보훈처 연구관을 역임했고, 현재 친일반민족행위자재산조사위원회 조사3과장으로 재직하고 있다. 재미한인의 민족운동사와 국민국가 인식과정에 관심을 갖고 연구하고 있다. 공저로《1910년대 국외항일운동 II—미주》등이 있다.

◉ — 김민철 92, 94

경희대학교에서〈조선총독부의 촌락지배와 촌락사회의 대응〉으로 박사학위를 받았다. 일제의 지배정책과 친일, 강제동원피해자, 일본의 역사왜곡 등 과거청산 문제에 관심을 갖고 연구와 실천을 병행하고 있다. 민족문제연구소 연구실장, 친일반민족행위진상규명위원회 기획총괄과장·조사팀장, 일본교과서바로잡기운동본부(현 아시아평화와역사교육연대) 집행위원장을 역임했다. 태평양전쟁피해자보상추진협의회 집행위원장으로 활동하며 경희대학교에 출강 중이다.

◉ — 김영수 19, 24

성균관대학교 역사교육과를 졸업하고 동대학원 사학과에서 석사학위, 모스크바국립대학교 역사학부에서 박사학위를 받았다. 성균관대학교 동아시아역사연구소 연구교수를 역임했고, 현재는 동북아역사재단 연구위원으로 재직하고 있다. 한국근대사와 한러관계사에 관심을 갖고 연구 중이다. 논문으로 〈을미사변, 그 하루의 기록〉, 〈근대 독도·울릉도 명칭을 둘러싼 한국과 일본의 시각〉, 〈아관파천과 러일협상〉 등이 있다.

◉ — 김영환 97

1997년에 일본 홋카이도에서 시작된 식민지시대 강제연행·강제노동 희생자의 유골 발굴과 유족조사 활동(동아시아공동워크숍)에 참여하고 있다. 일본 고치(高知)현에 있는 평화자료관 구사노이에(草の家)에서 일본의 평화운동을 배우며 활동했으며, 야스쿠니반대공동행동 일본위원회와 한국위원회에서 일했다. 2007년 9월부터 지금까지 평화박물관에서 반핵평화운동, 평화교육, 동아시아시민연대를 주제로 평화운동을 하고 있다. 동아시아의 시민들이 국가와 민족의 벽을 넘어 평화를 실현하기 위해 어떻게 만날 수 있을지 고민 중이다.

◉ — 김윤희 37

고려대학교 사학과를 졸업하고 동대학원에서 석사와 박사학위를 받았다. 현재 한림대학교 한림과학원 HK교수로 재직 중이다. 19세기 말 20세기 초 인민 개념을 국가와 시장과 관련하여 고찰하여 자본주의와 국가의 관계를 연구하는 데 관심을 갖고 있다. 논문으로 〈근대 국가구성원으로서의 인민개념연구〉, 〈동양담론 그리고 주권-정부-인민 관계의 균열과 전복〉 등이 있다.

◉ — 김점구 99

독도수호대 대표와 독도의용수비대동지회 사무차장을 맡고 있다. 울릉도 개척기와 일제강점하 울릉도와 독도의 역사, 특히 잘못 알려진 한국전쟁 전후 독도경비사 연구와 재정립 활동을 중심으로 하고 있다. 일본과 국제사회에 동해 표기 문제와 독도 문제를 바로잡고 현실적 해결방안 마련을 위해 노력하고 있다.

◉ — 김정인 84, 85, 85 BOX

서울대학교 사범대학 역사교육과를 졸업하고, 동대학원 국사학과에서 석사와 박사학위를 받았다. 현재 춘천교육대학교 사회과교육과 교수로 재직 중이다. 천도교 민족운동을 비롯해 근대 민족운동사를 연구해왔으며, 최근에는 근대 초등교육과 현대 대학교육 등 교육사 관련 분야, 한중일의 역사대화, 그리고 동아시아사에 관심을 갖고 있다. 지은 책으로 《천도교 근대 민족운동 연구》, 《우리 민족의 걸어온 길》(공저), 《개벽에 비친 식민지 조선의 얼굴》(공저), 《동아시아에서 역사인식의 국경 넘기》(공저), 《우리 학문 속의 미국》(공저) 등이 있다.

◉ — 김종수 69

한신대학교 기독교교육학과를 졸업하고 동대학원에서 석사학위(M.A)를 받았다. 생명·평화·인권 분야의 NPO활동을 하고 있으며, 아힘나운동본부와 중·고등통합과정의 아힘나평화학교를 설립했다. 동북아시아의 평화를 위해서는 억울하게 죽어간 사람들의 인권회복이 전제되어야 한다는 깨달음으로 관동대지진재조선인학살진상규명과 명예회복을 위한 한·일·재일 시민연대를 조직했고, 현재 한국 상임대표를 맡고 있다. 1923년 일본에서의 조선인 학살을 알리기 위한 집필과정에 참여했으며, 역사의 진실을 아시아 차세대들에게 알리기 위한 한일 청소년역사기행 프로그램도 상시 운영하고 있다. 저서로 《서로를 살리는 인권교육》이 있고, 《지쿠호오 이야기》를 기획 출판했다.

◉ — **김종준** 22, 32, 32 BOX

서울대학교 국사학과를 졸업하고 동대학원에서 석사와 박사학위를 받았다. 현재 서울대학교 규장각 한국학연구원 선임연구원으로 일하고 있다. 한국근대사 가운데 대한제국기 사회사, 경제사에 관심을 갖고 있다. 논문으로 〈대한제국 말기 일진회 연구〉, 〈1895~1907년 평안도 지역의 '군토' 조사 작업과 관련 분쟁〉 등이 있다.

◉ — **남기현** 36

성균관대학교를 졸업한 뒤 동대학원에서 석사학위를 받고 박사과정을 수료했다. 현재 브리티시컬럼비아대학교 한국학센터 방문학자로 있다. 한국병합 전후 시기인 1907~1910년대 사회·경제 상황에 관심을 갖고 연구하고 있다. 논문으로 〈일제하 조선토지조사사업 계획안의 변경 과정〉 등이 있다.

◉ — **남상구** 80

강원대학교 역사교육과를 졸업하고 일본 지바대학에서 석사와 박사학위를 받았다. 현재 동북아역사재단 연구원으로 재직 중이다. 일본의 전몰자 추도시설 문제, 보상 문제 등 전쟁의 기억이 어떻게 생산·소비·유통되는지에 대해 관심을 갖고 연구하고 있다. 논문으로 〈전후 일본에 있어서 전몰자 추도시설을 둘러싼 대립〉, 〈전후 일본의 전쟁희생자 '보상'에 관한 고찰〉 등이 있다.

◉ — **노관범** 8, 38

서울대학교 국사학과를 졸업하고 동대학원에서 석사학위를 받은 뒤 〈대한제국기 박은식과 장지연의 자강사상 연구〉로 박사학위를 취득했다. 현재 국무총리 산하 경제인문사회연구회에 재직 중이다. 전통과 근대의 인식론적 분단체제에서 한국사상사를 구출하기 위해 사상사의 탈역사화로부터 재역사화로 패러다임을 전환하는 작업에 관심을 갖고 있다.

◉ — **도면회** 25, 25 BOX, 26, 27, 28, 31

서울대학교 국사학과를 졸업하고 동대학원에서 석사와 박사학위를 받았다. 현재 대전대학교 역사문화학과 교수로 재직 중이다. 대한제국의 멸망과 일제의 식민통치를 기존의 민족주의 일변도 인식으로부터 벗어나 전면적으로 재고해야 한다는 입장에서 19세기 말 20세기 초 역사를 연구하고 있다. 논문으로 〈을사조약은 어떻게 기억되어 왔는가?〉, 저서로 《역사학의 세기》(공저) 등이 있다.

◉ — 류시현 68, 81

고려대학교 사학과를 졸업하고 동대학원에서 석사와 박사학위를 받았다. 현재 고려대학교 민족문화연구원 HK연구교수로 재직하고 있다. 한국근현대 사상사, 문화사를 전공하고 있으며, 최근의 관심 주제는 서구사상의 번역(중역), '문화사학자', 조선 문화를 통해 본 조선적인 정체성의 구성에 관한 것이다. 지은 책으로 《최남선 연구》 등이 있다.

◉ — 문영주 74, 79

고려대학교 사학과를 졸업하고 동대학원에서 석사와 박사학위를 받았다. 일제강점기 식민지 사회 경제사를 공부했으며, 지금은 20세기 한국교육사에 관심을 갖고 연구하고 있다. 지은 책으로 《한국자본주의사》(공저) 등이 있다.

◉ — 미즈노 나오키(水野直樹) 78

일본 교토대학 대학원 문학연구과를 졸업했다. 현재 교토대학 인문과학연구소 교수 및 소장으로 있으며, 조선근대사와 동아시아관계사를 전공하고 있다. 지은 책으로 《아리랑 그후—김산과 님 웨일즈》(공편), 《생활 속의 식민지주의》(공저), 《창씨개명》, 《日本の植民地支配—肯定·贊美論を檢證する》(공저) 등이 있고, 《戰時期植民地統治資料》와 《朝鮮總督諭告·訓示集成》을 편집했다.

◉ — 박은숙 7, 9, 10

전북대학교 사학과를 졸업하고, 고려대학교 대학원에서 석사와 박사학위를 받았다. 현재 서울특별시사편찬위원회 연구원으로 재직 중이다. 근대이행기 정치·사회적 변혁과 역사의 뒤안길에 놓여 있던 민중의 위상 변화에 관심을 갖고 연구하고 있다. 지은 책으로 《갑신정변 연구》, 《시장의 역사》 등이 있다.

◉ — 박정애 65 BOX, 93

숙명여자대학교 한국사학과를 졸업하고 동대학원에서 한국근대 여성사 전공으로 석사와 박사학위를 받았다. 만 4년 동안 일제강점하강제동원피해진상규명위원회 조사관으로 일본군 '위안부' 피해조사를 했다. '공창제'를 주제로 박사논문을 쓰면서 팔리고 학대당하고 죽임당한 여성들 이야기에 속이 상해 위장장애와 불면증을 얻었다. 이 여성들을 위로하는 살풀이를 하는 것이 바람이다. 지은 책으로 《20세기 여성사건사》(공저), 《여성의 눈으로 본 한일 근현대사》(공저)가 있다.

◉ — 박한용 45, 45 BOX, 91

고려대학교 사학과를 졸업하고 동대학원에서 석사를 마치고 박사과정을 수료했다. 민족문제연구소 연구실장으로 활동하고 있으며 친일인명사전 편찬위원이기도 하다. 노숙인 또는 사회빈곤층이 주축이 된 성프란시스대학 인문학강좌에서 역사를 강의하고 있으며, 진실과미래 국치100년사업공동추진위원회 운영위원장, 강제병합100년 공동행동 한국실행위원회 공동운영위원장을 맡아 일제 식민지 지배로 빚어진 한일과거사 문제를 연구하고 해결하는 데 적극 활동하고 있다. 지은 책으로 《시와 이야기가 있는 우리 역사(상·하)》(공저), 《우리 민족해방운동사》(공저), 《영주독립운동사》(공저) 등이 있다.

◉ — 방광석 42, 42 BOX

연세대학교 사학과를 졸업하고 동대학원에서 석사학위, 일본 릿쿄대학에서 박사학위를 받았다. 현재 성균관대학교 동아시아학술원 HK연구교수로 재직 중이다. 근대 일본의 형성과정, 일본인의 서양문명 체험, 일본의 식민지정책 등에 관심을 갖고 연구하고 있다. 지은 책으로 《근대 일본의 국가체제 확립과정—이토 히로부미와 '제국헌법체제'》, 《동아시아 역사 속의 여행》(공저) 등이 있다.

◉ — 배항섭 12, 14, 14 BOX

고려대학교 사회학과를 졸업하고 동대학원에서 석사와 박사학위를 받았다. 현재 고려대학교 민족문화연구원 HK연구교수로 재직 중이다. 한국 근대 이행기의 민중운동과 민중문화에 관심을 갖고 연구하고 있다. 지은 책으로 《조선 후기 민중운동과 동학농민전쟁의 발발》 등이 있다.

◉ — 서영희 20

서울대학교 국사학과를 졸업하고 동대학원에서 석사와 박사학위를 받았다. 2002년부터 한국산업기술대학교 교양학과 교수로 재직 중이며 대한제국기 정치사 연구를 전공으로 하고 있다. 최근에는 한국병합 100년을 맞아 식민지 병합의 과정을 한국인의 시각으로 새롭게 돌아보는 책을 저술하고 있다. 저서 《대한제국정치사연구》를 비롯해 다수의 논문을 발표한 바 있다.

◉ — 신주백 59, 64

성균관대학교 대학원 박사과정을 졸업했다. 일본 도쿄대학, 교토대학, 타이완중앙연구원, 옌볜대학에서 객원연구원을 지냈으며, 현재 연세대학교 국학연구원 HK연구교수로 있다. 사회인문학으로서 역사학의 재구성, 동아시아 역사교육과 역사교과서의 역사, 한반도에서의 일본군 역사 등에 관심을 갖고 있다. 지은 책으로 《만주지역 한인의 민족운동사 1920~45》, 《1930년대 중국 관내지역 정당통일운동》, 《분단의 두 얼굴》(공저), 《8·15의 기억과 동아시아적 지평》(공저) 등이 있다.

◉ — 염복규 46, 46 BOX, 47, 48, 49

서울대학교 국사학과를 졸업하고 동대학원에서 석사와 박사학위를 받았다. 현재 국사편찬위원회 편사연구사로 재직 중이다. 일제하 도시사회사로 연구를 시작하여 식민정책사 전반으로 관심의 폭을 넓혀가고 있다. 지은 책으로 《서울은 어떻게 계획되었는가》 등이 있다.

◉ — 오성철 66, 67, 77

서울대학교 교육학과를 졸업하고 동대학원에서 석사와 박사학위를 받았다. 현재 서울교육대학교 교육학과 교수로 재직 중이다. 근래에는 동아시아의 근대교육 형성에 대한 역사사회학적 연구와 해방 이후 한국현대교육사에 대해 연구를 진행하고 있다. 지은 책으로《식민지 초등교육의 형성》이 있다.

◉ — **왕현종** 13, 16

연세대학교 사학과를 졸업하고 동대학원에서 박사학위를 받았다. 현재 연세대학교 원주캠퍼스 역사문화학과 교수로 재직 중이다. 최근에는 조선 후기 이래 경제사에 관심을 두고 일제의 토지조사사업 연구에 매진하고 있다. 지은 책으로《대한제국의 토지조사사업》(공저),《한국 근대국가의 형성과 갑오개혁》 등이 있다.

◉ — **윤상원** 56, 57, 62, 63, 63 BOX

고려대학교 한국사학과를 졸업하고 동대학원에서 석사와 박사학위를 받았다. 일제 식민지시기 민족해방운동, 특히 사회주의운동과 무장투쟁에 관심을 갖고 연구하고 있다. 지은 책으로《러시아지역 한인의 항일무장투쟁연구 1918~1920》이 있다.

◉ — **윤종배** 1~3부 도입글

서울대학교 역사교육학과를 졸업했다. 서울 여의도중학교에서 교직을 시작해 서울사대부설여자중학교를 거쳐 현재는 온곡중학교에서 근무 중이다. 지은 책으로《살아있는 한국사 교과서 1, 2》(공저),《5교시 국사시간》,《나의 역사 수업》 등이 있다.

◉ — **이규수** 34, 70, 75

고려대학교 사학과를 졸업하고, 일본 히토쓰바시대학 사회학연구과에서 지역사회연구로 박사학위를 받았다. 현재는 성균관대학교 동아시아역사연구소 연구교수로 재직 중이다. 근대 일본·일본인의 한국인식과 상호인식을 규명하기 위한 글쓰기에 노력하고 있다. 지은 책으로《제국 일본의 한국 인식, 그 왜곡의 역사》,《식민지 조선과 일본, 일본인》 등이 있다.

◉ — **이성우** 54, 58

충남대학교 국사학과를 졸업하고 동대학원에서 석사와 박사학위를 받았다. 현재 충남대학교 충청문화연구소 연구교수로 재직 중이다. 일제강점기 독립운동사에 대해 관심을 갖고 연구하고 있다. 논문으로〈광복회 명칭과 성격에 대한 검토〉,〈백야 김좌진의 국내민족운동〉,〈주비단의 조직과 활동〉 등이 있다.

◉ — **이송순** 69 BOX, 76

고려대학교 사학과를 졸업하고 동대학원에서 석사와 박사학위를 받았다. 친일반민족행위자재산조사위원회에서 근무했으며, 현재 고려대학교에서 한국사를 강의하고 있다. 일제시기 농업 및 농촌사회를 연구하며, 일제 말 전시체제기 식민정책의 메커니즘을 통한 식민지배의 성격과 그 유제 청산의 방향 모색, 한국근대 이행기의 계층별 시대 인식과 경험에 대해 연구하고 있다.

지은 책으로《일제하 전시 농업정책과 농촌경제》가 있다.

◉ — 이신철 87, 98, 100

성균관대학교 사학과에서 남에서 북으로 간 민족주의자들의 통일운동을 주제로 박사학위를 받았다. 현재 성균관대학교 동아시아학술원 연구교수로 재직 중이다. 한중일 공통의 역사인식 만들기에 관심을 두고 있으며, 아시아평화와역사교육연대에서 활동하고 있다. 지은 책으로《한일 근현대 역사논쟁》,《북한 민족주의운동 연구》 등이 있다.

◉ — 이영학 50

서울대학교 국사학과를 졸업하고 동대학원에서 석사와 박사학위를 받았다. 한국역사연구회, 한국기록학회 회장을 역임했으며, 현재 한국외국어대학교 사학과 교수로 재직 중이다. 한국 근대의 토지문제와 기록관리에 대해 관심을 갖고 연구하고 있다. 지은 책으로《대한제국의 토지조사사업》(공저),《대한제국의 토지제도와 근대》(공저) 등이 있다.

◉ — 이용창 41, 43, 44

중앙대학교 사학과에서 〈동학·천도교단의 민회설립운동과 정치세력화 연구(1896~1906)〉로 박사학위를 받았다. 현재 민족문제연구소 책임연구원으로 과거사 청산과 친일문제를 연구하면서 친일인명사전 편찬위원으로 활동 중이다. 지은 책으로《왕조의 마지막 풍경》(공저),《일진회와 자위단의 의병 사냥》 등이 있다.

◉ — 이이화 30

《한국사 이야기》(총 22권) 등 수많은 한국사 관련 책을 저술했다. 특히 동학농민전쟁을 비롯한 근현대사 연구에 집중했다. 역사문제연구소 소장, 동학농민혁명기념재단 이사장, 서원대학교 석좌교수를 역임하면서 역사 대중화에 힘을 쏟았다. 근래에는 강제병합 100년 공동행동위원회 상임공동대표를 맡아, 국치 100년 사업에 참여 중이다.

◉ — 이제은 4부 도입글

공주대학교 역사교육학과를 졸업했다. 1996년에 인천 만수중학교에서 교직을 시작하여 강화고등학교, 남동중학교, 계양중학교를 거쳐 현재 명현중학교에서 역사를 가르치고 있다. 인천 지역사에 관심이 많으며, 국치 100년을 맞이하여 아이들과 함께 나눌 수 있는 자료를 만들고 싶다는 생각에서 이번 기획에 참여했다.

◉ — 이태훈 53, 60

연세대학교 사학과를 졸업하고 동대학원에서 석사와 박사학위를 받았다. 역사문제연구소 연구원으로 활동 중이며, 일제하 친일문제와 근대지성사에 관심을 두고 연구하고 있다. 논문으로 〈1920년대 초 신지식인층의 민주주의론과 그 성격〉, 〈1930년대 전반 민족주의 세력의 국제정세 인식과 파시즘 논의〉, 〈《시사평론》을 통해서 본 국민협회의 근대국가인식과 참정권청원론〉 등이 있다.

◉ — **정숭교** 2, 3

서울대학교 국사학과를 졸업하고 동대학원에서 석사와 박사학위를 받았다. 친일반민족행위자재산조사위원회 조사총괄과장으로 재직 중이다. 한국근대사상사에 관심을 갖고 연구하고 있다. 논문으로 〈한말 민권론의 전개와 국수론의 대두〉가 있으며, 지은 책으로 《한국생활사박물관—조선시대 3》 등이 있다.

◉ — **정영환** 95, 95 BOX

일본 메이지가쿠인대학 법학부를 졸업하고 히토쓰바시대학에서 석사와 박사학위를 받았다. 리쓰메이칸대학코리아연구센터 전임연구원으로 근무한 후 현재 메이지가쿠인대학 강사로 재직 중이다. 해방 직후 재일조선인의 역사를 중심으로 조선근현대사를 연구하고 있다. 논문으로 〈일본 패전 직후의 '경찰권확립'과 재일조선인단체〉 등이 있다.

◉ — **조규태** 90

서강대학교 사학과를 졸업하고 동대학원에서 석사와 박사학위를 받았다. 국가보훈처에서 독립운동에 관한 연구와 독립유공자 포상업무를 담당했고, 현재 한성대학교 역사문화학부에 재직 중이다. 천도교의 민족운동과 국내외 독립운동에 대한 연구를 하고 있으며, 지은 책으로 《천도교의 민족운동 연구》, 《천도교의 문화운동론과 문화운동》 등이 있다.

◉ — **조재곤** 29, 33

국민대학교 국사학과를 졸업하고 연세대학교 대학원에서 석사, 국민대학교 대학원에서 박사학위를 받았다. 현재 동국대학교 대외교류연구원 연구교수로 재직 중이다. 한국근대의 정치와 경제문제에 관심을 가지고 있으며, 지금은 주로 근대 한국과 러시아의 관계와 관련한 문서를 정리 분석하고 있다. 지은 책으로 《한국근대사회와 보부상》, 《보부상—근대 격변기의 상인》, 《그래서 나는 김옥균을 쏘았다》 등이 있고, 옮긴 책으로는 《해천추범(海天秋帆)—1896년 민영환의 세계일주》가 있다.

◉ — **최병택** 1, 4, 71, 72, 73, 86, 89

서울대학교 역사교육과를 졸업하고 동대학원 국사학과에서 일제시대에 관한 연구로 석사와 박사학위를 받았다. 한국교육과정평가원 부연구위원을 거쳐 현재 공주교육대학교 사회과교육과 교수로 재직 중이다. 일제하 조선임야조사사업과 촌락재산 연구에 천착해왔으며 현재는 일제시기 지방 사회의 지배 구조와 부동산 소유 관습의 법제화 등에 관심을 두고 연구를 진행 중이다. 지은 책으로 《경성리포트》, 《일제하 조선임야조사사업과 산림정책》 등이 있다.

◉ — **최선웅** 55

고려대학교 한국사학과를 졸업한 뒤, 동대학원에서 석사학위를 받고 박사과정을 수료했다. 현재 역사문제연구소 연구원으로 있다. 한국근현대에 사회주의와 자유주의 등 서구사상이 어떻게 수용되고 전개되었는지, 구체적으로 그런 사상이 독립운동과 어떤 상관관계를 맺고 있었는지에 관심을 갖고 연구 중이다. 논문으로 〈1910년대 재일유학생단체 신아동맹당의 반일운동과 근대적 구상〉, 〈1920년대 초 한국공산주의운동의 탈자유주의화 과정〉, 〈설산 장덕수의 마르크스주의 국가관 비판 연구〉, 〈1910~20년대 현상윤의 자본주의 근대문명론과 개조〉 등이 있다.

◉ — 최성희 61

재일동포 3세이다. 일본 도쿄여자대학교 사학과를 졸업하고 히토쓰바시대학교 대학원 사회학연구과에서 석사학위를 받았다. 현재 동대학원 박사학위 논문을 준비 중이다. 일본 국가기관인 국문학연구자료관에서 추진하는 일본 내외에 있는 조선총독부 관련 자료의 조사·수집 프로젝트 보조연구원으로도 활동하고 있다. 일제하의 중등교육에 관심을 갖고 연구하고 있다.

◉ — 하원호 5, 6

고려대학교 사학과를 졸업하고 동대학원에서 석사와 박사학위를 받았다. 고려대학교 강사, 성균관대학교 연구교수를 역임했다. 현재 동국대학교 연구교수로 재직 중이며, 친일반민족행위자재산조사위원회 위원으로 활동하고 있다. 근대 동아시아사와 한국근대 인식론의 변화과정에 대해 관심을 갖고 연구하고 있다. 지은 책으로 《한국근대경제사연구》, 《개항 이후 일제의 침략》, 《근대의 진통》 등이 있다.

◉ — 한철호 11, 21, 21 BOX

고려대학교 사학과를 졸업하고 동대학원에서 석사, 한림대학교 대학원에서 박사학위를 받았다. 현재 동국대학교 역사교육과 교수로 재직 중이다. 개항 이후 한국병탄까지 정치세력과 개화파의 동향과 활동을 연구해왔으며, 한국과 일본·중국·미국 등 열강의 관계사를 폭넓게 다루고 있다. 지은 책으로 《친미개화파 연구》, 《한국근대 개화파와 통치기구 연구》, 《한국근대 주일한국공사의 파견과 활동》 등이 있으며, 옮긴 책으로는 《동아시아 속의 한일 2천년사》, 《1905년 한국보호조약과 식민지책임》, 《1905년 한국보호조약과 식민지책임》, 《북한행 엑서더스》 등이 있다.

◉ — 허수열 65

서울대학교 경제학과를 졸업하고 동대학원에서 석사와 박사학위를 받았다. 일본 교토대학 초빙외국인 학자와 미국 하버드대학 visiting scholar를 지냈으며, 현재 충남대학교 경제학과 교수로 재직 중이다. 일제시대 조선의 경제를 주로 연구했고, 최근에는 20세기 전체를 아우르는 한국경제를 연구 주제로 삼아 연구하고 있다. 지은 책으로 《개발 없는 개발》 등이 있다.

◉ — 허영란 51, 52

서울대학교 국사학과를 졸업하고 동대학원에서 석사와 박사학위를 받았다. 국사편찬위원회에서 역사자료의 디지털화, 구술사 연구를 담당했다. 현재 울산대학교 역사문화학과 교수로 재직 중이다. 아래로부터의 역사인식과 다원적인 역사해석에 관심을 갖고 있으며 지역/지방의 관점에서 근현대사를 어떻게 재현할 것인지에 대해 연구하고 있다. 지은 책으로 《일제시기 장시 연구—5일장의 변동과 지역주민》, 《일본의 식민지 지배와 식민지적 근대》(공저) 등이 있다.

◉ — **허종** 88, 88 BOX

경북대학교 사학과를 졸업하고 동대학원에서 석사와 박사학위를 받았다. 현재 충남대학교 국사학과 교수로 재직 중이다. 친일파 청산을 비롯한 과거사 정리문제와 지방사에 관심을 갖고 연구하고 있다. 지은 책으로 《반민특위의 조직과 활동》, 《역사 속의 대구, 대구 사람들》, 《근현대 대구·경북지역 사회변동과 사회운동 I》 등이 있다.

◉ — **홍동현** 9 BOX, 15

충남대학교 국사학과를 졸업하고 연세대학교 대학원에서 석사학위를 받았다. 현재 동대학원에서 박사학위 논문을 준비 중이며, 역사문제연구소 연구원으로 활동하고 있다. 한국근대사 가운데 개항을 전후로 한 민중의 삶에 관심을 가지고 있다. 논문으로 〈1894년 충청도 내포지역의 농민전쟁과 농민군 조직〉, 〈1894년 '동도(東徒)'의 농민전쟁 참여와 그 성격〉 등이 있다.

◉ — **홍문기** 17, 17 BOX, 23, 39, 40, 40 BOX

서울대학교 국사학과를 졸업하고 동대학원에서 석사과정을 마친 뒤, 현재 박사과정에 재학 중이다. 총신대학교, 공주교육대학교, 방송통신대학교, 경인교육대학교 등에 출강하고 있다. 석사학위 논문은 〈갑오개혁 이후 비서기관의 변천과 군주권〉이며, 전근대 사회가 근대화되는 과정에서 사회 권력이 재구성되는 과정에 관심을 갖고 연구하고 있다.

2009년 4월 25일 한일 과거사 청산을 위해 활동하고 있는 국내 대표적인 시민단체와 관련 피해자단체, 그리고 민족운동단체 및 학술연구단체 등 55개 단체가 모여 '진실과미래, 국치100년사업공동추진위원회(이하 100추위)'를 발족했다. 100추위는 2010년 일제의 강제병합 100년을 앞두고 각 단체 또는 개별 사안별로 진행되고 있는 한일 과거사 현안을 함께 점검하고 공동 실천을 통해 한일 과거사 문제를 근본적으로 해결함으로써 동아시아 평화로 나아가자는 취지로 만들어졌다.

100추위는 식민지 과거의 실상을 규명하고 원칙 있는 청산을 통해 2010년을 국치 100년의 부끄러운 역사만을 되새김하는 자리가 아니라, 민족 억압과 차별 그리고 침략전쟁이 없는 평화로운 동아시아 세계를 후손들에게 물려주는 원년으로 삼기 위해 다양한 사업을 전개하고 있다.

특히 100추위는 올바른 역사청산은 식민지 범죄의 진실 규명과 명예 회복, 그리고 일본 당국의 사죄와 배·보상 문제가 해결되어야 하므로 한일 양국 정부와 의회, 그리고 한·일·재일 시민단체 간의 긴밀한 공조가 어느 때보다 필요하다고 판단하고, 과거사 청산을 위한 한일공동행동기구를 결성할 것을 일본 시민단체에 제안했다. 그 결과 2010년 1월과 3월에 한일시민공동행동기구로서 일본에서는 34개 단체(2010년 7월 현재)가 모여 '강제병합100년 공동행동 일본실행위원회'를, 한국에서는 100추위를 포함해 80여 단체가 모여 '강제병합100년 공동행동 한국실행위원회'를 각각 결성했다. '강제병합100년 공동행동 한일실행위원회'는 2010년 8월 22일부터 29일까지를 '강제병합100년 식민주의 종식과 동아시아 평화를 위한 한일시민대회' 기간으로 선포하고 다양한 사업을 전개하고 있다. 2010년 8월 22일 도쿄에서 한일시민공동선언 일본대회를, 8월 27일부터 28일까지 서울에서 국제학술대회를 개최하며, 특히 8월 29일 '경술국치일'에는 서울에서 한일시민공동선언 한국대회를 통해 '식민주의 종식과 동아시아평화를 위한 한일시민공동선언문'을 발표할 예정이다. 한일시민공동선언문을 발표하는 자리에서 한·일·재일의 청년·학생들의 공동 결의 성명문도 아울러 발표될 것이다. 8월 12일부터 9월 30일까지 서대문형무소역사관에서 '강제병합100년 특별기획전시회'가, 8월 매주 토요일에는 국치 100년 역사현장 기행프로그램도 진행한다.

상임공동대표

이이화(전 역사문제연구소 소장) 이해학(야스쿠니반대공동행동한국위원회 공동대표)
김효순(포럼 '진실과정의' 공동대표) 이석태(포럼 '진실과정의' 공동대표)

운영위원

박한용(민족문제연구소) 강주혜(한국정신대문제대책협의회)
김민철(태평양전쟁피해자보상추진협의회) 김점구(독도수호대)
김종수(관동대진재조선인학살진상규명과명예회복을위한한·일·재일시민연대) 문성근(흥사단)
배덕호(KIN지구촌동포연대) 서우영(야스쿠니반대공동행동한국위원회)

윤원일(안중근의사기념사업회) 이상희(민주사회를위한변호사모임 과거청산위원회)
이성순(한국정신대연구소) 이성호(전국역사교사모임) 이신철(아시아평화와역사교육연대)
이정은(역사문제연구소) 이준영(장준하기념사업회) 조진경(AsiaPeaceBuilders)

추진위원

강덕상(재일한인역사관 관장), 강만길(전 상지대 총장), 강주혜(한국정신대문제대책협의회 사무처장), 고환규(한국정신대문제목회자 대책회장, 세계인권선교회 회장), 곽귀훈(한국원폭피해자협회 명예회장), 김경남(기독교사회문제연구소 소장), 김기종(우리마당 통일문화연구소 대표), 김기준(평화재향군인회 상임공동대표), 김문숙(부산정신대문제대책협의회 대표), 김민영(한일민족문제학회 대표, 군산대 교수), 김민철(태평양전쟁피해자보상추진협의회 집행위원장), 김병상(민족문제연구소 이사장), 김삼열(독립유공자유족회 회장), 김삼웅(전 독립기념관 관장), 김성보(역사문제연구소 부소장 · 연세대 교수), 김승곤(한글학회 회장), 김시업(성균관대 명예교수 · 심산사상연구회 전 회장), 김영일(광복회 회장), 김용길(한국원폭피해자협회 대표), 김용삼(효창원을사랑하는사람들 대표), 김원웅(단재신채호선생기념사업회 회장 · 전 국회의원), 김자동(대한민국임시정부기념사업회 회장), 김재민(민족정기구현회 사무국장), 김전승(흥사단 사무부총장), 김점구(독도수호대 대표), 김종수(1923한일재일시민연대 상임대표), 김종철(KIN지구촌동포연대 대표), 김해일(독도향우회 대표), 김현태(올바른과거청산을위한범국민위원회 사무차장), 김효순(포럼 '진실과정의' 공동대표 · 한겨레신문 대기자), 김희수(변호사), 문성근(흥사단 정책실장), 민성진(운암김성숙기념사업회 회장), 박용현(평화재향군인회 상임공동대표), 박재승(전 대한변호사협회 회장), 박재화(민변과거사위원회 간사), 박중기(민족민주열사추모 · 기념단체연대회의 대표), 박한용(민족문제연구소 연구실장), 박현서(한양대 명예교수), 반재철(흥사단 대표), 배덕호(KIN지구촌동포연대 대표), 서굉일(1923한일재일시민연대 공동대표 · 한신대 명예교수), 서기종(독도의용수비대동지회 회장), 서승(리쓰메이칸대 교수), 서우영(야스쿠니반대공동행동한국위원회 사무국장), 서중석(아시아평화와역사교육연대 공동대표 · 성균관대 교수), 서지영(평화재향군인회 상임공동대표), 성재상(평화재향군인회 상임공동대표), 손정태(밀양독립운동사연구회 대표), 송도자(일본군 '위안부' 할머니와함께하는거제통영시민모임 대표), 송재욱(시민운동가), 송하식(평화재향군인회 상임공동대표), 신용옥(내일을여는역사재단 상임이사), 심우성(민속극연구소 소장 · 민속학자), 안경욱, 안병우(아시아평화와역사교육연대 공동대표 · 한신대 교수), 안해룡(영화 〈나의 마음은 지지 않았다〉 감독), 양미강(아시아평화와역사교육연대 공동운영위원장), 윤경로(친일인명사전편찬위원회 위원장 · 전 한성대학교 총장), 윤미향(한국정신대문제대책협의회 상임대표), 윤여준(전 환경부 장관, 전 여의도연구소 소장), 윤원일(안중근의사기념사업회 사무총장), 윤정옥(한국정신대문제대책협의회 초대공동대표), 윤종배(전 전국역사교사모임 대표), 이경희(일본군 '위안부' 할머니와함께하는마산창원진해시민모임 대표), 이기자(정치발전통합연대 공동대표), 이만열(전 국사편찬위원회 위원장), 이병주(시베리아삭풍회 회장), 이봉원(대한민국임시정부사적지연구회 회장 · 민족문제연구소 운영위원장), 이상희(민주사회를위한변호사모임 과거청산위원회), 이석태(포럼 '진실과정의' 공동대표), 이성순(한국정신대연구소 소장), 이성호(전 전국역사교사모임 사무국장), 이수영(평화재향군인회 상임공동대표), 이신철(아시아평화와역사교육연대 대외협력위원장), 이이화(전 역사문제연구소 소장), 이인순(정신대할머니와함께하는시민모임 사무국장), 이장희(평화통일시민연대 대표), 이재승(민주주의법학연구회 기획위원장), 이재정(보재이상설선생기념사업회 회장·전 국회의원), 이정은(역사문제연구소 사무국장), 이종찬(홍범도장군기념사업회 대표), 이준식(친일반민족행위자재산조사위원회 사무처장), 이준영(장준하기념사업회 사무국장), 이치석(월간《씨올의 소리》 편집위원), 이해학(야스쿠니반대공동행동한국위원회 상임공동대표), 이효재(한국정신대문제대책협의회 초대공동대표), 이희자(태평양전쟁피해자보상추진협의회 공동대표), 임종인(민주군인회 대표), 임헌영(민족문제연구소 소장), 임현진(전 한국사회학과 회장·서울대 교수), 장두석(한민족생활문화연구회 이사장), 장병화(임종국선생기념사업회 회장·대한민국임시정부기념사업회 이사·가락전자 회장), 장완익(태평양전쟁피해자보상추진협의회 공동대표), 정재헌(평화재향군인회 사무처장), 정태헌(역사문제연구소 소장·고려대 교수), 조광(내일을여는역사재단 이사장·고려대 교수), 조세열(민족문제연구소 사무총장), 조종원(단재신채호선생기념사업회 상임이사), 조진경(APB 대표), 주정헌(평화재향군인회 상임공동대표), 주종환(민족화합운동연합 이사장), 차영조(동암차이석선생기념사업회 회장), 차창규(광복회 사무총장), 최만립(전 KOC 부위원장), 최병모(전 민변 회장, 복지국가SOCIETY 공동대표), 최병문(민족문제연구소 이사), 최사묵(평화재향군인회 상임대표), 최필숙(밀양독립운동사연구회 사무국장), 표명렬(평화재향군인회 상임공동대표), 한국염(한국정신대문제대책협의회 공동대표), 한철호(한국근현대사학회 대표, 동국대 교수), 한홍구(성공회대 교수), 함세웅(민주화기념사업회 이사장·안중근의사기념사업회 이사장), 홍갑표(민족정기구현회 회장), 황우여(한일기독의원연맹 공동회장), 황의병(순천경실련 공동대표, (주)삼립공업사 대표이사), 황의중(KIN지구촌동포연대 운영위원장)

참가단체

한일기독의원연맹(국회의원 모임) : 김영진(대표회장) 황우여(공동회장)
아시아평화와 번영포럼(국회의원 모임) : 강기정, 강창일, 김영진, 김우남, 김재균, 김재윤, 김춘진, 김희철, 문학진, 박선숙, 박영선, 신낙균, 신학용, 안규백, 양승조, 우윤근, 우제창, 원혜영, 유선호, 이강래, 이낙연, 이미경, 이석현, 이성남, 이윤석, 이종걸, 이춘석, 장세환, 조배숙, 천정배, 최규성, 최규식, 최문순, 최영희, 최재성, 최철국, 추미애
민주당(국회의원) : 김부겸
한나라당(국회의원) : 원희룡
민주노동당(국회의원) : 강기갑, 권영길, 곽정숙, 이정희, 홍희덕

관동대진재조선인학살진상규명과명예회복을위한한일재일시민연대, 광복회, 기독교장로회생명선교연대, 나눔의집, 내일을여는역사재단, 단재신채호선생기념사업회, 대한민국임시정부기념사업회, 대한민국임시정부사적지연구회, 독도수호대, 독도향우회, 독립유공자유족회, 동암

차이석선생기념사업회, 동학농민혁명기념재단, 미주동포시민사회단체협의회, 민족문제연구소, 민족민주열사추모(기념)단체연대회의, 민족정기구현회, 민주군인회, 민주사회를위한변호사모임 과거청산위원회, 밀양독립운동사연구회, 바른역사정의연대, 보재이상설선생기념사업회, 부산정신대문제대책협의회, 세계인권선교회, 시베리아삭풍회, 아시아평화와역사교육연대, 아힘나운동본부, 안중근의사기념사업회, 야스쿠니반대공동행동한국위원회, 역사문제연구소, 올바른과거청산을위한범국민위원회, 우리마당통일문화연구소, 운암김성숙선생기념사업회, 일본군 '위안부' 할머니와함께하는마산창원진해시민모임, 일본군 '위안부' 할머니와함께하는통영거제시민모임, 임종국선생기념사업회, 장준하기념사업회, 전국역사교사모임, 정신대할머니와함께하는시민모임, 태평양전쟁피해자보상추진협의회, 평화재향군인회, 평화통일시민연대, 포럼 '진실과정의', 한국근현대사학회, 한국원폭피해자협회, 한국정신대문제대책협의회, 한국정신대연구소, 한글학회, 한민족생활문화연구회, 한일민족문제학회, 홍범도장군기념사업회, 효창원을사랑하는사람들, 홍사단, APB(AsiaPeaceBuilders), KIN(지구촌동포연대) 이상 55개 단체

| 더 읽을거리 |

《1894년, 경복궁을 점령하라!》, 나카츠카 아키라, 박맹수 옮김, 푸른역사, 2002.
《1910년, 그들이 왔다》, 이상각, 효형출판, 2010.
《1923, 경성을 뒤흔든 사람들》, 김동진, 서해문집, 2010.
《1면으로 보는 근현대사》, 김흥식 외, 서해문집, 2009.
《20세기 우리 역사》, 강만길, 창비, 1999.
《거꾸로 읽는 한국사》, 임영태 외, 푸른나무, 2009.
《경성 트로이카》, 안재성, 사회평론, 2004.
《경성, 사진에 박히다》, 이경민, 산책자, 2008.
《경성리포트》, 최병택·예지숙, 시공사, 2009.
《고쳐 쓴 한국근대사》, 강만길, 창비, 2006.
《그래서 나는 김옥균을 쏘았다》, 조재곤, 푸른역사, 2005.
《근대를 보는 창 20》, 최규진, 서해문집, 2007.
《근현대사신문》(1·2), 강응천 외, 사계절, 2010.
《기노시타 쇼조, 천황에게 폭탄을 던지다》, 배경식, 너머북스, 2008.
《나는 황국신민이로소이다》, 정운현, 개마고원, 1999.
《논쟁으로 읽는 한국사 2 - 근현대편》, 역사비평편집위원회, 역사비평사, 2009.
《다시 찾는 우리 역사》, 한영우, 경세원, 2004.
《대한민국史》(전4권), 한홍구, 한겨레출판, 2003.
《독도평전》, 김탁환, 휴머니스트, 2001.
《동아시아를 만든 열 가지 사건》, 아사히신문 취재반, 백영서·김항 옮김, 창비, 2008.
《모던뽀이, 경성을 거닐다》, 신명직, 현실문화연구, 2003.
《미래를 여는 역사》, 한중일3국공동역사편찬위원회, 한겨레출판, 2005.
《백범일지》, 김구, 도진순 주해, 돌베개, 1997.
《사라진 서울》, 강명관, 푸른역사, 2010.
《사슬이 풀린 뒤》, 오기영, 성균관대학교출판부, 2003.
《사진과 그림으로 보는 한국현대사》, 서중석, 웅진지식하우스, 2005.
《사진으로 보는 독립운동》(상·하), 이규헌, 서문당, 2000.
《살아있는 한국 근현대사 교과서》, 김육훈, 휴머니스트, 2007.
《삶은 계속되어야 한다》, 전진성, 휴머니스트, 2008.
《서울에 딴스홀을 허하라》, 김진송, 현실문화연구, 2002.
《세계로 떠난 조선의 지식인들》, 이승원, 휴머니스트, 2009.
《신여성》, 연구공간 수요+너머 근대매체연구, 한겨레출판, 2005.
《아리랑》, 김산·님 웨일즈, 송영인 옮김, 동녘, 2005.
《안중근 전쟁 끝나지 않았다》, 이기웅 엮음, 열화당, 2000.
《약산 김원봉 평전》, 김삼웅, 시대의 창, 2008.

《역사신문》, 역사신문편찬위원회, 사계절, 1995.
《우리가 몰랐던 동아시아》, 박노자, 한겨레출판, 2007.
《을사늑약 1905, 그 끝나지 않은 백년》, 김삼웅, 시대의 창, 2005.
《이이화의 한국사 이야기》(17~22), 이이화, 한국사, 2003, 2004.
《이회영과 젊은 그들》, 이덕일, 역사의 아침, 2009.
《잊을 수 없는 혁명가들에 대한 기록》, 임경석, 역사비평사, 2008.
《전봉준—1894년》, 우윤, 하늘아래, 2003.
《제국의 후예들—대한제국 후예들의 삶으로 읽는 한반도 백년사》, 정범준, 황소자리, 2006.
《조선 청년이여, 황국 신민이 되어라》, 정혜경, 서해문집, 2010.
《찢겨진 산하》, 정경모, 한겨레출판, 2002.
《청소년을 위한 한국 근현대사》, 김인기·조왕호, 두리미디어, 2006.
《친일인명사전》, 친일인명사전편찬위원회, 민족문제연구소, 2009.
《친일파 99인》(전3권), 반민족문제연구소, 돌베개, 1993.
《학교의 탄생》, 이승원, 휴머니스트, 2005.
《한국 근대사 산책》(전10권), 강준만, 인물과사상사, 2007.
《한국병합 성립하지 않았다》, 이태진, 태학사, 2001.
《한일병합사 1875~1945—사진으로 보는 굴욕과 저항의 근대사》, 신기수 엮음, 이은주 옮김, 눈빛, 2009.
《함께 보는 한국근현대사》, 역사학연구소, 서해문집, 2004.
《해방 후 정치사 100장면》, 김삼웅, 가람기획, 1999.
《해방—테마로 읽는 20세기 한국사》, KBS다큐멘터리 해방 제작팀, 청년정신, 2000.

100년전의 한국사
미래 100년을 위해 과거 100년을 질문한다

1판 1쇄 발행일 2010년 8월 16일
1판 4쇄 발행일 2016년 10월 17일

기획 진실과미래, 국치100년사업공동추진위원회
엮은이 김남수 윤종배 이제은 최병택 홍동현
감수 이이화

발행인 김학원
발행처 (주)휴머니스트출판그룹
출판등록 제313-2007-000007호(2007년 1월 5일)
주소 (03991) 서울시 마포구 동교로23길 76(연남동)
전화 02-335-4422 **팩스** 02-334-3427
저자·독자 서비스 humanist@humanistbooks.com
홈페이지 www.humanistbooks.com
유튜브 youtube.com/user/humanistma **포스트** post.naver.com/hmcv
페이스북 facebook.com/hmcv2001 **인스타그램** @humanist_insta

편집주간 황서현 **기획** 최세정 **편집** 이미경 **디자인** 민진기디자인
조판 새일기획 **디지털POD** (주)테크디앤피

ISBN 978-89-5862-351-9 03900